Hans-Ulrich Derlien · Doris Böhme · Markus Heindl

Bürokratietheorie

Studienskripten zur Soziologie

Herausgeber:
Prof. Dr. Heinz Sahner,
Dr. Michael Bayer und
Prof. Dr. Reinhold Sackmann
begründet von Prof. Dr. Erwin K. Scheuch †

Die Bände „Studienskripten zur Soziologie" sind als in sich abgeschlossene Bausteine für das Bachelor- und Masterstudium konzipiert. Sie umfassen sowohl Bände zu den Methoden der empirischen Sozialforschung, Darstellung der Grundlagen der Soziologie als auch Arbeiten zu so genannten Bindestrich-Soziologien, in denen verschiedene theoretische Ansätze, die Entwicklung eines Themas und wichtige empirische Studien und Ergebnisse dargestellt und diskutiert werden. Diese Studienskripten sind in erster Linie für Anfangssemester gedacht, sollen aber auch dem Examenskandidaten und dem Praktiker eine rasch zugängliche Informationsquelle sein.

Hans-Ulrich Derlien
Doris Böhme · Markus Heindl

Bürokratietheorie

Einführung in eine Theorie
der Verwaltung

Bibliografische Information der Deutschen Nationalbibliothek
Die Deutsche Nationalbibliothek verzeichnet diese Publikation in der
Deutschen Nationalbibliografie; detaillierte bibliografische Daten sind im Internet über
<http://dnb.d-nb.de> abrufbar.

1. Auflage 2011

Alle Rechte vorbehalten
© VS Verlag für Sozialwissenschaften | Springer Fachmedien Wiesbaden GmbH 2011

Lektorat: Katrin Emmerich

VS Verlag für Sozialwissenschaften ist eine Marke von Springer Fachmedien.
Springer Fachmedien ist Teil der Fachverlagsgruppe Springer Science+Business Media.
www.vs-verlag.de

Das Werk einschließlich aller seiner Teile ist urheberrechtlich geschützt. Jede Verwertung außerhalb der engen Grenzen des Urheberrechtsgesetzes ist ohne Zustimmung des Verlags unzulässig und strafbar. Das gilt insbesondere für Vervielfältigungen, Übersetzungen, Mikroverfilmungen und die Einspeicherung und Verarbeitung in elektronischen Systemen.

Die Wiedergabe von Gebrauchsnamen, Handelsnamen, Warenbezeichnungen usw. in diesem Werk berechtigt auch ohne besondere Kennzeichnung nicht zu der Annahme, dass solche Namen im Sinne der Warenzeichen- und Markenschutz-Gesetzgebung als frei zu betrachten wären und daher von jedermann benutzt werden dürften.

Umschlaggestaltung: KünkelLopka Medienentwicklung, Heidelberg
Gedruckt auf säurefreiem und chlorfrei gebleichtem Papier
Printed in Germany

ISBN 978-3-531-17816-5

Inhalt

Vorwort ... 9

Abkürzungsverzeichnis ... 11

Abbildungsverzeichnis ... 13

1 Prolegomena ... 15

    1.1 Begriffsgeschichte ... 15
        1.1.1 Etymologie ... 16
        1.1.2 Umgangssprachliche Bedeutung ... 17
        1.1.3 Kritische Bedeutungen ... *18*
    1.2 Max Weber als Ausgangspunkt ... 19
        1.2.1 Merkmale des Weberschen Bürokratiebegriffs ... 19
        1.2.2 Explikation der Weberschen Theorie ... *21*
    1.3 Dimensionen der Bürokratietheorie ... 23
        1.3.1 Bürokratietheorie als Gesellschaftstheorie ... 23
        1.3.2 Bürokratie und Politik: Legitimation bürokratischer Herrschaftsausübung ... 25
        1.3.3 Bürokratie und Individuum ... 25
        1.3.4 Organisationstheorie der Bürokratie ... 26
    1.4 Bürokratiekritik ... 29
        1.4.1 Kritik am Umfang der Staatstätigkeit als Ergebnis der historischen und gesamtgesellschaftlichen Entwicklung ... 30
        1.4.2 Kritik an der Legitimität bürokratischer Herrschaft ... 31
        1.4.3 Bürokratie und Individuum als Ansatz von Kritik ... 33
        1.4.4 Kritik an der Effizienz bürokratischer Organisation ... 35
    1.5 Aufbau des Buches ... 36

2 Bürokratietheorie als Gesellschaftstheorie 39

2.1 Bürokratie im okzidentalen Rationalisierungsprozess 39
- 2.1.1 Gesellschaftliche Voraussetzungen für das Entstehen bürokratischer Herrschaft 40
- 2.1.2 Interdependenz von Kapital und Bürokratie 43
- 2.1.3 Die Unentrinnbarkeitsthese 45
- 2.1.4 Typen legitimer Herrschaft als Phasenmodell der Organisation politischer Herrschaft 47
- 2.1.5 „Rationalität" und „Rationalisierung" bei Max Weber 53
- 2.1.6 Sozio-ökonomische Auswirkungen der Bürokratisierung 57
- 2.1.7 Webers politische Bewertung der Bürokratisierung *61*

2.2 Beamte und Angestellte als gesellschaftliche Schicht 67
- 2.2.1 Der ökonomische Status des Beamtentums in historischer Entwicklung 68
- 2.2.2 Fachschulung 70
- 2.2.3 Soziale Rekrutierung 71
- 2.2.4 Berufsethos und Standesbewußtsein 72
- 2.2.5 Angestelltenschaft 73
- 2.2.6 Die Bedeutung von Beamten und Angestellten heute *74*

2.3 Exkurs: Bürokratie in der allgemeinen Soziologie 78
- 2.3.1 Norbert Elias 79
- 2.3.2 Karl August Wittfogel 82
- 2.3.3 Talcott Parsons und Niklas Luhmann 83

3 Bürokratie und Politik 85

3.1 Bürokratie und politische Steuerung bei Weber 85
- 3.1.1 Verselbständigung der Bürokratie 86
- 3.1.2 Fachwissen als neue Machtbasis 90
- 3.1.3 Differenzierung von Politiker- und Beamten-Rollen 94
- 3.1.4 Beamtenherrschaft 98
- 3.1.5 Exkurs: Webers Grundhaltung gegenüber der liberalen Demokratie 102

3.2 Bürokratie bei Marx und im Marxismus 103
- 3.2.1 Das Rätesystem als anti-bürokratisches Modell 105
- 3.2.2 Sozialistische Bürokratie 108
- 3.2.3 Max Weber über den Sozialismus 112

3.3   Bürokratisierung politischer Parteien 115
  3.3.1   Michels „ehernes Gesetz der Oligarchie" 116
  3.3.2   Max Webers Analyse der Apparatparteien 118
  3.3.3   Zur Bürokratisierung innerhalb der heutigen Parteien 120
3.4   Das Konzept der repräsentativen Bürokratie 124
  3.4.1   Soziale Rekrutierung in historischer Perspektive 126
  3.4.2   Funktionale Begründungen für soziale Repräsentativität 129
  3.4.3   Probleme des Konzepts der repräsentativen Bürokratie 133
  3.4.4   Ämterpatronage: Auf dem Wege zum Neofeudalismus? 136
3.5   Ökonomische Theorie der Bürokratie 143
  3.5.1   Das Bürokratiemodell Niskanens 144
  3.5.2   Kritik an Niskanens Bürokratiemodell 147

4 Bürokratie und Individuum 151

4.1   Der disziplinierte Mensch: Arbeit in bürokratischen
       Organisationen 151
  4.1.1   Disziplinierung in bürokratischen Organisationen 152
  4.1.2   Historische Perspektive: Die Genese bürokratischer
           Disziplinierung 153
  4.1.3   Alltagspraktische Perspektive: Der disziplinierte Bürokrat 162
  4.1.4   Theoretische Perspektive: Aktuelle Grundlagen der
           Disziplinierung und die Reaktionsweisen der betroffenen
           Menschen 164
4.2   Disziplinierung in totalen Institutionen 170
  4.2.1   Merkmale totaler Institutionen 171
  4.2.2   Konzentrationslager als totale Institutionen und bürokratische
           Organisationen 176
  4.2.3   Disziplinierung in Gefängnissen – Michel Foucault 183
4.3   Der administrierte Mensch: Bürger und Verwaltung 190
  4.3.1   Das Konzept der Bürgernähe 191
  4.3.2   Aspekte der Interaktion zwischen Publikum und Verwaltung .. 196
  4.3.3   Rationalisierungsstrategien 199

5 Bürokratietheorie als Organisationstheorie ... 201

5.1 Das Bürokratiekonzept in der Organisationstheorie ... 202
5.1.1 Empirische Bürokratiekritik: Dysfunktionen ... 202
5.1.2 Relative Effizienz ... 205
5.2 Verkürzung des Weberschen „Bürokratiemodells" ... 206
5.2.1 Historische Entleerung des Konzepts ... 206
5.2.2 Vernachlässigung des herrschaftssoziologischen Kontextes ... 209
5.3 Berücksichtigung freiwilliger Organisationen ... 211
5.3.1 Der Verein zwischen „Dilettantismus" und Bürokratisierung .. 213
5.3.2 Zur aktuellen Bedeutung ehrenamtlichen Engagements ... 217
5.4 Exkurs: Die Mafia aus bürokratie- und organisationstheoretischer Sicht ... 219
5.4.1 Begriff und Geschichte der Mafia ... 219
5.4.2 Die Mafia – eine Organisation und Bürokratie? ... 222

6 Entbürokratisierung ... 227

6.1 Entbürokratisierung – Bedeutung und Abgrenzung des Begriffs ... 228
6.2 Methoden und Instrumente der Entbürokratisierung ... 231
6.3 Probleme der Entbürokratisierung ... 238

7 Schluss ... 241

Literaturverzeichnis ... 247

Sachregister ... 267

Vorwort

Bei dem vorliegenden Werk „Bürokratietheorie" handelt es sich um das letzte Werk des im Juli 2010 verstorbenen Verwaltungswissenschaftlers und Soziologen Hans-Ulrich Derlien. Die Analyse des Themas „Bürokratie" und seiner vielschichtigen Bedeutung kann als eine Forschungsleidenschaft Hans-Ulrich Derliens bezeichnet werden. Während seiner Zeit als Inhaber des Lehrstuhls für Verwaltungswissenschaft an der Universität Bamberg (1978-2010) verfasste er in diesem Zusammenhang zahlreiche Publikationen zu diesem Thema, z.b. Betrachtungen zu Max Webers Verwaltungssoziologie und zur selektiven Interpretation der Weberschen Bürokratietheorie (1989).

Die Arbeit am Skript „Bürokratietheorie" begann Derlien bereits in den Siebziger Jahren. Nach und nach flossen unterschiedliche Ergebnisse seiner breit angelegten Forschungstätigkeit in dieses Skript ein. Daher stellt das vorliegende Werk keine Literaturanalyse von Klassikern der Verwaltungswissenschaft dar, sondern es finden sich viele Parallelen, Verweise und Verknüpfungen zu sowohl verwandten Bereichen der Verwaltungswissenschaft (z.B. Organisationssoziologie, Öffentliches Recht) als auch zu aktuellen Entwicklungen (z.B. Reformen in der Verwaltung und im Öffentlichen Dienst). Hans-Ulrich Derlien stellte das Skript leider nie fertig. Nach seinem Tod nahmen Markus Heindl und Doris Böhme die Arbeit an diesem Skript wieder auf, um mit der Fertigstellung sein letztes Werk doch noch zum Abschluss zu bringen und damit einen bedeutenden deutschen Verwaltungswissenschaftler zu würdigen.

Hans-Ulrich Derlien behandelte im Rahmen seiner Forschungs- und Publikationstätigkeit eine breite Palette verwaltungswissenschaftlicher Themata. Seine Forschungsschwerpunkte richteten sich auf Fragen der Programmforschung oder der Policy-Analyse, auf den öffentlichen Dienst und die administrative Elite der Bundesrepublik. Hierzu entstanden zahlreiche Veröffentlichungen z.T. in Zusammenarbeit mit Renate Mayntz. Darüber hinaus weckte die Verwaltungstransformation in Ostdeutschland nach den Ereignissen 1989 und 1990 das Interesse des Verwaltungswissenschaftlers Derlien. Hier interessierte ihn zum einen die Elitezirkulation in den fünf Neuen Bundesländern und zum anderen beschäftigte er sich mit Verwaltungsproblemen hinsichtlich Neugründung und Umbau in den Landes- bzw. Kommunalverwaltungen der Neuen Länder in der Umbruchphase. Daneben publizierte Hans-Ulrich Derlien mit empirischer Fundierung auch zu

Fragen der Ministerialorganisation in Bund und Ländern. Des weiteren seien hier seine Reflexionen über die Verwaltungswissenschaft als wissenschaftliche Disziplin genannt. Hans-Ulrich Derlien legte in regelmäßigen Abständen inhaltsreiche Berichte und Übersichten zur Situation der verwaltungswissenschaftlichen Forschung vor. Eine Reihe von Veröffentlichungen nimmt kritisch Bezug auf aktuelle Diskussionen in der Verwaltungswissenschaft und der Verwaltungspolitik, etwa zu Fragen der kommunalen Gebiets- und Verfassungsreform, zur Problematik der Leistungskontrolle im öffentlichen Dienst, zur Arbeit der Bundesregierung in der räumlichen Zweiteilung zwischen Bonn und Berlin, zu den vom New Public Management inspirierten Verwaltungsreformen der 1990er Jahre oder zu der gegen Ende der 1990er Jahre aufkommenden Ethikdebatte.

Viele Ergebnisse seiner langjährigen Forschung auf den oben genannten Gebieten finden sich hier in diesem Buch wieder. „Bürokratietheorie" ist dabei nicht als eine einheitliche und allumfassende Theorie zu verstehen, sondern vielmehr als ein Überblick über den Facettenreichtum des Phänomens der Bürokratie. Wir hoffen dem Leser mit diesem Werk ein erkenntnis- und abwechslungsreiches Buch bieten zu können, welches einen vielschichtigen Blick auf das Thema Bürokratie und seine unterschiedlichen Aspekte eröffnet.

Die letzten aber wichtigen Zeilen des Vorwortes sind den Personen gewidmet, die die Arbeit daran und die Veröffentlichung der „Bürokratietheorie" unterstützt und ermöglicht haben. Die Fertigstellung der Bürokratietheorie wäre ohne die tatkräftige Hilfe von Frau Gisela Baumgärtner und Frau Anna Felsenstein niemals möglich gewesen. Darüber hinaus gilt auch Familie Derlien besonderer Dank, da sie uns die Fertigstellung und Herausgabe des Skriptes gestattet hat. Natürlich wäre eine Veröffentlichung nicht möglich gewesen ohne die Bereitschaft eines Verlages sich diesem Skript anzunehmen. Daher möchten wir an dieser Stelle besonders Herrn Professor Heinz Sahner für die Herstellung des Kontaktes zum VS Verlag für Sozialwissenschaften und Herrn Professor Reinhold Sackmann für die Herausgabe des Buches sowie Herrn Dr. Michael Bayer für seine hilfreichen Anmerkungen unseren aufrichtigen Dank aussprechen. Zudem danken wir auch den Mitarbeitern des VS Verlags, die uns als Ansprechpartner immer zur Verfügung standen und uns mit Rat und Tat weitergeholfen haben.

Mit der Herausgabe dieses Buches möchten wir an unseren leider zu früh verstorbenen akademischen Mentor und Chef, Professor Hans-Ulrich Derlien, erinnern und unserer Wertschätzung ihm gegenüber Ausdruck verleihen.

Doris Böhme und Markus Heindl, Mai 2011

Abkürzungsverzeichnis

a.a.O.	am angegeben Ort
Basis-MV	Basis-Mitgliederversammlung
BeamtStG	Beamtenstatusgesetz
BRD	Bundesrepublik Deutschland
ed.	editor
et al.	et alii
etc.	et cetera
ff.	fortfolgende
FH	Fachhochschule
GG	Grundgesetz
Hg.	Herausgeber
HWWA	Hamburgisches Welt-Wirtschafts-Archiv
KfZ	Kraftfahrzeug
Mrd.	Milliarden
Mio.	Millionen
NPÖ	Neue Politische Ökonomie
NRC	National Research Council
NRW	Nordrhein-Westfalen
PKW	Personenkraftwagen
rd.	rund
u.a.	unter anderem
vgl.	vergleiche
z.B.	zum Beispiel
z.T.	zum Teil
NSDAP	Nationalsozialistische Deutsche Arbeiterpartei
SS	Schutzstaffel
EU	Europäische Union
VDV	Vereinigung der Vertragsfußballspieler
BMFSFJ	Bundesministerium für Familie, Senioren, Frauen und Jugend
NKRG	Gesetz zur Einsetzung eines Nationalen Normenkontrollrates

Abbildungsverzeichnis

Abbildung 1:	Umgangssprachliche Bedeutung von Bürokratie	17
Abbildung 2:	Bürokratie-Merkmale nach Max Weber	20
Abbildung 3:	Dimensionen der Bürokratietheorie	38
Abbildung 4:	Merkmale des Verwaltungsstabes in Max Webers Herrschaftstypologie	50
Abbildung 5:	Gegenüberstellung von Beamten und Angestellten	76
Abbildung 6:	Verbindungen Parsons und Weber	83
Abbildung 7:	Talcott Parsons AGIL-Schema	84
Abbildung 8:	Merkmale von Politikern und Beamten nach Max Weber	97
Abbildung 9:	Strukturmerkmale des Bürokratie- und des Räte-Modells	106
Abbildung 10:	Abgrenzung totaler und offener Institutionen	176
Abbildung 11:	Strukturvergleich zwischen bürokratischen Organisationen nach Max Weber und dem klassischen Vereinswesen	215

1 Prolegomena

Es gibt keine einigermaßen geschlossene Bürokratietheorie. Wenn dennoch ein Lehrbuch mit diesem Titel vorgelegt wird, so kann es nur darum gehen, das über verschiedene historische Epochen, unterschiedliche wissenschaftliche Disziplinen und mit verschiedenem Anliegen verfolgte Denken über das soziale Phänomen „Bürokratie" zu rekonstruieren und zu systematisieren. Die Rekonstruktion bezieht sich in erster Linie auf den zentralen Beitrag, den Max Weber in seinem Werk zum Thema „Bürokratie" geliefert hat.[1] Allerdings genügt es dabei nicht, sich auf die bekannten zentralen Passagen bei Weber zu beschränken, die er selbst unter die Überschrift „Bürokratie" gesetzt hat, sondern das Verständnis seiner über weite Strecken implizit gebliebenen Theorie erwächst erst aus dem Kontext seines Gesamtwerkes.

Die Aufgabe, bürokratiebezogenes Denken zu systematisieren, ergibt sich zum einen aus der engen Verknüpfung von Bürokratiekritik und Bürokratietheorie, also normativ-wertendem Denken und analytisch-theoretischer Reflektion; zum anderen bedarf es jedoch auch einer Systematisierung der von verschiedensten Einzeldisziplinen aufgegriffenen Aspekte und Dimensionen einer Bürokratietheorie.

1.1 Begriffsgeschichte

Beim Wort „Bürokratie" sind umgangssprachlicher und wissenschaftlicher Gebrauch zu unterscheiden, wenngleich beide genetisch und systematisch eng zusammenhängen, da sie die Staats- und Verwaltungsentwicklung sowie die gesellschaftliche Reaktion hierauf seit dem Absolutismus reflektieren. Nach seiner

---

[1] Zu Webers Biographie und Werk siehe Marianne Weber (1950): Max Weber. Ein Lebensbild. Neuaufl. 1989. München; Hans Norbert Fügen (1985): Max Weber. Reinbek; Joachim Radkau (2005): Max Weber. Die Leidenschaft des Denkens. München; Stephen P. Turner und Regis A. Factor (1994): Max Weber. The Lawyer as Social Thinker. London; Jürgen Kocka (Hg.) (1986): Max Weber, der Historiker. Göttingen; Hubert Treiber und Karol Sauerland (Hg.) (1995): Heidelberg im Schnittpunkt der intellektuellen Kreise. Zur Topographie der „geistigen Geselligkeit" eines „Weltdorfes": 1850-1950. Opladen; Wilhelm Hennis (1996). Max Webers Wissenschaft vom Menschen. Neue Studien zur Biographie des Werks. Tübingen.

Schöpfung im 18. Jahrhundert hat das Wort mit den Derivationen „Bürokrat", „bürokratisch" oder „Bürokratismus" eine pejorative Bedeutung angenommen (Albrow 1972; Wunder 1987), mit der Systemeigenschaften der Bürokratie seit Beginn der modernen europäischen Staatenbildung wie auch Merkmale von in der Bürokratie wirkenden Menschen bezeichnet werden, z.B. hierarchische Entscheidungsstruktur einerseits und (blinder) Gehorsam andererseits.

Die Prägung des Wortes „Bürokratie" wird dem französischen Ökonomen Vincent de Gournay (1712-1759) zugeschrieben, der damit im Rahmen der physiokratischen Kreislaufanalyse den „unproduktiven" Beamtenstand des Ancien Régime bezeichnete. „Bürokratie" knüpft zugleich an die aristotelische Einteilung von Herrschaftsformen (Aristokratie, Demokratie, Tyrannis oder Monarchie) an und bedeutet mit der Einführung dieser neuen Herrschaftsform die kritische Andeutung einer Abweichung. Seine Versachlichung und wissenschaftliche Präzisierung erfuhr der im 19. Jahrhundert popularisierte Begriff von Max Weber im Rahmen seiner Herrschaftssoziologie.

1.1.1 Etymologie

Das Wort „Bürokratie" hat eine ähnliche Entdinglichung gegenüber seiner ursprünglichen raumbezogenen Bedeutung erlebt, wie andere für Verwaltungen ebenfalls übliche Termini. Ursprünglich bedeutet das Bureau, aus dem heraus im 18. Jahrhundert zunehmend geherrscht wurde, das Amtszimmer, wobei insbesondere auf die rote (burrus) Decke des Arbeitstisches angespielt wird, so wie man heute umgangssprachlich davon redet, dass „vom grünen Tisch" entschieden würde. Bürokratie im Sinne von Herrschaft des Büros ist dann aber sehr schnell mit den dort Tätigen, den Beamten, gleichgesetzt worden als Beamtenherrschaft. In einer weiteren Abstraktion schließlich wird hiermit schon die gesamte damit verbundene Organisationsform bezeichnet, wenn Max Weber beispielsweise sagt: „Akten und kontinuierlicher Betrieb durch Beamte zusammen ergeben: Das Bureau, als den Kernpunkt jedes modernen Verbandshandelns." (Weber 1980: 126).

Typisch ist, dass das Wort „Bureau" von Anfang an auf den öffentlichen Bereich bezogen wird, während für den privatwirtschaftlichen Bereich das Wort „Kontor" das Pendant ist: Auch hier wird geschrieben und werden Akten bearbeitet. Dass der ursprüngliche Raumbezug oder ganz allgemein die Dinglichkeit eines Begriffs sich sukzessive im Abstrakten auflöst, kann man an verwandten Begriffen erfahren. Das „Kabinett" ist ursprünglich das Ankleidezimmer des Fürsten, in dem er bei seiner Morgentoilette Berater und Bittsteller empfing und Entscheidungen fällte; heute versteht man darunter ein formal verfaßtes kollegiales Entscheidungsgremium. Auch die (spanische) „Camarilla" entlehnt ihre Bedeutung zunächst dem Raum, um dann abstrakter Hofschranzen und Günstlinge zu bezeichnen, die in der Umgebung des Fürsten informellen, meist üblen Einfluss ausüben. In ähnlicher Weise ist die „Lobby" einerseits der Vorraum des britischen Parlaments, in dem sich andererseits aber Interessenten und Interessengruppen für Gespräche mit den Abgeordneten aufzuhalten pflegen. Ein Beamter oder ein Bankangestellter spricht heute noch durchaus von „seinem Haus", wenn er die – abstrakte – Organisation meint, der er angehört.

1.1.2 Umgangssprachliche Bedeutung

Umgangssprachlich wird Bürokratie historisch schon vor Max Weber mit abwertender Bedeutung benutzt. Dabei lassen sich die vielfältigen Konnotationen durchaus in Beziehung setzen zu den Merkmalen des Weber'schen Idealtypus:

Abbildung 1: Umgangssprachliche Bedeutung von Bürokratie

Konnotationen	Merkmale des Weber'schen Idealtypus
Pedanterie	Präzision
Verselbständigung	Stetigkeit
gläubiger Gehorsam	Disziplin
starke Kontrolle	Straffheit
Rädchen in der Maschine	Verläßlichkeit
Versagen im Einzelfall	Gerechtigkeit
Schablone	Eindeutigkeit
Formularwesen	Aktenkundigkeit
Vertuschungsgefahr	Diskretion
Untertanengeist	straffe Unterordnung
Perfektionismus	technische Überlegenheit
Überheblichkeit	Unabhängigkeit
Unpersönlichkeit	Gerechtigkeit ohne Ansehen der Person

Das mit diesen Stichworten gezeichnete negative populäre Image von Bürokratie, insbesondere Staatsbürokratie, steht durchaus in Beziehung zur vulgären Bürokratiekritik.

Ganz im Sinne der populären Bürokratiekritik wird gelegentlich die öffentliche Verwaltung auch dafür gelobt, sich *unbürokratisch* zu verhalten, z.B. bei Katastrophen (Dammbrüche, Attentate), die schnelle Hilfe für Opfer verlangen. Unbürokratisch bedeutet dann, dass mehr Personal für die Bewältigung des Problems eingesetzt wird, dass man überhaupt der Erledigung der Angelegenheit eine höhere Priorität beimißt, dass Sonderkompetenzen eingeräumt werden oder dass Sondermittel (finanziell) bereitgestellt werden. Alle diese Aspekte bezeichnen eine Abweichung vom eigentlich *normalen* Verfahren; dies bedeutet aber bei genauerem Hinsehen, dass man bestehende Personaleinsatzpläne, Kompetenzverteilungen und parlamentarische Mittelbewilligungen sowie generell das auf die Verarbeitung von Normalfällen abgestellte Regelwerk zeitlich begrenzt außer Kraft setzt. Unbürokratisch bedeutet dann in letzter Konsequenz nicht selten „rechtswidrig".

1.1.3 Kritische Bedeutungen

Auch in der historisch älteren bürokratietheoretischen Literatur dominiert die kritische Perspektive, wie Martin Albrow (1972) herausgearbeitet hat. In *Frankreich* wird damit schon von de Gournay neben dem Auftreten des Beamtenstandes, aus dem der Amtsadel (noblesse de robe) entstand und den Blutadel (noblesse de sangue) verdrängte, der vermeintlich künstliche Bedarf an einer hauptamtlichen Verwaltung, die Unfähigkeit der jeweiligen Regierung, die Vermutung einer mittelmäßigen, politisch unkontrollierten, sich verselbständigenden Beamtenherrschaft und der Versuch, alles zu regeln thematisiert.

In *Preußen* geht die Kritik in eine etwas andere Richtung. Bürokratie bedeutet hier eine verschleierte Aristokratie, die über die bürgerliche Gesellschaft herrsche (Kraus 1808); andererseits findet sich bei Görres (1821) gerade die Kritik des bürgerlichen Charakters dieser Institution, die Verwaltungstechnik an die Stelle des Vertrauens zwischen Herrscher und Beherrschte setze und damit den Menschen degradiere. Der Reformer Freiherr vom Stein spricht wiederum den Menschentyp an, den „besoldeten, buchgelehrten, interessenlosen, ohne Eigentum seiende Buralisten".[2] Übrigens sind auch andere Politiker später, wie beispielsweise Bismarck oder Hitler, für ihre verbalen Attacken gegen die Bürokratie bekannt geworden. Auch heute noch zählt das *bureaucrat bashing* zu den gängigen Verhaltensmustern von Politikern, insbesondere in Wahlkampfzeiten (Hubbell 1991; Garrett et al. 2006).

---

[2] So der Freiherr vom Stein in einem Brief aus dem Jahr 1821 (vgl. Stein 1957/1974).

1.2 Max Weber als Ausgangspunkt

Max Weber hat dieses frühe und kritische Denken wissenschaftlich präzisiert und eine wertfreie, nicht-normative Annäherung an das Phänomen der Bürokratie unternommen. Dazu gehört, dass er zunächst die Merkmale eines Typus von Bürokratie spezifizierte.

1.2.1 Merkmale des Weberschen Bürokratiebegriffs

Keineswegs ausschließlich, aber doch vor allem mit Blick auf die öffentliche Verwaltung, entwickelte Max Weber besonders *in historischer Perspektive* und damit eng verbunden aus einer herrschaftssoziologischen Sichtweise einen wissenschaftlichen Bürokratiebegriff, mit dem ein Typus von Organisation bezeichnet wird, dessen Merkmale sich mehr oder weniger auch in privaten Unternehmungen, Parteien, Verbänden oder Vereinen ausprägen können (Weber 1980: 124ff.; 551ff.):

- Hauptamtliches Personal anstelle neben- oder ehrenamtlicher Tätigkeit;
- Fachschulung im Gegensatz zur laienhaften „Dilettantenverwaltung";
- Formal freie Kontrahierung;
- Einstellung und Beförderung nach objektiven Kriterien wie Dienstalter und Leistung anstelle von zugeschriebenen Merkmalen wie sozialer Herkunft;
- Ernennung anstelle von Wahl, Vererbung oder Kauf von Ämtern;
- Bezahlung gegen Geld und nicht mehr mit Naturalien oder Pfründen sowie damit einhergehend die Betonung der Unbestechlichkeit der Amtsträger;
- Avancieren in einer Laufbahn;
- Spezifisches Berufsethos und Disziplin.

Neben diesem auf das Personal bezogenen Merkmalskomplex nennt Weber folgende weitere Merkmale, welche eher die organisatorische Struktur bürokratischer Einheiten beschreiben:

- Hierarchische Über- und Unterordnung von Dienstposten in einer Behörde und Behörden im Instanzenzug, ausgedrückt in einer Staffelung von Weisungs- und Kontrollbefugnissen und korrespondierenden Gehorsams- und Berichtspflichten, womit das im 19. Jahrhundert zunächst verbreitete Kollegialsystem durch eine monokratische Leitung (Bureausystem) ersetzt wurde;

- Formal abgegrenzte räumliche und sachliche Kompetenzverteilung, innerhalb derer Spezialisierung möglich wird;
- Regelgebundenheit und damit Unpersönlichkeit des Verfahrens sowie interne und externe Berechenbarkeit des Entscheidens im Zuge der Verwirklichung des Rechtsstaats;
- Schriftlichkeit und Aktenkundigkeit des Verkehrs mit der Möglichkeit interner und externer (gerichtlicher, parlamentarischer) Kontrollierbarkeit;
- Trennung von Haushalt und Betrieb, zum einen in räumlicher Hinsicht als Ausdifferenzierung des Büros oder Kontors aus dem Haushalt des Herrschers bzw. Unternehmers; dieses Merkmal umschließt zum anderen aber auch die Unterscheidung von Privatvermögen und Betriebsmitteln, die grundsätzlich vom Organisationsträger „appropriiert" werden und damit die historisch ältere Selbstausrüstung der Funktionäre ablöst sowie zu einer Trennung von Amt und Person im Gegensatz zur historisch älteren Konstruktion des Amtes als Annex des Lehens führt.

Abbildung 2: Bürokratie-Merkmale nach Max Weber

Personalmerkmale	**Organisationsmerkmale**
formal freie Kontrahierung	Trennung Privat- u. Betriebsmittel
Hauptamtlichkeit	Kompetenzabgrenzung
Geldentlohnung (Unbestechlichkeit)	Schriftlichkeit Aktenkundigkeit (Kontrollierbarkeit)
Spezialisierung Fachschulung	Trennung von Amt und Person
Ernennung nach objektiven Kriterien	Laufbahn (Gleichheitsgrundsatz)
Unpersönlichkeit Regelorientierung	Regelgebundenheit (Rechtsstaat)
Disziplin, Gehorsam	Hierarchie

Die sehr stark angelsächsisch beeinflusste *Organisationstheorie*, die heute mit dem Typus „bürokratische Organisation" arbeitet, ist demgegenüber ausgesprochen ahistorisch, verkennt nicht nur die historisch älteren Merkmalsausprägungen, sondern hat auch dort, wo sie ausdrücklich an Max Weber anknüpft, den

Merkmalskatalog theoretisch folgenreich um die historisch besonders signifikanten Merkmale „hauptamtliches Personal" mit den dazu gehörigen Spezifika sowie „Trennung von Haushalt und Betrieb" verkürzt (z.B. Kieser/Walgenbach 2007: 38ff.). Die heuristische Fruchtbarkeit des weiten Weberschen Bürokratiebegriffs erweist sich nicht nur beim historischen Vergleich von Herrschaftstypen oder in der Anwendung auch auf formale Organisationen im politischen wie im sozio-ökonomischen Bereich, sondern etwa auch in der Gegenüberstellung von auf Ehrenamtlichkeit basierenden Freiwilligenorganisationen oder im Kontrast zum ausdrücklich antibürokratisch konzipierten *Rätemodell*. Diese Gesichtspunkte sind später näher auszuarbeiten.

So wie wir es schon für das Zweckmäßigste gehalten haben, den Ausführungen den Weber'schen Bürokratiebegriff voranzustellen, werden wir auch in den einzelnen Kapiteln immer wieder auf Max Webers Aussagen zur Bürokratie zurückkommen müssen. Das ureigenste Anliegen Webers war es, den universalgeschichtlichen Prozess der Rationalisierung zu analysieren; und gerade in diesem Prozess spielt die Bürokratie als Produkt und Promotor eine nicht unerhebliche Rolle. Nicht zu vergessen: Als politischer Publizist und ebenso als Reserveoffizier im Ersten Weltkrieg beim Aufbau und der Leitung von Lazaretten hat Max Weber sich vor allem auch praktisch mit Bürokratie auseinandersetzen müssen. Dabei steht bei ihm das Problem der Verselbständigung oder anders gesagt: Der effektiven politischen Leitung des bürokratischen Apparates im Vordergrund.

1.2.2 Explikation der Weberschen Theorie

Weber selbst hat seine Ausführungen zum Thema Bürokratie nur in größeren, in verschiedenen Publikationen verstreuten Bruchstücken vorgelegt. Johannes Winckelmann ist es zu danken, dass wir heute mit der von ihm 1956 unter dem Titel „Staatssoziologie" herausgegebene Textsammlung über eine brauchbare Zusammenstellung der zentralen Äußerungen verfügen (Weber 1956). Hier sei aber noch einmal darauf verwiesen, in welchem Zusammenhang Max Weber sich zu unserem Thema geäußert hat:

- Bürokratie als Machtfaktor und Bürokratisierung als gesellschaftliches Phänomen tauchen bei Max Weber schon recht früh auf, so 1909 in seiner Schrift „Agrarverhältnisse im Altertum", aber auch in seiner im Archiv für Sozialwissenschaften vorgelegten Analyse der bürgerlichen Demokratie in Rußland (1906).

- Praktisch als Politiker hat Weber sich 1917 in einer Reihe von Artikeln in der Frankfurter Zeitung zum kaiserlichen Regime und hierbei zur Beamtenherrschaft äußerst kritisch geäußert. Diese Artikel sind in überarbeiteter Form 1918 unter dem Titel „Parlament und Regierung im neugeordneten Deutschland. Zur politischen Kritik des Beamtentums und des Parteiwesens" erstmals in wissenschaftlicher Form veröffentlicht, sodann posthum 1921 von Marianne Weber in den Gesammelten Schriften zur politischen Soziologie und 1956 von Johannes Winckelmann in der Staatssoziologie abgedruckt worden.
- 1919 hielt Max Weber in München seinen berühmten Vortrag „Politik als Beruf", der als Sonderdruck publiziert ist und eine Reihe von Ausführungen zur Bürokratie sowohl in systematischer als auch in politikwissenschaftlicher Hinsicht enthält.
- Die berühmte Herrschaftstypologie, in der als effektivste Form die bürokratische Herrschaft aufgeführt ist, findet sich heute im Band I von „Wirtschaft und Gesellschaft", der ebenfalls posthum (1922) erschienen ist. Diesen Teil I hat Max Weber aber noch selbst durchgesehen. Ebenfalls 1922 erscheint die Herrschaftstypologie in den Preußischen Jahrbüchern 187 (1-12).
- Die Ausführungen zur Bürokratie im II. Teil von „Wirtschaft und Gesellschaft", die die historisch-dynamische Analyse beinhaltet, sowie überhaupt die gesamte Staatssoziologie, sind vom Herausgeber – wiederum Johannes Winckelmann – rekonstruiert worden.

Es wird sich zeigen, dass in Webers Werk alles Wesentliche bereits in nuce angelegt ist, so dass uns die Aufgabe bleibt, es zu explizieren und die von Weber aus der Abstraktion des historischen, im Schrifttum seiner Zeit vorfindlichen Materials gewonnenen Kategorien und Aussagen wieder empirisch aufzufüllen. Dies ist deshalb besonders wichtig, weil die Arbeitsteilung der verschiedenen Rezeptionsrichtungen der Weberschen Bürokratieanalyse, insbesondere zwischen Politikwissenschaft und Verwaltungssoziologie, dazu geführt hat, dass einiges von dem, was Weber ausgeführt hat, zwischen die disziplinären Zäune gefallen ist. Das betrifft besonders die umstrittene sogenannte Effizienzthese und das Verhältnis von Individuum und Bürokratie. Während auf Webers Bürokratietheorie als gesamtgesellschaftlicher, historischer Theorie der Rationalisierung primär im Kapitel 2 zurückgegriffen wird, werden die systematischen Ausführungen jeweils in den nachfolgenden Kapiteln zum Ausgangspunkt der Analyse verwendet werden.

1.3 Dimensionen der Bürokratietheorie

Eine Theorie der Bürokratie lässt sich auf vier verschiedenen Dimensionen behandeln, die im folgenden auch den Aufbau der einzelnen Kapitel des Buches abgeben. Je nach Blickrichtung und Erkenntnisinteresse kann eine Bürokratietheorie

- das Phänomen der *Bürokratie einer historischen und gesamtgesellschaftlichen Analyse* unterziehen;
- das Verhältnis von *Politik und Bürokratie* und damit insbesondere die Frage nach der *Legitimation bürokratischer Herrschaftsausübung* in den Blick nehmen;
- das *Verhältnis des Individuums zur bürokratischen Organisation* betrachten;
- sowie schließlich als *Organisationstheorie* betrieben werden.

Diese vier Dimensionen seien im Folgenden vorab kurz skizziert, wobei der Rückgriff auf das Schrifttum, insbesondere auf Max Webers Ausführungen, die wir später jeweils betrachten werden, ausgeblendet wird. Insofern handelt es sich zugleich in gewisser Weise um eine Zusammenfassung von Fragestellungen und zentralen Ergebnissen.

1.3.1 Bürokratietheorie als Gesellschaftstheorie

Wenngleich auch andere geschichtliche Epochen komplizierte Staatsapparate aufweisen, so ist die neuzeitliche, europäisch geprägte Bürokratie mit den für sie typischen Merkmalen Ergebnis eines historischen Rationalisierungsprozesses und, historisch betrachtet, die effektivste Form der Ausübung staatlicher Macht, und zwar gegenüber dem Bürger wie auch im Hinblick auf die interne Steuerbarkeit des Verwaltungsapparates. Auf dem Hintergrund der sich im Mittelalter (wieder) entwickelnden Geldwirtschaft und der Zentralisierung staatlicher Macht im Laufe von Hegemonialkämpfen gelingt es schrittweise, regelmäßige Steuern durchzusetzen und damit Söldnerheere zu unterhalten, Berufsbeamte aus (meist besitzlosen) bürgerlichen Schichten am fürstlichen Hofe abhängig zu halten und damit den feudalen Adel als nebenamtlichen Träger von Verwaltungsgeschäften zu ersetzen. Der Hauptamtlichkeit und Geldentlohnung entspricht andererseits eine zunehmende Trennung von Hof und Verwaltung und die Einrichtung von Büros oder Kontors, andererseits die Trennung von (öffentlichen) Betriebsmitteln und Privatvermögen. Im Zuge merkantilistischer Wirtschaftspolitik wird zudem die z.T. universitäre kameralistische Fachausbildung des höheren Beamtenkörpers mit anschließendem Prüfungs- und Beförderungswesen erforderlich. Zugleich gelingt es dem zunehmend unentbehrlichen Berufsbeamtentum, Privilegien, insbesondere ein gegen willkürliche Kündigung schützendes Disziplinarrecht und eine geregelte Pension, durchzusetzen. Damit wird tendenziell die feudale Abhängigkeit der Krone vom Adel ersetzt durch die Abhängigkeit von der Kooperationsbereitschaft insbesondere der Ministerialbürokratie. Ende des 18. Jahrhunderts vollzieht sich eine wesentliche Veränderung der Verwaltungsorganisation: An die Stelle des kollegialen Kammersystems tritt das Einheits- oder Bureausystem, wird die Provinzialverwaltung durch das (spartenartige) Ressortsystem ersetzt und tritt damit eine kompetenzmäßige Spezialisierung und interne Hierarchisierung des Verwaltungssystems ein. Mit der Entwicklung des liberalen Rechtsstaats und der Durchsetzung des Gesetzesvorbehalts bei hoheitlichen Eingriffen wird die Regelgebundenheit des Verwaltungshandelns und damit dessen interne Programmierbarkeit, externe Berechenbarkeit und gerichtliche Kontrollierbarkeit ausgebaut. Dessen Pendant ist die umfassende Schriftlichkeit und Aktenkundigkeit der internen und externen Kommunikation der Verwaltung – zugleich eine Voraussetzung für hierarchische und gerichtliche Kontrollen. Der Trennung von Haushalt und Betrieb, dem Entstehen eines hauptamtlichen Fachbeamtentums und der Regelgebundenheit der Verwaltung ist die typische Unpersönlichkeit der Amtsgeschäfte zuzuschreiben. Schließlich ist nicht zu bestreiten, dass sich dieser Typus staatlicher Organisation aufgrund seiner historisch einzigartigen Effizienz, was Stetigkeit, Präzision und Berechenbarkeit betrifft, durch Transfer in andere Regionen (z.B. Kolonien) oder Sektoren (z.B. Industriebürokratie) ausbreitet.

Die Entwicklung bürokratischer staatlicher Organisation ist z.T. Folge, z.T. Voraussetzung sozio-ökonomischer Veränderungen im 19. Jahrhundert: So war die Ausbildung der Rechtsstaatlichkeit und damit Berechenbarkeit der Bürokratie Voraussetzung für die Industrialisierung; andererseits wurden mit dem Ausbau des Verkehrs- und Nachrichtenwesens Voraussetzungen für die ökonomische Entwicklung geschaffen oder deren Folgeprobleme im öffentlichen Wohnungs-, Fürsorge-, Hygiene- und Gesundheits- sowie im Sozialversicherungswesen aufgefangen. Zeichnet sich hierin der Übergang von der Hoheits- und Ordnungsverwaltung zur Dienstleistungsverwaltung ab, so ist spätestens ab den 1970er Jahren eine Tendenz zur planenden Verwaltung mit dem Anspruch der Steuerung sozialer und ökonomischer Prozesse und Strukturen zu verzeichnen.

1.3.2 Bürokratie und Politik: Legitimation bürokratischer Herrschaftsausübung

Mit der Herausbildung von fachlich geschulten Funktionären ergibt sich ein Informationsgefälle zwischen bürokratischem Apparat und (demokratisch oder durch Kapital) legitimierter Verwaltungsspitze. Damit wird in Vereinen, Verbänden, Parteien, der staatlichen Exekutive und im privaten Unternehmensbereich die Befürchtung erzeugt, dass der Verwaltungsapparat sich der Steuerung und Kontrolle durch Mitgliederversammlungen, Delegierte, Parlamente, Minister oder Kapitaleigner entziehen und sich (unternehmens-)politisch verselbständigen könne. Neben dem Ausbau externer Kontrollinstanzen (Parlament, Rechnungshof, Gerichte) und der Verfeinerung interner Steuerungs- und Kontrollsysteme wurde deshalb insbesondere im öffentlichen Sektor von jeher der Loyalität der Beamtenschaft und damit ihrer sozialen, rassischen und geographischen Rekrutierung besondere Aufmerksamkeit geschenkt. Von der personellen Zusammensetzung der Bürokratie werden Auswirkungen auf ihre Responsivität gegenüber Bürgerwünschen und auf ihre Loyalität gegenüber der politisch legitimierten Leitung erwartet. Verselbständigungstendenzen der Bürokratie soll in der aktuellen Diskussion einerseits durch Wahrung der Überparteilichkeit des öffentlichen Dienstes begegnet werden, andererseits durch stärkere Beteiligung der Parlamente an exekutiven Planungen und Partizipation des Bürgers insbesondere an kommunalen Planungs- und Entscheidungsprozessen und schließlich durch den Ausbau des Petitionswesens (Ombudsmann, Datenschutzbeauftragte).

1.3.3 Bürokratie und Individuum

Bürokratie ist ferner Problem und Thema für den einzelnen Menschen, der in ihr arbeitet oder ihr als Klient oder Kunde gegenübertritt.

a. Mitarbeiter und bürokratische Organisation: Einerseits wird von der Rolle des Bediensteten in bürokratischen Großorganisationen ausgegangen und auf die Zwänge abgestellt, die Formalisierung, Spezialisierung, Hierarchie und Karriereerfordernisse für Arbeitszufriedenheit und Selbstverwirklichung bedeuten. Aus diesbezüglicher Kritik erwachsen auch in der öffentlichen Verwaltung Versuche mit Humanisierung am Arbeitsplatz, job rotation und enlargement, Partizipation, Delegation von Verantwortung oder mitarbeiterorientiertem Führungsstil.

b. Klient und bürokratische Organisation: Zweitens schafft die Interaktion zwischen bürokratischem Personal, das tendenziell unpersönlich und regelorientiert verfährt und kommuniziert, und dem Bürger, dem an Problemadäquatheit und Service-Orientierung liegt, Spannungen. Unter dem Begriff „Bürgernähe" wird – neben geographischer und politischer – vor allem die soziale Distanz zwischen Bürokratie und Individuum thematisiert. Viele Bürger würden Sachverhalte lieber mündlich als schriftlich darlegen. Formulare und Amtsdeutsch sorgen für Entfremdung und Angst. Die Schwellenangst stellt vielfach einen Filter dar für die Inanspruchnahme von öffentlichen Leistungen, besonders bei Personen mit geringer formaler Bildung.

1.3.4 Organisationstheorie der Bürokratie

Der in historischer Perspektive entwickelte Webersche Idealtypus[3] bürokratischer Organisation ist insbesondere von der angelsächsischen Organisationssoziologie zum Ausgangspunkt genommen worden, um systematisch, also für möglichst viele Klassen von Organisationen und ohne Berücksichtigung des historischen Kontextes zu prüfen, inwieweit seine Strukturmerkmale empirisch korrelieren und sich eventuell bedingen und dieser Typus der effizienteste ist.

Die ahistorische Orientierung der Organisationssoziologie bei der Prüfung, inwieweit Organisationen die Merkmale des Weberschen Typus aufweisen, wird besonders deutlich im Verzicht, das historisch entscheidende Merkmal „Hauptamtlichkeit und Geldentlohnung des Personals" zu überprüfen. Es werden hierbei in der Regel nur (Groß-)Organisationen untersucht, in denen dieses Merkmal – selbstverständlich – vorliegt, mit der Folge, dass Organisationen, die nicht den Funktionstypen der Wirtschaftsunternehmen und öffentlichen Verwaltungen zuzurechnen sind und die auf Ehrenamtlichkeit basieren wie etwa Vereine, dem Blick entgleiten. Nicht zuletzt wegen unterschiedlicher Operationalisierungen sind die an formalen Organisationen untersuchten Zusammenhänge z.B. zwi-

---

[3] Der Begriff des „Idealtypus" ist nicht unbedingt leicht zu verstehen. Keinesfalls darf „Idealtypus" missverstanden werden als präskriptive Beschreibung eines anzustrebenden Sollzustandes oder Ideals. Ebenso wäre es irreführend, einen Idealtyp als detailgetreue Deskription empirischer Gegebenheiten aufzufassen. Dazu gehört Webers Feststellung, dass Idealtypen nicht „historisch wirklich ‚rein' vorzukommen" pflegen (Weber 1980: 124). Am besten verstanden werden kann ein Idealtypus als theoretisches Konstrukt des Forschers, das auf Beobachtungen der Realität basiert, Einzelerscheinungen zu einem gedanklichen Gebilde zusammenfasst und damit eine heuristische Funktion erfüllt. Weber selbst äußerte sich zum Begriff des Idealtypus wie folgt: „Ein solcher wird gewonnen durch einseitige Steigerung eines oder einiger Gesichtspunkte und durch Zusammenschluß einer Fülle von diffus und diskret, hier mehr, dort weniger, stellenweise gar nicht, vorhandenen Einzelerscheinungen, die sich jenen einseitig herausgehobenen Gesichtspunkten fügen, zu einem in sich einheitlichen Gedankengebilde." (Weber 1985: 191).

schen Größe einerseits und Technologie, Professionalisierung, Standardisierung, Routinisierung, Formalisierung, Tiefe der Hierarchie oder Unpersönlichkeit von Kontrollen andererseits nicht eindeutig. Bedeutsamer scheint die horizontale, vertikale und territoriale Differenzierung einer Organisation zu sein, wachsen doch mit ihr die Kommunikations- und Koordinationsprobleme. Komplexität in diesem Sinne korreliert dann positiv mit der Effizienz der Organisation, wenn die Technologie kompliziert und die Umwelt turbulent ist. Selbst über den organisatorischen Nutzen von Formalisierung lassen sich nur kontingente Aussagen treffen.

Auch in seinem präskriptiven Wert ist der Idealtypus – in Verkennung seiner Funktion – in Frage gestellt worden. Wie sich Kritik am Organisationsmodell der klassischen Theorie (scientific management) gegen dessen motivationale Prämissen richtet (Maschinenmodell), so ist das Bürokratiemodell (Befehlsmodell) der Organisation zudem hinsichtlich seiner kognitiven Prämissen kritisiert worden, unterstellt doch letztlich das zentrale Merkmal „Programmierbarkeit des Verhaltens der Organisationsmitglieder" (durch Zielvorgaben, Einzelweisungen oder Vorschriften), dass die Organisationsspitze über vollkommene Information verfüge, um alle möglichen Umweltsituationen und internen Prozesse antizipieren und im Programm berücksichtigen sowie abweichendes und situationsunangemessenes Verhalten kontrollierend erkennen und korrigieren zu können. Insbesondere der verhaltenswissenschaftlichen Entscheidungstheorie ist aber zu entnehmen, dass

- die Organisationsspitze nur über begrenzte Informationsverarbeitungskapazität verfügt;
- daher die Organisation nicht umfassend steuern und kontrollieren kann, sondern sich auf die stufenweise Operationalisierung von Zielvorgaben in der Hierarchie mit der Möglichkeit abweichender Interpretationen verlassen muss, Vorschläge von der Basis der Organisation vielfach nur reaktiv prüfen und Kontrollen nur selektiv durchführen kann;
- folglich vertikale Prozesse vielfach iterativ und informell ablaufen, selten mit Befehlen kommuniziert wird, Kontrollen häufig latent bleiben und sich die Mitglieder z.T. per Antizipation der Erwartungen der Leistung selbst steuern.

Wandel ist im Weberschen Modell logisch nur über die Neuformulierung von Zielen durch die Leitung möglich. Konflikte in der Organisation sind nicht vorgesehen oder hierarchisch entscheidbar. Es sind aber vielfach die Grenzstellen an der Basis von Organisationen, die veränderten Umweltanforderungen ausgesetzt sind und Wandel induzieren. Hieraus, aus inkonsistenten Operationalisierungen von Zielvorgaben, aus der durch Spezialisierung verstärkten selektiven Wahrnehmung oder aus der doch unvollkommenen „Trennung von Haushalt und Betrieb", organisatorischer Aufgabenerfüllung und privaten Interessen, erwachsen jedoch Konflikte, die vielfach nicht autoritär, sondern infolge eigener Machtbasen der Mitglieder (z.b. Fachwissen) durch Bargaining entschieden werden.

Generell lässt sich auch davon sprechen, dass der Idealtyp dem „geschlossenen" Organisationsmodell entspricht und Beziehungen zwischen System und Umwelt ungenügend erfasst.

Obwohl wissenschaftlicher Konsens darüber fehlt, woran und wie die Effizienz von Organisationen zu messen wäre, lassen sich eine Reihe von Pathologien oder Dysfunktionen bürokratischer Organisation feststellen. Hierzu gehört etwa die starre Abgrenzung von Kompetenzen, die dazu führt, dass neue Anforderungen aus der Umwelt der Organisation nicht umfassend erkannt oder verarbeitet werden. Ein weiteres Beispiel nachteiliger Folgen bürokratischer Organisation ist die Überbetonung der Regelhaftigkeit in der Aufgabenerfüllung, welche zu defensivem Verhalten von Organisationsmitgliedern und letztlich zu Zielverschiebungen dergestalt führt, dass Regeln um ihrer selbst willen vollzogen werden, ohne dass ihre Zweckmäßigkeit überdacht wird.

Solche deskriptiven und präskriptiven Schwächen haben dazu geführt, den Wert des Modells bürokratischer Organisation zu relativieren. Die Kontingenztheorie der Führung und die Theorie situativer Organisation beschränken das klassische „Befehls- und Maschinenmodell" der Organisation auf Situationen, in denen die Umwelt der Organisation relativ konstant bleibt, Probleme daher gut strukturiert, Aufgaben programmiert und routinisierbar, die Qualifikation der Mitarbeiter niedrig und ihre Motivation extrinsisch sind; hier lässt sich streng arbeitsteilig, regelorientiert, hierarchisch und förmlich verfahren. Bei turbulenter Umwelt hingegen, neuen Problemen, umstrukturierten Aufgaben, deren Lösung Innovationen verlangt, bei gut qualifiziertem, intrinsisch motiviertem Personal mit professionellem Selbstverständnis zeigt sich eine „organische" der „mechanischen" Organisation überlegen, sind teamartige Interaktion, Dezentralisation von Verantwortung und ein mitarbeiterorientierter Führungsstil funktional geeigneter. Im einzelnen haben die praktischen Schwächen voll bürokratisierter Organisationen zur Entwicklung einer Reihe von Managementmodellen und Neuerungen im Personalwesen geführt. Kritik an der Effizienz der öffentlichen Verwaltung knüpft jedoch nur z.T. an ihrer internen Behördenorganisation an. Überwiegend handelt es sich um liberalistische Staatskritik, die den Abbau öffentlicher Aufgaben und öffentlichen Personals, Privatisierung und Eindämmung der „Regelungsflut" fordert. Da auf diesem Feld eine nicht leicht zu überblickende Begriffsverwirrung herrscht, erscheint es sinnvoll, die unterschiedlichen Arten der Kritik an der Bürokratie auf die soeben kurz angerissenen vier Dimension einer Theorie der Bürokratie zu beziehen.

1.4 Bürokratiekritik

Schon die Begriffsgeschichte hat deutlich gemacht, dass eine klare Trennung zwischen Bürokratiekritik und Bürokratietheorie zumindest vor den Ausführungen Max Webers kaum möglich ist. Selbst bei Max Weber finden sich ja erhebliche Teile seiner bürokratietheoretischen Ausführungen in den politischen, also von ihm als praktisch und nicht dem Postulat der Werturteilsfreiheit folgend angesehenen Schriften. Bürokratiekritik ist vielfach lediglich implizit. Da Kritik ganz allgemein normative Maßstäbe für die Bewertung eines beobachteten Sachverhalts voraussetzt, stellt sich die Frage, welches diese normativen Bezüge der Bürokratiekritik sind. Ausgehend von den hier zugrunde gelegten vier Dimensionen der Bürokratietheorie können vier sich darauf beziehende normative Bezugspunkte ausgemacht werden:

- Resultierend aus der historischen und gesamtgesellschaftlichen Entwicklung einer sich ausdehnenden Staatstätigkeit sowie ausgehend von gesellschaftlichen Autonomievorstellungen wird der Umfang oder die Intensität der Staatstätigkeit oder der politischen Herrschaft schlechthin kritisiert;
- Kritik richtet sich ferner auf die politische Legitimation bürokratischer Herrschaftsausübung, die sich insbesondere an der Gefahr der politischen Verselbständigung der Bürokratie gegenüber der politisch legitimierten Leitung entzündet – ein Strukturproblem, das sich auch in demokratisch verfassten Systemen wie Parteien und Verbänden im Verhältnis von Vertretungskörperschaft zu den hauptamtlichen Funktionären, aber auch in der Beziehung zwischen Unternehmungsverwaltung und Kapitalvertretern beobachten lässt;
- Bürokratiekritik ist drittens Kritik der Beziehung zwischen Individuum und bürokratischer Organisation aus der Sicht des auf Selbstverwirklichung bedachten Mitarbeiters oder aus der Sicht des auf Anliegensgerechtigkeit bedachten Bürgers oder Kunden;
- Schließlich kann sich Bürokratiekritik in ihrer organisationstheoretischen Dimension auch auf die Effizienz des Organisationstypus richten.

1.4.1 Kritik am Umfang der Staatstätigkeit als Ergebnis der historischen und gesamtgesellschaftlichen Entwicklung

Die liberalistischen Bemühungen des 19. Jahrhunderts, Staatsaufgaben rechtlich zu fixieren und Eingriffe in Individualrechte sowie Steuererhebungen zu begrenzen, finden periodische Entsprechungen in einer Kritik am Umfang staatlicher Aufgaben, Interventionen und Ausgaben. Die Ausgaben der öffentlichen Haushalte sind in der Bundesrepublik Deutschland von 14 Mrd. Euro (1950) über 100 Mrd. Euro (1970) auf 1126 Mrd. Euro (2009) gestiegen; die Staatsquote jedoch, der Anteil der öffentlichen Ausgaben am Bruttosozialprodukt, bewegt sich seit dem ökonomischen Krisenjahr 1975 (48,8 Prozent) relativ konstant – mit kleineren Schwankungen – zwischen 43 und 49 Prozent. Angesichts der Zunahme öffentlicher Einnahmen aus Steuermitteln und der partiellen Finanzierung der Ausgaben aus Krediten wird vom „Steuerstaat" (z.B. Ullmann 2005) und von „Finanzkrise" des (Steuer-)Staates (vgl. hierzu schon Schumpeter 1918) gesprochen. Das Anwachsen der Staatstätigkeit kommt jedoch auch in der Zunahme der Zahl der öffentlich Bediensteten zum Ausdruck: Zwischen 1950 und 1978 ist die Zahl der vollbeschäftigten Personen im öffentlichen Dienst von 2,28 Mio. auf 3,53 Mio. gestiegen (ohne Militär); unter Einbeziehung der mittelbaren Staatsverwaltung (insbesondere Sozialversicherung) und der Teilzeitbeschäftigten kann man derzeit von etwa 4,5 Mio. Bediensteten bei einer Gesamtbeschäftigtenzahl in der BRD von knapp 40 Mio. ausgehen. Der Anteil der Personalkosten an den öffentlichen Ausgaben liegt bei etwa einem Drittel. In der öffentlichen Diskussion wird angesichts dieser Zahlen vielfach übersehen, dass die Hoheits- und Kämmereiverwaltung (für den Laien meist die Verwaltung schlechthin) unterproportional wächst und dass die Aufgabenbereiche mit den höchsten Personalzuwächsen die öffentliche Sicherheit und Ordnung, das Schul- und Hochschulwesen und das Gesundheitswesen sind, also Bereiche der Landesverwaltung, denen beim Bund nur ungefähr eine halbe Million öffentlich Beschäftigter gegenüberstehen. Insbesondere von konservativer Seite wird seit einigen Jahrzehnten programmatisch ein Abbau öffentlicher Leistungen, Entstaatlichung und Privatisierung gefordert. Dabei wird oft nicht klar, ob eine bloße Überführung öffentlicher Aufgaben in privatrechtliche Organisationsformen oder eine echte Entstaatlichung angestrebt wird. Die Beispiele privater Müllabfuhr, Parkpflege oder Gebäudereinigung scheinen indes wenig geeignet, grundsätzliche Änderungen herbeizuführen; aufsehenerregender sind dagegen die Organisationsprivatisierungen bei Post und Bahn, denen sich z.T. materielle Privatisierungen in Form von Börsengängen angeschlossen haben. Jedoch sind öffentliche Aufgaben nicht zuletzt aus Marktversagen entstanden, wurde privatwirtschaftliche Unternehmenspolitik vielfach dem öffentlichen Versorgungsauftrag nicht gerecht oder sind defizitäre öffentliche Unternehmen schlicht nicht privatisierbar. Anstatt Aufgabenabbau und Entstaatlichung gilt die Sorge gelegentlich eher einer Eindämmung weiterer Zuwächse durch Stärkung der nach der kommunalen Gebietsreform noch verbliebenen ehrenamtlichen Selbstverwaltung, der Eigenleistung des Bürgers, der Förderung des Vereinslebens und spontan gebildeter privater Selbsthilfeeinrichtungen.

Die Ausdehnung der Staatsfunktionen drückt sich auch in der Normenproduktion aus: 1977 waren 1480 Bundesgesetze und 2880 Rechtsverordnungen des Bundes in Kraft, von denen lediglich 280 bzw. 420 unverändert aus der Zeit vor 1969 stammten. 2003 betrug die Zahl der geltenden Bundesgesetze über 2000, die der geltenden Rechtsverordnungen des Bundes mehr als 3000. Diese Regelungsflut schlägt sich im Umfang der Gesetzblätter und Vorschriftensammlungen nieder. 1956 umfaßte das Bundesgesetzblatt 1082 Seiten, 1980 bereits 3992 Seiten;. Eine „Fesselung des Bürgers" wird beklagt, Entscheidungsprozesse verlangsamen sich, und Vollzugsdefizite werden moniert, da die öffentliche Verwaltung die neuen Vorschriften nur noch partiell anwenden würde, anstatt in ihrem Handeln gebunden zu sein, sich also gerade verselbständigen könne (vgl. Wagener 1979). Die Ursachen für die Normenflut sind vielfältig: Materieller Normierungsbedarf bei neuen Aufgabenbereichen, Ausdehnung des Gesetzesvorbehalts, Bestreben nach Vereinheitlichung der Lebensverhältnisse in der EU und im Bundesgebiet; Tendenz, politischen und damit bürokratischen Erfolg an der Zahl der Gesetze und Vorschriften anstatt an ihrer Wirksamkeit zu messen; Absicherungsverhalten der öffentlichen Verwaltung gegenüber der Verwaltungsgerichtsbarkeit; Steuerungsbedürfnis von (mit Beamten durchsetzten) Parlamenten und Ministerialverwaltung gegenüber den Vollzugsinstanzen. Als Folge des Aufgabenzuwachses, der Regelungsflut und der zunehmenden Verflechtung nationaler und supranationaler Entscheidungsebenen wird im Gegenzug zur marxistischen Krisentheorie des Kapitalismus ab Mitte der 1970er Jahre von bürgerlicher Seite die Frage nach der Regierbarkeit oder der Übersteuerung hochindustrialisierter demokratischer Gesellschaften aufgeworfen (vgl. Hennis et al. 1977/1979, Wagener 1976, Schäfer 2009).

1.4.2 Kritik an der Legitimität bürokratischer Herrschaft

Mit der Herausbildung von geschulten, spezialisierten Funktionären oder öffentlichen Bediensteten wird infolge des Informationsvorsprunges der Bürokratie in Vereinen, Verbänden, Parteien, vor allem aber in der staatlichen Exekutive befürchtet, dass der Verwaltungsapparat sich der Steuerung und Kontrolle durch

Mitgliederversammlungen, Delegierte oder Parlamente entziehen und sich politisch verselbständigen könne.

Insofern wurde seit je der sozialen, rassischen, politischen oder geographischen Rekrutierung und Zusammensetzung der Bürokratie von seiten der politischen Leitung große Aufmerksamkeit geschenkt, um Loyalität zu sichern, gesellschaftliche Gruppen zu fördern oder in ihrem Einfluss zu beschneiden, sei es dass primär das Bürgertum im Ancien Régime gegen den Adel rekrutiert wurde, sei es dass in föderalen Systemen auf geographische oder in gemischtrassigen Systemen auf rassische Ausgewogenheit geachtet wird oder dass sozialistische Systeme bevorzugt proletarisch rekrutierten und eine „neue Klasse" (der Berufsfunktionäre) fürchteten. Von der Zusammensetzung der Bürokratie werden Auswirkungen auf ihre Responsivität gegenüber Bürgerwünschen und auf ihre Loyalität gegenüber der politisch legitimierten Leitung erwartet, wobei in parlamentarischen Systemen mangelnde Repräsentativität und Gefahr der Kolonisierung, in nicht repräsentativen Systemen fehlende Parteilichkeit befürchtet wird. In der Bundesrepublik spielt in diesem Zusammenhang eine mögliche Parteipolitisierung der öffentlichen Verwaltung und damit die Sorge eine Rolle, die öffentliche Verwaltung stünde nicht mehr neutral über den konfligierenden gesellschaftlichen Interessen. Der Vorwurf zunehmender „Filzokratie", der Ämterkumulation und Personalunion von öffentlichen, Partei- und Verbandsämtern insbesondere in der Kommunalverwaltung ist eine Variante dieser um Repräsentativität und Neutralität besorgten Kritik.

Die Kritik an der Wirksamkeit parlamentarischer Kontrolle speist sich neuerdings aus der Dominanz der Exekutive bei der Initiierung insbesondere erfolgreicher Gesetzentwürfe und dem Informations- und Mitwirkungsdefizit des Parlaments bei komplexen Planungsvorhaben im gesetzesfreien Raum. Die Einrichtung eines wissenschaftlichen Dienstes beim Bundestag und Überlegungen der Enquete-Kommission für Fragen der Verfassungsreform zur parlamentarischen Beteiligung an der Planung (1975) sollten hier einen Ausgleich schaffen. Da die (planende) Ministerialbürokratie andererseits auf die Kooperation von Interessenverbänden angewiesen ist, wird ihre Kolonisierung, der „Verbändestaat" (vgl. z.B. Gusy 1981), kritisiert und erstmals in den 1970er Jahren nach einem Verbändegesetz gerufen. Für Transparenz soll in diesem Zusammenhang die Registrierung von Lobbyverbänden etwa beim Deutschen Bundestag sorgen. Neu und noch wenig untersucht ist die Praxis, Mitarbeiter privatwirtschaftlicher Unternehmen als „Leihbeamte" in Ministerien zu schicken (vgl. Otto et al. 2008). Ein Legitimationsproblem wird aber auch in der seit Einführung der Gemeinschaftsaufgaben von Bund und Ländern 1969 entstandenen Politikverflechtung zwischen den föderalen Ebenen und mit den supranationalen Organisationen gesehen: Das komplizierte Abstimmungsverfahren zwischen den Fachbürokraten der verschiedenen Ebenen erschwert parlamentarische Änderungen der Planungen und reduziert die Rolle der Parlamente auf die Ratifikation der in „vertikaler Ressortkumpanei" entstandenen Entwürfe. Zudem schränkt die erforderliche Eigenbeteiligung der Länder an der Finanzierung der Gemeinschaftsaufgaben deren finanzielle Autonomie ein. Die in diesem Zusammenhang erhobene Forderung nach Entflechtung und Reform der Finanzverfassung, um die Länder in die Lage zu versetzen, ihre Aufgaben allein zu finanzieren, wird auch auf das Verhältnis von Ländern zu Gemeinden ausgedehnt, deren Autonomie durch zunehmende Pflichtaufgaben und zweckgebundene Zuweisungen ebenfalls gefährdet erscheint. Die jüngsten Entflechtungen im Zuge der Föderalismusreformen I und II sollen hier ein stärkeres Maß an Trennung der finanziellen Kompetenzen und Verantwortlichkeiten der Gebietsebenen bewirken.

Auf Selektivitäten der Interessenberücksichtigung und Defizite an parlamentarischer Kontrolle deuten auch die seit Ende der 1960er Jahre vermehrt auftretenden Bürgerinitiativen hin, die sich u.a. im Zusammenhang mit kommunalen Planungen bildeten. Direkte Möglichkeiten der Partizipation des Bürgers an kommunalen Planungen sind daher im Städtebauförderungsgesetz verbessert worden, und die Möglichkeit einer Verbandsklage, insbesondere bei Umweltschutzangelegenheiten, wurden lange Zeit erörtert und ist seit 2002 im Bundesnaturschutzgesetz geregelt. Allerdings ist die Repräsentativität von Bürgerinitiativen, die sich meist aus der Mittelschicht rekrutieren, selbst problematisch. Von größerer Bedeutung sind zumindest auf kommunaler Ebene direktdemokratische Verfahren (Bürgerbegehren und Bürgerentscheid), die den Stimmberechtigten einen Einfluss auf die Gestaltung der lokalen Angelegenheiten ermöglichen.

Legitimationsprobleme werden aber auch aufgeworfen durch die Struktur der Parlamente selbst. Angesichts des Miteinanders von Regierung und Parlamentsmehrheit liegt die Kontrollfunktion in erster Linie bei der informationell besonders benachteiligten Opposition.

1.4.3 Bürokratie und Individuum als Ansatz von Kritik

Ein dritter Strang von Bürokratiekritik und Reformversuchen setzt beim Verhältnis des einzelnen Menschen zur bürokratischen Organisation an.

Einerseits wird in dieser Hinsicht von der Rolle des Bediensteten in bürokratischen Großorganisationen ausgegangen und auf mögliche Deformationen in Form der bürokratischen Persönlichkeit als Folge im wesentlichen von Karrierestreben, Entfremdung infolge Arbeitsteilung und geringe Zufriedenheit infolge mangelnder Selbstverwirklichungsmöglichkeiten hingewiesen – ein Preis für die Trennung von Haushalt und Betrieb und die beliebige Verfügbarkeit gegen

Geldentlohnung (vgl. Merton 1952, Bosetzky et al. 1980). Hier setzen auch in der öffentlichen Verwaltung Versuche zur Humanisierung am Arbeitsplatz, job rotation und Fortbildung zwecks Höherqualifikation sowie Möglichkeiten der innerbetrieblichen Partizipation (Personalvertretung) an, wobei sich die Partizipation in der öffentlichen Verwaltung aus verfassungsrechtlichen Gründen auf Personal- und Organisationsentscheidungen beschränkt.

Zweitens besteht ein Spannungsverhältnis zwischen dem Bürger in seiner Rolle als Kunde oder Klient und der bürokratischen Organisation. In Bezug auf die öffentliche Verwaltung werden in dieser Hinsicht unter dem schillernden Begriff „Bürgernähe" Defizite beklagt, wobei unklar bleibt, ob die – durch die Gemeindegebietsreform gesteigerte – *geographische Distanz* zur Verwaltung, die *politische Distanz* im Sinne direkter Einflussnahme auf die Vertretungskörperschaft oder ausschließlich die meist im Vordergrund stehende *soziale Distanz* zwischen Bürger und Verwaltungspersonal als Folge bürokratischen Verfahrens und bürokratischer Persönlichkeit gemeint ist. Insbesondere alte Menschen und Personen mit niedriger Formalbildung zeigen nicht selten Entfremdung und Angst gegenüber Behörden. Intransparenz der differenzierten Zuständigkeiten, Unkenntnis der Rechtslage (als zunehmende Folge der Regelungsflut selbst bei Juristen), Unverständnis für Verwaltungsabläufe und fehlende Kompetenz im schriftlichen Umgang mit Behörden können als Ursachen für Entfremdung und Angst seitens der Bürger angenommen werden. Empirische Nachweise mangelnder Dienstleistungsorientierung und großer Schalterdistanz insbesondere von Subalternbeamten gegenüber unteren Gesellschaftsschichten sind nur schwer zu führen; Reformmaßnahmen zum Abbau sozialer Distanz gehen jedoch hiervon aus. Der Abbau des übertriebenen (für die Entwicklung der Hochsprache ja nicht unerheblich gewesenen) Amtsdeutsch, die Vereinfachung von Formularen, die Entwicklung von Zuständigkeitsbroschüren, die Schulung des Personals für Kontakte und Berücksichtigung bürgerfreundlichen Verhaltens bei Beförderungen sowie nicht zuletzt der Einführung des E-Government sollen Abhilfe schaffen. Zu erwähnen ist in diesem Zusammenhang auch der Ausbau des Petitionswesens (Ombudsmann, Wehrbeauftragter und Datenschutzbeauftragter als neue Institutionen), das dem Bürger ja eine letzte, „unbürokratische" Kontrollmöglichkeit geben soll.

Insgesamt ist es jedoch fraglich, ob die vielen punktuellen Reformversuche geeignet sind, den säkularen Trend der Bürokratie zu bremsen und die damit verbundenen Probleme endgültig zu lösen.

1.4.4 Kritik an der Effizienz bürokratischer Organisation

Obwohl nach unbestrittener Expertenmeinung die deutsche öffentliche Verwaltung im internationalen Vergleich als eine der effektivsten gilt, sahen 1978 68 Prozent der Wahlbevölkerung in dieser Hinsicht Mängel und 2007 sahen 30 Prozent der Befragten die Leistungsfähigkeit des öffentlichen Dienstes als hoch an, 26 Prozent bewerteten diese als niedrig (vgl. DBB 2007). Obwohl wissenschaftlich schwer nachweisbar, kann man aufgrund organisationstheoretischer Arbeiten auch zur Industriebürokratie davon ausgehen, dass die von Max Weber betonte historische Überlegenheit der Herrschaft mittels eines hauptberuflichen Verwaltungsstabes aufgrund dessen Kompetenz, Stetigkeit, Präzision und Berechenbarkeit mit einer Reihe von Nachteilen erkauft wird: Formalismus und Inflexibilität als Folge der (erwünschten) Regelgebundenheit; Zielverschiebungen, wenn als Folge von Absicherungsverhalten der Zweck von Regelungen aus den Augen verloren und Entscheidungsspielräume restriktiv interpretiert werden; mangelnde Anpassungs- und Innovationsfähigkeit bei Organisationen als Folge von Routinen; Filterwirkung der Hierarchie bei Anregungen und Fehlermeldungen von unten; fehlender politischer Druck und Monopolstellung bei der Leistungsabgabe, aber auch als Folge einer populistisch vielfach unterstellten mangelnden Leistungsmotivation der Bediensteten dank Lebenszeitanstellung und Regelbeförderung; folglich auch Langsamkeit des Entscheidens (gesteigert durch die Regelungsflut), Koordinationsfehler oder Unwirtschaftlichkeit von Investitionen und Planungen, mangelnde Bürgernähe und Dienstleistungsorientierung. Sofern derartige Kritiken im Einzelfall zutreffen, ist häufig unklar, ob die Ursachen in der Organisationsstruktur und beim Personal zu suchen sind oder in den letztlich ja politisch vorgegebenen Entscheidungsprogrammen. Die Organisationstheorie stützt allerdings die Vermutung, dass Verwaltung als bürokratischer Apparat in erster Linie effektiv arbeitet bei klar definierten Routine-Aufgaben und bei stabiler Umwelt, die lediglich ein Reagieren verlangt. Angesichts sich rasch ändernder Situationen, die Antizipation, Innovation und Lösung neuer Probleme verlangen, ist die bürokratische Organisationsstruktur gegenüber einer teamartigen, auf klare Arbeitsteilung verzichtenden, horizontale im Gegensatz zu vertikale, hierarchische Kommunikation betonenden und durch einen mitarbeiterorientierten Führungsstil abgestützten Organisation unterlegen. Diesen Gedanken aufgreifend wird seit Ende der 1960er Jahre versucht, die interne Behördenorganisation flexibel zu gestalten, indem Teams partiell eingeführt und das System der Führung durch Zielvereinbarung oder Delegationsmöglichkeiten erprobt, Planungsstäbe geschaffen und die Fortbildung intensiviert worden sind. Unter anderem mit dem Ziel der Effizienzsteigerung wird seit 1970 auch die Reform des öffentlichen Dienstrechts betrieben, die insbesondere das Leistungsprinzip bei Beförderung und Bezahlung stärken und die Laufbahngruppen durchlässiger gestalten soll. Eine andere Gruppe von Reformen, setzt am Gesamtaufbau der öffentlichen Verwaltung an. Hierzu zählen die Überlegungen zur Neugliederung des Bundesgebietes; die kommunale Gebietsreform auf Kreis- und Gemeindeebene, die eine Reduzierung der Zahl kreisangehöriger Gemeinden von rd. 24 000 auf ca. 8400 erbrachte, und die Funktionalreform, die eine Verlagerung von Zuständigkeiten von den Ministerialinstanzen auf untere Ebenen, insbesondere die professionalisierte Gemeindeverwaltung anstrebt, um die Autonomie der kommunalen Selbstverwaltung zu stärken und den Vollzug bürgernäher zu gestalten.

1.5 Aufbau des Buches

Die Vierdimensionalität von Bürokratietheorie gibt die Struktur des gesamten Buches wieder.

Während sich *Kapitel 2* in makro-soziologischer Absicht vor allem mit dem historischen Prozess, in dem sich Bürokratie entwickelt hat, befassen wird und sich dabei allen voran auf die von Max Weber selbst in seinem wissenschaftlichen (im Gegensatz zum politischen) Werk verfolgte Perspektive stützen wird, sind die nachfolgenden drei Kapitel primär systematisch ausgerichtet.

Kapitel 3 wird sich unter der Überschrift „Bürokratie und Politik" mit der Frage der politischen Legitimität bürokratischer Herrschaft befassen und hierbei erneut an Max Weber anknüpfen. Wir werden uns dort zunächst mit dem Verselbständigungsproblem befassen, wie es schon Max Weber formuliert hat, darüber hinaus aber auch einige Ergebnisse aus der politischen Soziologie, insbesondere zur Rekrutierung und zum Rollenverständnis von Beamten ausführen. Außerdem wird Kapitel 3 sich mit Bürokratie aus marxistischer Sicht auseinandersetzen und darlegen, inwieweit einerseits das Rätemodell als anti-bürokratisch konzipiert worden ist, andererseits die Realität in sozialistischen Systemen gesteigert bürokratisch ausfällt. Zu einer Bürokratietheorie als Theorie politischer Herrschaft gehört jedoch auch die Auseinandersetzung mit dem Zeitgenossen und Kollegen Max Webers, Robert Michels, und dessen Ausführungen zur Bürokratisierung gerade solcher politischer Parteien, die demokratisch, also mitgliedschaftlich konstruiert sind. Des weiteren werden uns in diesem Kapitel die Theorie der repräsentativen Bürokratie sowie die Ökonomische Theorie der Bürokratie beschäftigen.

Kapitel 4 wird sich den verschiedenen Aspekten des Themas „Bürokratie und Individuum" zuwenden und damit eine Dimension der Bürokratietheorie ansprechen, die bei Max Weber sicherlich nicht im Vordergrund stand. Dennoch werden wir sehen, dass sich auch Max Weber mit der „bürokratischen Persönlichkeit" befasst hat. Denn der „disziplinierte Mensch" hat sich im gesamtgesellschaftlichen historischen Rationalisierungsprozess zunächst phylogenetisch herausbilden müssen, bevor er als Einzelwesen innerhalb der beruflichen Sozialisation wiederum die Merkmale entwickelt, die für das Funktionieren bürokratischer Organisationen bedeutsam sind. Die Perspektive des „verwalteten Menschen", des Klienten, Kunden oder Bürgers war jedoch gewiss nicht ein Anliegen Webers. Hier werden wir stärker auf verwaltungswissenschaftliche Forschungen im engeren Sinne zurückgreifen müssen. Hinzu kommt die Betrachtung des Disziplinierungsprozesses im Extremfall der totalen Institution in Abgrenzung zu bürokratischen Organisationen am Beispiel des Konzentrationslagers und des Gefängnisses (nach Michel Foucault).

In *Kapitel 5* wird aus organisationstheoretischer Sicht die sogenannte Effizienzthese Max Webers aufgegriffen und diskutiert. Die moderne Organisationstheorie ist sicherlich der Bereich, der am meisten neben der Politikwissenschaft von Max Weber profitiert und seine Gedanken fortgeführt hat. Es wird aber zu zeigen sein, dass dies um den Preis einer theoretischen Verkürzung geschah, der zur Vernachlässigung unbürokratischer Freiwilligenorganisationen führte. Letztere werden deshalb hier konträr zu bürokratischen Organisationsstrukturen aufgegriffen und analysiert. Darüber hinaus werfen wir exkursartig einen Blick auf die Mafia und fragen, inwieweit diese als Organisation und als Bürokratie gesehen werden kann.

Gegen Ende des Buches befassen wir uns in *Kapitel 6* mit dem Thema „Entbürokratisierung" und möchten den Begriff, die möglichen Instrumente sowie die offensichtlichen Probleme der Entbürokratisierung erörtern. *Kapitel 7* beinhaltet schließlich ein kurzes Resümee und eine Schlussbetrachtung zur Bedeutung der Bürokratie.

Wie lässt sich Bürokratietheorie wissenschaftssystematisch einordnen? Es dürfte deutlich geworden sein, dass die Bürokratietheorie sich kaum einer einzelnen der heute etablierten Disziplinen zuordnen lässt. Verwaltungsgeschichte, Organisationspsychologie, Organisationssoziologie, allgemeine Organisationstheorie, Verwaltungssoziologie, Verwaltungswissenschaft im engeren Sinne und vor allem politische Wissenschaft sind Disziplinen, in denen Webers Ausführungen zum Phänomen „Bürokratie" heute selektiv aufgegriffen werden. Dies liegt daran, dass Max Weber einer der letzten Enzyklopäden war und sein Werk geschrieben hatte, bevor die Ausdifferenzierung der Staatswissenschaften, insbesondere die Etablierung der Soziologie und – später – der Politikwissenschaft eingesetzt hatte. Insofern könnte man durchaus sagen, dass die hier beabsichtigte Systematisierung des bürokratietheoretischen Wissens und die zugleich verfolgte Rekonstruktion der Weberschen Bürokratietheorie einen Versuch darstellen, aus

der Perspektive einer interdisziplinären Staatstheorie das Wissensgebiet zu integrieren.
Die folgende Abbildung stellt die Struktur des Buches tabellarisch dar. Zu entnehmen sind die vier Dimensionen der Bürokratietheorie und einige exemplarisch ausgewählte Inhalte, die den Dimensionen zugeordnet werden können und im weiteren Verlauf betrachtet werden.

Abbildung 3: Dimensionen der Bürokratietheorie

Dimension	Typische Inhalte
Bürokratietheorie als Gesellschaftstheorie	<ul><li>Historie</li><li>Herrschaft</li><li>Rationalisierungsprozess</li><li>Gesellschaft</li><li>Beamte und Angestellte als gesellschaftliche Schicht</li><li>Staat (Funktionen – Umfang und Inhalt)</li><li>Entstaatlichung</li></ul>
Bürokratie und Politik	<ul><li>Verselbstständigung der Bürokratie</li><li>Bürokratie im Sozialismus</li><li>Rätemodell</li><li>Bürokratisierung politischer Parteien</li><li>Repräsentative Bürokratie</li><li>Ämterpatronage und Politisierung des öffentlichen Dienstes</li><li>Ökonomische Theorie der Bürokratie</li></ul>
Bürokratie und Individuum	<ul><li>Individuum als Mitarbeiter von bürokratischen Organisationen</li><li>Disziplinierung der Mitarbeiter und dessen Folgen</li><li>Bürger und Verwaltung</li><li>Individuum als Klient</li><li>Konzept der Bürgernähe</li><li>Maßnahmen zur Verhinderung von „Entfremdung"</li></ul>
Bürokratietheorie als Organisationstheorie	<ul><li>Effizienz bürokratischer Organisationen</li><li>Dysfunktionen</li><li>Vereine und Ehrenamt als Gegensatz</li></ul>

2 Bürokratietheorie als Gesellschaftstheorie

In diesem Kapitel wird der historische Prozess der Bürokratisierung im Sinne der Ausbreitung des Typus „bürokratische Organisation" in den Mittelpunkt gestellt: Im Hinblick auf die öffentliche Verwaltung als Paradefall bürokratischer Organisation ist zunächst nach den gesamtgesellschaftlichen Voraussetzungen und Bedingungen des Entstehens des Herrschaftsapparates zu fragen (2.1). Mit dieser makrosoziologischen Perspektive kontrastieren wir dann die Geschichte des Berufsbeamtentums als dem sozialen Träger von Bürokratie (2.2).

Zugleich gibt dieses Kapitel einen Überblick über Autoren und Denkrichtungen in der allgemeinen Soziologie, die sich in makrosoziologischer Perspektive mit dem Phänomen der Bürokratisierung befasst haben (2.3). Dabei wird nicht historisch-ideengeschichtlich vorgegangen, sondern es wird mit Max Webers Ausführungen begonnen, weil diese den höchsten Komplexitätsgrad erreichen. Zugleich sei dabei zu verdeutlichen, inwieweit Max Weber von Verwaltungshistorikern seiner Zeit (Schmoller, Hintze) gezehrt hat.

Obwohl es üblich ist, Max Weber mit Karl Marx zu kontrastieren (vgl. Zander 1978; Schluchter 1972), werden wir die Marx'schen Ausführungen im dritten Kapitel darstellen, um damit eine Überleitung zur dort vorzutragenden Analyse sozialistischer Bürokratie herzustellen. Der dritte Abschnitt dieses Kapitels ist vielmehr ein kurzer Überblick über einige Klassiker der Soziologie und geht der Frage nach, inwieweit diese Autoren das Phänomen „Bürokratisierung" überhaupt aufgegriffen haben.

2.1 Bürokratie im okzidentalen RationalisierungsProzess

Eine Beschreibung und Erklärung des universalgeschichtlichen okzidentalen Rationalisierungsprozesses zieht sich wie ein roter Faden durch Max Webers wissenschaftliches Werk. Entsprechende Darstellungen finden sich allen voran in seiner Religions-, Rechts- und Wirtschaftssoziologie sowie – was für uns von Interesse ist – in seiner Herrschaftssoziologie. Deutlichster Ausdruck der Rationalisierung politischer Herrschaft ist die Entstehung und Ausbreitung bürokratisch organisierter Herrschaftsapparate.

2.1.1 Gesellschaftliche Voraussetzungen für das Entstehen bürokratischer Herrschaft

Die eher *logischen* Beziehungen, die wir im vorigen Abschnitt zwischen einzelnen Merkmalen des Typus „bürokratischer Organisation" herausgearbeitet haben und die uns im folgenden immer wieder beschäftigen werden, sind von Weber in seinen sozial- und wirtschaftsgeschichtlichen Ausführungen sowie im zweiten Teil von „Wirtschaft und Gesellschaft" auch historisch herausgearbeitet worden. Während Weber bei der Konstruktion seiner Herrschaftstypologie auch die Antike, europäische wie asiatische Herrschaftssysteme im Auge hatte, konzentriert sich seine dynamische Analyse im zweiten Teil von „Wirtschaft und Gesellschaft" auf den okzidentalen Bereich und hier speziell auf den Übergang von feudalen zu legalen Herrschaftssystemen. Dabei steht die Entwicklung von Territorialstaaten im Mittelpunkt der Betrachtung.

Nach dem Zerfall des Römischen Reiches mit all seinen sozioökonomischen Konsequenzen, insbesondere dem Verschwinden einer Geldwirtschaft, hat sich staatliche Macht seit dem Karolinger Reich schrittweise zentralisiert und zugleich territorial ausgedehnt. Am Ende dieser Entwicklung steht der Nationalstaat des 19. Jahrhunderts mit einem fest umrissenen, intern befriedeten Territorium. Diese Entwicklung vollzieht sich über eine Reihe von Hegemonialkämpfen zwischen Fürsten mit relativ kleinen Territorien, wobei das Ergebnis dieses Kampfes regelmäßig die Unterwerfung des einen Fürsten und die Vergrößerung des Territoriums des anderen ist. Exemplarisch lässt sich dies an der französischen Geschichte bis zum absoluten Königtum nachvollziehen, während die Entwicklung in Deutschland wesentlich langsamer und weniger geradlinig verläuft. Das ökonomische Ergebnis dieser schrittweisen Monopolisierung *physischer Gewalt* als Kennzeichen des Staates ist die interne Befriedung des Territoriums (z.B. Fortfall des Raubrittertums) und die Verlängerung der Handelsketten im Zuge der Ausdehnung des Territoriums: Wirtschaftliche Beziehungen können relativ sicher und relativ ungehindert durch Zollschranken allmählich verlängert werden, wodurch einerseits Geldwirtschaft ermöglicht, andererseits Geld auch als generalisiertes Tauschmedium erforderlich wird, um die steigende Komplexität von Transaktionen zu bewältigen. Wie die *Geldwirtschaft* das ökonomische Substrat des modernen Staates ist, so beruht die Monopolisierung physischer Gewalt darauf, dass der Territorialherr sich auf ein *stehendes Heer von Berufssoldaten* und ein sitzendes Heer der Finanzverwaltung (vgl. Rosenberg 1958) verlassen kann, also nicht mehr zur Wahrung seines Hegemonialanspruches auf die Gefolgschaft ökonomisch relativ selbständiger Vasallen angewiesen ist.

Mit dieser Entwicklung korrespondieren unmittelbar die Merkmale des Idealtypus bürokratischer Herrschaft:

- Hauptberuflichkeit und Geldentlohnung,
- Trennung von Haushalt und Betrieb sowie
- Appropriation der Verwaltungsmittel in der Hand des Herrn.

Söldnerheere, die sich nicht mehr selbst ausrüsten, müssen – wie im Altertum schon – letztlich monetär entlohnt werden, während die Ausrüstung vom Herrn beschafft und finanziert werden muss. Beides setzt voraus, dass die dafür erforderlichen Ressourcen über Steuern aus dem Geldwirtschaftssystem entnommen werden. Erst so gelingt es, über einen ökonomisch abhängigen, weil besitzlosen Herrschaftsstab zu verfügen. Wir sehen hier also eine unmittelbare Beziehung zwischen dem makro-soziologischen Merkmal der Geldwirtschaft sowie den Charakteristika der bürokratischen Organisation in Gestalt der Hauptamtlichkeit und Geldentlohnung, wodurch wiederum ein besonderes Verhältnis zwischen Herrschaftsstab und Beherrschten, nämlich die totale Appropriation der Herrschaftsmittel in der Hand des Herrn ermöglicht wird. Damit sind zugleich die beiden tragenden Säulen des Staates, die Militärverwaltung und Finanzverwaltung geschaffen. Der Staat in Gestalt des fürstlichen Hofes mit dort lebenden Ministerialen oder Vasallen, die natural entlohnt und alimentiert werden, hat sich transformiert in ein System, in dem der Herrschaftsstab räumlich und sozial vom Herrn getrennt ist, politisch aber umso stärker abhängig wird. Hauptberufliches Personal wird jedoch nicht nur im Heer unterhalten, sondern auch die Hofbeamten (Marschall, der Chef des Pferdestalls, Truchseß, Kämmerer etc.) werden schrittweise durch ebenfalls hauptberufliche Beamte ersetzt. Was vorher hörige Ministeriale als Hauspersonal oder aber Adelige im Rahmen einer zeitlich begrenzten Karrierestation am Hofe des Herrn verrichteten, wird jetzt schrittweise hauptberuflichen Beamten überlassen, die vor allem besitzlos, dafür aber schriftkundig waren. Auf diesen Klassenwandel des Herrschaftsstabes spielt auch die Bürokratiekritik des frühen 19. Jahrhunderts an, wenn das Bürgertum als neue Herrschaftsschicht und die Bürokratie als bürgerliche Institution sowie umgekehrt – aus adliger Sicht – die Zurückdrängung des ständischen Einflusses im Absolutismus beklagt wird (Albrow 1972).

Das zweite sozio-ökonomische Merkmal, das in Beziehung zu setzen ist zum Typus bürokratischer Herrschaft und zur Ausbreitung dieses Typus gerade im staatlichen Bereich, ist die quantitative und qualitative *Entfaltung öffentlicher Aufgaben* (vgl. Weber 1980: 559ff.). Exemplarisch hierfür ist die Phase des Merkantilismus, in der im 18. Jahrhundert die Fürsten eine systematische Manufaktur-, Infrastruktur- und Bevölkerungspolitik betrieben, um die direkten

Staatseinnahmen aus öffentlichen Betrieben (z.B. Porzellanmanufakturen) oder aus Steuern zu steigern und darüber ihre Militärausgaben in imperialer Absicht finanzieren zu können. Es bilden sich die Verwaltungszweige des Verkehrswesens (Straßen, Kanäle), der Statistik und Volkszählung sowie eine kameralistische Verfeinerung der Finanzverwaltung heraus. Dieser Verwaltungsapparat erfordert jedoch eine fachgeschulte, professionalisierte Verwaltung, die im wesentlichen schriftlich funktioniert.[4] Entsprechend sind gesamtgesellschaftliche Voraussetzungen Veränderungen im *Bildungssystem*: War etwa um das Jahr 1000 Schriftkundigkeit die Ausnahme, da diese allenfalls für die Beurkundung von Privilegien und Rechten erforderlich war, so werden seit dem Hochmittelalter neben Klerikern aus Klosterschulen vor allem Juristen aus oberitalienischen Universitäten rekrutiert, die einerseits lesen und schreiben konnten, andererseits der funktional erforderlich werdenden Verrechtlichung (durch Verlängerung der Handelsketten und Komplizierung der öffentlichen Geschäfte) entsprachen. Die Fachschulung wird dann im 18. Jahrhundert durch eine spezielle Kameralausbildung auch systematisch betrieben. Das Bildungswesen ist jedoch nicht nur auf die internen Funktionsbedürfnisse der Administration zugeschnitten, sondern einer schriftlich prozedierenden Verwaltung müssen letztlich auch schriftkundige Bürger gegenüberstehen, woraus sich folglich das allgemeine Schulwesen des 19. Jahrhunderts entwickelt.

Neben Geldwirtschaft und Bildungswesen ist eine weitere makroökonomische Voraussetzung der Bürokratisierung die *Rationalisierung im Bereich des Rechtswesens*. Insbesondere der bürgerliche Rechtsstaat betreibt eine Formalisierung der Rechtsetzung (Code Napoléon, Bürgerliches Gesetzbuch) sowie eine Begrenzung staatlicher Eingriffe in die (gesellschaftliche) Individualsphäre durch die Etablierung des Gesetzesvorbehalts. Diese Formalisierung des Rechtswesens ist einerseits funktionale Voraussetzung für die auf Berechenbarkeit angewiesene kapitalistische Wirtschaft, wird zugleich andererseits zum Merkmal bürokratischer Organisation, die sich durch Regelgebundenheit auszeichnet. Hierzu ist auch die formale Abgrenzung von Kompetenzen im Sinne sachlicher und räumlicher Zuständigkeiten zu rechnen.

Generalisierte Normen für das gesamte Territorium sind insbesondere dort erforderlich, wo – wie in Preußen – das Herrschaftsgebiet aus vielfältigen Territorien mit unterschiedlicher Geschichte und divergierenden ständischen Rechten zusammengewürfelt ist. Zwischen Ostpreußen und Kleve bestanden zunächst höchst verschiedene Rechtssysteme, die vereinheitlicht werden mussten. Dadurch wiederum wurde die ursprüngliche territorial differenzierte Provinzialver-

---

[4] Kritisch wird diese Ausdehnung der hauptamtlichen Staatsverwaltung, das "Kommissarswesen" seinerzeit beurteilt, weil die ständische und kommunale Selbstverwaltung durch ehrenamtliche Honoratioren dadurch zurückgedrängt wird (vgl. Knemeyer 1970).

waltung abgelöst durch ein zentralisiertes, für das gesamte Herrschaftsgebiet ausgerichtetes, funktionales Ressortsystem.

Viertens nennt Weber einerseits als Folge – was uns erst weiter unten beschäftigen soll – andererseits als Voraussetzung dieser Entwicklung eine *Nivellierung* der ökonomischen und sozialen Unterschiede. Historisch sind hierunter besonders die Zerschlagung feudaler Ordnungen in Gestalt der Einführung der Gewerbefreiheit (anstelle der zünftischen Organisation) sowie die Aufhebung der Leibeigenschaft und damit die geographische Mobilität zu verstehen. Erst jetzt kann ohne Ansehen der Person nach generalisierten Normen verfahren werden.

Eine Reihe von Merkmalen des bürokratischen Organisationstypus lässt sich indes nicht unmittelbar auf gesamtgesellschaftliche Strukturveränderungen zurückführen. Hierzu gehören als wesentliche Merkmale des Beamtentums das Laufbahnsystem sowie die Lebenslänglichkeit der Anstellung, wenngleich die Lebenslänglichkeit der Anstellung mit der Professionalisierung und Geldentlohnung bei gleichzeitigem staatlichem Beschäftigungsmonopol theoretisch vermittelt werden kann. In diesen Merkmalen dokumentiert sich etwas anderes: Die Vertretung und sukzessive Durchsetzung von Eigeninteressen des politisch erstarkten Beamtentums (siehe hierzu Abschnitt 2.2). In gewisser Weise widersprechen diese Merkmale jedenfalls der rationalen Konstruktionslogik des Idealtypus, der auf formal freier Rekrutierung und damit auch auf der Möglichkeit der Entlassung des Personals beruht. Des weiteren lässt sich insbesondere die Herausbildung *monokratischer* im Gegensatz zu kollegialer Verwaltungsführung nicht systematisch auf makro-soziologische Veränderungen zurückführen. Bei historisch genauer Betrachtung zeigt sich, dass sich diese Form der Verwaltungsführung nicht überall hat durchsetzen können, wenngleich sie im Frankreich Napoéleons und in Preußen 1806 als Bureausystem das Kammersystem abgelöst hat. Andererseits ist das Merkmal „monokratische Verwaltungsführung" als Merkmal des Idealtypus nicht historisch, sondern von Weber – kryptonormativ – eingeführt worden, wenngleich er andererseits dieses effizienzsteigernde Merkmal des „reinsten Typus" an anderer Stelle sozusagen betriebswirtschaftlich abwägt gegenüber kollegialen Formen der Verwaltungsführung.

2.1.2 Interdependenz von Kapital und Bürokratie

Wie bereits die Verknüpfung von Geldwirtschaft einerseits und Steuerverwaltung andererseits angedeutet hat, besteht zwischen Kapitalismus und Bürokratie ein grundsätzlicher Zusammenhang in Form einer wechselseitigen Bedingtheit. Die folgenden historischen Beispiele illustrieren diese Interdependenz von Kapital und Bürokratie und die funktionale Erforderlichkeit von Bürokratie *im* Kapitalismus (vgl. auch Prätorius 1973):

a. *Privatkapitalistische Finanzierung des Kriegswesens*: Bekanntlich musste sich Kaiser Karl IV. finanziell auf die Fugger stützen, um stehende Heere zu unterhalten. Ähnlich erging es in Frankreich Karl VII., der den Kaufmann Jacques Coeur zum Finanzminister machte und dadurch diesen zur Entwicklung moderner Söldnerheere beitragen ließ. Allerdings ist das stehende Heer, wie Max Weber bereits selbst sieht, der Ursprung für den Ausbau der Finanz- und Heeresverwaltung, die Trennung von Domänen- und Kriegskammern.

b. *Aufhebung der Leibeigenschaft und Zerschlagung des Zunftwesens:* Beide Reformen des aufgeklärten Absolutismus sind unmittelbare Voraussetzungen für das Entstehen des Industriekapitalismus, in dem einerseits der „frei" gewordene Landarbeiter zum städtischen Proletariat und damit zum Industriearbeiter werden kann, in dem andererseits aber ein inländischer Binnenmarkt für den Absatz der produzierten Güter geschaffen wird, nachdem der bodenstämmige Bauer sich nicht mehr selbst aus seinen Erzeugnissen (unentfremdet) reproduziert.

c. *Kolonialismus:* Bekannt sind auch die beutekapitalistischen Unternehmungen bei der Eroberung von Kolonien. Bürgerliche Aktiengesellschaften finanzierten Expeditionen und Kolonialisierung, wobei diese Gesellschaften holländischer und britischer Art zugleich interessanterweise, obwohl (in heutiger Terminologie) privatrechtlich organisiert, gebietskörperschaftlichen Status einnehmen.

d. *Ämterkauf:* Dadurch in Frankreich öffentliche Ämter verkauft wurden, vermehrte sich einerseits das bürokratische Personal, andererseits entstand eine wichtige Einnahmequelle für den absolutistischen Staat (vgl. Prätorius 1973: 27).

e. *Öffentliche Arbeitshäuser:* Durch die Kasernierung all derjenigen in Arbeitshäusern (England:Houses of correction/workhouses; Frankreich: Hospital; Deutschland: Zuchthaus), die in keine geregelte Arbeit integriert waren – Vagabunden, Bettler, Geisteskranke – werden einerseits fabrikmäßige Arbeitskräfte erzwungen und andererseits aufgrund des abschreckenden Beispiels disziplinierende Wirkungen hervorgerufen (vgl. Prätorius 1973: 28f.; hierzu später auch Foucault). Allerdings ist die Unterstellung zweckrationaler Intention bei Prätorius etwas übertrieben. Bei diesen Zwangsarbeiten ging es auch darum, den kommunalen, bürgerlichen öffentlichen Haushalt von Sozialausgaben zu entlasten. Auch heute noch können nach dem

Bundessozialhilfegesetz Hilfeempfänger zu öffentlichen Arbeiten herangezogen werden.

f. *Nationalstaatenbildung:* Bereits eine eher funktionalistische Interpretation liegt vor, wenn man die Bildung von Nationalstaaten damit erklären will, dass damit ein vergrößerter binnenländischer Markt für den entstehenden Kapitalismus geschaffen wird.

g. *Arbeitsrecht:* Prätorius weist zu Recht darauf hin, dass die staatliche Neutralität im 19. Jahrhundert, der „Nachtwächter-Staat", bestenfalls tendenziell vorhanden war. Im Hinblick auf den Arbeitsmarkt hat es immer staatliche Interventionen dergestalt gegeben, dass die Bildung von Gewerkschaften oder kollektive Tarifverhandlungen sowie wohl das gesamte Arbeitsrecht im Interesse der Kapitalisten gestaltet worden sind (vgl. Prätorius 1973: 42). Hierauf bezog sich im übrigen auch eine Debattenrede Max Webers im Verein für Sozialpolitik 1905, als er die Frage von Streikrecht und Aussperrung recht süffisant gegen die herrschende Meinung aufgriff (Weber 1905).

2.1.3 Die Unentrinnbarkeitsthese

So wie Weber die technische Überlegenheit der Bürokratie als Ursache für die Ausbreitung des Typus in Wirtschaft, Verwaltung, im gesellschaftlichen Raum Europas sowie in den Kolonien ansieht, so prognostiziert er zugleich, dass diese betriebsmäßige Verbandsform historisch unentrinnbar sei.

„Die Entwicklung "moderner" Verbandsformen auf allen Gebieten (Staat, Kirche, Heer, Partei, Wirtschaftsbetrieb, Interessenverband, Verein, Stiftung und was immer es sei) ist schlechthin identisch mit Entwicklung und stetiger Zunahme der bürokratischen Verwaltung: ihre Entstehung ist z.B. die Keimzelle des modernen okzidentalen Staats. Man darf sich durch alle scheinbaren Gegeninstanzen, seien es kollegiale Interessenvertretungen oder Parlamentsausschüsse oder "Räte-Diktaturen" oder Ehrenbeamte oder Laienrichter oder was immer (und vollends durch das Schelten über den "hl. Bureaukratius") nicht einen Augenblick darüber täuschen lassen, daß alle kontinuierliche Arbeit durch Beamte in Bureaus erfolgt. Unser gesamtes Alltagsleben ist in diesen Rahmen eingespannt. Denn wenn die bürokratische Verwaltung überall die – ceteris paribus! – formal-technisch rationalste ist, so ist sie für die Bedürfnisse der Massenverwaltung (personalen oder sachlichen) heute schlechthin unentrinnbar. Man hat nur die Wahl zwischen "Bureaukratisierung" und "Dilettantisierung" der Verwaltung, und das große Mittel der Überlegenheit der bureaukratischen Verwaltung ist: Fachwissen, dessen völlige Unentbehrlichkeit durch die moderne Technik und Ökonomik der Güterbeschaffung bedingt wird, höchst einerlei, ob diese kapitalistisch oder – was, wenn die gleiche technische Leistung erzielt werden sollte, nur eine ungeheure Steigerung der Bedeutung der Fachbureaukratie bedeuten würde – sozialistisch organisiert ist." (Weber 1980: 128).

Diese Unentrinnbarkeitsthese findet allerdings bei Weber zwei unterschiedliche Begründungen: Eine funktionale und eine interessenpolitische.

Die These der *funktionale Unentbehrlichkeit* stellt ab auf ein gegebenes sozioökonomisches Leistungsniveau und die Bedürfnisse der Massenverwaltung. Diese funktionale Notwendigkeit

> „bedingt diese Schicksalhaftigkeit der Bureaukratie als des Kerns jeder Massenverwaltung. Nur der (politische, hierokratische, vereinliche, wirtschaftliche) Kleinbetrieb könnte ihrer weitgehend entraten." (Weber 1980: 129)

Dies bedeutet also, dass man nur die Wahl hat zwischen Beibehaltung der Bürokratisierung oder Verkleinerung des Verwaltungsbetriebes oder Effizienzeinbußen. Dabei ist für Weber bürokratische Organisation invariant gegenüber den politischen Systemen des Sozialismus und des Kapitalismus. Auf Webers Sozialismus-Analyse werden wir unter 3.2.3 eingehen. Hier ist jedoch festzustellen, dass Weber die funktionale Erforderlichkeit bürokratischer Organisation nicht nur für die Befriedigung von Massenbedürfnissen als Voraussetzung ansah, sondern auch als *Funktionsvoraussetzung des Kapitalismus* erkannte. Darüber hinaus prognostiziert Weber an anderer Stelle für den Fall der Beseitigung der Bürokratie einen *Kulturverfall*, wie dieser in Ägypten und im Römischen Reich beobachtet werden konnte.

> „Der Bedarf nach stetiger, intensiver und kalkulierbarer Verwaltung, wie ihn der Kapitalismus – nicht: nur er, aber allerdings und unleugbar: er vor allem – historisch geschaffen hat (er kann ohne sie nicht bestehen) (...) bedingt diese Schicksalhaftigkeit der Bureaukratie (...). Wie der Kapitalismus in seinem heutigen Entwicklungsstadium die Bureaukratie fordert – obwohl er und sie aus verschiedenen geschichtlichen Wurzeln gewachsen sind –, so ist er auch die rationalste, weil fiskalisch die nötigen Geldmittel zur Verfügung stellende, wirtschaftliche Grundlage, auf der sie in rationalster Form bestehen kann." (Weber 1980: 129).

Die These von der Unentrinnbarkeit bzw. – mit normativem Unterton – von der Unverzichtbarkeit der Bürokratie wird jedoch nicht nur funktional, sondern auch *interessenpolitisch* begründet. Das bedeutet, dass ein Eigeninteresse der Bürokratie hinsichtlich ihrer Erhaltung und Expansion besteht, welches sich durch die speziellen Statusinteressen derjenigen begründet, die in bürokratischen Organisationen hauptberuflich und gegen Geld entlohnt tätig sind.

„Für jede Verbandsbildung hat ferner die Wirtschaft dann eine ganz allgemeine soziologische Konsequenz, wenn die Leitung und der Verwaltungsstab, wie in aller Regel, entgolten werden. Dann ist ein überwältigend starkes ökonomisches Interesse mit dem Fortbestand des Verbandes verknüpft, einerlei ob seine vielleicht primär ideologischen Grundlagen inzwischen gegenstandslos geworden sind.
Es ist eine Alltagserscheinung, daß, nach der eigenen Ansicht der Beteiligten "sinnlos" gewordene, Verbände aller Art nur deshalb weiterbestehen, weil ein "Verbandssekretär" oder anderer Beamter "sein Leben (materiell) daraus macht" und sonst subsistenzlos würde." (Weber 1980: 118f.).

Diese Beobachtung wird jedoch nicht nur als Begründung für die Fortdauer bürokratischer Herrschaft genommen, sondern Weber weist auch auf die Konsequenzen hin, die eine Auflösung bürokratischer Apparate in gesamtgesellschaftlicher Hinsicht hätte:

„Ohne ihn würde eine Gesellschaft mit Trennung des Beamten, Angestellten, Arbeiters, von den Verwaltungsmitteln und Unentbehrlichkeit der Disziplin und Geschultheit die moderne Existenzmöglichkeit für alle außer den noch im Besitz der Versorgungsmittel befindlichen (den Bauern) aufhören. Er funktioniert für die zur Gewalt gelangte Revolution und für den okkupierenden Feind normalerweise einfach weiter wie für die bisher legale Regierung." (Weber 1980: 128).

2.1.4 Typen legitimer Herrschaft als Phasenmodell der Organisation politischer Herrschaft

Einen ersten Zugang zum gesamtgesellschaftlichen Kontext der Entstehung des bürokratischen Organisationstypus gewinnen wir, wenn wir Webers drei Typen legitimer Herrschaft in ein Phasenmodell umdeuten. Von Weber sind diese Typen zwar nicht so verstanden worden, der Aufbau seiner Abhandlung über diese Typen deutet aber darauf hin, dass er die bürokratische Herrschaft als am höchsten entwickelten Typus und für die Jetztzeit charakteristisch auch als Endprodukt einer Entwicklung sieht, vor der zumindest die traditionale Herrschaft liegt. Bekanntlich hat Weber die drei Typen legitimer Herrschaft danach unterschieden, worauf ihre Legitimitätsgeltung, der Glaube der Beherrschten wie des Herrschaftsstabes in die Legitimität der Herrschaft, beruhte:

- Die Legitimitätsgeltung kann *rationalen Charakters* sein und auf dem Glauben an die Legalität gesetzter Ordnungen und des daraus entspringenden Anweisungsrechts des Herrschers beruhen. Charisma kann nur erweckt und getestet, nicht gelernt oder gelehrt werden.

- *Traditionale Herrschaft* hingegen beruht auf dem Alltagsglauben an die Heiligkeit von jeher geltender Traditionen, während
- *Charismatische Herrschaft* ihre Grundlage in der affektiven Hingabe an die Heiligkeit oder Heldenkraft oder die Vorbildlichkeit einer Person bezieht.

Abbildung 4 ordnet diesen drei Herrschaftstypen die von Weber jeweils genannten Merkmale zu, von denen wir bereits aus der Einleitung die Merkmale bürokratischer Herrschaft kennen. Es wird hier versucht, unter Verwendung abstrakter Begriffe, die Herrschaftstypen dimensional zu vergleichen. Aus Webers Ausführung lässt sich jedoch nicht immer für sämtliche Felder eine Entsprechung finden.

Während wir für das Verhältnis von traditionaler und legaler Herrschaft also eine historische Abfolge unterstellen können, ist hinsichtlich der charismatischen Herrschaft zu bedenken, dass diese typischerweise in Übergangsformationen, insbesondere revolutionären Phasen auftritt. Typischerweise tritt beim zwangsläufigen Übergang in Alltagssituationen und der damit erforderlich werdenden Verstetigung der Herrschaftsausübung ein Strukturwandel ein; insbesondere die Abnützung des Charismas und die Einrichtung von Nachfolgeregelungen werden hier von Weber genannt (vgl. hierzu auch Treiber 2005).

Zum Verständnis der historischen Wandlungen, die sich hinter dem Übergang von traditionalen zu legalen Herrschaftsformen verbergen, ist charakteristisch:

- Der Wandel der Legitimitätsgrundlage selbst;
- Der Wandel der Rekrutierung und der Merkmale des Personals, das den Herrschaftsstab darstellt;
- Darauf bedingt der Wandel im Verhältnis zwischen Herren und Herrschaftsstab.

Die *Rationalistätssteigerung*, die Weber im Übergang zur bürokratischen Herrschaft sieht, wird zunächst deutlich darin, dass Grundlage des *Legitimitätsglaubens* nun zweckrational gesetzte Satzungen sind, welche von Menschen bewußt konstruiert wurden. Im Vergleich dazu gründet sich traditionale Herrschaft auf den Glauben an die Heiligkeit schon existenter, mündlich tradierter Ordnungen. Diese Ordnungen sind nicht formalisiert oder rechtlich systematisiert. Die Ausarbeitung dieses Überganges wird von Weber in der Rechtssoziologie speziell behandelt. Rationalisierung bedeutet hier für Weber lediglich, dass die zugrundeliegenden Satzungen vom Herrscher oder einer führenden Gruppe bewußt konstruiert worden sind. Rationalisierung bedeutet nicht, dass die Beherrschten auch jeweils den dahintergehenden Gedankengang nachvollziehen können, wohl aber wird angenommen, die Beherrschten könnten dies *im Prinzip*. Zumindest gilt, dass die Satzungen den Anspruch der „Legitimation durch Verfahren" (Luhmann 1975) beanspruchen können. Ihr Inhalt hingegen kann beliebig positiviert werden. Daraus ergibt sich, dass der Befehlsinhalt sowohl gegenüber dem Verband als auch dem Herrschaftsstab, also im Innen- wie im Außenverhältnis, beliebiger Natur ist; entscheidend ist, dass die Ausübung von Herrschaft an die gesetzten Regeln gebunden und damit für den einzelnen Bürger wie auch für den Beamten *berechenbar* ist. In gewisser Weise, wenn auch nicht zwangsläufig, impliziert die Fundierung durch Normen (Gesetze, Verordnungen) die Generalisierung dieser Normen und damit die Behandlung des Bürgers „ohne Ansehen der Person", woraus sich im subjektiven Erleben des Bürgers wie auch im Selbstverständnis des Beamten die Unpersönlichkeit in der Behandlung eines Falles versteht. Im Gegensatz dazu ist der Bürger in der vergemeinschafteten Form traditionaler Herrschaft in der Rolle des Untertanen zu sehen, demgegenüber sich Herrschaft relativ willkürlich als Eingriff oder Gewährung von Gnade äußert, die lediglich traditional durch das Maß des immer schon Üblichen gebunden sind (Naturrecht).

Die zweite Dimension, in der sich der Übergang von traditionaler zu legaler Herrschaft äußert, sind die *Merkmale des Herrschaftsstabes* selbst. Für die bürokratische Herrschaft ist kennzeichnend, dass Beamte (wie auch Arbeiter in der Privatbürokratie) formal frei kontrahiert sind, während in der traditionalen Herrschaft der Stab in patrimonialer Ausformung im wesentlichen aus sozial Deklassierten oder in ständischer Herrschaft aus Prominenten oder Vasallen besteht. Damit hängt zusammen, dass der Herrschaftsstab einerseits rekrutiert wird durch Ernennung nach Qualifikationsprüfung und andererseits durch Zwang oder aber Beleihung, Kauf und Pacht. Hiermit wiederum geht einher die besondere Form der Gratifikation des Stabes: In der bürokratischen Herrschaft besteht die *Gratifikation* typischerweise in Geld, während sie in den anderen Formen naturaler Natur oder privilegiert ist. Der freien Rekrutierung entspricht die Geldentlohnung, der zwangsweisen Rekrutierung oder der Beleihung entspricht die naturale oder privilegierte Entlohnung. Beides wiederum steht in einem engen Zusammenhang damit, ob die Funktion im Herrschaftsstab *hauptberuflich* und innerhalb des Haushalts des Herrn oder aber getrennt von diesem stattfindet. Wenn Haushalt und Betrieb getrennt sind, private Ressourcen und Verwaltungsmittel voneinander geschieden sind, so bedeutet dies, dass die Funktionäre hauptberuflich ohne Verfügung über die Verwaltungsmittel beschäftigt werden. Sie wohnen nicht im Haushalt des Herrn und werden dort nicht alimentiert. Daraus ergibt sich zwangsläufig die Geldentlohnung zwecks Unterhaltung eines eigenen privaten Haushalts. Damit wiederum geht einher, dass bürokratische Herrschaft typischerweise auf *Fachschulung* nicht verzichten kann, die außerhalb des Büros vor Eintritt und Rekrutierung erworben worden ist.

Schließlich wandelt sich vor allem mit den zuletzt genannten Merkmalen auch die *Beziehung zwischen Herrscher und Herrschaftsstab*. Während bürokratische Herrschaft dadurch gekennzeichnet ist, dass sämtliche Verwaltungsmittel in der Hand des Herrn liegen – sich der Soldat also genauso wenig auf eigene Kosten ausrüstet und bewaffnet wie der Beamte etwa die Haushaltsmittel, die er verwaltet, aus seinem Privatbesitz entnimmt – sind in der ständischen Herrschaft die Verwaltungsmittel eben typischerweise nicht vom Herrn appropriiert, sondern liegen in der Hand des Herrschaftsstabes. Damit einher geht, dass Amt und Person nicht klar getrennt sind, sondern das Amt typischerweise als Annex des Lehens betrachtet wird. Dieses und die Gratifikation durch Privilegien und Pfründen sowie Lehen bedeutet aber, dass der Herrschaftsstab relativ unabhängig vom Herrn ist, sich folglich historisch auch laufend in *Abfallbewegungen* ergangen und selbstständig agiert hat. Andererseits bedingt die Konstellation bürokratischer Herrschaft, dass die Beamtenschaft, da sie über keine private Reproduktionsbasis verfügt, total über die Geldentlohnung von der Verwaltungsspitze abhängig ist. Diese Problematik kann jedoch dadurch relativiert werden, dass Art und Weise der Geldentlohnung in der legal-rationalen Herrschaftsform in den Gesetzen oder Verordnungen geregelt und schriftlich festgehalten ist. Somit ist die Geldentlohnung für den Beamten berechenbar und einklagbar.

Alles dies impliziert *Rationalisierung* der Herrschaft in einem doppelten Sinne: Zum einen ist die Herrschaft (z.T.) subjektiv rational konstruiert, worauf Weber ausdrücklich hinweist. Zum anderen funktioniert sie dabei objektiv (formal) rationaler als historisch ältere Herrschaftstypen. Die Beherrschten und der Verwaltungsstab brauchen diese Rationalität indes nicht zu verstehen.

Abbildung 4: Merkmale des Verwaltungsstabes in Max Webers Herrschaftstypologie

Herrschaftstyp	Legale Herrschaft	Traditionale Herrschaft		Charismatische Herrschaft
Legitimationsgrundlage	Kraft Satzung	Kraft Glauben an Heiligkeit vorhandener Ordnungen		Kraft affektiver Hingabe
reine Typus	bürokratische Herrschaft	patrimoniale Herrschaft	ständische Herrschaft	Propheten-, Kriegshelden- oder Demagogenherrschaft

Vergesellschaftungsgrad	anstaltsmäßig, betriebsförmig	vergemeinschafteter Verband		vergemeinschaftete Gefolgschaft, Gemeinde
Position der Verbandsmitglieder	Bürger, „ohne Ansehen der Person"	Untertan	Privilegierung, ständische Sonderrechte	Gefolge
Konformität der Verbandsmitglieder aufgrund	Monopol physischer Gewalt als ultimaratio, zweckrationale Orientierung	Pietät, traditionale Orientierung	Treue; traditionale Orientierung	Bewährung des Charisma, emotionale Orientierung
Verfügung über Verwaltungsmittel	Appropriation durch Herrn, Trennung von Haushalt und Betrieb, Amt und Person	Appropriation durch Herrn, Alimentation des Stabes im Haushalt des Herrn	Appropriation durch Stab, Amt Annex des Lehens	keine rationale Beschaffung von Verwaltungsmitteln
soziale Rekrutierung	formal freie Kontrahierung: Beamte, Arbeiter, (historisch: sozial selektiv)	Sklaven, Eunuchen, Plebejer, Literaten (Mandarine, Kleriker)	Prominente	Jünger, Gefolgsleute
Rekrutierungsmechanismus	Ernennung nach Qualifikation (aber auch: Wahlbeamtentum)	Zwang	Beleihung, Kauf, Pacht	Berufung
Hauptberuf?	Hauptberuf, lebenslang, Laufbahn (aber auch: Honoratioren)	Ministeriale	periodisch, Hofbeamte, ansonsten Nebenamt	nein
Qualifizierung	Fachschulung (aber auch: Dilettanten)	durch Geburt, Nähe zum Herrn	durch Geburt	persönliche charismatische Qualifikation
Gratifikation des Stabes	Geld	Naturaleinkommen, später Vasallität möglich	Privilegien, Sporteln, Pfründeneinkommen	Beute, Bettel

Konformität des Stabes aufgrund	Disziplin, Berufsethos	Willkür des Herrn ausgeliefert	Ehre	persönliche Hingabe
Hierarchie	Spitze i.d.R. erb- oder plebiszitär charismatisch oder parlamentarisch gewählt, kollegial oder monokratisch, Staffelung von Vorgesetzten und Untergebenen	Herr als Spitze	unter dem Herrn Hierarchie, die durch Privilegierung durchbrochen ist, ständische Gewaltenteilung	Führer als Spitze
Kompetenzabgrenzung	förmlich abgegrenzt (vertikal und horizontal)	fallweise Auftrag	entsprechend Privileg; Konkurrenz statt Kompetenz	keine Kompetenzen oder Privilegien
Befehlsinhalt gegenüber Verband und Stab	beliebig, aber regelgebunden, berechenbar	traditionell gebunden, Gnade, Willkür	traditionell gebunden, Billigkeit	Offenbarung, Beispiel, Sendung, fallweise Entscheidung
sozioökonomischer Kontext	Territorialstaat mit Gewaltmonopol, Geldwirtschaft, Leiturgiestaat, Verrechtlichung, meist auch: Parlamentarisierung, Kapitalismus, quantitative und qualitative Expansion öffentlicher Aufgaben	Naturalwirtschaft, Bedarfsdeckungswirtschaft, z.B. Karolinger, kein stehendes Heer	Feudalismus	Übergansformation, Revolutionen, meist Transformation des Charisma mit Nachfolgeregelung: Erb- und Wahlcharisma

Abschließend bleibt noch festzuhalten, dass jede der drei Herrschaftsformen ein typisches Zentralproblem aufweist:

- Die charismatische Herrschaft: Instabilität;
- Die traditionale, feudale Herrschaft: Zentrifugalität;
- Die bürokratische Herrschaft: Verselbständigung.

Die *Instabilität* charismatischer Herrschaft entsteht – wie bereits oben angedeutet – durch die fehlenden Nachfolgeregelungen. Propheten oder Kriegshelden bringen eine persönliche charismatische Qualifikation mit und bewähren sich durch Taten (ruhmreiche Siegeszüge). Mit dem Ableben des charismatischen Führers endet auch seine Herrschaft. Beispiel für die Vererbung dieses besonderen Charismas an die Nachkommen lassen sich nur äußerst selten finden. Instabil werden charismatische Herrschaftsformen aber auch dann, wenn seitens des charismatischen Führers die Erfolge ausbleiben, also etwa Kriegszüge verloren werden oder die Herrschaftsunterworfenen Not leiden. Letztlich werden Nachfolgeregelungen mit Elementen der legal-rationalen oder feudalen Herrschaft nötig, um das Erbe des charismatischen Herrschers fortzuführen.

Solche Nachfolgeregelungen bestehen bereits in der feudalen Herrschaft. In der Regel geht hier die Herrschaft nach dem Tod des Herrn auf seinen Erstgeborenen über. Da jedoch der Herrschaftsstab durch die Vergabe von Lehen belohnt wird, stellt sich bei der feudalen Herrschaft besonders das Problem der *Zentrifugalität*. Während durch die Veräußerung von Land der Zentralstaat und die Macht des Feudalherrn geschwächt wird, gewinnen die Vasallen an Einfluss und neigen nicht selten zur – insbesondere territorialen – Verselbständigung und Abspaltung.

Diese Zentralprobleme sind bei der bürokratische Herrschaft nicht zu finden. Mit den Merkmalen der legal-rationalen Herrschaftsform (z. B. Hierarchie, Kompetenzabgrenzung, Geldentlohnung, schriftlich fixierte Nachfolgeregelungen) können diese Probleme gelöst werden. Allerdings ergeben sich aus diesen Merkmalen spezielle Herausforderungen: Der bürokratische Apparat neigt durch sein fachgeschultes und damit mit einem gewissen Informationsvorsprung ausgestatteten Personal zur *politischen Verselbständigung*. Daran schließt sich die Frage an, wie dieser Apparat kontrolliert werden soll, um dieser Tendenz entgegenzuwirken. *Politische Kontrolle* als Lösung? Auf diese Fragen wird in weiteren Kapiteln noch näher eingegangen.

2.1.5 „Rationalität" und „Rationalisierung" bei Max Weber

Obwohl Max Weber sehr häufig die Begriffe „Rationalität" und „Rationalisierung" benutzt, besteht Unklarheit darüber, was unter „Rationalität" und entsprechend unter dem Prozess der Rationalitätssteigerung zu verstehen ist.
Abgesehen vom wertbeladenen Begriff der substantiellen Rationalität hat die formale Rationalität folgenden Bedeutungshof (vgl. Eisen 1978; Kalberg 1980):

- Ziel-Mittel-Denken in Gestalt der zweckrationalen Handlungsorientierung;
- Kontrolle über etwas, sei es Selbstkontrolle und insofern methodische Lebensführung, sei es Weltbeherrschung;
- Ökonomisches Kalkulieren, Rechenhaftigkeit und Berechenbarkeit einerseits als subjektive Rationalität, andererseits (innerhalb mathematischer Regeln) als objektive Rationalität, die auch mit Effizienz gleichgesetzt wird;
- Logisch richtiges Schlußfolgern, Beweisführen innerhalb axiomatisch geschlossener Systeme (Recht, Logik, Mathematik);
- Systematische methodische Anlage etwa im Bereich des Rechts oder der Musik oder der Theologie;
- Die Universalität von Geltung, etwa im Bereich des Rechts.

Gabriel (1979: 19ff.) unterscheidet drei Dimensionen des Rationalitätsbegriffs bei Weber:

- Im „wissenschaftlich-technisch-organisatorischen Sinne, deren gemeinsame Basis in der "Organisation" des Verhältnisses des Menschen zur natürlichen und sozialen Welt im Sinne und mit dem Ziel ihrer Berechenbarkeit und Beherrschbarkeit besteht."
- Rationalisierung in der Sphäre „metaphysisch-ethischer" Sinninterpretation, Systematisierung und Zuendedenken von Sinnzusammenhängen
- Auf der Ebene der praktischen Lebensführung: Die Ausbildung einer methodischen Lebensführung als „Folge der Institutionalisierung von Sinn- und Interessenzusammenhängen".

Entsprechend ist die Rede von Entzauberungsprozess und Modernisierungsprozess (vgl. auch Brubaker 1984; Bogner 1988).

„Über die sein gesamtes Werk ebenfalls durchziehende forscherische Beschäftigung mit den Ursprüngen und Wirkungen des Kapitalismus stößt Weber auf die These von einer allgemeinen, übergreifenden Entwicklung: die der Rationalisierung. Bei seinen Untersuchungen über die Voraussetzungen und die "Kulturbedeutung" dieser universalhistorischen Erscheinung verfolgt Weber ihre Manifestationen – interkulturell und diachron – auf allen behandelten gesellschaftlichen Teilbereichen, wie Wirtschaft, Politik, Recht, Religion und Kultur. Rationalisierung, als das "Schicksal unserer Zeit", war dabei die gemeinsame Formel für jene Teilprozesse, die er abwechselnd Bürokratisierung, Industrialisierung, Entwicklung zum Kapitalismus, Spezialisierung, Säkularisierung, Versachlichung, Entzauberung, Entmenschlichung nannte." (Käsler 1979: 172).

Dabei sollte man unterscheiden zwischen Formalisierung und Rationalisierung. Ersteres, z.B. im byzantinischen Hofzeremoniell, bedeutet nicht gleichzeitig auch formale Rationalisierung. Wenn Formalisierung lediglich auf Symbolisches gerichtet ist und sich im Expressiven erschöpft, sollte man nicht von Rationalisierung reden. *Formale Rationalisierung* hingegen unterstellt immer den Gedankengang, dass zwischen Teilzielen in einem ProduktionsProzess optimale Verbindungslinien gezogen werden, sei es beim Gerichtsverfahren die Formalisierung von Schritten der Beweisführung und des Instanzenzuges, sei es bei der Formalisierung von Geschäftsgängen innerhalb der Bürokratie: Immer bleibt als letzter Bezugspunkt die Erstellung eines Endprodukts, an dem gemessen die Teilprodukte und der Weg zu ihnen als mehr oder weniger formal rational erscheinen. Zugleich ist darauf hinzuweisen, dass dem Endprodukt nicht automatisch *substantielle Rationalität*[5] inhärent ist, da dies, eine politische Bewertung erfordert.

Herbert Marcuse (1965), ein prominenter Kritiker dieser Unterscheidung zwischen formaler und substantieller Rationalität, meint, die Bedingtheit formaler Rationalität bei Weber durch den Rahmen der kapitalistischen Ordnung oder zumindest durch präfixierte extern gesetzte Zwecke kritisieren zu können, indem diese Handlungsrationalität nicht der Systemrationalität (Luhmann) entspräche und material-irrational bei der Güterverteilung ausfalle. Diese Kritik geht insofern ins Leere, als Weber sehr wohl – insbesondere in seinen politischen Schriften – das Auseinanderfallen zwischen formaler und materialer Rationalität betont hat. Marcuses Kritik mißversteht Weber insofern, als er Webers Ausführungen eine normative Bedeutung unterschiebt, die dieser aber im Rahmen seiner verstehenden Soziologie gar nicht gemeint hat, sondern hier lediglich auf die Intention des Handelnden abstellt, sei es des einzelnen Akteurs in einem System, sei es des Konstrukteurs eines solchen Systems. Die These, dass ein Maximum formaler Rationalität eines kapitalistischen Systems mit materialen Irrationalitäten erkauft werde, u.a. „der Unterwerfung der Arbeiter unter die Herrschaft von Unternehmern", findet sich in „Wirtschaft und Gesellschaft", Bd. 1 (Weber 1980: 78). Nach Mommsen (1981) sind Prinzipien materieller Rationalität auch die klassischen liberalen Ideale, insbesondere das Prinzip der freien Selbstbestimmung des Einzelnen. Insofern versteht sich auch die Aussage Webers, dass der Kapitalismus letzten Endes „ein stahlhartes Gehäuse" sei, in dem spontanem und individuellem Verhalten immer weniger Spielraum eingeräumt wird. So

---

[5] Weber spricht auch von „materialer Rationalität": „Als materiale Rationalität soll [..] bezeichnet werden der Grad, in welchem die jeweilige Versorgung von gegebenen Menschengruppen (gleichviel wie abgegrenzter Art) mit Gütern durch die Art eines wirtschaftlich orientierten sozialen Handelns sich gestaltet unter dem Gesichtspunkt bestimmter (wie immer gearteter) wertender Postulate, unter welchen sie betrachtet wurde, wird oder werden könnte." (Weber 1980. 44).

kann also ein in formaler Hinsicht höchst rationales Konstrukt wie der Kapitalismus jederzeit auch substantiell irrationale Folgen mit sich führen.

Der Webersche Gegensatz zwischen formaler und substantieller Rationalität findet eine Entsprechung im üblichen Rechtsdenken zwischen Rechtssicherheit und Gerechtigkeit im Sinne der Gleichheit (siehe z.b. den mit Weber bekannten Radbruch 1932). Wenn Weber durchaus bewußt ist, dass die Zweckrationalität letztlich wertrational fundiert ist, dass die Verantwortungsethik in der Gesinnungsethik wurzelt, dann findet sich hierzu in der Rechtsphilosophie die Parallele, dass die staatliche Rechtsetzung als Kern des Rechtspositivismus im vorstaatlichen Natur- oder Menschenrecht abgesichert sein müßte, wie man nach 1945 auch auf Seiten der entschiedenen Rechtspositivisten erkannt hat.

Weber erläutert z.B. in seiner *Rechtssoziologie*, dass das „Vordringen formalistisch-rationaler Elemente auf Kosten dieser typischen Zustände des patrimonialen Rechts (...) dem eigenen internen Bedürfnis der patrimonialfürstlichen Verwaltung entspringen" konnte (Weber 1980: 487). Beseitigung der Vorherrschaft ständischer Privilegien, Rechtspflege und Verwaltung, steigende Herrschaft formaler Rechtsgleichheit und objektiver formaler Normen entspringen den Machtinteressen des Fürsten gegenüber den Privilegierten. Ebenso wirken ökonomische Interessengruppen, vor allem bürgerliche Interessenten, auf die Garantie subjektiver Rechte hin, da sie ein Interesse vor allem an Rechtsverbindlichkeit von Kontrakten und berechenbar funktionierendem Recht hätten. „Ein Bündnis von fürstlichen und von Interessen bürgerlicher Schichten gehörte daher zu den wichtigsten treibenden Kräften formaler Rechtsrationalisierung." (Weber 1980: 487). Weber schreibt weiter:

> „Der Fürst will "Ordnung". Er will "Einheit" und Geschlossenheit seines Rechts. Und zwar auch aus einem Grunde, der sowohl technischen Bedürfnissen der Verwaltung wie persönlichen Interessen seiner Beamten entspringt: die unterschiedslose Verwertbarkeit seiner Beamten im Ganzen Gebiet seiner Herrschaft wird durch Rechtseinheit ermöglicht und ergibt erweiterte Karrierechancen für die Beamten, die nicht mehr an den Bezirk ihrer Herkunft dadurch gebunden sind, daß sie dessen Recht allein kennen. Und allgemein streben die Beamten nach "Übersichtlichkeit" des Rechts, die bürgerlichen Schichten nach "Sicherheit" der Rechtsfindung." (Weber 1980: 488).

Darüber hinaus kann man festhalten, dass Bürokratie bei Weber sowohl Konstrukt als auch Konstruktion ist: Einerseits stellt Bürokratie als Idealtypus ein Konstrukt des Wissenschaftlers Weber dar. Andererseits ist sie auch eine Konstruktion rational handelnder Akteure – gemeint sind hier die Herrscher, die sich Bürokratien aufbauen, international voneinander lernen und Elemente transponieren oder imitieren (z.B. die Institution des Regierungspräsidenten in Preußen nach dem Beispiel des Napoleonischen französischen préfets). An diesem Punkt berühren sich bei Weber Handlungs- und Strukturtheorie.⁶

2.1.6 Sozio-ökonomische Auswirkungen der Bürokratisierung

Im Gegensatz zur Effizienzthese, die Weber in vielfältiger Weise theoretisch und bewertungsmäßig einschränkt, stehen seine Ausführungen über die sozio-ökonomischen Konsequenzen gesamtgesellschaftlicher Bürokratisierung:

a. Ökonomische Auswirkungen

Den ökonomischen Kontext, in dem sich bürokratische Herrschaft entwickeln kann, haben wir oben umrissen. Zentrale Voraussetzung dafür ist eine Geldwirtschaft, da sich nur mit ihr eine quantitativ bedeutsame hauptamtliche Verwaltung und Erfüllung öffentlicher Aufgaben über Steuerabgaben finanzieren lassen. Weber führt zwar bekanntlich die Entstehung des Kapitalismus nicht primär auf ökonomie-immanente Ursachen – im Gegensatz zu Marx – zurück, betont aber andererseits für die Weiterentwicklung des Kapitalismus die enge funktionale Wechselwirkung zwischen Bürokratisierung und Kapitalismus – im wesentlichen über die Berechenbarkeit staatlichen Handelns und die infrastrukturellen Vorleistungen des Staates für privatkapitalistisches Wirtschaften. Die rechtliche Nivellierung sowie die Zerstörung lokaler Bindungen werden ebenfalls für das Wirtschaftssystem als förderlich angesehen. Somit liegt nach Weber anders als bei Marx kein zwingendes Kausalverhältnis zwischen Bürokratisierung und Entwicklung des Kapitalismus vor, sondern es handelt sich vielmehr um eine „Wahlverwandtschaft"⁷. Ausgehend von diesen spezifischen strukturellen Zusammenhängen wirkt sich Bürokratisierung im Sinne Webers *positiv* auf die Weiterentwicklung des Kapitalismus aus. Auch heute noch fordern etwa Unternehmer – gerade in den Transformationsländern Osteuropas – berechenbares und

---

⁶ Vgl. weiterführend zur Verbindung von Struktur- und Handlungstheorie von Max Weber Michael Bayer und Gabriele Mordt (2008): Einführung in das Werk Max Webers. Wiesbaden: VS Verlag für Sozialwissenschaften.

⁷ Der Begriff der „Wahlverwandtschaften" wurde ursprünglich von Johann Wolfgang von Goethe geprägt. 1809 erschien der Roman, der diesen Titel trägt. Im Zusammenhang mit Weber ist unter einer Wahlverwandtschaft die Beziehung zweier Institutionen zu verstehen, die auf den ersten Blick völlig unterschiedlich sind und nichts mit einander zu tun haben scheinen, dann aber bei näherer Betrachtung, spezifische strukturelle Ähnlichkeiten aufweisen (vgl. Steinert/ Treiber 1980). Solche Wahlverwandtschaften sind nach Weber zwischen Bürokratie und Kapitalismus, zwischen "protestantischer Ethik" und ökonomischen Reduktionismus sowie auch in der methodischen Lebensführung zwischen Klöstern und Fabriken (Kapitel 4) zu finden.

formalisiertes Recht sowie eine nicht korrupte Verwaltung, damit Investitionen in diesen Ländern auf eine verlässliche Grundlage gestellt werden können. Neben möglichen positiven Auswirkungen kann fortschreitende Bürokratisierung aber auch *negative* Auswirkungen auf die Ökonomie nach sich ziehen. Besonders in seinen wirtschafts- und sozialgeschichtlichen Analysen zur Antike entwickelt Weber von ihm negativ beurteilte Auswirkungen der Staatstätigkeit (vgl. zum Alten Rom: Antonio 1979): Die staatliche Finanzpolitik hat sich in der okzidentalen Antike zunehmend naturalwirtschaftlich entwickelt und damit die Bildung von Geldvermögen gehemmt. Vor allem Staatsmonopole im Bereich der Wirtschaft hätten die Bildung privater Kapitalien und „jeden Ansatz zur Entwicklung einer Schicht, die unseren modernen bürgerlichen Klassen entsprochen hätte" gehemmt (Weber 1973a: 19). Diese Entwicklung wiederum hat nach Weber den Zusammenbruch des Römischen Reiches insofern herbeigeführt, als die funktional erforderliche Unterhaltung eines Soldheeres und eines hauptberuflichen Beamtentums nur auf der Basis von Geldsteuern möglich war, die aber angesichts einer in die Naturalwirtschaft zurücksinkenden Ökonomie zunehmend nicht mehr fließen konnten. Weber ist der Ansicht, dass „die Unterbindung der privaten ökonomischen Initiative durch die Bureaukratie nichts der Antike Spezifisches (ist)." (Weber 1973b: 57).

> „Jede Bureaukratie hat die Tendenz, durch Umsichgreifen die gleiche Wirkung zu erreichen. Auch die unsrige. Und während im Altertum die Politik der Polis den "Schrittmacher" für den Kapitalismus bilden mußte, ist heute der Kapitalismus Schrittmacher der Bureaukratisierung der Wirtschaft. Denken wir uns Kohlen, Eisen und alle Bergprodukte, alle Teile der Hüttenindustrie, ferner Sprit, Zucker, Tabak, Zündhölzer und überhaupt möglichst alle heute schon hochgradig kartellierten Massenprodukte in Staats- oder de facto staatlich kontrollierte Betriebe übernommen, den Domänenbesitz und die Fideikommisse und staatlich kontrollierte Rentengüter vervielfacht und den "Antrag Kanitz" in seinen Konsequenzen durchgeführt, für den Heeresbedarf und den Bedarf der Staatsbeamten staatlich geleitete Werkstätten und Konsumvereine, die Binnenschiffahrt staatlich kontrolliert, alle Eisenbahnen usw. verstaatlicht, dazu etwa noch die Baumwolleinfuhr durch Staatsverträge geregelt und staatlich geleitet und alles dieses Betriebe in bureaukratischer "Ordnung" geführt, staatlich "kontrollierte" Syndikate, alles übrige zünftig, durch zahllose Befähigungsnachweise akademischer und anderer Art, reguliert, (...) – so wäre, unter einem militaristisch-dynastischem Regime, der Zustand der späteren Kaiserzeit, nur auf technisch vollkommenerer Grundlage, erreicht." (ebenda: 57 f.).

Einerseits wird also die Wirtschaft durch den Leiturgiestaat (Abgabenstaat) stranguliert, andererseits ist aber in Webers Augen der Kapitalismus selbst treibende Kraft weiterer Bürokratisierung. Diese pessimistische Analyse verweist auf die moderne Bürokratiekritik, die unter den Stichwörtern „Bürokratieüberwälzung" (vgl. Hamer 1979, Dickertmann 1982) oder „Bürokratiekosten" (vgl. Rösener et al. 2007) ähnliche Phänomene anspricht. Andererseits hat schon Spencer den Widerspruch von Interventionismus und Liberalismus sowie wachsende Steuerlasten im Wohlfahrtsstaat kritisiert (vgl. Albrow 1972: 25).

b. Soziale Konsequenzen der Bürokratisierung

Weber verweist auch auf eine Reihe sozialer Konsequenzen, die von ihm allerdings primär *negativ bewertet* werden. Mit dem Hinweis auf die Bewertung dürfte schon deutlich werden, dass wir in „Wirtschaft und Gesellschaft" außer Andeutungen nichts hierzu finden werden, sondern auf Webers politische Schriften angewiesen sind. In diesen Schriften bewertet er die *formale* Rationalität bürokratischer Herrschaft, die er herausgestellt hat, hinsichtlich ihrer *substantiellen* Rationalität. Dass er hierbei notwendigerweise selektiv vorgeht und sich im wesentlichen von seinen eigenen Präferenzen leiten lässt, liegt auf der Hand. Die sozialen Konsequenzen, die im folgenden angeführt werden, lassen sich theoretisch auch interpretieren als unvorhergesehene Konsequenzen subjektiv rationaler Konstruktionen. Im einzelnen ist dies zunächst die Unpersönlichkeit der Bürokratie:

„die Herrschaft der formalistischen Unpersönlichkeit: sine ira et studio, ohne Haß und Leidenschaft, daher ohne "Liebe" und "Enthusiasmus", unter dem Druck schlichter Pflichtbegriffe; "ohne Ansehen der Person", formal gleich für "Jedermann", d.h. jeden in gleicher faktischer Lage befindlichen Interessenten, waltet der ideale Beamte seines Amtes." (Weber 1980: 129).

Diese Unpersönlichkeit ist der Preis für die Regelgebundenheit und die Berechenbarkeit legal-rationaler Herrschaft mittels eines bürokratischen Herrschaftsstabes. Der sicherlich positiv zu bewertende Rechtsgleichheit und Berechenbarkeit von Herrschaft steht andererseits die Unpersönlichkeit gegenüber.

Im Hinblick auf die moderne „Bürokratiekritik" kann hier auch auf die „Regelungsflut" verwiesen werden, angesichts derer Berechenbarkeit durch die Beherrschten fragwürdig wird, sogar Zweifel an dem Steuerungspotential von Regeln gegenüber dem Apparat laut werden, da der Apparat jetzt opportunistisch zwischen anzuwendenden Rechtssätzen wählen könne. Entsprechend gibt es vielfach Bemühungen zur *De-Regulierung*, Durchforstung von Vorschriften oder zur Terminierung von Gesetzen.

Aus der Sicht des Bürgers bedeutet Regelgebundenheit aber immer auch *Reglementierung*, zumal wenn die Regelungsdichte anwächst. Damit korrespondiert dann leicht die *Uniformierung* und vor allen Dingen die *Disziplinierung* der Untertanen.

Eine andere Spielform sozialer Konsequenzen sieht Weber in der *Standardisierung*, und zwar wird dies deutlich, wenn er ausführt:

„Der Bereich der herrschaftsmäßigen Beeinflussung der sozialen Beziehungen und Kulturerscheinungen ist wesentlich breiter, als es auf den ersten Blick erscheint. Beispielsweise ist es diejenige Herrschaft, welche in der Schule ausgeübt wird, welche die als orthodox geltende Sprach- und Schreibform prägt. Die als Kanzleisprachen der politisch autokephalen Verbände, also ihrer Herrscher, fungierenden Dialekte sind zu diesen orthodoxen Sprach- und Schreibformen geworden und haben die "nationalen" Trennungen (z.B. Hollands von Deutschland) herbeigeführt." (Weber 1980: 123f.).

Hinzuzufügen wären andere, aber prima facie wohl positiv zu beurteilende Erscheinungsformen von Standardisierung: Die *Standardisierung der Zeit* im weltweiten Verkehrsverbund und als Voraussetzung für rationale Betriebsabläufe. Allerdings wird hierdurch wiederum das „stahlharte Gehäuse der neuen Hörigkeit" geschaffen, was negativ zu bewerten ist.

Weber sieht als Konsequenz des „bürokratischen Rationalismus" nicht zuletzt die *Atomisierung* der Gesellschaft, wie er im Hinblick auf die Verhältnisse in den Vereinigten Staaten ausführt. Anderseits entwächst daraus die Notwendigkeit, dass der Einzelne sich in sozialen Verbänden behaupten muss, die in der Terminologie von Tönnies Gesellschaften und nicht Gemeinschaften seien.

„[..] der Einzelne sucht sich selbst zu behaupten, indem er sich der sozialen Gruppe eingliedert; es fehlt jene undifferenzierte bäurisch-vegetative "Gemütlichkeit", ohne die der Deutsche keine Gemeinschaft pflegen zu können glaubt. Die kühle Sachlichkeit der Vergesellschaftung fördert die präzise Einordnung des Individuums in die Zwecktätigkeit der Gruppe - sei diese football-club oder politische Partei -, aber sie bedeutet keinerlei Abschwächung der Notwendigkeit für den Einzelnen, für seine Selbstbehauptung konstant besorgt zu sein: im Gegenteil, gerade innerhalb der Gruppe, im Kreise der Genossen, tritt diese Aufgabe, sich zu bewähren, erst recht an ihn heran" (Weber 1973c: 394).

Eine dritte Richtung sozialer Konsequenzen, die mit der Bürokratisierung verbunden sind, besteht in der Tendenz zur *Nivellierung*. Wiederum einerseits als Abbau von Privilegien, die *ererbt* sind, ist die Nivellierung Voraussetzung für die universelle Rekrutierbarkeit aus den fachlich qualifiziertesten Anwärtern (vgl. Weber 1980: 129). Eine negative Folge spricht Weber aber in dem Moment an, wo er auf die Voraussetzungen für fachliche Rekrutierung im Bildungswesen und die sich hieraus vermittelt ergebenden Konsequenzen hinweist. Schon in „Wirtschaft und Gesellschaft" zeigt Weber, dass die bürokratische Herrschaft sozial im allgemeinen auch „die Tendenz zur *Plutokratisierung* im Interesse der möglichst lang (oft bis fast zum Ende des dritten Lebensjahrzehnts) dauernden *Facheinschulung*" bedeute (Weber 1980: 129). Weber selbst hat bekanntlich darunter gelitten, dass er wegen seiner universitären Ausbildung lange vom Elternhaus ökonomisch abhängig war. Er spielt hiermit generell auf den langen Wartestand der Assessoren in der deutschen Bürokratie an, der nur überbrückt werden konnte, wenn entsprechende ökonomische Hilfen aus dem Elternhaus vorhanden waren. Der formal rechtlichen Chancengleichheit standen hier also durchaus ökonomische Restriktionen gegenüber. Im Übrigen sieht Weber, dass sich nun eine *neue Schicht* von Bürokraten entwickelt, die durch den Besitz von Bildungspatenten sozial abgegrenzt sind. Das bedeutet, dass die Schichtung nach sozialer Herkunft jetzt durch erworbene Bildungszertifikate ersetzt wird.

Die ständische Nivellierung bedeutet zudem, dass der Kraft Besitz zu ehrenamtlicher oder nebenamtlicher Verwaltung befähigte Amtsinhaber – die Honoratiorenverwaltung – beseitigt wird. Dies sieht Weber offensichtlich – wir werden noch zeigen warum – mit einem weinenden Auge.

2.1.7 Webers politische Bewertung der Bürokratisierung

Wie bereits gesagt, spiegeln sich in den Hinweisen auf negative, unvorhergesehene Konsequenzen der Bürokratisierung Webers persönliche Wertungen – die nun in den politischen Schriften besonders deutlich hervortreten – wieder. Dabei kontrastiert Weber, wie Beetham (1974: 86) zu Recht betont, den abstrakten Idealtypus mit der historischen Realität der preußischen Bürokratie seiner Zeit, die er für den am höchsten entwickelten Typus bürokratischer Organisation hielt (vgl. Weber 1988b: 320) – so wie Karl Marx sich in seinen Attacken am Bild der Cotton-Industry in Lancashire orientierte. Daraus resultiert natürlich die *Ambivalenz* zwischen Effizienzthese einerseits und politischer Bewertung andererseits. Im folgenden wird herausgearbeitet, woraus sich bei Weber die überwiegend negative Bewertung von (preußischer) Bürokratie ergibt.

Folge der Fachschulung ist nach Weber der Verlust des „Kulturmenschentums" zugunsten des „Berufs- und Fachmenschentums" (vgl. Weber 1980: 576ff.). An anderer Stelle sieht Weber das Heraufkommen des „Diplom-Menschen" oder des „Examens-Menschen":

> „Der amerikanische Knabe lernt unsagbar viel weniger als der unsrige. Er ist trotz unglaublich vielen Examinierens doch dem Sinn seines Schullebens nach noch nicht jener absolute Examensmensch geworden, wie es der Deutsche ist. Denn die Bürokratie, die das Examensdiplom als Eintrittsbillet ins Reich der Amtspfründen voraussetzt, ist dort erst in den Anfängen." (Weber 1973d: 330 f.).

Infolge der langen Wartezeiten bis zur Verbeamtung fürchtet Weber die „Zurückdrängung der Begabung" (des Charisma) zugunsten des Besitzes sowie überhaupt den Verlust der Fähigkeit, für sich selbst zu sorgen – als Folge des hohen bürokratisch-kapitalistischen Versorgungsniveaus moderner Gesellschaften.

„Von der Qualität seiner Vorfahren in der Zeit der Städtebünde hat der heutige deutsche "Bürger" schließlich nicht sehr viel mehr als der Athener in der Zeit der Caesaren von denjenigen der Marathonkämpfer. Die "Ordnung" ist sein Panier, - meist auch wenn er "Sozialdemokrat" ist. (...) Auch bei uns wird an die Stelle der "Anarchie der Produktion" jene "Ordnung" treten, welche, im Prinzip ähnlich, die römische Kaiserzeit und, noch mehr, das "neue Reich" in Ägypten und die Ptolemäer-Herrschaft auszeichnet. Und man glaube nur ja nicht, daß der Waffendienst in einem bureaukratisch mit Kriegsmaschinen versehenen, gekleideten, sustentierten, gedrillten, kommandierten Kasernenheer ein "Gleichgewicht" bieten könne, und daß überhaupt der moderne militäre Zwangsrobot in dynastischen Staaten mit der bürgerlichen Wehrhaftigkeit der fernen Vergangenheit innere Verwandtschaft habe." (Weber 1973b: 58).

Nach Max Weber zeichnet sich eine soziale Schicht (ein Stand) auch durch Lebensstil, Prestige und Einstellung aus. Er befürchtet nun vom Beamtenstand Rückwirkungen seiner speziellen Berufsethik auf die Gesamtgesellschaft, dass der Diplom-Mensch mit seinem „Pfründenhunger", der nach Laufbahn-Sicherheit strebt, geradezu paradigmatisch würde (vgl. Beetham 1974: 79 f.). Hier finden wir übrigens einen weiteren Grund dafür, dass Weber den Sozialismus, in dem die Bürokratie noch verstärkt auftreten würde, ablehnt. Entsprechend der resultierenden Risikoscheu befürchtet Weber auch die Unterbindung privater ökonomischer Initiative durch die Bürokratie und damit die Erschwerung von charismatischen Unternehmerpersönlichkeiten.

Aus den vorstehenden Zitaten schält sich allmählich Webers persönliches Ideal eines Menschenbildes heraus, das konträr dem in der Bürokratie benötigten Menschen und der durch die Bürokratisierung eingeleiteten Tendenz gegenübersteht. Max Webers moderner Berufs- und Fachmensch, den er dem Kulturmenschen gegenüberstellt, dieser persönlich durch zweckrational gesetzte Regeln eingebundene, daher überwiegend – wenn auch nicht ausschließlich – sich zweckrational verhaltende Typus, der disziplinierte Mensch, der einerseits von der „Entzauberung der Welt" und dem „Zerbrechen der kulturellen Selbstverständlichkeiten" überrollt, andererseits in einem neuen „Gehäuse der Hörigkeit" gefangen ist, entspricht in gewisser Weise Robert Musils „Mann ohne Eigenschaften", dessen Tatlosigkeit Resultat der Unmöglichkeit des Charisma in der technisierten, verwissenschaftlichten Welt ist.[8]

Wenn wir hier Max Webers persönlich-politische Auffassung anführen, so muss berücksichtigt werden, dass er diese Auffassungen – insbesondere unter dem Einfluss der Diskussionen und der Mitglieder des Vereins für Sozialpolitik – im Laufe der Zeit verändert hat. Die Zitate, die hier gebracht werden, stammen z.T. aus Schriften vor 1906. Es könnte aber sein – und dies müßte überprüft werden – dass Max Weber unter dem Einfluss von Schmoller, Hintze und anderen seine Auffassungen bis zur Abfassung des Manuskripts für Wirtschaft und Gesellschaft verändert hat. Insofern ist die einzige authentische Aussage über Max Webers persönliche Bewertung der Bürokratie einerseits der Vortrag „Politik als Beruf" und andererseits – sozusagen für den Negativbeweis – der Vortrag über den „Sozialismus" vor Wiener Offizieren 1918. Dies ist im übrigen auch der Grund dafür, dass Weber eine Sozialisierung von Großindustrien energisch ablehnte: Er fürchtete, dass hierdurch die Staatsmacht zwangsläufig partiale Interessen wahrnehmen würde, nämlich die der Großindustrie und insofern in eine Arbeitgeberrolle gedrängt würde, die eben nicht mehr ein Regieren über den Partialinteressen erlauben würde.

Auf der Tagung des Vereins für Sozialpolitik 1909 kam es zu einer Kontroverse mit Schmoller: Dieser sah in dem preußischen Berufsethos mit seiner Korrektheit und Unbestechlichkeit sowie Überparteilichkeit höchste moralische Werte. Hinzu kam Adolph Wagner, der als Katheder-Sozialist für weitere Verstaatlichungen eintrat. Weber macht hier deutlich, dass es *bei der Beurteilung der Bürokratie letztlich um Wertentscheidungen gehe* und stellt pointiert ein Gegenbild zu Schmoller und Wagner auf, das hier ausführlich zitiert werden soll:

„Mein Bruder ist sicherlich ebenso wie Herr Geheimrat Wagner und ebenso wie ich überzeugt von der Unaufhaltsamkeit des Fortschrittes der bureaukratischen Mechanisierung. (Sehr richtig!)
In der Tat: es gibt nichts in der Welt, keine Maschinerie der Welt, die so präzise arbeitet, wie diese Menschenmaschine es tut - und dazu noch: so billig! Es ist z.B. notorisch ein Unsinn zu sagen: die Selbstverwaltung müsse doch billiger sein, weil sie im Ehrenamt erledigt werde. Wenn man in einer rein technisch tadellosen Verwaltung, in einer präzisen und genauen sachlichen Erledigung fachlicher Aufgaben das höchste und einzige Ideal sieht, - ja von diesem Gesichtspunkt aus kann man nur sagen: zum Teufel mit allem anderen, und nichts als eine Beamtenhierarchie hingesetzt, die diese Dinge sachlich, präzis, "seelenlos" erledigt, wie jede Maschine.
(Zurufe: Lächerlich!)

---

[8] Den politischen und bürokratischen Bezug, dieses wie auch anderer Werke, arbeitet Horst Althaus (1976) sehr gut heraus.

Die technische Überlegenheit des bureaukratischen Mechanismus steht felsenfest, so gut wie die technische Überlegenheit der Arbeitsmaschinen gegenüber der Handarbeit. (...)
Stellen Sie sich die Konsequenz jener umfassenden Bureaukratisierung und Rationalisierung vor, die wir bereits heute im Anzuge sehen. In den Privatbetrieben der Großindustrie sowohl wie in allen modern organisierten Wirtschaftsbetrieben überhaupt reicht die "Rechenhaftigkeit", der rationale Kalkül, heute schon bis auf den Boden herunter. Es wird von ihm jeder einzelne Arbeiter auf seine Leistungsfähigkeit hin rechnerisch erfaßt, es wird jeder Arbeiter zu einem Rädchen in dieser Maschine und innerlich zunehmend darauf abgestimmt, sich als ein solches zu fühlen und sich nur zu fragen, ob er nicht von diesem kleinen Rädchen zu einem größeren Rädchen werden kann. Nehmen Sie als Spitze die autoritäre Gewalt des Staates oder der Gemeinde in einem monarchischen Staatswesen, dann erinnert das lebhaft an das Ägyptertum der Antike, das von diesem Geist des "Pöstchens" durchdrängt war von oben bis unten. Es hat nie eine Bureaukratie gegeben, bis heute nicht, die an die ägyptische Bureaukratie herangereicht hätte. Das steht für jeden fest, der antike Verwaltungsgeschichte kennt und es steht ebenfalls felsenfest, daß wir heute unaufhaltsam einer Entwicklung entgegeneilen, die gerade genau diesem Vorbilde nur auf anderer Grundlage, auf technisch verbesserter, rationalisierter, also noch weit stärker mechanisierter Grundlage, folgt. (...)
Wir erkennen ja gern an, daß oben an der Spitze unseres Beamtentums ehrenhafte und begabte Leute stehen, daß trotz aller Ausnahmen auch solche Leute die Chance haben, in der Hierarchie des Beamtentums emporzukommen, ganz ebenso wie z.B. die Universitäten für sich in Anspruch nehmen, daß trotz aller Ausnahmen sie eine Chance, eine Auslese für die Begabten bilden. Aber so fürchterlich der Gedanke erscheint, daß die Welt etwa einmal von nichts als Professoren voll wäre (Heiterkeit!)
– wir würden ja in die Wüste entlaufen, wenn etwas derartiges einträte – (Heiterkeit!)
noch fürchterlicher ist der Gedanke, daß die Welt mit nichts als jenen Rädchen, also mit lauter Menschen angefüllt sein soll, die an einem kleinen Pöstchen kleben und nach einem etwas größeren Pöstchen streben, – ein Zustand, den Sie, wie in den Papyri, so zunehmend im Geiste des heutigen Beamtentums, und vor allem seines Nachwuchses, unserer Studenten, wiederfinden. Diese Leidenschaft für die Bureaukratisierung, wie wir sie hier sich äußern hörten, ist zum Verzweifeln. Es ist als wenn in der Politik der Scheuerteufel, mit dessen Horizont der Deutsche ohnehin schon am besten auszukommen versteht, ganz allein das Ruder führen dürfte, als ob wir mit Wissen und Willen Menschen werden sollten, die "Ordnung" brauchen und nichts als Ordnung, die nervös und feige werden, wenn diese Ordnung einen Augenblick wankt, und hilflos, wenn sie aus ihrer ausschließlichen Angepaßtheit an diese Ordnung herausgerissen werden. ... Die zentrale Frage ist also nicht, wie wir das noch weiter fördern und beschleunigen, sondern was wir dieser Maschinerie entgegenzusetzen haben, um einen Rest des Menschentums freizuhalten von dieser Parzellierung der Seele, von dieser Alleinherrschaft bureaukratischer Lebensideale." (Weber 1909).

Weber macht in dieser Debattenrede, deren Lebhaftigkeit aus dem Zitat wohl recht deutlich wird, klar, welches seine eigenen Wertprämissen für diese Beurteilung sind: es ist der „Gesichtspunkt der internationalen Machtstellung und Kulturentwicklung eines Landes." Im Übrigen wird mit diesen Zitaten zur Beurteilung der ökonomischen und sozialen Konsequenzen der Bürokratisierung nicht nur Max Webers persönliche Einstellung deutlicher, als dies gemeinhin in *der Fachliteratur, die seine politischen Schriften nicht einbezieht,* zu geschehen pflegt. Es wird auch sichtbar, dass die populäre Bürokratiekritik sich einerseits im letzten Jahrhundert nicht wesentlich verändert hat; andererseits kann man aber diese Kritik – wie Max Weber – durchaus teilen, ohne die wissenschaftliche Analyse damit aufzugeben.[9] Ferner wird diese Ambivalenz in der Bewertung wieder aufgegriffen, wenn wir uns dem Verhältnis von Bürokratie und Politik sowie der Rolle des einzelnen Menschen gegenüber der Bürokratie zuwenden.

Insgesamt erscheinen Webers persönliche Wertungen, sein *Individualismus* und instrumentaler Aktivismus (vgl. Schluchter 1980: 158) in einem eigenartigen, anachronistischen Gegensatz zu stehen zur Einsicht in den wachsenden *Rationalismus der Weltbeherrschung.* „Zerstörung kultureller Selbstverständlichkeiten" (traditionales Handeln) und die „Entzauberung der Welt" (Atheismus) stehen dem „stahlharten Gehäuse neuer Hörigkeiten" – wertend – gegenüber, wobei die positiven gesamtgesellschaftlichen Folgen (der „Fortschritt") unterbelichtet und unterbewertet werden: Sofern man nicht in der Daseinsvorsorge den letzten Wert sieht, so kann wachsende *formale* Rationalität *substantiell* irrational wirken.

Max Weber hat in deutlicher Analogie zu Karl Marx und dessen Entfremdungs-Begriff gesehen, dass der Zustand der Vergesellschaftung insofern „Entfremdung" produziert, als Zwecke sich *verselbständigen,* während in der Gemeinschaft aus Zielkonsens wertrational gehandelt wird. Träger der Verselbständigung von Mitteln über die Zwecke ist die private oder öffentliche Bürokratie, die aufgrund interner Arbeitsteilung zwischen den Organwaltern nicht mehr nach Sinn und Zweck ihres Tuns fragt. Damit sieht Max Weber aber ein wesentliches Element der Freiheit beschränkt. Wie Lindenlaub (1965) gezeigt hat, bedeutet für Max Weber Freiheit, dass der Mensch sowohl über seine Ziele/Zwecke als auch in rationalem Kalkül über die erforderlichen Mittel entscheidet und insofern Verantwortung trägt. Dies ist in einer bürokratisierten Gesellschaft definitionsgemäß nicht möglich. Lediglich die Herrscher, Politiker an der Spitze der Bürokratie oder der Eigentümer-Kapitalist finden noch diese Möglichkeit vor und haben damit die Chance zur Selbstverwirklichung im Gegensatz zu den entfremdet arbeitenden Mitgliedern dieser Großorganisationen.

---

[9] Sehr kritisch Midgley (1983): The Ideology of Max Weber. A Thomist Critique. Aldershot.

Wenn Max Weber und in seinem Umkreis die Mitglieder des Vereins für Sozialpolitik von *Beamtenherrschaft* sprachen, so zielten sie in aller Regel auf die Minister oder Staatssekretäre ab, die über Beamtenkarrieren in ihr „politisches" Amt gekommen waren, und setzten diese Rekrutierungsform, die auf *Ernennung* beruht, einer parlamentarisch gewählten politischen Spitze gegenüber. Damit hängt natürlich unmittelbar zusammen, dass Bürokratie als über den gesellschaftlichen Interessen (Parteien und Interessengruppen) stehend verstanden werden konnte: Der „interesselose" Beamte hatte in der Tat diese Möglichkeit, allerdings um den Preis seiner Abhängigkeit gegenüber der Spitze der Exekutive: Dem König oder Kaiser. Historisch ist es in der Tat so gewesen, dass die – insbesondere adlige – Staatsspitze mit Unterstützung des Beamtenapparates partikulare gesellschaftliche Interessen hat durchsetzen können.

In welchem Maße die Überparteilichkeit allerdings gelang, hing wesentlich davon ab, inwieweit die Rekrutierung des Personals in der Bürokratie unabhängig von gesellschaftlicher Patronage erfolgte. Das Junkertum stellte insofern für Max Weber und andere einen Stein des Anstoßes dar, weil hierdurch – ganz im Sinne von Karl Marx – der Staat zum Instrument der herrschenden Klasse wurde. Im übrigen waren die ernannten Spitzenbeamten, also Minister, unter denen einige vorher eine parlamentarische Karriere durchlaufen hatten, andere aber aus der Beamtenschaft stammten (daher Beamtenherrschaft) in vielen Fällen zugleich auch parlamentarische Repräsentanten im preußischen Herrenhaus oder Abgeordnetenhaus: Vor allem die Landräte oder Regierungspräsidenten. In dieser Hinsicht erscheint natürlich der Begriff des „politischen Beamten" in einem ganz anderen Licht: Der politische Beamte war seinerzeit eben der parteipolitische Beamte im weitesten Sinne, der – anders als der Laufbahnbeamte – Partialinteressen zu vertreten hatte. Entsprechend erklärt sich dann die Kulmination der Ereignisse angesichts der sogenannten Kanal-Rebellen.[10]

Das was damals also Beamte waren (Minister, Staatssekretäre, Landräte, Regierungspräsidenten) würde man heute zum Teil ohne weiteres als extern rekrutierte Politiker betrachten. Entscheidend ist für die damalige Klassifikation von Beamtentum und Politikern, dass diese – mehr oder weniger politisch abgesicherten – Spitzen der Bürokratie ernannt, nicht aber aufgrund parlamentarischer Mehrheitsbildungen aus dem Parlament vorgeschlagen worden sind. Natürlich hat es in aller Regel auch bei derartigen Personalentscheidungen Überlegungen darüber gegeben, ob der ins Auge gefaßte Minister oder Staatssekretär entsprechende parlamentarische Unterstützung finden würde oder Mehrheitsgrup-

---

[10] Bei den sogenannten Kanal-Rebellen handelte es sich um vornehmlich konservative Abgeordnete, die sich im preußischen Abgeordnetenhaus gegen den Bau des Mittellandkanals wandten. Unter diesen Abgeordneten waren auch 18 Landräte und zwei Regierungspräsidenten, die daraufhin als Beamte in den einstweiligen Ruhestand versetzt wurden.

pen hinter sich hätte. Insgesamt würde man aber heute sagen, dass es sich bei der Führungsspitze der Bürokratie auch damals schon um Politiker gehandelt hat. Formal hingegen waren sie allesamt Beamte, ernannt und abhängig vom Willen des ebenfalls ernannten, nicht parlamentarisch gewählten, Reichskanzlers.

2.2 Beamte und Angestellte als gesellschaftliche Schicht

Derzeit haben wir in Deutschland rund 40 Millionen Erwerbstätige, von denen über 70 Prozent im tertiären Sektor tätig sind.[11] Trotz dieses Umfanges ist der Dienstleistungssektor, dem auch der öffentliche Dienst zugeordnet wird, ein historisch junges Phänomen. Der öffentliche Dienst hat in Deutschland einen Anteil von rund 11 Prozent an den Erwerbstätigen. Das bedeutet, dass aktuell 4,5 Millionen Beamte und Angestellte (sowie Arbeiter) im öffentlichen Dienst arbeiten. Im Zuge der historischen Entwicklung haben sich Beamte und Angestellte als neue gesellschaftliche Schicht etabliert.

In Bezug auf das Webersche Bürokratie-Modell ist die Hauptamtlichkeit hier als Basis gesellschaftlicher Schichtung zu sehen. Weitere Strukturprinzipien der bürokratischen Organisationsform, die Beamte und Angestellte zu einer gesellschaftlichen Schicht[12] werden lassen, sind:

- Geldentlohnung
- Fachschulung
- Rekrutierung

Es gibt typisierende Zusammenhänge zwischen einzelnen dieser Merkmale, die wir zur gesamtgesellschaftlichen Betrachtung zusammenstellen können: Die beiden Merkmale *Wahl ins Amt und Nebenamtlichkeit* finden sich primär in Freiwilligenorganisationen und Parlamenten, aber typischerweise nicht in der exekutiven Bürokratie. Was wir statt dessen als Regelfall vorfinden, ist die Er-

---

[11] Daten des Statistischen Bundesamtes: In der BRD gibt es zur Zeit 40,3 Millionen Erwerbstätige (Stand: Oktober 2010). Davon sind 2,1 Prozent im primären, 24,8 Prozent im sekundären und 73 Prozent im tertiären Sektor tätig (Stand: 2009). Von diesen 73 Prozent der Erwerbstätigen im Dienstleistungsbereich sind 4,5 Millionen (Stand: 2009) im öffentlichen Dienst beschäftigt. Mit einem Anteil von 11,5 Prozent der Erwerbstätigen ist der öffentliche Dienst der größte Arbeitgeber in Deutschland.

[12] Der Begriff der „Schicht" umfasst bei Weber insbesondere zwei Merkmale: Zum einen die Bestimmung der Schichtzugehörigkeit durch die ökonomischen Marktchancen auf dem Arbeitsmarkt, zum anderen die Ausrichtung auf einen speziellen Lebensstil und das Vorhandensein eines Berufsethos wie der Amtsehre in Verbindung mit dem Beamtenstand. Webers Klassen- und Schichtungstheorie, die z.B. auch von Anthony Giddens (1973) verwendet wird, findet sich in Wirtschaft und Gesellschaft ausgeführt (vgl. Weber 1980. 177 ff.).

nennung und die Hauptamtlichkeit des Personals. Wahl und Hauptamtlichkeit gibt es nur in der kleinen Schicht der sogenannten Wahlbeamten,[13] also insbesondere bei Bürgermeistern und Landräten. Ernennung und Nebenamtlichkeit ist so gut wie nicht existent und findet sich juristisch allenfalls bei Wahlhelfern in Deutschland.

Betrachtet man die beiden Merkmale *Fachschulung und Ernennung* so zeigt sich, dass die Rekrutierung nach Leistungskriterium sich nicht mit dem Wahlmechanismus kombinieren lässt. Die Wahl führt zu irgendeiner Form von Proportionalität und Repräsentativität. Will man den Fachverstand seitens des Personals maximieren, muss man dieses ernennen und dafür sind universelle Leistungskriterien erforderlich. Ein praktischer Konflikt besteht dann, wenn man meint, das Leistungskriterium mit dem Repräsentativitätskriterium überlagern zu müssen, wie es etwa bei Frauenquoten der Fall ist.

2.2.1 Der ökonomische Status des Beamtentums in historischer Entwicklung

Früher stand es im Ermessen des Fürsten, wer in den öffentlichen Dienst aufgenommen wurde. Es gab demnach keine berechenbaren Marktchancen. Bis ins 18. Jahrhundert hinein galt:

- Man hatte kein Recht auf Gehalt, sondern wurde meist alimentiert.
- Die Bezüge wurden individuell ausgehandelt.
- Die Bewilligung einer Pension oder Witwenrente war ein Gnadensakt des Fürsten.
- Die Entlohnung vollzog sich zum großen Teil in Form von Naturalien (Unterkunft, Kleidung, Verpflegung).
- Dazu kamen die Einnahmen der Gebühren aus der Abwicklung der Amtsgeschäfte als ein Teil der Entlohnung (Sporteln).

Allmählich vollzog sich ein Übergang zur Geldentlohnung[14], die durch die Umstellung des Steuerwesens von Natural- auf Geldsteuern möglich wurde. Im 18./19. Jahrhundert war man bestrebt, den ökonomischen Status der Beamten insgesamt abzusichern. Allmählich setzte sich so auch ein *Rechtsschutz gegen*

---

[13] Bei den Wahlbeamten (insbesondere kommunale Wahlbeamten) handelt es sich um eine Beamtengruppe für die in Deutschland besondere Bestimmungen gelten: sie werden durch das Volk oder eine kommunale Vertretungskörperschaft (Gemeinderat) als leitende Beamte *auf Zeit* gewählt (Bürgermeister, Beigeordnete).

[14] Die Entwicklung der Geldentlohnung begann in Ansätzen bereits im Mittelalter, sie konnte sich allerdings erst Mittel des 19. Jahrhunderts durchsetzen. Bis dahin wurde mit Naturalien entlohnt. Beispielsweise findet sich in Bayern die Geldentlohnung erst seit 1850 (vgl. Hattenhauer 1993).

willkürliche Entlassungen in Preußen durch, woraus sich schließlich 1873 das Prinzip der Lebenslänglichkeit und der Unkündbarkeit entwickelte. Bereits 1794 begründete das Allgemeine Preußische Landrecht einen Schutz gegen unbegründete Entlassung für höhere Beamte und erlaubt Entlassungen nur nach kollegialem Entschluß des geheimen Staatsrats. 1823 wurde das Disziplinarverfahren durch eine Rechtsverordnung geregelt, womit eine Entlassung aus dem Dienst nur bei Disziplinarvergehen möglich wurde. Eine Hierarchie von Strafen bei dienstwidrigem Verhalten wurde eingeführt. Dabei musste die Strafe an einer Tatbestandsvoraussetzung festgemacht werden. Damit setzte sich eine gewisse Berechenbarkeit der lebenslänglichen Anstellung durch. 1825 wurde ein *Rechtsanspruch auf Pension* festgeschrieben. Allen voran mit der Durchsetzung des Prinzips der lebenslänglichen Anstellung und des rechtlichen Pensionsanspruchs war die ökonomische Basis für ein Berufsbeamtentum geschaffen. Vor 1873 war das *Dienstrecht der Beamten* Sache der einzelnen Länder. Eine Vereinheitlichung erfolgte

- 1873 durch das Reichsbeamtengesetz, in dem Statuten für den Reichsdienst fixiert wurden;
- 1918 durch die Weimarer Reichsverfassung, in der die „hergebrachten Grundsätze des Berufsbeamtentums" aufgelistet wurden, wie u.a. lebenslange Anstellung, Laufbahnprinzip, Fürsorgepflicht oder wohlerworbene Rechte des Berufsbeamten;
- 1949 durch die Aufnahme der „hergebrachten Grundsätze des Berufsbeamtentums" in das Grundgesetz (Art. 33 Abs. 5 GG).

Somit erhielt das Beamtentum im 20. Jahrhundert Verfassungsrang, ganz im Gegensatz zur willkürlichen Stellung im 17. Jahrhundert und zur einfachgesetzlichen Regelung im 19. Jahrhundert.

Im 19. Jahrhundert setzte sich das Beamtentum meist aus Bürgerlichen zusammen. Obwohl es nur sehr sporadisch Gehaltserhöhungen gab, war für diese Schicht der öffentliche Dienst im Allgemeinen lohnend. Im ersten Drittel des 19. Jahrhundert nahmen die Staatsaufgaben zu, deshalb wurden mehr Beamte eingestellt.[15] Der zahlenmäßige Anstieg hatte zur Folge, dass die individuelle Gehaltsregelung abgelöst wurde durch Globalregelungen, die einfacher zu handhaben waren. Im 20. Jahrhundert setzte sich die Anpassung der Gehälter in jährlichen

---

[15] Die Staatsaufgaben dehnten sich aus, beispielsweise durch die Verstaatlichung der Infrastruktur (Bahnbeamte), durch die Zentralisierung von Bürokratie anstelle bisher üblicher Selbstverwaltung durch die Verwaltung des Sozialstaates (z.B. Einführung der Witwen- und Waisenrente) sowie durch die Etablierung der Schulpflicht, wodurch das Schulwesen wuchs (Einführung der Schulpflicht in den Ländern im 17. und 18. Jahrhundert).

Perioden durch. Der Grund hierfür war die Bildung anderer Statusgruppen, insbesondere die der Angestellten,[16] die sich gewerkschaftlich organisierten und denen die Beamten zumindest gleichgestellt werden sollten. Die Weimarer Reichsverfassung erlaubte erstmals auch die gewerkschaftliche Organisation der Beamten.

Die bereits erwähnte Staatsaufgabenerweiterung Anfang des 19. Jahrhunderts und die dadurch entstandene Schaffung von Beamtenstellen hatten zur Folge, dass die Studentenzahl in Preußen stark anstieg, denn das Studium war die Voraussetzung für die Aufnahme in den höheren Dienst. 1830 befand sich Deutschland in einer ökonomischen Depression. Zu dieser Zeit war der Andrang zum höheren Dienst besonders stark. Dies unterstreicht die ökonomische Bedeutung des öffentlichen Dienstes. Entsprechend wurde ein Numerus clausus, wie wir ihn heute kennen, eingeführt.

2.2.2 Fachschulung

Die Voraussetzungen für die Übernahme in den Beamtenstand sind heute fachliche Qualifikationen. Im 18. Jahrhundert waren diese natürlicher Verstand und körperliche Gesundheit. Es gab auch noch keine Unterscheidung in Laufbahngruppen, sondern man fing im untersten Amt an und konnte im Idealfall bis zum Minister aufsteigen.

Ab 1750 kam es zur schrittweisen Koppelung von Ausbildung und öffentlichem Dienst, die im Zusammenhang mit der Entwicklung des öffentlichen Bildungswesens gesehen werden muss. Die Ausdifferenzierungen des Bildungswesens und der Eintrittsbedingungen in den öffentlichen Dienst gingen Hand in Hand bis hin zum heutigen System, wobei das Bildungswesen auf die Anforderungen des öffentlichen Dienstes abgestellt wurde. Wichtige Stationen für die Fachschulung der Angehörigen des öffentlichen Dienstes waren 1727 die Einrichtung eines Lehrstuhls für Kameralistik in Halle, der eine ökonomisch-finanzwirtschaftliche Ausbildung ermöglichte; 1791 die Einführung des Staatsexamens für höhere Beamte sowie 1810 die Einführung des Staatsexamens für Lehrer an höheren Schulen.

Diese Entwicklung führte zur Akademisierung des höheren Dienstes und zur Abgrenzung gegenüber den subalternen Beamten. Die laufbahngruppenmäßige Differenzierung mit der Abschottung je nach Bildungsabschluß gestaltete sich um die Wende vom 18. zum 19. Jahrhundert in eine hierarchische und vor allem soziale Abschottung um und zwar als Folge des quantitativen Andrangs

---

[16] Besonders im Zuge der Ausdehnung der Staatsaufgaben im Kaiserreich und der Industrialisierung entwickelte sich die Statusgruppe der Angestellten.

zum öffentlichen Dienst (Kriegsinvaliden aus Napoleonischen Befreiungskriegen drängten in den öffentlichen Dienst). Dadurch fiel das Leistungsniveau der subalternen Beamten ebenso ab wie ihr Ansehen. „Seiteneinsteiger" mit höherer Bildung überlagerten die Subalternen. Diese Subalternen spalteten sich anschließend in zwei Gruppen auf: Die Gruppe mit unteren Posten und die Gruppe mit anspruchsvolleren Posten. Ab 1834 wurde der höhere Dienst als dritte Schicht (mit Universitätsausbildung) institutionalisiert.

Heute sind folgende Voraussetzungen für die Einstellung als Beamter in den öffentlichen Dienst zu erfüllen: Die Einstellung in den *einfachen Dienst* setzt den erfolgreichen Besuch der Hauptschule oder einen als gleichwertig anerkannten Bildungsstand plus abgeschlossene Berufsausbildung voraus. Für die Einstellung im *mittleren Dienst* benötigt man einen Realschulabschluss oder den erfolgreichen Besuch einer Hauptschule plus abgeschlossene Berufsausbildung oder eine Ausbildung in einem öffentlich-rechtlichen Ausbildungsverhältnis. Für den *gehobenen Dienst* ist ein Abitur oder ein als gleichwertig anerkannter Bildungsstand (Fachhochschulausbildung) erforderlich und für die Einstellung in den *höheren Dienst* wird ein Universitätsabschluss, Master oder Diplom, vorausgesetzt.

Darüber hinaus übernimmt der öffentliche Dienst heute die Fachschulung seines Personals z.T. in eigenen Einrichtungen. Dafür wurden Verwaltungsschulen und Ausbildungsschulen des Bundes, der Länder oder der Kommunen geschaffen. Beispiele hierfür sind die Verwaltungsschule der Bundesagentur für Arbeit, die Bundesakademie für öffentliche Verwaltung in Brühl (Fortbildungseinrichtung des Bundes) oder die Bayerische Verwaltungsschule.

2.2.3 Soziale Rekrutierung

Bis einschließlich des 19. Jahrhunderts galt eine Tendenz zur plebejischen Rekrutierung im öffentlichen Dienst, also zu einer Rekrutierung aus politisch Einflusslosen Schichten wie dem Bürgertum oder den Leibeigenen. Der Adel war nebenamtlich und nur periodisch im öffentlichen Dienst tätig. Die hauptamtliche Tätigkeit wurde von Leuten ohne eigenes Vermögen durchgeführt, die folglich auf Entlohnung angewiesen waren („gemietete Doktoren"). Friedrich Wilhelm I., der „Soldatenkönig", (regierte 1713 bis 1740), rekrutierte bekanntlich zwecks Durchsetzung seiner absoluten Herrschaft gegen den Adel vornehmlich bürgerlich und maß die Leistung seiner Beamten daran, inwieweit sie dem Adel widerstanden. Friedrich der Große, also Friedrich II., (regierte 1740 bis 1786), vollzog hier eine Kehrtwendung, indem er den Adel in die führenden Verwaltungspositionen und die Offiziersränge hereinließ, ihn steuerlich schonte und ihm de facto das Wahlrecht für die Landräte zurückgab, indem er seine Bestätigung für die vorgeschlagenen Landräte nie vorenthielt.

Erst nach der preußischen Niederlage von 1806 änderten sich die Verhältnisse, indem nun das Bürgertum in das Machtvakuum eintreten konnte, ermöglicht indem bürokratische Reformen einerseits des Apparats selbst, andererseits der Gesellschaftsordnung sowie der Kommunalverfassung vorgenommen wurden. Dies alles erfolgte aber nolens volens, um die ruinierten preußischen Staatsfinanzen zu sanieren. So diente die Einführung der kommunalen Selbstverwaltung mit den Stein-Hardenbergschen Reformen in erster Linie dazu, den Staatshaushalt fiskalisch zu entlasten.

Die sogenannte Bauernbefreiung bedeutete im übrigen nicht, dass nun der Adel entmachtet war, sondern „der preußische Landadel „kassierte das Land der Befreiten" – d.h. der eigentumslos gewordenen Bauern – ein. Zudem konnte er sich auch bei den spannfähigen, nicht enteigneten Bauern durch erhebliche Abgaben schadlos halten. Ferner blieben auch alte Feudalprivilegien, wie Patrimonialgerichtsbarkeit und Steuerfreiheit, von den Reformen unbehelligt." (Prätorius 1973: 37).

Im 19. Jahrhundert führt die Regelung der Zulassungsbedingungen dazu, dass der Adel das Bildungssystem durchlaufen musste, um im öffentlichen Dienst tätig werden zu können. Trotzdem hatte der Adel noch wesentlichen Einfluss in der Politik. Heute regelt Art. 33 GG die Rekrutierung nach dem universalistischen Standard der Leistung; aber dennoch entstehen selbstselektive Tendenzen. Das Laufbahnprinzip ermöglicht zwar, alle gesellschaftlichen Schichten im Beamtentum zu vertreten, aber durch das vorgelagerte Bildungssystem entsteht eine Art Selbstdiskriminierung, die mit der unterschiedlichen Bildungsmotivation der einzelnen Schichten in Zusammenhang steht. Die formale Gleichheit und die formale Öffnung ist also keine Garantie für eine repräsentative Staatsdienerschaft. Zudem wirkt die lange ökonomische Abhängigkeit ohne Gehaltsbezug infolge langer Ausbildungszeiten als sozialer Filter und hinzu kommt die Statusvererbung kraft Einleben in die Familientradition.

2.2.4 Berufsethos und Standesbewußtsein

In Bezug auf die Klassenlage unterscheiden sich Beamte prinzipiell nicht von Arbeitern und Angestellten. Nach Webers Auffassung bestimmt sich die Klasse über die am Arbeitsmarkt determinierten Lebenschancen, und darin sind sich alle gleich, die ihre Arbeitskraft „frei kontrahieren" müssen. Die differentia specifica erschließt sich über Webers Schicht- und Standesbegriff, der auf spezielle Lebensstile abstellt.

Die Berufsehre ist heute kein monolithisches Bewußtsein, sondern lässt sich je nach Verwaltungsbereich differenzieren. Generell lässt sich feststellen, dass heute die jüngeren Generationen weniger Standesbewußtsein aufweisen als die ältere Generation. Die „Jobmentalität" setzt sich immer mehr durch. Ein Zusammengehörigkeitsgefühl (Korpsgeist) resultiert heute eher aus gleicher Schulung. Die Inhalte des Beamtenethos sind prinzipiell Rechte und Pflichten:

- Achtungswürdiges Verhalten innerhalb und außerhalb des Dienstes;
- Politische Zurückhaltung;
- Einsatz im Dienst mit ganzer Persönlichkeit;
- Gehorsamspflicht;
- Ausgestaltung der Anstellung des Beamten, also öffentlich-rechtliches Dienstverhältnis kraft Verwaltungsakt;
- Das Arbeitsverhältnis als wechselseitiges Dienst- und Treueverhältnis, das durch die Ablegung eines Eides – heute auf die Verfassung, früher auf eine Person – bekräftigt wird.

Dieser Pflichten-Kanon wirkt, sofern er internalisiert wird, verhaltenssteuernd. Der Dienstherr kann bei Zuwiderhandlung Sanktionen verhängen (spezielle Disziplinargerichtsbarkeit). Soziale Kontrolle des Verhaltens (innerdienstlich und außerdienstlich, da Kenntnis der möglichen Sanktionen) schlägt sich nieder in den Personalakten (vormals: Conduiten-Listen). Ein spezieller Lebensstil der Beamten wurde äußerlich unterstrichen mit Orden, Dienstadel und Uniformen für Zivilbeamte. Nach Weber hebt sich daher die Beamtenschicht im 19. Jahrhundert von anderen Schichten ab.

2.2.5 Angestelltenschaft

Entsprechende sozialstrukturelle Entwicklungen vollziehen sich in der Wirtschaft. Mit dem Aufkommen von Großunternehmen im Zuge der Industrialisierung in der zweiten Hälfte des 19. Jahrhunderts entsteht die Schicht der Angestellten. Diese wird von Weber gelegentlich auch als die „Industriebeamtenschaft" bezeichnet. Immerhin vollzieht sich die Bürokratisierung ganz allgemein ebenfalls im Wirtschaftssektor. Diese drückt sich in den entsprechenden strukturellen Veränderungen aus, vor allem im Taylorismus und im scientific management aus (vgl. hierzu Kieser 2006). Personell zeigt sich diese Bürokratisierung jedoch in der Fachschulung speziell der Techniker auf speziellen Technischen Hochschulen und in der nicht-manuellen Arbeit an Schreibtischen. Dass sich die soziologische Forschung seit der Weimarer Republik ganz wesentlich mit dieser

„neuen Klasse" befasst hat, zeigen die Arbeiten von Siegfried Kracauer (1930), Theodor Geiger (1932) oder Hans Speier (1977).

Jürgen Kocka hat in seiner sozialgeschichtlichen Untersuchung am Beispiel der Firma Siemens-Halske die fundamentalen Veränderungen untersucht, die sich seit 1890 im Bereich der privatwirtschaftlichen Angestelltenschaft vollzogen (vgl. Kocka 1969). Funktionen, die früher persönlich ausgeführt wurden, wurden institutionalisiert als schriftliche Berichte über Routineangelegenheiten in Gebrauch kamen und detaillierte Arbeitsvorschriften gesetzt wurden. Von besonderer Bedeutung war das Auftreten der akademisch gebildeten Techniker infolge der Elektrifizierung von Unternehmen. Deren Ausbildung wurde standardisiert und sie organisierten sich in professionellen Berufsverbänden.

2.2.6 Die Bedeutung von Beamten und Angestellten heute

Die Beamten- und Angestelltenschaft hat sich aus historischer Perspektive in zwei gesellschaftlichen Bereichen entwickelt – zum einen in der staatliche Verwaltung und zum anderen in der Wirtschaft – und wurde für spezifische Aufgaben rekrutiert. Heute verlaufen die Grenzen zwischen Angestellten und Beamten im öffentlichen Dienst fließend, weshalb wir von der sogenannten Statusgruppenproblematik sprechen.

Aktuell finden wir zwei Beschäftigungsverhältnisse im öffentlichen Dienst: Zum einen die Statusgruppe der Beamten, die in einem öffentlich-rechtlichen Dienst- und Treueverhältnis stehen und zum anderen die Statusgruppe der Angestellten, die nach Tarifvertrag beschäftigt werden. Unser Grundgesetz legt fest, dass die Ausübung hoheitsrechtlicher Befugnisse in der Regel den Angehörigen des öffentlichen Dienstes zu übertragen ist, die in einem in einem öffentlich-rechtlichen Dienst- und Treueverhältnis stehen[17] (Art. 33 Abs. 4 GG): Die Beamten. Problematisch ist, dass das Grundgesetz nicht definiert, was „hoheitsrechtliche Befugnisse" sind. Das führt in der Praxis zu einer fließenden und undurchsichtigen funktionalen Abgrenzung zwischen Beamtenstatus und Arbeitnehmerverhältnis. Die Interpretation der hoheitlichen Befugnisse reicht von einer engen Auslegung, welche sich lediglich auf die Eingriffsverwaltung (Polizei, Militär, Finanzen) bezieht, bis hin zu einer weiten Auslegung, welche auch die Leistungsverwaltung (Soziales, Wohlfahrt, Infrastruktur) mit einschließt. Hinzu

---

[17] Neben den besondern Dienst- und Treuepflichten (Verfassungstreue, unparteiliche, uneigennützige und gesetzmäßige Amtsausübung, Streikverbot, dem Wohl der Allgemeinheit dienen) haben Beamte auch besondere Rechte (Besoldung, Versorgung, dauerhafter Schutz vor Arbeitslosigkeit). Für die Erfüllung der besonderen Rechte hat der Dienstherr (Bund, Länder, Kommunen oder Körperschaften, Anstalten sowie Stiftung des öffentlichen Rechts) zu sorgen.

kommt noch eine dynamische Interpretation, welche die Anpassung der Beschäftigungsverhältnisse an die Realität des öffentlichen Dienstes fordert (vgl. Battis/ Schlenga 1995).

Die Statusfrage, Beamte oder Angestellte, finden wir heute vorwiegend im Bereich der Lehrer an öffentlichen Schulen. Auch bei der Diskussion um die Verbeamtung der Lehrer stellt sich die Frage, ob die Lehrtätigkeit als hoheitliche Aufgabe zu klassifizieren ist. Es kommt also wieder auf die Auslegung des Funktionsvorbehaltes nach Art. 33 Abs. 4 GG an. Die Praxis sieht in den einzelnen Bundesländern unterschiedlich aus. Denkbar ist, dass Lehrer in Zukunft nicht mehr verbeamtet werden (vgl. Bull 2009). Schon jetzt lässt sich der Trend der Entbeamtung (in den alten Ländern) und der Trend der Nichtverbeamtung (in den neuen Ländern) beobachten.[18]

Letztlich handelt es sich bei der Frage „Beamte oder Angestellte" – angesichts leerer öffentlicher Kassen und steigender Staatsverschuldung – um eine Diskussion der Personalkosten. Zunächst war man davon ausgegangen, dass die Beschäftigung von Angestellten langfristig günstiger ist als die von Beamten. Unterschiedliche Kostenvergleiche der Vergangenheit kommen jedoch zu anderen Ergebnissen: 1984 kommt der Bundesrechnungshof zu dem Ergebnis, dass die finanziellen Aufwendungen für Beamte (auch unter Berücksichtigung der Versorgungsbezüge) geringer als für vergleichbare Arbeitnehmer sind. 1994 veröffentlicht das HWWA-Institut für Wirtschaftsforschung, dass die Kosten für Beamte bei rund drei Viertel der untersuchten Beispiele für Beamte geringer sind als für Angestellte. 1995 kommt auch das Bayerische Staatsministerium der Finanzen zu dem Ergebnis, dass der Einsatz von Beamten durchschnittlich wirtschaftlicher ist als die Beschäftigung von Angestellten. Die entscheidenden Gründe, warum Beamte in der Regel weniger Personalkosten verursachen und die finanziellen Aufwendungen für Angestellte während der Beschäftigungszeit höher liegen als für Beamte, leiten sich aus den Arbeitsverhältnissen ab: Der Bruttoverdienst der Angestelltenschaft liegt über dem der Beamten. Für Angestellte müssen Sozialversicherungsbeiträge gezahlt werden. Für Beamte werden diese nicht abgeführt mit Ausnahme der Beihilfen für die Kranken- und Pflegeversicherung (vgl. Stegmann 1996).

---

[18] Folgende Argumente sprechen dafür, die Lehrtätigkeit an öffentlichen Schulen als hoheitliche Befugnis zu sehen: Zum einen ist besonders der Schulbereich durch obrigkeitliche Elemente geprägt wie Prüfen, Aufsicht, Kontrolle oder die Schulpflicht. Zum anderen können Ansprüche an die Lehrer gestellt werden wie Amtsethos, Rechtsbindung, dienstliche Zuverlässigkeit, volle Hingabe im Beruf, welche den besonderen Pflichten der Beamten entsprechen. Auch ein Streikrecht im Falle der Nicht-Verbeamtung würde zu Lasten der Schüler gehen, da die Kontinuität des Unterrichts gefährdet würde. (Vgl. Battis/Schlenga 1995)

Das Dienstrecht der Beamten war in den letzten Jahrzehnten immer wieder in der Diskussion und wurde an unterschiedlichen Punkten fortentwickelt.[19] Ein aktuelles Beispiel ist die Frage nach der Ausgestaltung des Laufbahnprinzips. Obwohl es sich dabei um einen hergebrachten Grundsatz des Berufsbeamtentums handelt, der durch Art. 33 GG festgeschrieben ist, bietet das Grundgesetz Flexibilitätsspielräume, da keine detaillierten Regelungen vorgeben werden. Demnach wäre im Dienstrecht der Beamten auch eine Einheitslaufbahn denkbar (vgl. Ziekow 2008). Die Dienstrechtsreform 2010 in Bayern sieht eine solche Einheitslaufbahn vor und schafft die bisher bestehenden vier Laufbahngruppen, also den einfachen, den mittleren, den gehobenen und den höheren Dienst ab.

Die folgende Abbildung fasst die Besonderheiten von Beamten und Angestellten, wie wir sie heute vorfinden, zusammen. Zudem veranschaulicht sie noch einmal den historischen Ursprung der beiden Statusgruppen: Staat (Beamtenschaft) und Wirtschaft (Angestelltenschaft). Während bei den Beamten Formulierungen wie *Dienstrecht, Besoldung und Pension* zu lesen sind, verwendet man bei den Angestellten privatwirtschaftliche Begriffe wie *Tarifvertrag, Gehalt und Rente*. Abschließend ist darauf hinzuweisen, dass Beamte und Angestellte einen enormen Angleichungsprozess durchlaufen haben. Nicht grundlos finden wir auf gleichen Arbeitspositionen (Lehrer) sowohl Angestellte als auch Beamte.

Abbildung 5: Gegenüberstellung von Beamten und Angestellten

Kriterien	Beamte	Angestellte
Abgrenzung Art. 33 GG	Ausübung hoheitsrechtlicher Befugnisse	Nein
Besondere Treuepflicht	Ja	Nein
Regelung der Arbeitsverhältnisse	Gesetz	Tarifvertrag
Rechtsstellung	Rechtsnormen (Gesetze und Verordnungen)	allgemeines Arbeitsrecht Arbeitsvertrag (Tarifverträge)
Einsatzfeld	Leitungsfunktionen Verwaltungsbereiche mit hoheitlichen Befugnissen (Polizei, Feuerwehr, Justizvollzug, Finanzverwaltung) Leistungsverwaltung	Gesundheitswesen Sozialdienste Technische Berufe

---

[19] Bekannte Beispiele hierfür sind die „Studienkommission für die Reform des öffentlichen Dienstes" von 1973 und die in NRW 2003 eingesetzte Kommission „Zukunft des öffentlichen Dienstes" (besser bekannt unter „Bull-Kommission", da den Vorsitz der Kommission Prof. Dr. Hans Peter Bull führte).

	Laufbahn	Dienstposten
Rekrutierung für		
Zugangsvoraussetzung	Beamtenlaufbahnen laufbahnspezifische Qualifikation Verfassungstreue und persönliche Integrität	kein Laufbahnsystem Qualifikation und Eignung für den konkreten Arbeitsplatz
Besoldung bzw. Bezahlung	Besoldungsgruppen und Laufbahnen richten sich nach dem übertragenen Amt	Entgeltgruppen richten sich nach der Tätigkeit (Tätigkeit ist nach tarifvertraglich festgelegten Kriterien bewertet und Grundlage für die Einstufung in eine bestimmte Entgeltgruppe)
Aufstiegsmöglichkeiten	Aufstieg in höhere Laufbahn	Aufstieg in eine höhere Entgeltgruppe
Mobilität beim Einsatz des Personals	Hoch	Eingeschränkt
Streikrecht	Nein	Ja
Beteiligung der Personalvertretungen	Anhörung von Spitzenorganisationen im Gesetzgebungsprozess (Gewerkschaften, Berufsverbände der Beamten), als Ausgleich zum fehlenden Streikrecht	Tarifverträge werden zwischen öffentlichen Arbeitgebern (Bund, Ländern und Kommunen) und zuständigen Gewerkschaften ausgehandelt
Beispiele für Spitzenorganisationen	Deutsche Beamtenbund (dbb) Deutsche Richterbund (DRB) Deutsche BundeswehrVerband (DBwV)	dbb tarifunion des Deutschen Beamtenbundes ver.di Vereinte Dienstleistungsgewerkschaft
Versorgung	Besoldung Pension	Gehalt Rente
Alimentation bzw. Soziale Sicherung	Dienstherr: Pension, Unfall Beamte: private Kranken- und Pflegeversicherung mit Anspruch auf Beihilfe	gesetzliche Sozialversicherung Mitglied der gesetzlichen Rentenversicherung, Unfall-, Kranken-, Pflege- und Arbeitslosenversicherung
Unkündbarkeit	Ja	Nein
Beendigung Beamten- bzw. Arbeitsverhältnis	Eintritt in Ruhestand (Vorruhestand) Erreichen einer besonderen Altersgrenze Dienstunfähigkeit	Kündigung Kündigung während der Probezeit Auflösungsvertrag Renteneintritt (auch vorzeitig) Zeitablauf des befristeten Arbeitsvertrags Erwerbsunfähigkeit Unkündbarkeit bei den Angestellten (i.d.R. nach 15 Jahren Beschäftigung)
Disziplinarrecht	Ja	Nein

2.3 Exkurs: Bürokratie in der allgemeinen Soziologie

In diesem Abschnitt sollen die Ausführungen Webers nun anhand einer kurzen Betrachtung weiterer soziologischer Klassiker ergänzt werden. Dabei wird zwar Norbert Elias im Mittelpunkt stehen, jedoch werden wir auch auf Parallelen zwischen Max Weber und Karl August Wittfogel einerseits und zwischen Weber und Talcott Parsons sowie Niklas Luhmann andererseits ziehen. Während es sich bei den Darstellungen Wittfogels, Parsons und Luhmanns um direkte Weiterentwicklungen und Ergänzungen der Weberschen Bürokratietheorie handelt, beinhaltet die Auseinandersetzung mit Elias einen klassischen Theorienvergleich zwischen Rationalisierung nach Weber und Zivilisierung nach Elias.

Max Weber hat bekanntlich das Monopol über den Einsatz physischer Gewalt zum definiens des modernen Staates gemacht. Bei Elias (1939) wird die historische Dimension der verfassten Macht (im Weberschen Idealtypus die legal-rationalen Herrschaft) stärker herausgearbeitet mit seinem „*Königsmechanismus*".[20] Der entscheidende Beitrag Elias' kann jedoch darin gesehen werden, dass er diese gesamtgesellschaftliche Perspektive rückbezieht auf die Veränderung im individuellen *Affekt-Haushalt*, einen parallelen, langfristigen Prozess, der bei ihm mit dem Begriff „Zivilisation" beschrieben wird. Was bei Elias jedoch fehlt, ist der Rückbezug auf sozio-ökonomische Strukturveränderungen, also die marxistische Betrachtungsweise. Der Brückenschlag zu *Freud* andererseits ist mit der Kategorie des Affekt-Haushalts vorgezeichnet, lässt sich hier doch relativ problemlos die Theorie des Über-Ichs von Freud anbinden.

Versucht man nun, Weber, Elias und Freud noch enger miteinander zu verbinden, so bietet es sich an, eine weitere Interdependenz zwischen typischen Variablen, die diese Autoren verfolgt haben, herauszuarbeiten: Legal-rationale Herrschaft geht einher mit *Bürokratisierung* und als Merkmal der Bürokratie mit *Fachschulung und Schriftlichkeit*. Dies setzt gesamtgesellschaftliche Veränderungen im kulturellen und im Bildungssystem voraus: Standardisierung der Schriftsprache, Entwicklung der Schriftkundigkeit und allgemeine Schulpflicht. Dahinter steht letztlich aber auch die Entwicklung von *Massen-Kommunikationsmitteln*, wie vor allem der Buchdruckerkunst, später dann Radio und Fernsehen. Es dürfte nun allerdings auf der Hand liegen, dass gedrucktes oder gesendetes Wort und Bild wiederum einen Rückbezug auf die Formierung der Persönlichkeit haben. Methodisch ist dies übrigens bei Elias angelegt, denn er zehrt sehr stark von Erziehungsschriften, die gedruckt gestreut worden sind.

---

[20] 1939 erschien das Hauptwerk des deutschen Soziologen Norbert Elias „Über den Prozess der Zivilsation". Bei dem von Elias an der abendländischen Gesellschaft beschriebenen Prozess der „Zivilisierung" handelt es sich um einen gesamtgesellschaftlichen Prozess, der sich über einen langen Zeitraum hinweg vollzieht.

Mit anderen Worten: Der ZivilisationsProzess wie auch die staatliche Rationalisierung hätten zumindest nicht das beobachtete Tempo einschlagen können, hätte nicht auch das gesamtgesellschaftliche Kommunikationssystem die Voraussetzung dafür geschaffen, den „neuen Menschen", den zunehmend fachgeschulten, struktur-kongruenten Fachmenschen zu entwickeln, der selbst die Standards rationaler Zweck-Mittel-Kalkulation, wie sie für das Leben in der Organisation charakteristisch sind, auch privat verfolgt.

2.3.1 Norbert Elias[21]

Der erste Teil seiner zweibändigen Schrift: „Über den Prozeß der Zivilisation" ist empirisch orientiert und stellt ein umfangreiches Datenmaterial dar. Wir beschäftigen uns mit dem zweiten Teil seines Werkes, in dessen Mittelpunkt der Begriff der *Zivilisation* steht.

Der Begriff „Zivilisation" kommt aus dem Französischen (civilisation) und kontrastiert mit dem deutschen Begriff der „Kultur". Er wird durch die beiden Merkmale der Förmlichkeit und der Äußerlichkeit charakterisiert. Diese sind in der französischen Kultur und hier insbesondere in Etikette, Diplomatie und Sprache auch stärker ausgeprägt. Ein Kernbereich der Ausführungen von Elias ist der Prozess der „Zivilisierung des Menschen", welchen er auf die verschiedensten gesellschaftlichen Bereiche bezieht: Stand der Technik, Entwicklung der Wissenschaft, Religion und Gebräuche oder Manieren (vgl. Elias 1939). Einen solchen Zivilisierungsprozess beschreibt er u.a. am Beispiel der Tischsitten. Die Tischgewohnheiten im Mittelalter (als Anfangspunkt seiner zeitlichen Analyse) sind durch riesige servierte Fleischmengen gekennzeichnet, durch Fehlen von Servietten und Gabeln, durch Schmatzen und ähnliche Verhaltensformen. Demgegenüber hat die höfische Gesellschaft des 18. Jahrhunderts eine elaborierte Etikette entwickelt. Ein Rülpser ist nun nicht mehr erlaubt und es gibt verschiedene Bestecke für verschiedene Arten von Gerichten. Es haben sich in den verschiedensten Bereichen, so auch den Tischsitten, Normen entwickelt. Was im Mittelalter nur eine „Freßorgie" war, ist nun, im 18. Jahrhundert, auf eine verfeinerte Ebene erhoben, eine Ebene mit neuen Geboten und Verboten. Eine allgemeine *Verfeinerung der Sitten* wird begleitet von:

---

[21] Norbert Elias (geboren 1897 in Breslau, gestorben 1990 in Amsterdam): Soziologiestudium an der Universität Heidelberg, Promotion an der Universität Breslau, begann ein Habilitationsprojekt bei Alfred Weber in Heidelberg, welches er im Zuge seiner Emigration 1933 abbrechen musste.

- Einer Zunahme an Sensibilität, grobe und respektlose Handlungsweise werden als anstößig empfunden;
- Einer Abnahme der Körperlichkeit, man lebt z.b. nicht mehr mit Tieren in einem Raum;
- Eine *Abnahme der physischen Gewalt* im zwischenmenschlichen Bereich, die darauf zurückzuführen ist, dass der Umgang der Menschen untereinander sich geändert hat (z.b. im Sport).

Elias interpretiert diese Entwicklung als Verdrängung von Fremdkontrolle durch zunehmende Selbstkontrolle: *Selbstkontrolle* ist auf den Affekthaushalt gerichtet und *Fremdkontrolle* bedeutet, dass jeder jeden mit der Waffe oder anderer Gewalt bedroht. Im Laufe der Zeit wurde die *physische Gewalt durch den Staat monopolisiert*. Für die Bürokratietheorie ist es nun wichtig zu zeigen, wie es zu diesem Staatsmonopol kommt. Hier sei der *Königsmechanismus* des absolutistischen Frankreichs erwähnt. Die Gesellschaft wird in diesem Prozess immer größer und zwar sowohl geographisch als auch in sozialer Hinsicht. Es ist eine Verlängerung der Interaktionsketten (Simmel) zu beobachten, im ökonomischen Bereich insbesondere eine Verlängerung der Tausch- und Handelsketten. Diese Verlängerung der Interaktionsketten ähnelt dem Weberschen „Rationalisierungsprozeß": Beiden liegt ein Zweck-Mittel-Denken zugrunde. Eine Affinität besteht schließlich auch zwischen Elias' Selbstkontrolle und Freuds „Über-Ich". Bei den bisherigen Betrachtungen muss man die verschiedenen gesellschaftlichen Ebenen oder Systeme auseinanderhalten: Zum einen das politische System und den Staat mit seinem Monopol an legitimer physischer Gewalt, zum zweiten das ökonomische System mit seinem Zweck-Mittel-Denken und zum dritten das soziale oder zwischenmenschliche System mit seiner Verfeinerung der Sitten und seiner zunehmenden Tabuisierung physischer Gewalt.

Betrachtet man das Hauptwerk Norbert Elias' „Über den Prozeß der Zivilisation", so gewinnt man den Eindruck, es gäbe kaum eine Beziehung zwischen Weber und Elias. Lediglich im Vorwort der Auflage 1969 sowie an zwei Stellen in Band II wird Bezug genommen auf „Wirtschaft und Gesellschaft" und Webers Charakterisierung des Staates durch das Gewaltmonopol. Ferner findet sich ein Hinweis auf Marianne Weber und eine ihrer Schriften über die Ehe.

Ebenfalls erstaunlich ist, dass sich Elias im Zusammenhang mit der Abhandlung des Kulturbegriffs nicht auf Max Webers Bruder, Alfred Weber, bezieht. *Biographisch* ist dabei zweifelsohne klar, dass Elias mit den Arbeiten beider Webers bekannt sein musste. Elias hat Anfang der 1920er Jahre in Heidelberg noch bei Alfred Weber studiert, bevor er mit Karl Mannheim von Heidelberg nach Frankfurt ging. Karl Mannheim war ferner einer der ganz wenigen, der in den 1920er und 1930er Jahren in ihren Vorlesungen das Werk Max Webers behandelt hat. Dies wird auch *werkgeschichtlich* dadurch bestätigt, dass in Elias' „Höfischer Gesellschaft" (1969) mehrfach ausführlich auf Max Weber und seinen Herrschaftsbegriff Bezug genommen wird. Insbesondere die Charakterisierung der absolutistischen Hofgesellschaft als patrimonialbürokratisch wird angesprochen und dabei bemerkt Elias, dass Weber primär auf den Beamtenapparat, nicht aber auch den Hof selbst als soziales Gebilde abgestellt hat. Nun ist es unbestritten, dass die 1969 im Zuge der Elias-Renaissance publizierte „Höfische Gesellschaft" bereits 1932/33, also vor der in der Emigration abgeschlossenen Arbeit über den ZivilisationsProzess verfaßt worden ist. Es handelt sich dabei um Elias' nicht mehr eingereichte Habilitationsschrift. Andererseits ist nicht auszuschließen, dass die (so die Vorbemerkung) 1969 überarbeitete „Höfische Gesellschaft" erst später auf Max Weber Bezug genommen hat; andererseits wird „Wirtschaft und Gesellschaft" in der Ausgabe von 1922 zitiert. Man muss ferner bedenken, dass die meisten der Weberschen Schriften erst posthum im Laufe der 1920er erschienen sind, als Elias sein Studium bereits abgeschlossen hatte. Ferner haben ihm möglicherweise bei der Abfassung der Schrift über den ZivilisationsProzess die deutschen Schriften in der Emigration nicht zur Verfügung gestanden.[22] Des weiteren ist aber ganz grundsätzlich zu bemerken, dass die Zivilisationsschrift primär empirisches Quellenmaterial, weniger aber theoretische Schriften zitiert. Außerdem ist es offenbar damals gar nicht üblich gewesen, wissenschaftliche Standardwerke ausführlich zu zitieren, so wie ja auch Max Weber selbst sparsam zitierte.

Systematisch besteht in jedem Fall ein Zusammenhang zwischen Webers Begriff der *Rationalisierung* und dem Begriff der *Zivilisierung*. Sowohl bei Weber als auch bei Elias wird hiermit u.a. eine Handlungsorientierung bezeichnet. Im übrigen hat Karl Mannheim (1935) selbst später noch den Rationalisierungsbegriff verarbeitet. Schließlich taucht dieser Begriff bei Elias (1939) ebenfalls auf. Wenn er von der „Verlängerung der Handlungsketten" spricht, knüpft er offensichtlich auch an Simmel an, ohne diesen ebenfalls zu zitieren. Der Eliassche Rationalisierungsbegriff stützt sich allerdings auch sehr stark auf die psychoanalytischen Schriften von Freud – was übrigens biographisch interessant ist, da Elias sich frühzeitig mit Medizin befasst hat und auch später stark psychologische Fragestellungen verfolgte. So sind auch die Begriffe „Selbstkontrolle" und „Kontrolle des Affekthaushaltes" einerseits dem Weberschen Begriff der *Disziplin* und andererseits dem Freudschen Begriff des Über-Ichs verwandt.

Während Weber den Begriff der Disziplin in Beziehung setzt zu Arbeitsmoral und protestantischer, d.h. religiös fundierter Ethik und beides in den Kontext der Entwicklung des Kapitalismus (allerdings mit Vorläufern im Religionsbe-

---

[22] Von 1933 bis 1935 befand sich Elias im Exil in Frankreich, ab 1935 in Großbritannien.

reich auch insofern, als sozialstrukturell die „methodische Lebensführung" sich in den Klöstern herausbildet) setzt, ist die Verfeinerung der Sitten, die Reduktion von Gewalt in den zwischenmenschlichen Beziehungen und die Kontrolle des Affekthaushaltes bei Elias so gut wie gar nicht religiös erklärt, sondern Reflex auf die Bildung des staatlichen Gewaltmonopols, vermittelt über die Domestizierung des in Abhängigkeit geratenen Adels. Andererseits wird das Kalkulieren von Handlungsfolgen in Beziehung gesetzt zur ökonomisch bedingten sozialen Differenzierung und territorialen Verlängerung der Interaktionsprozesse mit der Verbreitung der Geldwirtschaft. Insofern gibt Elias zwar etwas her zur Frage der Staatenbildung und zur Frage der Rationalisierung, nicht aber zur Frage der *Bürokratisierung,* befasst er sich doch in beiden erwähnten Schriften primär mit dem Phänomen der mittelalterlichen und absolutistischen Elite am Herrschaftshof. Dies ist schon bedingt durch die Quellenlage, aus der sich allenfalls Vorschriften für diese Elite, nicht aber für das gemeine Volk entnehmen lassen. Die Auswirkungen dieser kulturellen Veränderungen auf die breite Masse würden theoretisch eben auch die Berücksichtigung des Herrschaftsapparates, der gegenüber der Gesellschaft wirkt, erfordern.

2.3.2 Karl August Wittfogel[23]

Auch Karl August Wittfogel knüpft mit seinem Hauptwerk „Oriental despotism" (1957) an das Webersche Gedankengut an. Während Weber die Industriegesellschaft beschreibt, befasst sich Wittfogel mit den asiatischen Diktaturen als wasserbewirtschaftende (hydraulische) Gesellschaften. Das charakteristische Merkmal dieses Systems ist eine straffe Staatskontrolle über Land und Bewässerung. Es lassen sich drei funktionale Merkmale feststellen:

- Eine elaborierte Statistik und Aktenführung;
- Phänomenale Anstrengungen im Infrastrukturbereich;
- Ein stehendes Heer als professioneller Militärmacht.

Es herrscht ein interner bürokratischer Wettbewerb, der dazu führt, dass ein Versager durch eine totale Bestrafung (interner Terror) ausgeschieden wird. Um zu verhindern, dass sich eine „soziale Clique" selbst perpetuiert, wurden drei Mechanismen gebraucht: Erstens wurde die Erblichkeit von Ämtern nach begangenen Fehlern systematisch unterbrochen. Zweitens wurden Priester ernannt, um

---

[23] Karl August Wittfogel (1896-1988) studierte ab 1914 Philosophie, Geschichte, Soziologie und Geographie. 1921 begann er sein Sinologie-Studium in Leipzig. 1934 emigrierte er nach Großbritannien und anschließend ging er in die USA, deren Staatsbürgerschaft er 1941 erhielt.

die Homogenität der Nachkommenschaft zu unterbrechen und drittens wurden Sklaven und Eunuchen in Staatsämter aufgenommen. Bei Wittfogels Untersuchung handelt es sich um eine Fallstudie zur Bürokratie eines nicht legal-rationalen Herrschaftstypus. Wittfogel setzt sich dabei zugleich mit dem stalinistischen System auseinander. Für die Bürokratietheorie von Bedeutung ist folglich, dass sich bürokratisch organisierte Herrschaftsapparate nicht ausschließlich innerhalb legal-rationaler Herrschaftsformen finden, sondern auch in traditional verfaßten Königreichen und Despotien.

2.3.3 Talcott Parsons und Niklas Luhmann

Anknüpfungspunkte zu Weber liefert auch Talcott Parsons *Handlungstheorie* (1937).[24] In dem von Parsons entwickelten Raster an Orientierungsmustern des menschlichen Handelns (pattern variables) stellen die in Abbildung 6 gelisteten Variablen eine Verbindung zu Webers Begriff der formalen Rationalität her:

Abbildung 6: Verbindungen Parsons und Weber

	Talcott Parsons pattern variables
	Max Webers Begriff der formalen Rationalität
partikularistische Orientierung	universalistische Orientierung
diffus (global)	spezifisch
emotional	affektiv neutral
Statusvererbung	leistungsmäßiger Statuserwerb
Gemeinschaft	Gesellschaft

In seiner 1951 erschienenen Systemtheorie („The Social System") entwirft Parsons sein berühmtes AGIL-Schema, aus dem er verschiedene Subsysteme der Gesellschaft ableitet. Jedes dieser Subsysteme erfüllt für die Gesellschaft bestimmte Funktionen.[25]

---

[24] Talcott Parson (1902-1979) studierte Wirtschaftswissenschaften und Nationalökonomie. Er promovierte in Heidelberg zum Thema „Capitalism' in recent German literature: Sombart and Max Weber". Sein Hauptwerk „The Structure of Social Action" (Handlungstheorie) erschien 1937.

[25] Auch hinsichtlich der Frage, wie es überhaupt zur Herausbildung von Bürokratien kommt, kann die Differenzierung in Subsysteme ein analytischer Ausgangspunkt sein, wie Eisenstadt unterstrich: „It is our basic hypothesis that bureaucratic organizations develop in connection with differentiation in the social system and the problems it creates. Bureaucratic organizations (although not only these) perform important functions in the implementation of different goals, the provision of resources, and the regulation of various intergroup relations and conflicts." (Eisenstadt 1958. 110).

Dieses Schema wird von *Niklas Luhmann*[26] weiterentwickelt. Insbesondere für Luhmann ist die Ausdifferenzierung der Gesellschaft in zahlreiche Subsysteme kennzeichnend für moderne Gesellschaften und ergibt sich aus der erforderlichen Reduktion der übergroß erscheinenden Komplexität der Welt.

Abbildung 7: Talcott Parsons AGIL-Schema

AGIL	Bedeutung (die zu erfüllende Funktion)	Subsystem
A	Adaptation (Anpassung an die Umwelt)	ökonomisches System
G	Goal Attainment (Zielerreichung)	politisches System
I	Integration (Sozialisation)	Sozialsystem
L	Latent pattern maintenance (Erhaltung latenter Strukturen)	kulturelles System

Luhmann ordnet u.a. den Teilsystemen Politik und Verwaltung bestimmte Funktionen zu. So habe beispielsweise das politische System eine Legitimationsfunktion für bindende administrative Entscheidungen, die die Bürokratie an die Öffentlichkeit weitergibt. Das politische System besitzt seine Funktion dabei vor allem in der Legitimationsbeschaffung, während das administrative System die erworbene Legitimation verwendet um damit bindende Entscheidungen zu produzieren (vgl. Luhmann 1966). Die Herstellung bindender Entscheidungen ist dabei nicht die einzige Aufgabe des Verwaltungssystems, sondern dessen spezifisches Merkmal – ebenso wie bei Max Weber das Monopol an legitimer physischer Gewalt nicht das einzige, wohl aber das spezifische Merkmal des modernen Staates ist. Zur Herstellung bindender Entscheidungen ist die Bürokratie ihrerseits in eine Vielzahl von Subsystemen ausdifferenziert, was sich in den verschiedensten Fachverwaltungen oder in der territorialen Gliederung der Behörden widerspiegelt.

Das von Luhmann lediglich systemtheoretisch betrachtete Verhältnis von Politik und Verwaltung wird uns nun genauer im folgenden Kapitel beschäftigen.

---

[26] Niklas Luhmann (1927-1998) studierte Jura, arbeitete anschließend in der öffentlichen Verwaltung und kam 1960 über ein Stipendium für die Universität Harvard mit Parsons in Kontakt. Darüber hinaus promovierte er in Soziologie und beschäftigte sich bis zu seinem Tode mit der Ausarbeitung einer soziologischen Systemtheorie.

3 Bürokratie und Politik

Schon die im vorangegangenen Kapitel beschriebene Genese der Bürokratietheorie aus Max Webers Herrschaftssoziologie macht deutlich, dass ein Bezug zur Politik naheliegt. In diesem Kapitel soll dieser Bezug in fünf Abschnitten herausgearbeitet und vertieft werden. Zunächst soll anhand Webers politischer und wissenschaftlicher Schriften das Problem der politischen Steuerung der Bürokratie sowie deren Tendenz zur Verselbständigung dargestellt werden (3.1). Abschnitt 3.2 wird sich mit dem Rätemodell, dem Marxschen unbürokratischen Gegentypus zum bürokratischen Verwaltungsstab, befassen und einen kontrastierenden Blick auf die politische Organisation im „real existierenden Sozialismus" werfen. In Abschnitt 3.3 wollen wir uns mit dem Thema der Bürokratisierung politischer Parteien befassen, ehe in Abschnitt 3.4 das Konzept der repräsentativen Bürokratie im Mittelpunkt steht. Abschließend widmen wir uns in 3.5 der Ökonomischen Theorie der Bürokratie.

3.1 Bürokratie und politische Steuerung bei Weber

Im Einzelnen lässt sich unter dieser groben Überschrift wieder eine Reihe von Thesen und Unterthemen subsumieren, die sich im Wesentlichen wiederum auf Max Weber beziehen lassen oder von ihm erstmals präzise formuliert worden sind. Das bedeutet im Übrigen wie bei vielen anderen Punkten dieser von uns hier langsam zu rekonstruierenden Bürokratietheorie natürlich nicht, dass nicht ähnliche Themata schon im 19. Jahrhundert angesprochen worden sind. Auch damals hat man schon sehr vieles auf den Punkt gebracht, wie auch Albrow (1972) in seinem Überblick darlegt. Unter sozialwissenschaftlichem Aspekt verdanken wir eine Reihe klassischer Formulierungen jedoch Max Weber. Wir möchten hier zunächst das bei Weber zentrale Problem der Verselbständigungstendenz seitens der Bürokratie darstellen sowie anschließend einen Blick auf die Rollendifferenzierung zwischen Politiker einerseits und Beamten andererseits werfen. Gegen Ende dieses Abschnitts thematisieren wir mit der „Beamtenherrschaft" und der liberalen Demokratie zwei Aspekte, zu denen sich Weber vornehmlich in seinen politischen Kommentaren geäußert hat.

3.1.1 Verselbständigung der Bürokratie

Die erste These, die nun unter der generellen Überschrift mit der Frage nach dem Verhältnis von Politik und Bürokratie zu diskutieren wäre, ist die Webersche These von der Verselbständigung der Bürokratie, die sogenannte *Verselbständigungsthese*. Wir möchten diese These, zurückgreifend auf Zitate von Max Weber, in zweierlei Hinsicht vorstellen: Zum einen formuliert Max Weber immer, seinem Erkenntnisprogramm folgend, diese Ausführungen in universalgeschichtlicher Perspektive. Insofern lohnt es sich zu rekonstruieren, welchen historischen Kontext Weber eigentlich vor Augen hat, wenn er von der Verselbständigungsgefahr der Bürokratie spricht. Zum anderen aber kann man die These auch in aktueller Hinsicht formulieren, also beziehen auf moderne Bürokratien, wie sie seit Max Weber bestehen. Heute weist die Frage nach der Verselbständigung der Bürokratie sowie entsprechender Gegenmaßnahmen der Politik immer auch eine normative Komponente auf, zumindest in den modernen liberalen Demokratien: „In einem als Demokratie verfassten Staat ist Verwaltungspolitik im Sinne der Erhaltung der Kontrolle über die und Steuerungsfähigkeit der Verwaltung zur Sicherung der demokratischen Legitimation staatlichen Handelns notwendig." (Ziekow 2007: 11).

Beginnen wir mit dem ersten Aspekt, dem historischen Kontext, den man mitdenken muss, wenn man Webers Verselbständigungsthese verstehen will. Eines der Merkmale des Typus bürokratischer Organisation, das Max Weber (damit übrigens parallel zu Karl Marx) herausgestellt hatte, ist die Trennung des Verwaltungsstabes von den Betriebsmitteln. An anderer Stelle spricht Weber auch von der totalen Appropriation der Betriebsmittel durch den Herrn. Ganz konkret bedeutet dies in historischer Perspektive zunächst, dass Haushalt und Betrieb getrennt werden, dass die Beamten in Bureaus, auf staatlichen Sesseln oder Stühlen sitzen und nicht mehr auf ihren eigenen Stühlen wie zur Zeit des Feudalismus, als öffentliche Aufgaben und Dienstgeschäfte von Großgrundbesitzern oder sonstigen Feudalherren sozusagen auf dem privaten Grundbesitz wahrgenommen wurden. Das zeigt sich, so Webers Beispiel, besonders gut im Militärwesen: Im Feudalheer ist es typisch, dass die Ritter sich selbst equipierten, also ihre Ausrüstung selbst stellten. Auch bei den frühen Söldnerheeren war es noch so, dass Söldnertruppen von Privatunternehmern, von Obersten, aufgestellt wurden, die die Truppen rekrutierten und bezahlten und dann die Dienstleistung dieses Truppenteils dem Staat, vertreten durch einen Fürsten, verkauften. Insofern waren die kriegerischen Betriebsmittel, insbesondere Waffen und Uniformen, im Privatbesitz dieses Unternehmers, jedoch nicht mehr im Privatbesitz des einzelnen Soldaten, wie es zur Feudalzeit typisch war. Entsprechend gehört heute selbstverständlich die Büroausstattung nicht dem einzelnen Beamten, sondern dem Staat.

Die Expropriation bzw. Appropriation von oder der Betriebsmittel hat für die Frage der Verselbständigung von Herrschaftsapparaten gegenüber ihrem Herrn eminente Bedeutung – ebenso wie im kapitalistischen Betrieb die Enteignung der Arbeiter von den Produktionsmitteln – so Max Weber explizit in „Wirtschaft und Gesellschaft" (vgl. Weber 1980: 567). Es bedeutet, dass die Verfügung über diese Betriebsmittel an der Spitze der Organisation zentralisiert wird und dass sie der Disposition der einzelnen Mitglieder eines bürokratischen Apparats, sei es jetzt eines kapitalistischen Unternehmens, sei es eines Söldnerheeres, sei es einer schreibenden öffentlichen Verwaltung, entzogen werden. Damit werden die zentrifugalen Tendenzen des Feudalsystems überwunden, also die Tendenz der Vasallen an der Peripherie des Reiches – durchaus geographisch gedacht –, sich von ihrem Lehensherrn zu emanzipieren, sich selbständig zu machen, sich aufzulehnen. Denn die Basis für solche Emanzipationstendenzen bestand darin, dass sie selbst über die Produktionsmittel verfügten und insbesondere die Ausrüstung der Truppen, die sie im Kriegsfall dem Kaiser oder einem sonstigen Lehensherrn zu stellen hatten, als Eigentum besaßen. Der Preis allerdings – und hier zeichnet Weber ein gewisses Paradoxon – dieser Überwindung zentrifugaler Tendenzen des Feudalsystems durch Enteignung von den Produktionsmitteln besteht darin, dass sich nun *eine neue Abhängigkeit des Herrschers* einstellt, nämlich die Abhängigkeit gegenüber den hauptamtlichen, hauptberuflichen, geldbesoldeten Beamten. Diese verfügen zwar nicht mehr über die Produktionsmittel, aber es wäre eine arge Täuschung zu meinen, dass die Abhängigkeit von wankelmütigen Lehensherren und Vasallen problemlos ersetzt würde durch ökonomisch wesentlich stärker abhängige hauptamtliche bürgerliche Beamte. Insofern handelt es sich um einen qualitativen Wandel, indem nämlich die Verfügung über materielle Produktionsmittel zentralisiert wird und damit diese Autonomiebasis ausfällt, sich aber andererseits eine neue Qualität von Abhängigkeit vom Herrschaftsstab einstellt, die auf einer anderen Ebene liegt. Verselbständigungstendenzen des öffentlichen Verwaltungsapparates sind nicht mehr ökonomisch begründet, sondern beruhen auf einer anderen Machtbasis: Information. Das physische Kontrollproblem (Gewalt) wird zum informationellen Kontrollproblem. Weber sagt, „daß sich mit dem Absolutismus des Fürsten gegenüber den Ständen die allmähliche Abdankung seiner Selbstherrschaft an die Fachbeamten einstellt, durch die ihm jener Sieg über die Stände erst ermöglicht wurde" (Weber 1980: 831). Hier formuliert Weber nochmals jenes bereits angesprochene Paradoxon: Zur Überwindung der ständischen zentrifugalen Tendenzen bedurfte der Fürst des Fachbeamentums, andererseits aber handelte er sich dafür ein, dass sein persönliches Regiment, in dem er selbst noch alle wesentlichen Entscheidungen traf, jetzt nicht mehr möglich war, sondern dass Herrschaft, wie Weber an anderer Stelle sagt, „sich im Alltag als Verwaltung äußert".

Eine Randbemerkung ist hier am Platz: Dieser Strukturwandel in der personellen Zusammensetzung des Herrschaftsstabes ist nicht auf diesen beschränkt, sondern Weber behandelt in den entsprechenden Kapiteln seiner „Staatssoziologie" auch die anderen Facetten des politischen Systems. Er stellt z.B. fest, dass gleichzeitig mit den Fachbeamten der Berufspolitiker entsteht (vgl. Weber 1980: 832ff.). Wir können in moderner soziologischer Terminologie sagen, dass wir es im Bereich von Exekutive und Legislative, im Bereich von Verwaltung und Politik mit einer zunehmenden Ausdifferenzierung von speziellen Rollen (entsprechend dem Gewaltenteilungsmodell) zu tun haben. Im Bereich der Exekutive ist dies anhand der zunehmenden Arbeitsteilung und Hauptberuflichkeit sowie der Spezialisierung der Beamten rech deutlich zu sehen. Im Bereich der Legislative ist dies aber ein neuer Gedanke: Weber stellt fest, dass wir strukturell-konsistent zum Berufsbeamten jetzt den Berufspolitiker entdecken, der sich hauptamtlich, natürlich auch dann geldentlohnt, spezialisiert und sich ausschließlich mit Politik befasst. Dies ist ein historisch ebenso neues Phänomen wie die Herausbildung des Berufsbeamtentums. Im einzelnen lässt sich diese Entwicklung zum Berufspolitiker nach Weber im wesentlichen in drei Schritten beschreiben:

In einer ersten Phase erkennen wir den *Fürstenberater*, der sich mit anderen im Kabinett des Fürsten befindet, dort seiner Tätigkeit nachgeht, und zwar mit dem Ziel, das persönliche Regiment des Fürsten gegenüber der personell gewachsenen Bürokratie zu behaupten. Die Hinzuziehung von Beratern in das Kabinett des Fürsten stellt die erste historische Politikerrolle dar. Interessant hierbei ist die Wortgeschichte des Begriffs „Kabinett", welcher als ursprünglich räumlicher Begriff für das Umkleidezimmer des Fürsten steht. Rollen, wie sie sich hier in einer Kabinettsmitgliedschaft beim absoluten Fürsten darstellen, finden wir heute insbesondere noch im französischen Regierungssystem. In den dortigen Ministerialkabinetten sind die persönlichen, engsten Berater eines Ministers versammelt, also vergleichbar dem Ministerbüro und den persönlichen Referenten eines Ministers in der deutschen Ministerialbürokratie. Auch in der Europäischen Kommission werden die einzelnen Kommissare von einem persönlichen Beraterstab, dem Cabinet, bei ihrer Arbeit unterstützt.

Ein weiterer Entwicklungsschritt stellt sich dann in der konstitutionellen Monarchie ein, als sich der *einheitlich führende Beamtenminister* gegenüber dem Parlament herausbildet. Während wir im Absolutismus definitionsgemäß noch kein Parlament finden, existiert ein solches dagegen im Konstitutionalismus, wenn auch mit sehr beschränkten Rechten, etwa was das Budgetrecht betrifft. Nun hält sich der auf diese Weise konstitutionell in seinen Kompetenzen beschränkte Fürst an der Spitze der Bürokratie Personen, die über die „Ochsentour" der administrativen Laufbahn bis in den Ministerrang gekommen sind. Diese Minister – von Weber als Beamtenminister bezeichnet – wurden zeitlich begrenzt rekrutiert und mitunter sogar „gekauft". Es war zu dieser Zeit durchaus üblich, dass Spitzenbeamte von einem Staat in den anderen wechselten. Hardenberg z.b. stand in Diensten des Herzogtums Braunschweig-Lüneburg oder des Markgrafen von Ansbach-Bayreuth, eher er preußischer Minister wurde. Nach Max Weber nehmen solche ernannte, beamtete Minister an der Spitze der Bürokratie eine Politikerrolle ein. Diese Etablierung des beamteten Ministers in der konstitutionellen Monarchie stellt nach den Fürstenberatern den zweiten Schritt in der historischen Herausbildung der Rolle des Berufspolitikers dar.

Heute existieren – je nach Verfassung – unterschiedliche Arten und Weisen, wie Minister in ihr Amt gelangen können, wobei in parlamentarischen Demokratien die *parlamentarische und parteiliche Verankerung der Minister* eine wichtige Rolle spielt. In Deutschland werden Minister vom Bundespräsidenten ernannt (und entlassen) und nicht einzeln gewählt. Vom Bundestag gewählt wird nur der Bundeskanzler. Dass Minister immer ihre parteiliche oder parlamentarische Basis besitzen und in Partei oder Fraktionen ihren Rückhalt finden, ist nach den formalen Bestimmungen des Grundgesetzes somit nicht zwingend. Vergegenwärtigt man sich das amerikanische Verfassungssystem, so ist es dort die Regel, dass ein amerikanischer Minister, der bei weitem nicht die Selbständigkeit hat wie ein deutscher Minister, sondern entsprechend dem monokratischen Präsidialsystem ebenfalls jederzeit entlassen werden kann, parteimäßig in aller Regel überhaupt nicht abgestützt ist. Minister werden in den Vereinigten Staaten zumeist aus der Wissenschaft oder aber auch aus der Wirtschaft und der Bürokratie rekrutiert und nicht zwangsläufig aus der Partei oder der Parlamentsfraktion. Man darf sich insofern von den deutschen Verhältnissen keineswegs täuschen lassen. Es sei hier angemerkt, dass auch in der Bundesrepublik von Zeit zu Zeit Minister nicht über Parteien und Fraktionen, sondern aus anderen Bereichen empor gelangen.[27]

---

[27] Als Beispiele seien genannt der parteilose Hans Leussink (Bundesminister für Bildung und Wissenschaft von 1969 bis 1972), der vor Amtsantritt Professor und Vorsitzender des Wissenschaftsrates gewesen war; Manfred Lahnstein (von 1980 bis 1982 Chef des Bundeskanzleramtes sowie 1982 für kurze Zeit Bundesfinanzminister), der als Beamter direkt aus der Ministerialbürokratie rekrutiert wurde; der ebenfalls parteilose Werner Müller (Bundesminister für Wirtschaft und Technologie von 1998 bis 2002), der zuvor in der Privatwirtschaft tätig gewesen war.

3.1.2 Fachwissen als neue Machtbasis

In dieser Phase der Parlamentarisierung, die im Extremfall in die Republik und damit in die Abschaffung der Monarchie mündet, bildet sich dann in einer dritten Stufe eine *grundlegende Rollendifferenzierung* heraus zwischen einerseits den Fachbeamten, die ihre Machtbasis im *Fachwissen* haben und andererseits den Politikern, die als Abgeordnete hauptberuflich im Parlament kämpfen und nicht nur *für*, sondern vielfach auch *von* der Politik leben. Diese Parlamentsabgeordneten stellen dann im parlamentarischen Regierungssystem als Minister die Spitze der Exekutive und besitzen im Idealfall eine parlamentarische Machtbasis.

An diesem Punkt zeigt sich nun die Konstellation des modernen Problems der Verselbständigung des bürokratischen Apparates. Dabei handelt es sich um den Gegensatz zwischen beamtetem Fachwissen einerseits und der politisch legitimierten Aufgabe, die Direktiven für den bürokratischen Apparat zu setzen andererseits. Der personelle Gegensatz von Fachbeamten und Ministern äußert sich zudem darin, dass letztere politische Zielvorgaben machen, während die Beamten bürokratische Mittelentscheidungen treffen: Während Politiker die Ziele setzen sollen, entscheidet die Bürokratie über die Auswahl der Mittel, die zur Realisierung der Ziele notwendig sind. Hier stößt man wiederum auf das mit dem Rationalisierungskonzept seinerzeit eingeführte dichotomische Schema von Zielen und Mitteln, das jetzt auf anderer sprachlicher Ebene mit dem Gegensatz von Politik und Verwaltung oder – konkreter gesagt – mit dem Gegensatz zwischen Parlament und Bürokratie oder – in personalisierter Form – im Gegensatz zwischen Ministern und Beamten korrespondiert.

Für die Beamten ist typisch, dass sie fachgeschult sind und auf diese Weise zu ihrem technischen oder juristischen Fachwissen gelangen, während der Politiker prinzipiell auch Dilettant[28] sein kann:

> „Preußischer Kultusminister konnte man schon unter dem Regime vor 1918 sein, ohne selbst jemals eine höhere Unterrichtsanstalt besucht zu haben, während man vortragender Rat grundsätzlich nur aufgrund der vorgeschriebenen Prüfungen werden konnte". (Weber 1980: 833).

Interessant ist, dass Weber den Typus bürokratischer Organisation nicht nur im Hinblick auf die Staatsverwaltung formuliert, sondern sehr wohl auch im Hinblick auf Parteien und Wirtschaftsunternehmen. Somit stellt sich auch in diesen Sektoren das Problem der Verselbständigung des Apparates. Bei den *Parteien* hieße Verselbständigung die „Emanzipation des Funktionärsapparats" von den

---

[28] Bei Weber wird „Dilettant" noch im ursprünglichen Sinne gebraucht und bezeichnet denjenigen, der Spaß an der Sache hat, sich delektiert und etwa ein Amt neben- oder ehrenamtlich ausfüllt.

politisch gewählten Vorständen. Eine andere Variante der Interpretation in dem Kontext wäre auch die Emanzipation der gewählten Delegierten von ihrer Basis. In dem hier verfolgten theoretischen Kontext kommt es nur auf das Spannungsverhältnis zwischen Parteifunktionären und gewählten Parteivorständen an.

Entsprechend (so Weber 1980: 833) finden wir auch den Gegensatz im *Wirtschaftsunternehmen* zwischen den Organen des Aufsichtsrats und des Vorstandes oder, wie Weber sagt, der „Betriebsbeamten". Hier besteht dasselbe Spannungsverhältnis zwischen einem mehr oder weniger professionellem – z.T. aber auch recht dilettantischem Aufsichtsrat, der nicht allzu selten in seiner Kontrollfunktion versagt – einerseits und dem professionellen, mit Fachwissen über die Betriebsinterna ausgestatteten Vorstand andererseits.

Weber stellt also mit dem Verselbständigungsproblem ganz explizit auf das Fachwissen, das durch Fachschulung erworben ist, ab. Der Ausdruck „Fachschulung und –wissen" versus Dilettantismus sagt jedoch für sich genommen noch nicht viel, und wir müssen noch weiter in die Tiefe gehen. Weber sagt im Weiteren dazu:

> „Die bureaukratische Verwaltung bedeutet: Herrschaft kraft Wissen: dies ist spezifisch rationaler Grundcharakter. Über die durch das Fachwissen bedingte gewaltige Machtstellung hinaus hat die Bureaukratie (oder der Herr, der sich ihrer bedient) die Tendenz, ihre Macht noch weiter zu steigern durch das Dienstwissen: die durch Dienstverkehr erworbenen oder "aktenkundigen" Tatsachenkenntnisse. Der nicht nur, aber allerdings spezifisch bureaukratische Begriff des "Amtsgeheimnisses" - in seiner Beziehung zum Fachwissen etwa den kommerziellen Betriebsgeheimnissen gegenüber den technischen vergleichbar - entstammt diesem Machtstreben." (Weber 1980: 129).

Weber unterscheidet also hier zwei Arten von Wissen: Das *Fachwissen* und das *Dienstwissen*. Diese Unterscheidung finden wir in Webers Schrift „Parlament und Regierung im neugeordneten Deutschland" (vgl. Weber 1988b). Es geht Weber in dem entsprechenden Abschnitt darum, wie das Beamtentum wirksam zu kontrollieren sei. Er stellt eindeutig heraus:

> „Die Machtstellung aller Beamten beruht, außer auf der arbeitsteiligen Technik der Verwaltung als solcher, auf Wissen. Einem Wissen von zweierlei Art. Zuerst: Dem durch Fachschulung erworbenen im weitesten Sinne des Wortes „technischen" Fachwissen. (...) aber das Fachwissen allein begründet nicht die Beamtenmacht. Dazu tritt die durch die Mittel des amtlichen Apparates nur dem Beamten zugängliche Kenntnis der für sein Verhalten maßgebenden konkreten Tatsachen: Das Dienstwissen. Nur wer sich diese Tatsachenkenntnis unabhängig vom guten Willen des Beamten schaffen kann, vermag im Einzelfall die Verwaltung wirksam zu kontrollieren. Je nach den Umständen kommen Akteneinsicht, Augenscheineinnahme, äußersten

Falls aber wiederum: Das eidliche Kreuzverhör der Beteiligten als Zeugen vor einer Parlamentskommission in Betracht. (...) das wichtigste Machtmittel des Beamtentums (bildet) die Verwandlung des Dienstwissens in ein Geheimwissen durch den berüchtigten Begriff des „Dienstgeheimnisses": Letztlich lediglich ein Mittel, die Verwaltung gegen Kontrolle zu sichern." (ebenda: 352f.).

Das Fachwissen ist im Prinzip generell zugänglich und kann von jedermann studiert und in seiner kodifizierten, materialisierten Form in Bibliotheken nachgeschlagen werden. Das Dienstwissen aber ist *nicht* generell verfügbar, erstens schon per se, weil nicht öffentlich, und zweitens ist es besonders dann nicht verfügbar, wenn es noch unter Geheimhaltung gestellt wird, also unter den Begriff des „Dienstgeheimnisses". In diesem Fall ist es auch für ein Parlament oder für die Presse schwierig, dieses Dienstwissen zu erlangen. Insbesondere das Dienstwissen ist, wie Weber mit seinem scharfen empirischen Blick und seinem Gespür für Machtverhältnisse sofort sieht, nun eine weitere Möglichkeit der Bürokratie, sich politischer Kontrolle zu entziehen und damit die Chance für eine Verselbständigung zu steigern.

Jenseits von den z.T. beamtenrechtlich fixierten Geheimhaltungs*pflichten* geht Weber aber anderen Motiven und Rechtfertigungen für die *Geheimhaltungstendenz* der Bürokratie nach und nennt in diesem Zusammenhang drei wichtige Faktoren (vgl. Weber 1980: 572 f.):

a. Erstens schützt man sich mit der Geheimhaltung vor Kritik durch die Öffentlichkeit. Werden beispielsweise Entscheidungsprämissen nicht veröffentlicht, reduziert sich auch die Angriffsfläche.
b. Zweitens existiert eine funktionale Rechtfertigung für die Geheimhaltung, die man wohl mehr oder weniger normativ akzeptieren kann, nämlich die Abschottung der Informationsströme nach außen in sicherheitsempfindlichen Bereichen, etwa im Militär oder bei Geheimdiensten.
c. Drittens schließlich besteht ein Machtinteresse des bürokratischen Apparates an der Geheimhaltung von Informationen. Für Weber ist der Begriff des Amtsgeheimnisses die spezifische Erfindung der Bürokratie „und nichts wird von ihr mit solchem Fanatismus verteidigt" (Weber 1980: 573). Entsprechend sieht Weber, dass ein schlecht informiertes und daher machtloses Parlament der Bürokratie naturgemäß willkommener sei als ein gut informiertes Parlament.

Es gibt jedoch durchaus Vorkehrungen, um dem Bürger die Möglichkeit zu geben, Dienstwissen zu erlangen. Die Amerikaner haben diesen Aspekt in der „Freedom of Information Act" von 1967 geregelt. Auf der Grundlage dieser Bestimmung darf jeder Bürger sämtliche administrativen amtlichen Unterlagen, sofern es nicht um Einzelfallentscheidungen geht, die andere Bürger betreffen – etwa Akten von Sozial- oder Finanzämtern – anfordern und einsehen. Alle generellen Regierungsakten sind für den Bürger im Prinzip einsehbar, auch solche aus Sicherheits- und Geheimdienstbehörden (vgl. Theoharis 1998). In Deutschland gilt auf Bundesebene seit 2006 das „Informationsfreiheitsgesetz", wie auch in einer ganzen Reihe von Bundesländern ähnliche gesetzliche Grundlagen für den Zugang der Bürger zu Informationen der Verwaltung geschaffen wurden (vgl. Partsch 2002; Rossi 2006).

Auch Max Weber hat sich in seinen politischen Schriften mit der Frage befasst, was man gegen die modernen Verselbständigungstendenzen der Bürokratie an Gegenmaßnahmen treffen könnte. Es muss hier nochmals ausdrücklich betont werden, dass zwischen den *politischen* Schriften Max Webers, die sehr häufig in Zeitungsartikeln erschienen sind – vornehmlich in der Frankfurter Zeitung – und seinen *wissenschaftlichen*, angestrebtermaßen werturteilsfreien Schriften, eine ganz erhebliche Divergenz besteht. Will man wissen, welche praktischen Remeduren Weber vorschlägt, um die Verselbständigung der Bürokratie einzuhegen, so muss man einen Blick in seine politischen Schriften werfen.

Zunächst nennt Weber das Kollegialitätsprinzip, also das Herbeiführen von Entscheidungen im Kollegium anstatt durch eine monokratische Behördenführung. Ein Kollegium hat einen in sich hierarchisch aufgebauten Apparat hinter sich, womit grundsätzlich zwei Kontrolldimensionen innerhalb dieses Organisationsprinzips bestehen: Einerseits kontrolliert der eine den anderen, wie etwa in einem Kabinett die Minister sich gegenseitig kontrollieren können und so verhindert wird, dass ein einzelner Minister sich aufgrund seines ressortspezifischen Informationsvorsprungs verselbständigt. Andererseits liegt die zweite Dimension der Kontrolle darin, dass schlicht „mehrere Köpfe" die Informationsverarbeitungskapazität des Regierungskabinetts im Vergleich zum monokratischen Prinzip erhöhen und damit eine Art „Gegenapparat" existiert, dem es tendenziell besser gelingt, die Bürokratie in Schach zu halten und zu kontrollieren. Das Prinzip der gegenseitigen Kontrolle mittels Kollegialorganen blieb freilich nicht auf das Regierungssystem beschränkt, sondern funktioniert beispielsweise auch in der Justiz mit Geschworenengerichten und Richtergremien.

Max Weber jedoch konfrontiert das Kollegialprinzip umgehend mit dem Effizienzkriterium: Kollegien treffen Entscheidungen langsamer als Einzelpersonen, tendieren zu Kompromissen und widersprechen damit Webers formalem Effizienzbegriff. Im Übrigen stellt Weber fest, dass diese Kollegien dann verschwinden, wenn schnelle Entscheidungen erforderlich sind. So gibt es beispielsweise im militärischen Apparat keine Kollegien.

An dieser Stelle sehen wir – wie bei Max Weber häufig – die Ambivalenz zwischen formaler Rationalität und materieller Rationalität, zwischen *Effizienz und Legitimität*, wobei dieser Gegensatz als ein klassischer Zielkonflikt schwer oder überhaupt nicht aufzuheben ist.

Ein zweites Instrument ist die *Gewaltenteilung*, insbesondere zwischen Judikative und Legislative. Eine unabhängige Rechtsprechung hat sich erst nach 1806 voll herausgebildet, während zuvor in den absolutistischen Verhältnissen lediglich das Widerspruchsverfahren, nicht aber der Rechtsweg vor die Gerichte garantiert wurde. Heute stellt die Möglichkeit der Anrufung von Verwaltungsgerichten ein zentrales Element der Rechtstaatlichkeit sowie eine ausgeprägte Möglichkeit der Kontrolle von Verwaltungshandeln dar.

Die dritte Möglichkeit der Kontrolle sieht Weber darin, dass die Verwaltung durch *Nicht-Fachleute* stattfindet, also durch Laien. Das impliziert per definitionem, dass sich Apparate, die auf Informationsvorsprung basieren, nicht verselbständigen können. Auch hier kommt es aber wiederum zu einem Zielkonflikt mit der Effizienzforderung: Eine Laienverwaltung steht im scharfen Gegensatz zum fachgeschulten Verwaltungsstab des bürokratischen Idealtypus.

Viertens nennt Weber die *unmittelbare Demokratie*. Bezogen auf die Bestimmung des Verwaltungspersonals sei diese gekennzeichnet durch kurze Amtszeiten der Gewählten, eventueller Bestimmung durch das Los sowie der ständigen Möglichkeit der Abberufung. Solche Merkmale sind vom Räte-Modell her bekannt, vom dem weiter unten noch zu sprechen sein wird. Weber fügt hier einschränkend hinzu, dass solche Verfahren nur in kleinen Organisationen wie beispielsweise in der Lokalverwaltung möglich wären und dass wiederum fehlende Sachkenntnis der durch Losentscheid zufällig Auserwählten als Nachteil hinzutrete.

Schließlich nennt Weber *Parlamente* nochmals ausdrücklich als Möglichkeit der politischen Kontrolle der Bürokratie. Die Legislative besitzt eine Reihe von Kontrollinstrumenten, wobei mündliche und schriftliche Befragungen der Regierung oder die Hinzuziehung von Ministerialbeamten zu Ausschusssitzungen eine im politischen Alltag wichtige Rolle spielen.

3.1.3 Differenzierung von Politiker- und Beamten-Rollen

Um der Frage nach der Differenzierung von Politiker- und Beamten-Rollen nachzugehen, lohnt sich ein Blick in Webers Schrift „Politik als Beruf" aus dem Jahr 1919 (Weber 1988c). In dieser Abhandlung kulminiert sehr vieles, was Weber über zwanzig Jahre hinweg zur Bürokratie und zur Politik gedacht hat. Zudem geht Weber in „Politik als Beruf" prägnanter und in deutlich besser lesbarer Form auf den *Rollengegensatz* von Politikern und Beamten ein, als das in seinen soziologischen Schriften der Fall ist.

Wodurch kennzeichnet sich der Politiker und wodurch der Beamte? Die Aussagen Webers über beide Rollen lassen sich am besten in Begriffspaaren gegenüberstellen (Abbildung 8). Da er von besonderer Bedeutung ist, soll hier zunächst der Gegensatz von Gesinnungsethik und Verantwortungsethik betrachtet werden.

David Beetham (1974), wohl einer der besten Sekundärautoren zu Webers politischer Schrift, hat selbst Zweifel, ob man diesen Begriffsgegensatz sinnvoll übertragen kann, was mit den beiden Varianten der Rationalität – formaler und materieller Rationalität – zusammenhängt. Der Gesinnungsethik entspricht die wertrationale Orientierung, also die Verfolgung von Werten um ihrer selbst willen, „ohne Rücksicht auf Verluste". Die Verantwortungsethik entspricht in etwa der Zweckrationalität, die alle Nebenfolgen und Alternativen mit einzukalkulieren versucht. Natürlich ist eine Verantwortungsethik letztlich auf einer höheren Ebene wieder gesinnungsethisch zu legitimieren, weshalb die Gegenüberstellung beider Handlungsmaximen auch nicht überstrapaziert werden darf, sondern in erster Linie eine wichtige heuristische Funktion erfüllt. Übertragen auf die Rollen von Politikern und Beamten heißt das, dass wir einerseits eine Rolle vorfinden, deren Aufgabe es ist, Ziele zu setzen (Politiker), während eine andere Rolle die Funktion hat, die Mittel zur Realisierung der gesetzten Ziele zu kalkulieren und auszuwählen (Beamte). Idealtypisch gedacht, handelt der Politiker, indem er materielle politische Ziele setzt, gesinnungsethisch, während der die Folgen kalkulierende Beamte bei der Auswahl der geeigneten Mittel zur Erreichung der politisch gesetzten Ziele als Verantwortungsethiker auftritt.

Einen weiteren Gegensatz stellt Weber ebenfalls deutlich in den Vordergrund, nämlich den Gegensatz zwischen „Kampf und Gehorsam". Der Beamte soll gehorchen und diszipliniert sein, weil er seine Zielvorgaben seitens der politischen Führung erhält. Das Metier des Politikers ist der Kampf, nämlich der Kampf um Wählerstimmen zunächst, aber dann auch der taktische Kampf mit (auch und gerade innerparteilichen) Rivalen um die Führung. Des weiteren stellt Weber ein Begriffspaar auf, das auf die verschiedenen Rekrutierungswege von Politikern und Beamten abstellt und damit auch auf die Karriereerfordernisse und Motivationslagen beider Akteursgruppen: Politiker bedürfen politischer Unterstützung durch Wahl- oder politische Mehrheiten, während Beamte ernannt und befördert werden und – als Element der strukturellen Organisation – in einer geordneten Laufbahn aufrücken. Weber kontrastiert des Weiteren „Verantwortlichkeit" (auf Seiten des Politikers) und „Selbstverleugnung" (auf Seiten des Beamten): Ein Beamter hat zu gehorchen, selbst wenn er persönlich der Ansicht ist, man sollte etwas anders machen. Es sei seine ethische Pflicht, im Einzelfall auch sich und seine eigene Anschauung zu verleugnen. Darin sieht Max Weber durchaus ein ethisches Ideal, das sich aus der Rolle des Beamten begründen lässt, wobei aber Selbstverleugnung nicht bis zum letzten getrieben werden kann, sondern das Remonstrationsrecht – oder sogar die Remonstrationspflicht – stets mitgedacht werden muss: Jeder Beamte ist dazu verpflichtet, seinen Vorgesetzten auf Fehler oder auf negative Folgen hinzuweisen. Der Vorgesetzte kann sich von solchen Hinweisen unbeeindruckt zeigen, was dann wiederum die Gehorsamspflicht des Beamten um den Preis der Selbstverleugnung aktiviert.

Damit hängt – sozusagen auf der Abgangsseite – der Gegensatz zwischen „Demission" (ein Politiker „nimmt den Hut") einerseits und bei Beamten dem „Lebenszeitprinzip" andererseits zusammen. Einen Zwischentyp nennt Max Weber, Bismarck folgend, „Kleber" und bezeichnet damit Angehörige der Klasse der Politiker, die an „ihren Stühlen kleben", Rücktritte verweigern und damit eine Art Beamtenmentalität entwickelt haben. Charakteristisch für diesen Typ ist dann auch die Selbstverleugnung, die eigentlich den Beamten auszeichnen sollte.

Ferner kann man den Gegensatz zwischen Politikern und Beamten an der Legitimationsbasis deutlich machen: Für den Politiker ist idealtypisch das Charisma die entscheidende Legitimationsbasis, während es für den Beamten das Fachwissen ist. Damit hängt zusammen, dass man als Politiker Konsens bildet dadurch, dass man andere auch durch seine Ausstrahlung, sein Auftreten und seine rhetorischen Fähigkeiten überzeugt, während für den Beamten das logische Argument mit seinen sachlichen Begründungen und Abwägungen typisch ist.

Schließlich unterscheiden sich beide Rollen auch durch das ihnen eigene kommunikative Medium: Der Politiker redet, während der Beamte schreibt. Daraus ergeben sich auch Faustregeln für die Praxis, die sich bis heute gehalten haben, wie etwa der Beamten mit auf dem Weg gegebene Ausspruch „Wer schreibt, der bleibt", was sich praktisch in für die Ewigkeit bestimmten Aktenvermerken äußert. Die Regel für den Politiker heißt: „Schrift ist Gift!" – lieber weniger als zu viel in Akten schriftlich festhalten, so dass niemand auf die Idee kommt, Fehler auszugraben und auf den Urheber zurück zu verfolgen. Die beiden kommunikativen Medien – Schrift und Rede – spiegeln sich auch in der Differenzierung der Arenen, in denen Beamte und Politiker agieren: Die Kammer, das Büro hier – die Öffentlichkeit und das Parlament dort.

Diese Rollendifferenzierung muss mitgedacht werden, wenn verständlich werden soll, weshalb Max Weber die Frage der Konstruktion der bürokratischen Spitze beschäftigt hat. Offensichtlich lassen sich mit diesen Begriffspaaren gut und auch nicht allzu lyrisch, sondern recht operational Rollenverständnisse und Attitüden klassifizieren.

Die Unterscheidung Max Webers in Politiker und Beamte und damit in Gesinnungsethiker und Verantwortungsethiker besitzt natürlich auch eine kryptonormative Dimension, was sich auch daran zeigt, dass sie aus den praktisch-politischen Schriften Webers stammt.

Abbildung 8: Merkmale von Politikern und Beamten nach Max Weber

Typ Dimension	Politiker	Beamter
I. Entscheidungsverhalten	Ziele setzen Entscheidung normative Komplexität Unsicherheit substantiell rational Dilettant Gesinnungsethiker Innovation	Mittel auswählen Durchführung faktische Komplexität Routine formal rational Fachmann Verantworthungsethiker Konservativismus
II. Karriere	Kampf Stimmenmaximierung Wahl Wahlamt auf Zeit Demission Verantwortlichkeit	Gehorsam sachliche Leistung Ernennung/Beförderung Lebenszeit Selbstverleugnung Verantwortung
III. Stil	Überzeugung Charisma Präferenzänderungen Leidenschaft Rede Öffentlichkeit	fachliche Argumentation Fachautorität Analyse Unpersönlichkeit Schrift/Akten Büro

In der Gegenüberstellung ist eine starke normative Komponente enthalten und hier haben wir vielleicht – selbst auf die Gefahr hin, Max Weber unrecht zu tun – tatsächlich einen Idealtypus in normativem Sinne vor uns, nicht wie in seinen soziologischen Schriften als wissenschaftstheoretisches Konstrukt oder Hilfsmittel, sondern ideal hier wirklich als „ideal" verstanden. Weber möchte Personen als Politiker und an der Spitze des Staates sehen, die kämpferisch agieren, nicht an ihren Stühlen kleben und große rhetorische Gabe besitzen. Vornehmlich aus diesem Grund plädiert Weber für machtvolle Parlamente und Parteien, denn diese seien die geeigneten Institutionen für die Auswahl solcher charismatischer Politikerfiguren. Für das bürokratische Herrschaftsmodell wiederum ist wichtig, dass ein Charismatiker an der politischen Spitze steht, der Ziele setzen kann, der seinen Apparat „im Griff" hat, dem die Beamten gehorchen. Zu seiner Zeit sah Weber solche Typen in allen Parteien nur ganz vereinzelt vorkommen. Dieser Umstand leitet über zum Aspekt der „Beamtenherrschaft".

3.1.4 Beamtenherrschaft

Weber hat Parteien, Bürokratie, Parlamente, die strukturell eng zusammenhängen, im Wesentlichen unter dem Gesichtspunkt der „Führerauslese" thematisiert. Mithin stellt er die Frage, wie eine solche Führerauslese am besten geschehen kann und legitimiert damit wiederum die Existenz von Parteien und Parlamenten. Man könnte aber diesen Gedanken nochmals verwenden, um das Verselbständigungsproblem zurückzuführen auf eine dritte Ursache (neben der Verfügung über die Produktionsmittel und der Verfügung über das Fachwissen). Diese dritte Ursache läge in der Feststellung, dass es schlicht an geeigneten Persönlichkeiten für die Leitung solcher bürokratischer Apparate fehle. Die Frage ist insofern relevant, weil Bürokratien keineswegs „bösartig" sind und sich auch keineswegs immer verselbständigen wollen. Im Gegenteil kann man Bürokratien bestenfalls als „hilflose" Organisationen begreifen, die gar nicht wissen, was sie machen sollen und worin ihre Ziele bestehen. Damit wird die Frage relevant: Wer gibt der Bürokratie eigentlich die Direktiven vor? Hat man dafür qualifizierte Leute, die überhaupt in der Lage sind, Direktiven geben zu können? Und das lenkt die Frage eben auf die *Rekrutierung derartiger politischer Führungspersönlichkeiten*.

Stehen an der Spitze ungeeignete Leute, ergibt sich daraus eine Erklärungsmöglichkeit für Verselbständigungstendenzen. Als besonders abschreckendes Beispiel hatte Weber Wilhelm II. vor Augen, der eben nicht aus parlamentarischen Kämpfen als Führungspersönlichkeit hervorgegangen ist, sondern in Webers Typologie bestenfalls ein „Erbcharsimatiker" war und auch bei Historikern heute bekanntlich als Dilettant gilt, was sich zu seiner Amtszeit vor allem in außenpolitischen Torheiten niedergeschlagen hat. Zudem fällt bei Max Weber das Stichwort von der „*Beamtenherrschaft*". Damit wird ebenfalls auf ein bestimmtes Merkmal der Konstruktion der Verwaltungsspitze abgestellt, das zu Webers Zeiten für ihn als Politiker beunruhigend war, nämlich die charakteristische Rekrutierung der administrativen Spitze aus den Reihen der Beamtenschaft, womit die gesamte Reichsregierung unter Bismarck lediglich aus Staatssekretären, also Karrierebeamten, bestand. Nur der vom Kaiser ernannte Reichskanzler besaß Verantwortlichkeit in dem Sinne, dass er politisch entlassen werden konnte. Die unter dem Reichskanzler sitzenden Staatssekretäre jedoch wurden von Bismarck ernannt und Bismarck hat diese Leute in aller Regel aus der Administration selbst rekrutiert, sei es aus der preußischen Administration, sei aus der Gruppe der Ländräte oder sei aus den kleinen Reichsbehörden. Diese Mitglieder der Reichsregierung waren also keine hauptberuflichen Politiker, sondern Beamte. Max Weber sprach daher von „Beamtenherrschaft"[29] und kritisierte diese Bismarcksche Personalpolitik Anfang des 20. Jahrhunderts ausdrücklich. In Webers Augen verhinderte Bismarcks dominante Persönlichkeit die Herausbildung brillianter Köpfe in der Administration und setzte im Gegenzug im Wesentlichen „Ja-Sager" an die Spitze der Ressorts, die dem Kanzler keine Schwierigkeiten bereiteten. Als Konsequenz stand nach Bismarcks Abtritt keine fähige Führungselite bereit, was sich besonders dramatisch auswirkte, da der Kaiser auch noch als Staatsoberhaupt ein ausgesprochener Dilettant war. Diese historischen Umstände veranlassten Weber zu seinen Empfehlungen, Regierungsmitglieder aus den Parteien und damit parlamentarisch zu rekrutieren. Hinzu kommt, so Weber, dass in Deutschland die Aristokratie als Rekrutierungsbasis anders als etwa England nicht vorhanden sei. Wir möchten an dieser Stelle kurz zitieren, wie seine Frau diese Position in den Memoiren beschreibt:[30]

> „Weber erörtert alle möglichen Einwände gegen die Demokratie, vor allem den, daß sie die vornehmen Traditionen und die politische Weisheit der bisher den Staat beherrschenden "aristokratischen" Schichten zerstören werde. Er fragt: "Wo ist denn die deutsche Aristokratie mit ihrer vornehmen Tradition?" Gäbe es sie, so wäre zu diskutieren. Aber sie ist ja, außerhalb einiger Fürstenhöfe, einfach nicht da. Denn Aristokratie im politischen Sinn fordert eine ökonomisch sturmfreie Existenz. Ein Aristokrat muß für den Staat leben können, statt von ihm leben zu müssen. Er muß ökonomisch abkömmlich sein, um äußerlich und innerlich für politische Zwecke zur Verfügung zu stehen. Nur der Großrentner und der ganz große Standesherr hat die hinlängliche Distanz vom ökonomischen Interessenkampf. Solche Personen sind zwar in Deutschland vereinzelt da, nicht aber als politische Schicht wie in England. Der preußische Junker ist längst landwirtschaftlicher Unternehmer geworden und damit in den Interessenkampf verflochten. Stempelt sich diese, ihrem Wesen nach bürgerliche Unternehmerschicht durch feudale Gesten zur Aristokratie, so entsteht eine Parvenüphysiognomie. Die Träger altpreußischen Staatswesens und deutscher Kultur - einerlei, ob adlig oder nicht - tragen ökonomisch-sozial penetrant bürgerlichen Charakter". (Weber, Marianne 1950: 634).

Nach Webers Ansicht gibt es also keine deutsche Aristokratenschicht von hinlänglicher Breite und politischer Tradition, die durch eine Demokratisierung zerstört werden könnte. Und ebensowenig gibt es eine vornehme gesellschaftliche Form, denn die typisch soziale Erziehung des Nachwuchses der Führer-

---

[29] Hiervon zu unterscheiden und bei der Lektüre Webers sauber auseinanderzuhalten ist im Gegensatz dazu der Begriff der "*Herrschaft des Beamtentums*": Die Herrschaft des Beamtentums äußert sich darin, dass die Bürokratie als solche gegenüber dem Bürger die Herrschaft ausübt, und zwar politisch unkontrolliert.

[30] Es sei an dieser Stelle angemerkt, dass Marianne Webers Lebensbild sich auch als eine gute Einführung in Max Webers Schriften eignet.

schichten und der Bürokratie – das deutsche Kouleurwesen – ist nicht geeignet, die ganze Nation zu einem selbstsicheren Herrenvolk durchzuformen. Der spezifisch deutsche Begriff der Satisfaktionsfähigkeit, der den Zutritt zur Gesellschaft eröffnet, ist nicht demokratisierbar, er bildet vielmehr formal eine Kastenkonvention, die material nicht aristokratischen, sondern plebejischen Charakters ist.

Auf diesem Wege kommt Weber dann dazu, dass er das Parlament für die geeignete Rekrutierungsbasis des politischen Führungsnachwuchses ansieht, nicht aber die sogenannte Aristokratie, die in seinen Augen – weil ihr die ökonomische Basis fehlt – ohnehin keine Aristokratie mehr ist, sondern lediglich noch eben versucht, aristokratisches Gehabe zu zeigen. Dies sind letztlich die tieferen Hintergründe dafür, dass Max Weber sich überhaupt mit Parlament und Parteien befasst, und das macht auch verständlich, weshalb er diese Institution weniger unter dem Gesichtspunkt der Legitimierung von Herrschaft betrachtet, sondern primär unter dem Aspekt der Auswahl und Schulung politischer Führer. Dort fließen dann die Argumentationsstränge zusammen: Auf der einen Seite die für ineffizient gehaltene Beamtenherrschaft, auf der anderen Seite – nolens volens – die Befürwortung des Parlamentarismus, um eine effektivere Führerselektion zu erreichen (vgl. Schmidt 2000: 178ff.).

Wenn wir erneut auf Webers tagespolitische Überlegungen eingehen, die während der Zeit des Ersten Weltkrieges entstanden sind, können wir uns an dieser Stelle noch einmal vergegenwärtigen, was mit der Gegenüberstellung von „Beamtenherrschaft" und „parlamentarischer Führerschaft" gemeint ist. Wir zitieren hierzu am besten wieder Marianne Weber:

> „Die Spannung entwickelte sich zur beispiellosen inneren Krise, als der Abgeordnete Erzberger die Fehler in der Berechnung der Tauchbootwirkungen aufdeckte und eine Friedenskundgebung auf der Grundlage der Politik vom 4.8.1914 forderte. Unter den Parteien herrschte ungeheure Erregung. Die Rechte setzte alles dagegen ein. Aber Zentrum und Linke erzwangen Mitte Juli eine Friedensresolution mit dem Verzicht auf Annexionen. Die Linke verlangte gleichzeitig die sofortige Einführung des parlamentarischen Systems. In Preußen befahl der König eine Gesetzesvorlage zur Einführung des Reichstagswahlrechts. Der Kanzler, dem es weder gelungen war, das Volk hinsichtlich der Kriegsziele zu einen, noch eine geschickte Außenpolitik zu führen, noch durch großzügige Verfassungsänderungen zu befriedigen, wurde gestürzt. Weber erfährt von Konrad Haußmann, daß die Krisis sehr stark unter dem Einfluß seiner Aufsätze gestanden habe. Aber er hält die Verquickung der innerpolitischen Reformen mit der Friedensresolution für höchst unglücklich: "Man merkt die Erregung, die einem diese Aussicht auf endlosen Krieg und finanziellen Ruin des Landes und die entsetzlich ungeschickte Art bereitet, wie sowohl Erzberger als auch die Regierung diese Krise lösen. Erst die Sensation im Reichstag, dann die Parole: Parlamentarismus, das bringt Frieden! - unerhört geradezu, denn wer will das wissen? Daß die Demokratisierung mit der Friedenshoffnung in Beziehung gesetzt

wird, ist ein sehr schwerer Fehler. Das Ausland gewinnt den Eindruck, daß wir am Ende unserer Kraft sind und hofft auf mehr: Revolution - und das verlängert den Krieg. Und im Innern wird es nun heißen: Diese Konzessionen sind unter dem Druck des Auslands gemacht. Es ist eine elende Geschichte. Der neue Mann (Michaelis) ist sicher ein glänzender Beamter. Ob auch ein Staatsmann? Die erste Rede beweist es nicht, eher das Gegenteil: ein Bethmann mit mehr Willenskraft. Das ist ja ein Vorteil, aber genügt nicht." (21.7.17)" (Weber, Marianne 1950: 635 f.).

Der neue, auch diesmal ohne Mitwirkung der Parteien ernannte Kanzler, Georg Michaelis, erwies bald seine politische Unfähigkeit und konnte sich nur drei Monate, von Juli bis Oktober 1917 in seinem Amt halten. Weber analysiert diese Vorgänge bei der Neubearbeitung seiner Aufsätze als lehrreiches Beispiel dafür, wie sich das Fehlen der parlamentarischen Führerschaft in Fällen innerer Krisen äußert:

„Die Parteien sahen sich vor eine Aufgabe gestellt, die bisher nie in ihrem Gesichtskreis war, und der sie daher weder nach ihrer Organisation noch nach ihrem Personalbestand gewachsen waren: Eine Regierung aus sich zu bilden. Dazu erwiesen sie sich selbstverständlich als völlig unfähig, machten gar nicht den Versuch dazu und konnten ihn auch gar nicht machen. Denn von der äußersten Rechten bis zur äußersten Linken verfügte keine einzige Partei über einen Politiker, der als Führer anerkannt gewesen wäre - ganz ebensowenig, wie das Beamtentum selbst."[31]

---

[31] Als er seine politischen Aufsätze gesammelt publizieren wollte, wendete sich die militärische Zensurbehörde an das badische Unterrichtsministerium mit dem Ersuchen, auf den Verfasser einzuwirken, dass die Veröffentlichung gewisser Teile unterbleibe. Die ministerielle Zuschrift war sehr taktvoll; Weber antwortete daher entgegenkommend, dass er die Aufsätze schon ohnehin in eine mehr akademische Form umgearbeitet habe, nunmehr jedoch auf ihre Veröffentlichung nicht freiwillig verzichten könne. Er motivierte sein Verhalten mit der Notwendigkeit, endlich den Wandel gewisser Gepflogenheiten der politischen Leiter zu bewirken, der, Art, dass einem impulsiven Monarchen nicht länger in der Öffentlichkeit unkontrollierte Äußerungen von staatsgefährdender Wirkung möglich seien. Am Schluß des Schreibens heißt es: "Mit rein gelehrten Arbeiten beschäftigt, würde ich es gewiß nicht für meines Amtes gehalten und der Zeitlage entsprechend gefunden haben, durch eine solche "Flucht in die Öffentlichkeit" auf diesen schlimmen Schaden unserer Zustände hinzuweisen, wenn nicht die völlige Unbelehrbarkeit der Umgebung des Monarchen noch während des Krieges sich gezeigt hätte (...) Auch unter der Voraussetzung, das das Großherzogl. Ministerium nicht alles hier Angeführte für richtig halten sollte, glaubte ich dies doch aussprechen zu sollen, um dem Eindruck entgegenzutreten, als ob es sich hier etwa um eine journalistische Gelegenheitspolemik handele. Dem Großherzogl. Ministerium ist bekannt, dass ich an sich rein wissenschaftlichen Arbeiten und künftig vielleicht einmal wieder dem Lehrberuf zu leben beabsichtige, an der aktiven Politik nicht teilzunehmen wünsche und in meine Lehrtätigkeit politische Werturteile hineinzuziehen, aus prinzipiellen Gründen weit strenger vermeide, als manche anderen akademischen Lehrer." (8.8.17)

3.1.5 Exkurs: Webers Grundhaltung gegenüber der liberalen Demokratie

Auf den ersten Blick meint man einen Gegensatz in Webers politischen Werten zu sehen zwischen leidenschaftlichem Nationalismus einerseits und Eintreten für eine Liberalisierung der deutschen Gesellschaft andererseits. Kulturimperialismus einerseits und aufklärerisch- rationale Elemente andererseits zeichnen eine antinomische Struktur (Mommsen 1974) in Webers politischem Denken auf. Insbesondere ist zu fragen, inwieweit Webers Eintreten für die Demokratisierung und damit eine effizientere Auslese politischer Führungspersönlichkeiten nur Mittel zum Zweck der Steigerung nationalistischer Weltmachtpolitik war.

Für Max Weber lag die Aufgabe des Parlaments weniger darin, Kontrollfunktionen auszuüben, sondern die Aufgabe des Parlaments sah er primär darin, Führerpersönlichkeiten insbesondere durch den parlamentarischen Kampfmechanismus zu produzieren. Wie Beetham (1974: 266) nachweist, ist Webers Demokratiebegriff auch normativ problematisch: Für Weber ist weniger die Partizipation der Bevölkerung an den Staatsgeschäften als vielmehr die Qualität der Führerauslese zentral. Parteien und Parlament stellen für ihn lediglich einen Selektionsmechanismus dar. Die Masse hat in Webers Überlegungen eine weitgehend passive Rolle und hat zu gehorchen. Das Sagen hat der auf plebiszitärdemokratischen Wege ausgewählte, charismatische Führer – für Beetham stellt ein solches Konzept eine bloße Scheindemokratie dar.[32]

Im Zeitablauf hat sich bei Weber zwischen dem Nationalismus der 1890er Jahre und dem Liberalismus von 1917 eine Wandlung eingestellt, wenngleich der Gedanke eines starken Nationalstaats für ihn immer dominante Leitidee war. Weber war Imperialist und wollte gleichzeitig durch Imperialismus eine innere Liberalisierung und damit eine Mobilisierung der Ressourcen der Gesellschaft, insbesondere auf dem Wege einer gesellschaftlichen Emanzipation der Arbeitermassen, erreichen. „Seine Bekenntnisse zur Demokratie stehen meistens unter dem Primat pragmatischer Prämissen." (Anter 1995: 88). Andererseits war er nach Mommsen auch Liberalist per se, weshalb Mommsen in Weber einen führenden Repräsentanten des „liberalen Imperialismus" sah. Liberalisierung als Prinzip bedeutet Konkurrenz und damit Erhaltung einer Dynamik gegen den universalen Prozess der Bürokratisierung, und damit konkret: Ausweitung des demokratischen Wahlrechts auf alle Bürger und vollständige Parlamentarisierung des politischen Systems. Wie Mommsen betont, trat Weber bereits ein Jahrzehnt vor Begründung der Weimarer Republik für einen Übergang zum parlamentari-

---

[32] Weniger kritisch formuliert schreibt Anter über Webers Sicht auf die Demokratie: „Seine Bemerkungen zur Demokratie sind bekanntlich alles andere als euphorisch. (...) Für Weber ist klar, dass das Volk in einem großen Staat nie selbst herrscht, sondern beherrscht wird und nur die Chance hat, den Modus des Herrschens zu bestimmen und die Regierenden auszuwechseln." (Anter 1995: 84).

schen System ein, während er nichts von einem revolutionären Umsturz der bestehenden Verhältnisse hielt (vgl. Mommsen 1995). In der internationalen Politik hingegen sah Weber die Herausbildung hegemonialer Machtblöcke, zwischen denen Deutschland sich nur über eine eigene Machtpolitik behaupten könnte. Allerdings konnte er dem „Geist von 1914" und einer nationalistischen Überhöhung der angeblichen deutschen Überlegenheit gegenüber dem Westen nichts abgewinnen.

Weber sah den Liberalismus andererseits aber als überholt und zur Leerformel degeneriert, weil Selbstverständlichkeiten enthaltend, an. Da sich die Parteien selbst bürokratisierten, konnte der Einzelne nur noch wenig Einfluss auf die Politik nehmen. Die Demokratie zeichnet sich gegenüber anderen Herrschaftsformen nur dadurch aus, dass die Führer frei gewählt werden, sie bleibe aber weiterhin Herrschaftsausübung und ihr Sinn bestehe darin, die Herrschaftsgewalt der Berufsbeamten zu minimieren zugunsten des Volkes, praktisch aber: Seiner jeweiligen Parteiführer. Entsprechend sichert der Konkurrenzkampf rivalisierender Parteiführer eine personalplebiszitäre Form der Begründung politischer Autorität. Andererseits ist der plebiszitäre Führer auf einen bürokratischen Apparat angewiesen, indem er Gefahr läuft, dass sich sein Charisma routinisiert.

3.2 Bürokratie bei Marx und im Marxismus

In Karl Marx finden wir einen frühen Kritiker der deutschen Bürokratie und zugleich denjenigen, der einen anti-bürokratischen Gegenentwurf, das Rätesystem, analysiert und propagiert hat. Paradox ist dabei, dass bei Marx Organisationsfragen ansonsten einen völlig untergeordneten Stellenwert haben und dass die sozialistische Bürokratie, wie sie sich auf der Basis des Leninismus-Stalinismus entwickelt hat, nicht nur das genaue Gegenteil des Rätemodells darstellt, sondern den Idealtypus bürokratischer Herrschaft geradezu übersteigert.

Es lassen sich bei Karl Marx nur wenige einschlägige und meist pauschale Passagen zum Thema „Bürokratie" finden, und zwar in seinen Frühschriften vor 1848. Hierzu zählen „Zur Kritik der Hegelschen Rechtsphilosophie" (1844), „Die deutsche Ideologie" (1846) und der Artikel „Zur Judenfrage" (1844). Interessant ist an der „Kritik der Hegelschen Rechtsphilosophie", dass Marx hier die seinerzeit existierende preußische Bürokratie zunächst kritisch beschreibt, und zwar mit einem Begriffsapparat, der den Merkmalen des Weberschen Idealtypus der Bürokratie sehr nahe kommt: Die Teilung der Arbeit innerhalb der Regierung, dass Examina abgelegt werden, dass der Beamtenberuf ein besoldeter Lebensberuf ist, dass Hierarchie und Verantwortlichkeit gelten und dass die Beamten den Hauptteil des Mittelstandes bilden. Diese Merkmale führt Marx auf, indem er sie von Hegel zitiert mit dem Zusatz: „Sie könnten wörtlich im preußischen Landrecht stehen". Marx setzt diesen Merkmalen außerdem die Hierarchie des Wissens, Geheimhaltung, Autoritätsvergötterung, passiven Gehorsam, Eigeninteressen der Bürokratie und Formalismus hinzu (vgl. Marx 1844: 50 f.).

Man sieht ohne Schwierigkeiten, dass auch die von Marx kritisch betonten Merkmale sich bei Weber in den politischen Schriften finden und dass die Kritik des Formalismus der Staatsbürokratie bei Weber ihre Entsprechung findet in der Betonung der Formalorganisation, die „für beliebige Zwecke" einsetzbar sei. Seine wesentliche Kritik entwickelt Marx allerdings aus der Instrumentalität der Bürokratie für die herrschende Klasse. Die herrschende Klasse benötigt den Staatsapparat zur Durchsetzung ihrer Interessen, indem sie ihn für das Funktionieren der Wirtschaft, etwa mit der entsprechenden Ausgestaltung des Rechtssystems einsetzt, indem die maßgeblichen Beamten aus der herrschenden Klasse rekrutiert sind und deren Interessen vertreten und indem der Staat als Repressionsapparat zur Aufrechterhaltung der bestehenden Verhältnisse benutzt wird. Diese Umformulierung des Gewaltmonopols des Staates hat ihren Hintergrund darin, dass Marx den Einsatz des Militärs bei der Niederschlagung von Revolutionen und Aufständen, die politische Zensur und Verfolgung von Dissidenten sowie den Gefängnisapparat bei deren Inhaftierung hautnah erfahren hat. Aus dieser Erkenntnis dürfte sich die Schlußfolgerung Marxens ableiten, dass im Sozialismus die Herrschaft über Menschen ihr Ende habe und es lediglich noch eine Verwaltung von Sachen und Leitung von Produktionsprozessen geben solle. Mit dem „Absterben des Staates" solle die Repression mit anderen Worten durch funktionale Autorität ersetzt werden.

In ideologiekritischer Absicht setzt sich Marx mit der vermeintlichen Gemeinwohlorientierung des Staatsapparates auseinander. Zum einen sei der Staat „das Mittel der Erhaltung der besonderen Zwecke" (ebenda: 45), zum anderen müsse „die Bürokratie also die imaginäre Allgemeinheit des besonderen Interesses, den Korporationsgeist, beschützen, um die imaginäre Besonderheit des allgemeinen Interesses, ihren eigenen Geist, zu schützen". Auch das Eigeninteresse der Bürokratie erkennt Karl Marx also schon vor Max Weber: „Was den einzelnen Bürokraten betrifft, so wird der Staatszweck zu seinem Privatzweck, zu einem Jagen nach höheren Posten, zu einem Machen von Karriere." (ebenda: 51). Max Weber hat in deutlicher Analogie zur Karl Marx und dessen Entfremdungs-Begriff gesehen, dass der Zustand der Vergesellschaftung insofern „Entfremdung" produziert, als Mittel sich verselbständigen, während in der Gemeinschaft aus Zielkonsens wertrational gehandelt würde. Träger der Verselbständigung von Mitteln über die Zwecke ist die private oder die öffentliche Bürokratie, die aufgrund interner Arbeitsteilung zwischen den Organwaltern nicht mehr nach Sinn und Zweck ihres Tuns fragt. Gesteigert wird diese Tendenz dadurch, dass ein Eigeninteresse an der Aufrechterhaltung eben dieses Systems besteht, um sich die Lebensgrundlage als Bürokrat zu erhalten.

Auf dem Hintergrund dieser Analyse wird die Paradoxie des „real existierenden Sozialismus" deutlich, wenn man sich einerseits das Rätesystem als Alternative zum bürgerlichen Staatsapparat vor Augen hält (3.2.1) und andererseits die reale Ausformung sozialistischer Staatsapparate betrachtet, deren Träger sich ideologisch auf Karl Marx berufen (3.2.2). Zum Schluss dieses Abschnitts soll schließlich ein Blick auf Max Webers Sichtweise der sozialistischen Bürokratie geworfen werden (3.2.3).

3.2.1 Das Rätesystem als anti-bürokratisches Modell

Das Rätemodell geht auf Marxens Analyse „Der Bürgerkrieg in Frankreich" (1871) zurück. Er beschreibt hier die Pariser Commune, einen Versuch, innerhalb der sechs Wochen zwischen dem 26.3.1871 und dem 21.5.1871, als deutsche Truppen schon vor Paris standen, in Gegnerschaft zur Nationalversammlung kommunale Selbstverwaltung zu praktizieren. Die Kommunalisierung von Aufgaben und die lokale Selbstverwaltung, die sich gegen die Zentralverwaltung richteten, knüpften unmittelbar an die Ideen der französischen Revolution von 1789 an. Entsprechend hat das Rätemodell eine externe, auf das Verhältnis zum Nationalstaat gerichtete und eine interne organisatorische Komponente. Im Verhältnis gegenüber dem Nationalstaat geht es darum, das stehende Heer durch „das bewaffnete Volk" zu ersetzen, eine Nationalgarde von Arbeitern und die Volksmiliz auf dem Lande zu schaffen. Ferner sollte die Polizei kommunalisiert sowie die Trennung von Kirche und Staat durchgesetzt werden. Von Interesse ist hier für uns jedoch primär das interne Funktionieren des Rätesystems, das auf der Erkenntnis basiert, dass „die Arbeiterklasse nicht die fertige Staatsmaschinerie einfach in Besitz nehmen und diese für ihre eigenen Zwecke in Bewegung setzen [kann]" (Marx 1871a: 173). Vielmehr sollte der Apparat umgebaut werden: Zum einen durch die Abschaffung der Gewaltenteilung, indem die Räte zugleich Legislative und Exekutive sind. Nicht weit davon entfernt liegt der später von sozialistischen Kritikern der Bürokratie häufig betonte Grundsatz, dauerhafte Arbeitsteilung aufzuheben. Zum anderen durch eine Wahl der Beamten anstelle „hierarchischer Investitur" sowie die jederzeitige Absetzbarkeit dieser Funktionäre. Privilegien in Gestalt besonderer Belohnungen und Entlohnungen sollten entfallen und der öffentliche Dienst „für Arbeiterlohn besorgt" werden. „Die öffentlichen Ämter hörten auf, das Privateigentum der Handlanger der Zentralregierung zu sein." (ebenda: 176). Die Absetzbarkeit und die Durchschnittsentlohnung der Beamten hängen eng mit dem Gedanken zusammen, dass öffentliche Funktionen nicht hauptberuflich, sondern nebenamtlich oder zumindest temporär wahrgenommen werden sollten. Anti-bürokratisch wirkte auch die Aktenöffentlichkeit zur „Beseitigung der Täuschung, dass Verwaltung und politische Leitung Geheimnisse wären, transzendente Funktionen, die nur den Händen einer ausgebildeten Kaste - Staatsparasiten, hochbezahlten Sykophanten und Sinekuristen in den höheren Stellungen anvertraut werden könnten, die die Gebildeten der Massen aufsaugen und sie in den unteren Stellen der Hierarchie gegen sie selbst kehren." (Marx 1871b: 544). So konnte es nicht ausbleiben, dass die Commune tat, was nie eine Hierarchie, nie eine Bürokratie tun wird: „Sie veröffentlichte alle Reden und Handlungen, weihte das Publikum ein in alle ihre Unvollkommenheiten." (Marx 1871a: 185). Was die Art der Aufgabenwahrnehmung betrifft, sollte – eng zusammenhängend mit der Abwählbarkeit – ein imperatives Mandat (und mit Max Weber gesprochen: Keine Regelgebundenheit) gegeben sein. Dieses imperative Mandat ist besonders eine Forderung an überörtliche Vertretungskörperschaften (Bezirksversammlungen von Delegierten der Kommunen und Nationaldelegationen). Die Ämterrotation fehlt zunächst noch bei Karl Marx, wird aber später nach der russischen Revolution von 1917 als weiteres konstitutives Merkmal der Räte eingeführt, um Spezialisierung und damit Informationsvorsprünge zu verhindern. In der folgenden Abbildung werden diese Merkmale synoptisch den Weberschen Bürokratiemerkmalen gegenübergestellt.

Abbildung 9: Strukturmerkmale des Bürokratie- und des Räte-Modells

Max Weber	Karl Marx (1871)
1. Hauptamtlichkeit	Nebenamtlichkeit, Volksmiliz
2. Fachschulung	Laienverwaltung
3. Spezialisierung	(Rotation)
4. Laufbahn	Absetzbarkeit (Beamte, Polizei, Richter)
5. Ernennung	Wahl, auch der Vorgesetzten
6. Gewaltenteilung	Aufhebung der Gewaltenteilung
7. Geldentlohnung	keine Privilegien
8. Gewaltmonopol des Staates	Kommunalisierung der Gewalt
9. Hierarchie/Oligarchie	direkte Demokratie
10. Repräsentationskörperschaften	imperatives Mandat
11. Expropriation von den Betriebsmitteln	Befreiung der Arbeit
12. (Geheimhaltung)	(Akten-)Öffentlichkeit

Dieses Rätemodell, das außer in Paris 1871 auch 1917 in Rußland und 1918 in Deutschland praktiziert worden ist, hat sich nicht durchsetzen können, und zwar auch nicht in sozialistischen Staaten. Es beruht auf einigen Prämissen, die sich praktisch schwer realisieren lassen (Kevenhörster 1974; Bermbach 1967). Es sind im Wesentlichen drei Gesichtspunkte, auf denen die rein funktionale Kritik basiert:

a. Damit ein Rätesystem funktioniert, müssen beim einzelnen Bürger und in der Bevölkerung zwei Voraussetzungen bestehen: Die Bürger müssen über ein gleiches Informationsniveau verfügen und das System muss damit letztlich in totaler Kommunikation verflochten sein. Diese Voraussetzung ist ebensowenig praktisch einlösbar wie die zweite, dass nämlich die Motivation zur politischen Partizipation dauerhaft extrem hoch sein muss, um die für Entscheidungen erforderlichen Informationen aufzunehmen und zu verarbeiten. „Weiterhin bedarf es, sollen rätedemokratische Vorstellungen verwirklicht werden, der permanenten Bereitschaft aller Gesellschaftsmitglieder, an den politischen Entscheidungen mitzuwirken, was nicht nur die völlige Öffentlichkeit aller Entscheidungsprozesse, sondern auch eine Politisierung sämtlicher Lebensbereiche einschließt. Geheimhaltung, Gruppenbildung, informale Absprachen, Abschottung der Privatsphäre usw. sind unter solchen Voraussetzungen Abweichungen, die einem freien Informationszugang und -fluß entgegenstehen und deswegen strikt abzulehnen sind." (Czerwick 2001: 122).
b. Die anstehenden, von den Räten zu lösenden Aufgaben müssen, wie die Geschichte zeigt, von einer bestimmten Beschaffenheit sein, um für ein Rätesystem lösbar zu sein: Die Entscheidungskomplexität muss stark reduziert sein und Entscheidungsalternativen müssen eindeutig und überschaubar sein. Ferner muss das Zielsystem radikal reduziert und von lokaler Begrenztheit sein. Dies traf in den lokalen Kommunen in Paris, München oder Berlin in etwa zu, wo hoher Existenzdruck vorherrschte und in der kurzen Zeit der tumultuarischen Situationen sehr basale lokale Bedürfnisse befriedigt werden mussten. Dieser Kontext erklärt im Übrigen auch, weshalb für kurze Zeit die Prämisse eines gleichen, hohen Informationsniveaus und einer starken Teilnahmemotivation gegeben zu sein schien.
c. Für überlokale Räte mit entsprechend komplexen Aufgaben erweist sich das imperative Mandat aufgrund unumgänglicher Kompromißnotwendigkeiten als unmöglich oder zumindest ungemein langsam, wenn ständige Rückkopplung mit der Basis erforderlich ist. Ferner ist höchst fraglich, ob komplexe Sachprobleme beim Fehlen hauptberuflichen, spezialisierten Personals oder zumindest ohne die Einrichtung von arbeitsteiligen Fachkommissionen gelöst werden können. 1917 sind in St. Petersburg Kommissionen eingerichtet worden, deren Verfestigung man mit dem Rotationsprinzip meinte begegnen zu können. Es stellte sich auch in der Praxis heraus, dass

Exekutivkomitees gebildet werden mussten, die dann wiederum die Räte dominierten. In der deutschen Revolution von 1919 schließlich existierte der alte Apparat weiter und die Räte wurden ihm lediglich als Vertretungskörperschaften vorgelagert, womit wiederum eine Form der Gewaltenteilung institutionalisiert worden war. Im Übrigen hatte Max Weber schon bei seiner Analyse der russischen Revolution von 1905 die Unentbehrlichkeit des Verwaltungsapparats festgestellt und im Hinblick auf 1917 konstatiert, dass die Verwaltung größer als zuvor sei.

Aus diesen Gründen gestalteten sich bisher alle Versuche zur Etablierung von Rätesystemen als zeitlich befristete Projekte – meist in der Phase eines revolutionären Umbruchs und meist beschränkt auf die lokale Ebene – deren mittel- und langfristige Institutionalisierung jeweils nicht gelang.[33] Die Geschichte des 20. Jahrhunderts brachte demgegenüber „im real existierenden Sozialismus" Bürokratien von ungleich höherer Stabilität hervor, welche sich allerdings umso mehr vom Rätemodell entfernt hatten.

3.2.2 Sozialistische Bürokratie

Die rückblickende Betrachtung zeigt uns zunächst, dass die Verwaltungsapparate sozialistischer Staaten keineswegs lediglich die ‚Verwaltung von Sachen' oder die ‚Leitung von Produktionszusammenhängen' betrieben. Ebenso wissen wir, dass im „real existierenden Sozialismus" der Staat nicht wie von Marx prognostiziert ‚abstirbt'. Vielmehr verzeichnen wir heute, dass Max Webers Prognose zutreffend ist, dass Bürokratie in bedarfswirtschaftlich gesteuerten, materiell rationalisierten, nicht über den Markt als Steuerungsmechanismus und Geld als Allokationsinstrument verfügenden sogenannten Zentralverwaltungswirtschaften noch unentbehrlicher ist als in kapitalistischen Wirtschaftssystemen. Es ist hier nicht die Stelle, eine allgemeine Analyse und Auseinandersetzung mit sozialistischen Herrschaftssystemen vorzunehmen. Wir wollen lediglich einige zentrale Merkmale des bürokratischen Apparats im Sozialismus herausstellen und – was nur fair erscheint – diejenige Kritik an sozialistischen Bürokratien vorstellen, die von Marxisten selbst vorgebracht wurde.

Wir haben gesehen, dass Webers Bürokratietheorie, wie sie sich in seinen politischen Schriften darstellt, nicht zu verstehen ist, wenn man nicht den herrschaftssystematischen, verfassungsmäßigen Kontext berücksichtigt, in dem dieser Apparat arbeitet. In gleicher Weise und auf Weber beziehbar ist zunächst

---

[33] Vgl. weiterführend Hannah Arendt (1963): Über die Revolution. München: Piper.

darzulegen, welche Stellung Bürokratie im sozialistischen Herrschaftssystem einnimmt. Max Weber ging bei seiner Analyse zunächst von einer kapitalistischen Umwelt aus, die sich durch besondere formale Rationalität auszeichnet, indem die Güterallokation marktmäßig, nach Geld bewertet sowie selbstregulativ erfolgt, wobei der Staat sich, prinzipiell auf Ordnungsfunktionen beschränkt, was aber im historischen Einzelfall und insbesondere in wirtschaftlichen Krisen nicht verhindert, dass er interveniert und dass es zur Verstaatlichung einzelner Unternehmen oder Sektoren kommt. Für den Sozialismus ist nun ökonomisch konstitutiv, dass das Privateigentum an Produktionsmitteln aufgehoben wird, allerdings überwiegend nicht in die Selbstverwaltung von Arbeiterkollektiven (Räten) übergeht, sondern zentral von einer Planungsbürokratie verwaltet wird. Damit werden einzelne Betriebe selbst zu staatsbürokratischen Apparaten, zu Anstalten, die zwar bei der Aufstellung des Wirtschaftsplans mitwirken, Produktionsfaktoren und Produktionsziele aber von einer zentralen Planungsbürokratie vorgesetzt erhalten.

Damit stellt sich die Frage, wie ökonomische und sonstige gesellschaftliche Ziele und Präferenzen als Vorgaben für das ökonomische Planungssystem legitimiert werden. Rein äußerlich betrachtet bestehen in sozialistischen Gesellschaftssystemen ebenfalls Vertretungskörperschaften, die von lokaler Ebene bis zur nationalen Ebene gestaffelt sind. Dies bedeutet aber nicht, dass hier das eigentliche Steuerungszentrum läge. Entscheidend ist, dass vor allem im stalinistischen Organisationsschema die Parteienkonkurrenz um Wählerstimmen ausgeschaltet ist und es lediglich eine einzige Partei gibt. Ein besonderes Merkmal sozialistischer Einheitsparteien stellt zudem das Prinzip des „demokratischen Zentralismus dar, welches beinhaltet, dass die jeweils unteren Ebenen der Parteihierarchie zwar ein Vorschlagsrecht für die Kandidatenaufstellung haben, dass die Entscheidung über die Kandidatur aber bei der jeweils höheren Ebene liegt. Damit wird die Kandidatennominierung stark zentralisiert und innerparteiliche Flügel- und Fraktionskämpfe auf diese Weise zu begrenzen versucht. Unter Herrschaftsgesichtspunkten ist auf diesem Wege sichergestellt, dass die Parteioligarchie, die einmal den Weg nach oben geschafft hat, sich selbst kooptiert und über die Kandidatenaufstellung andere Ebenen der Partei gleichschaltet und damit die Zusammensetzung der formal unabhängigen Vertretungskörperschaft letztlich bestimmt. Wichtig für das Verständnis dieses Systems ist ferner, dass der Parteienapparat selbst aus hauptberuflichen Funktionären besteht und insofern hochgradig bürokratisch ist. Die Konformität der Funktionäre wird über eine intensive Gesinnungs- und Leistungskontrolle sowie das Anlegen umfangreicher Kaderakten zu erreichen versucht.

Da nun keineswegs alle Bürger Mitglieder der Einheitspartei sind, stellt sich darüber hinaus die Frage, wie der Rest der Bevölkerung in dieses Herrschaftssystem eingebunden ist. Hier ist zunächst die Existenz bürokratisch organisierter Unterdrückungsapparate kennzeichnend, die auf Abweichungen kontrollierend und sanktionierend – und dabei nicht selten brutal-terroristisch – reagieren, wobei gegen deren Tun keine rechtstaatlichen Sicherungen bestehen, da etwa eine unabhängige Verwaltungsgerichtsbarkeit nicht besteht. Dass es sich hierbei um eine radikale Umkehrung sozialistischer Ideale handelt, notierte etwa Eisenstadt bereits 1958:

> „Paradoxically enough, the tables have recently been turned on the socialists, and especially on the communists, by the liberal or social-democratic camp, with the growing realization that bureaucracy may easily become a tool of opression, especially under conditions of great concentration of power – the very fear expressed by socialists regarding capitalistic bureaucracy." (Eisenstadt 1958: 101).

Bekanntlich besitzt ein derart gestaltetes Herrschaftssystem eine Reihe inhärenter Probleme, Schwächen und Dysfunktionen, von denen an dieser Stelle nicht alle genannt werden können. Hervorgehoben werden soll jedoch die sich als besonders defizitär erweisende zentrale Lenkung der Ökonomie. Charakteristisch für eine Zentralverwaltungswirtschaft sind insbesondere die unvollständigen Informationen sowie die prinzipiell begrenzte Informationsverarbeitungskapazität der Planungszentrale. Aus einer herrschaftssoziologischen Perspektive ist das hier beschriebene, ganz entscheidend von Stalin geformte und von anderen sozialistischen Staaten kopierte System durch das Problem der Führungsnachfolge gekennzeichnet. Formale Prozeduren zur Nachfolgeregelung haben sich hierbei als relativ unbedeutend erwiesen, während Konkurrenzkämpfe um die Nachfolge innerhalb der Parteispitze regelmäßig beobachtet werden können. Ein weiterer herrschaftssoziologisch interessanter Aspekt ist die dem theoretischen Anspruch sozialistischer Systeme völlig konträre Privilegierung der Staats- und Parteifunktionäre. Nahezu unbegrenzte Verfügung über Geldkonten sowie materielle Privilegierungen jeglicher Art sind typisch für die entstandene „neue Klasse" (Djilas 1958), die nun anstelle der Kapitalisten selbst die (bürokratische) Verfügungsgewalt über die Produktionsmittel erobert hat.

Für uns ist an dieser Stelle nun wichtig, dass diese öffentliche Verwaltung im Sozialismus gemessen am Weberschen Strukturmodell weitgehend einer bürokratischen Organisation entspricht. Für sozialistische Bürokratien als *Kaderverwaltungen* (vgl. hierzu Balla 1972; Lipp 1978; König 1982; König 1991) ist jedoch typisch, dass sie nicht im westlichen Maße rechtstaatlich programmiert und damit regelgebunden sind, sondern sich durch eine totale personale Verfügbarkeit und ungebundene Einsetzbarkeit auszeichnen. Höchst bürokratisch rekrutiert und geschult sind diese Verwaltungen lediglich zweckprogrammiert (Luhmann) und verfahren mittel-opportunistisch, also weitgehend ohne normative Restriktionen in der Wahl der Mittel zur Verwirklichung der Zwecke. Konformität wird in allen Bürokratien, die hauptamtlich und geldentlohnt funktionieren, letztlich durch die Drohung mit Entlassung aus dem Dienst – mit gravierenden Folgen für persönliche Existenz – erreicht. Karriere macht in sozialistischen Bürokratien nur, wer in der Personalakte auch und gerade nach politischen Kriterien (wie etwa Parteimitgliedschaft, Aktionismus, Loyalität) positiv beurteilt wird. Damit ist auch bereits die wesentliche Steuerungsinstanz solcher Bürokratien angedeutet, nämlich die *Staatspartei*. Nicht nur die totale Parteipolitisierung und damit die opportunistische Steuerung nach in der Partei gesetzten Zielsetzungen ist kennzeichnend für sozialistische Bürokratien, sondern auch strukturell der Aufbau einer *Parallelbürokratie*, also einer neben der staatlichen Verwaltung in gleicher Gliederung stehender Parteibürokratie. Dabei sind beide Bürokratien personell über Personalunionen miteinander verflochten, was auch bedeutet, dass man es mit Doppelunterstellungen zu tun hat: Einerseits im staatlichen Instanzenzug und in der staatlichen Hierarchie, andererseits aufgrund der Einbindung in die Parteihierarchie. Wie im Einzelnen die für derartige Doppelunterstellungen typischen Konflikte gelöst werden, kann aufgrund mangelnder empirischer Untersuchungen schlecht gesagt werden.

Ein weiterer Unterschied zum Weberschen Idealtypus stellt das Fehlen rechtsstaatlicher Unpersönlichkeit dar. Die Bearbeitung eines Falles „ohne Ansehen der Person" wird im Sozialismus tendenziell ersetzt durch Parteilichkeit.

Es liegt nahe, dass diese Struktur, die hier nur grob skizziert werden kann, von westlichen und z.T. von östlichen Marxisten wie Milovan Djilas (1958) oder Rudolf Bahro (1977) im Lichte marxistischer Vorstellungen kritisiert worden ist (Ahlberg 1976). Kennzeichnend für diese marxistische Bürokratiekritik ist, dass sie in erster Linie Kritik der Parteibürokratie ist und nicht das Herrschaftssystem als solches mit seinen, den Vorstellungen westlicher Demokratien diametral widersprechenden, Zügen angreift. Diese Kritik kann hier relativ kurz abgehandelt werden, weil ihre strukturellen Analysen weitgehend dem entsprechen, was wir weiter unten im Zusammenhang mit der Bürokratisierung politischer Parteien (auch westlichen Musters) erfahren werden. Wir möchten an dieser Stelle jedoch drei bürokratietheoretisch relevante Aspekte hervorheben:

- *Funktionale Notwendigkeit von Bürokratie*: Ernest Mandel (1976) verweist darauf, dass die Auseinandersetzung mit der Bürokratie so alt wie die Arbeiterbewegung und der sozialistische Staat sei. Der professionelle, bürokratische Apparat sei für die Entwicklung der Arbeiterbewegung funktional notwendig gewesen. Zudem mache es die „Dialektik der partiellen Errungenschaften" erforderlich, den politisch erreichten Fortschritt durch eben jenen bürokratischen Apparat zu verteidigen. Daraus aber ergebe sich einerseits die Gefahr des Bürokratismus, welche darin besteht, dass sich einige Menschen beruflich und ständig mit Politik und Gewerkschaften beschäftigen. Andererseits tendiere der Apparat zum programmatischen Konservativismus, da die Sicherung des erreichten Fortschritts im Zentrum der Aufmerksamkeit stehe.

- *Zielverschiebung*: Der Parteiapparat ist nicht mehr lediglich als Mittel zur Erreichung politischer Zwecke gedacht, sondern wird von den Funktionären im Laufe der Zeit als Selbstzweck gesehen und für eigene Interessen instrumentalisiert.
- *Eigeninteressen der Bürokratie*: Die Identifizierung der Funktionäre mit dem Apparat führt auch zu den uns bereits bekannten Eigeninteressen der Bürokratie, die dazu tendiert, den Apparat zu erhalten – auch weil sie aus ihm nicht nur ideellen sondern materiellen Gewinn zieht.

3.2.3 Max Weber über den Sozialismus

Bevor Weber 1920 verstarb, äußerte er sich gelegentlich auch zum Sozialismus und zur sozialistischen Bürokratie. Seine Kritik am Sozialismus konnte aufgrund der zeitlichen Zusammenhänge nur eine theoretische sein, da er das Scheitern dieses historischen Experiments nicht erleben konnte. Weber hatte die Schriften von Karl Marx rezipiert sowie selbst die Rätesysteme in Russland und München 1918 studieren können. Zu seinem historischen Erfahrungshintergrund gehört aber auch die Kriegswirtschaft während des Ersten Weltkrieges, die äußerlich eine Zentralverwaltungswirtschaft war. Es kann somit nicht überraschen, dass sich Max Weber verschiedentlich mit dem Sozialismus wissenschaftlich befasst hat (vgl. insgesamt zu Weber in dieser Hinsicht Beetham 1974; Mueller 1982).

Zunächst können wir feststellen, dass der Marx'sche Begriff der Entfremdung in Webers Denken insofern eingegangen ist, als seine formale Kategorie der Trennung von Haushalt und Betrieb direkt hierauf zurückgeht. In der Umformulierung des Entfremdungsbegriffs unternimmt Weber zugleich eine Generalisierung und damit eine explizite Kritik an Karl Marx: Die Expropriation des Menschen von den Betriebsmitteln sei eben nichts spezifisch auf die Wirtschaft Beschränktes, sondern sei auch konstitutiv für Militär und Verwaltung, also für jede Bürokratie. Dies gelte in gleicher Weise für die „Herrschaft der Dinge über die Menschen", die in Webers Formulierung zur „Verselbständigung der Mittel über die Zwecke" und damit zur Entfremdung wird. Max Weber geht vom Grundtatbestand der „Bürokratisierung der Welt" aus und knüpft daran die Frage, was der Sozialismus als Verstaatlichung der Produktionsmittel hieran ändern würde. Die hier ansetzende Kritik Webers ist eine vierfache, nämlich eine bürokratietheoretische, eine ökonomische, eine politische und schließlich eine anthropologische Kritik des Sozialismus.

- *Bürokratietheoretische Kritik*: Der Sozialismus führe laut Weber lediglich dazu, dass die schon existierenden öffentlichen und privaten Bürokratien vereinigt würden. Die Expropriation der Arbeiter würde lediglich um die Expropriation der Unternehmer ergänzt werden, und die daraus resultierende Zentralisation des Kapitals würde für den Arbeiter nichts an seiner prinzipiellen Fremdbestimmung verändern. „Weber begreift das Verhältnis von staatlicher und privatwirtschaftlicher Macht als eine Art Gewaltenteilung, die er als die einzige Garantie dafür sieht, dass sich die beiden Mächte gegenseitig in Schach halten und nicht ‚total' werden." (Anter 1995: 183).
- *Ökonomische Kritik*: Ungelöst ist für Weber im Sozialismus insbesondere das Allokationsproblem. Die Ablösung der Orientierung des kapitalistischen Wirtschaftens an Profit durch die Ausrichtung der staatlichen Produktion am Bedarf bedeutet für Weber die Ersetzung der formalen Rationalität durch eine wertrationale, an materiell-rationalen Forderungen orientierte Produktion. Er sieht, dass ein derartiges System nur durch Vorgabe von Kennziffern und damit einen letztlich politischen Schritt zu leisten sei. Die fehlende Geldrechnung würde indes die Berechenbarkeit der Produktion schwächen, die technische Effizienz absinken lassen und letztlich auch die Versorgungseffizienz, d.h. die substantielle Rationalität, niedriger ausfallen lassen als im Kapitalismus. Zur Steuerung eines derartigen Systems sei die Bürokratie im Sozialismus erst recht unentrinnbar.[34]
- *Politische Kritik*: Das Allokationsproblem ist für Weber letztlich auch ein politisches Problem und Umverteilungskämpfe sind aus seiner Sicht unvermeidlich, da diese im Sozialismus nicht über den Markt reguliert werden könnten. Weber sieht ‚glasklar', dass eine kleine Schicht von Politikern im Sozialismus die Verfügung über die Produktionsmittel erlangen würde, so dass sämtliche Dispositionen „in den Händen der Verbandsleitung liegen (würde), die Einzelnen innerhalb der Güterbeschaffung auf lediglich "technische" Leistungen: "Arbeit" in diesem Sinn des Wortes beschränkt seien. Dann und so lange nämlich, als die "diktatorisch", also autokratisch verwal-

---

[34] "Neben den fiskalischen Voraussetzungen bestehen für die bürokratische Verwaltung wesentlich verkehrstechnische Bedingungen. Ihre Präzision fordert Eisenbahn, Telegramm, Telefon und ist zunehmend an sie gebunden. Daran könnte eine sozialistische Ordnung nichts ändern. Die Frage wäre ... ob sie in der Lage wäre, ähnliche Bedingungen für eine rationale, und d.h. gerade für sie: straff bürokratische Verwaltung nach noch festeren formalen Regeln zu schaffen, wie die kapitalistische Ordnung. Wenn nicht, - so läge hier wiederum eine jener großen Irrationalitäten: Antinomie der formalen und materialen Rationalität, vor, deren die Soziologie so viele zu konstatieren hat." (Weber 1980: 129).

tet würden, ohne gefragt zu werden." (Weber 1980: 119). Wird nicht autokratisch, sondern partizipativ politisch entschieden, sei es als Unternehmens-Mitbestimmung oder als politische Demokratie, müssten zwangsläufig Interessenkonflikte ausgetragen werden, wenn dispositive Entscheidungen getroffen werden.[35]

- *Anthropologische Kritik*: Weber hat vor allem auch wegen des damit zusammenhängenden Menschentyps insbesondere in seinen politischen Stellungnahmen eine Präferenz für den Kapitalismus erkennen lassen. Dem Bürokraten als Ordnungsmenschen, auf den sich der Sozialismus ebenfalls stützen müsste, stellt Weber den Unternehmer und den charismatischen Politiker als innovativ, kämpferisch und risikobereit entgegen, während der sozialistische Mensch vom Versorgungsdenken beherrscht sein müsste. Gesamtgesellschaftlich stellt für Weber die Unternehmerklasse ein Gegengewicht gegen die Bürokratie dar, nicht zuletzt da sie sich auf eigenes Expertenwissen stützen kann. In Analogie zu seinen Analysen der Antike fürchtet Weber als Pendant zum anordnungs- und versorgungsorientierten Menschen eine ökonomische Stagnation, wogegen er die ökonomische und soziale Dynamik des Kapitalismus setzt.

Ohne dass Webers Denken zu diesem Problemkomplex im Einzelnen hier ausgeführt und nachgezeichnet werden kann, sei darauf verwiesen, dass er sich in seinem Sozialismus-Vortrag von 1918 (vgl. Weber 1995) sehr ausführlich mit dem kommunistischen Manifest auseinandersetzt und eine empirische Kritik der Prämissen dieses Programms vornimmt. Diese Kritik ist insofern höchst aufschlussreich, als darin auch deutlich wird, dass Weber keine Modellbetrachtung des Kapitalismus vornimmt, sondern durchaus auf die Monopolisierungstendenzen, Kartellbildung und staatliche Interventionen eingeht. Diese Tendenzen sind es gerade, die dafür verantwortlich sind, dass sich eine Betriebsbeamtenschaft an die Stelle des Einzelunternehmers setze, wobei die Beamtenschaft spezifische ständische Qualitäten ausbilde, die sie vom Proletariat, das als „industrielle Reservearmee" ohnehin nicht bestehe, entfremdete.

---

[35] "Entscheidend ist: dass der Einzelne auch dann primär fragen würde: ob ihm die Art der zugewiesenen Rationen und der zugewiesenen Arbeit, verglichen mit anderem, seinen Interessen entsprechend erscheine. Darnach würde er sein Verhalten einrichten, und gewaltsame Machtkämpfe um Änderung oder Erhaltung der einmal zugewiesenen Rationen (z.B. Schwerarbeiterzulagen), Appropriation oder Expropriation beliebter, durch die Entgeltrationierung oder durch angenehme Arbeitsbedingungen beliebter Arbeitsstellen, Sperrung der Arbeit (Streik oder Emission aus den Arbeitsstellen), Einschränkung der Güterbeschaffung zur Erzwingung von Änderungen der Arbeitsbedingungen bestimmter Branchen, Boykott und gewaltsame Vertreibung ungeliebter Arbeitsleiter, - kurz: Appropriationsvorgänge aller Art und Interessenkämpfe wären auch dann das Normale." (Weber 1980: 119).

„Es ist kein Zufall, daß wir überall die Handelshochschulen, die Gewerbeschulen, die technischen Fachschulen wie Pilze aus der Erde sprießen sehen. Dabei spielt, zum mindesten in Deutschland, der Wunsch mit, auf diesen Schulen in eine Couleur einzutreten, sich Schmisse ins Gesicht hauen zu lassen, satisfaktionsfähig und damit reserveoffiziersfähig zu werden und nachher im Kontor eine Vorzugschance auf die Hand der Tochter des Chefs zu haben: also sich zu assimilieren mit den Schichten der sogenannten "Gesellschaft". Nichts liegt dieser Schichte ferner als die Solidarität mit dem Proletariat, von dem sie sich ja vielmehr gerade zunehmend zu unterscheiden trachtet." (Weber 1995: 104).

3.3 Bürokratisierung politischer Parteien

Kennzeichen des wissenschaftlichen Begriffs der Bürokratie ist es, dass er nicht auf die öffentliche Verwaltung beschränkt bleibt, sondern entsprechende Phänomene in privaten Unternehmen, in Gewerkschaften und in politischen Parteien zu diagnostizieren hilft. Die frühe Parteien-Soziologie, die sich im angelsächsischen Raum mit Moisei Ostrogorski (1902) als Kritik an bürgerlichen Parteien entwickelte, fand ihre Entsprechung als Kritik an der Sozialdemokratischen Partei in Robert Michels (1925), mit dem Max Weber auch in regem Briefverkehr stand.[36] Beiden Denkrichtungen ist die am Ideal direkter Demokratie orientierte Kritik an der über Parteien vermittelten repräsentativen Demokratie gemeinsam. Die Parteien als Transmissionsriemen des Wählerwillens bei der Personalselektion und in programmatischen Fragen werden daran gemessen, inwieweit sie selbst intern dem Postulat der Basisdemokratie entsprechen. Robert Michels gelangte nun am Beispiel der SPD sowie der sozialistischen Parteien in Frankreich, Großbritannien und Italien zu seinem generellen Befund, dass sich in politischen Parteien eine Hierarchisierung und Bürokratisierung – und damit eine Umkehr der Herrschaftsverhältnisse – entwickle und postulierte aufgrund dieser Beobachtung ein „ehernes Gesetz der Oligarchie". Ähnliche Tendenzen gelten jedoch auch für Interessenverbände und insbesondere für die historisch eng mit der sozialdemokratischen Partei verbundenen Gewerkschaften.

Im Folgenden rekurrieren wir zunächst eingehender auf Robert Michels wegweisende Untersuchung „Zur Soziologie des Parteiwesens in der modernen Demokratie", welche erstmals 1911 im von Max Weber mit herausgegebenen „Archiv für Sozialwissenschaft und Sozialpolitik" in Aufsatzform veröffentlicht

---

[36] Robert Michels (1876-1936) wirkte zunächst als Privatdozent in Marburg und nahm 1907 eine Professur in Turin an. Er wandte sich später Mussolini und dem Faschismus zu, wobei er sich interessanterweise auf Max Webers Lehre vom charismatischen Politiker berief. 1915 kam es zwischen Weber und Michels zum Zerwürfnis, nachdem Michels während des Ersten Weltkrieges öffentlich Partei ergriffen hatte (vgl. hierzu Mommsen 1981 sowie umfassend Röhrich 1972).

worden war (3.3.1).[37] Anschließend soll wiederum Max Webers Interpretation sowie seine charakteristische Wertung der Parteien als Apparate dargelegt werden (3.3.2). In Abschnitt 3.3.3 beleuchten wir schließlich die Hierarchisierungs- und Bürokratisierungstendenzen heutiger Parteien und beschäftigen uns spezifischer mit der Partei der Grünen, an der der Prozess der Bürokratisierung besonders gut veranschaulicht werden kann.

3.3.1 Michels „ehernes Gesetz der Oligarchie"

Robert Michels war Sozialist und Syndikalist und hat auf diesem Hintergrund zu Beginn des Jahrhunderts seine Kritik an der damaligen Sozialdemokratie formuliert. Ausgangspunkt für Michels Kritik war die paradoxe Beobachtung, dass ausgerechnet eine Partei, die sich für gesamtgesellschaftliche Demokratisierung, also insbesondere ein gleiches und allgemeines Wahlrecht einsetzte, intern wenig demokratisch verfuhr.

Michels unterscheidet mit massenpsychologischen, individualpsychologischen und organisatorischen Ursachen drei Ursachenkomplexe in seiner „Ätiologie der Oligarchie". Als *massenpsychologische* Ursachen der Oligarchie führt Michels eine Reihe von Faktoren an, die von der seinerzeit üblichen Betrachtungsweise eines Gustave Le Bon oder eines José Ortega y Gasset geprägt sind und die uns heute befremdlich vorkommen mögen. Hierzu zählen die „Inkompetenz der Masse", deren „Dankbarkeitsgefühl" sowie die „traditionelle Gebundenheit" der Masse, die sich in einem Führungs- und Verehrungsbedürfnis zeige. Für Michels sind es gerade auch diese massenpsychologischen Faktoren, die das Bedürfnis nach einem starken Führer – auch innerhalb von Organisationen – erklären.

Dieser Nachfrage nach Führung steht auf der Angebotsseite ein Bündel von *individualpsychologischen* Merkmalen gegenüber, die einzelne Personen dazu motivieren, Führungspositionen in demokratischen Parteien anzustreben. Michels nennt in diesem Zusammenhang Eigenschaften wie Geschicklichkeit, Rednergabe, Intelligenz, Überlegenheitsbewusstsein in Verbindung mit Herrschaftsgelüsten: „Jede menschliche Gestalt drängt nach Erweiterung ihrer Befugnisse. Wer in den Besitz von Macht gelangt ist, wird in der Regel bestrebt sein, seine Macht zu verstärken und auszubauen, seine Stellung unaufhörlich mit neuen Bollwerken zu umgeben und sich der Botmäßigkeit und Kontrolle der Masse zu entziehen." (Michels 1925: 265).

---

[37] Zunächst unter dem Titel "Die deutsche Sozialdemokratie im internationalen Verbande. Eine kritische Untersuchung, in: Archiv für Sozialwissenschaft und Sozialpolitik 25 (1907), 230 f., anschließend 1911 in erster und 1925 in zweiter Auflage in Buchform.

Die breiteren Ausführungen verwendet Michels jedoch auf den uns hier stärker interessierenden *organisatorischen* Ursachenzusammenhang, aus dem heraus seine Darstellungen allgemein bürokratietheoretisch und speziell auch für Max Weber interessant wurden. Dass es überhaupt zur Bildung politischer Parteien kommt, hat Ursachen, die außerhalb der Parteien im politischen System liegen: Zum einen ist es die technische Unmöglichkeit direkter Demokratie in Flächenstaaten, die zur Parteibildung führt, zum anderen die Bedingung der Parteien-Konkurrenzdemokratie, die den Parteien in Auseinandersetzung mit ihren Gegnern hohe Reaktionsgeschwindigkeit, „militärische Schlagfertigkeit" und schnelles Taktieren abverlangen. Gerade die Arbeiter als die schwächste Gruppe der Gesellschaft könnten im politischen Wettbewerb nur dann auftreten und bestehen, wenn sie sich effektiv organisieren. Als organisationsinterne Ursachen der Oligarchisierung sieht Michels vor allem die Größe der Organisation, gemessen in der Zahl der Mitglieder, sowie das Wachstum der Aufgaben der Partei an. Hieraus ergibt sich die Notwendigkeit der Arbeitsteilung und Spezialisierung sowie in einem nächsten Schritt die Notwendigkeit, hauptberufliche Parteifunktionäre einzustellen. Diese Funktionäre wiederum sind, da sie von körperlicher Arbeit freigesetzt sind, in der Lage, sich weiterzubilden und sich so in Verbindung mit ihrem spezialisierten Wissen einen Informationsvorsprung und eine gewisse Unentbehrlichkeit zu verschaffen:

> „Je komplizierter sich das politische Metier gestaltet, je unübersehbarer die Bestimmungen der sozialen Gesetzgebung werden, ... desto mehr vergrößert sich der Abstand zwischen den Führern und dem Gros der Genossen..." (Michels 1925: 103).

Folge dieser Entwicklung ist die Monopolisierung von Entscheidungen durch die entstandene Parteibürokratie. Die Willensbildung innerhalb der Partei wird auch dadurch weiter verkürzt, dass die Führungsgremien nur noch periodisch indirekt vom Parteivolk gewählt werden. Unter Bezug zum politischen System, in dem die Sozialdemokratie seit 1890 wieder zugelassen war, analysiert Michels den Bedeutungsverlust der Parteitage gegenüber der Parlamentsfraktion, die tendenziell den Kreis der auf Parteitagen diskutierten Fragen zu kontrollieren versucht. Die Parteiführer tendieren zudem dazu, innerparteiliche Opposition auszuschalten. Zu den strukturellen Grundlagen der Oligarchisierung zählt Michels darüber hinaus auch die Verfügung der Parteiführer über die Parteifinanzen:

> „Werden ... die mit der politischen Agitation verbundenen Kosten aus der Parteikasse bestritten, so entsteht ein Abhängigkeitsverhältnis der ausgewählten Mitglieder von der Partei, d.h. konkret gesagt, der mit dem Verfügungsrecht über ihre Kassen ausgestatteten verschwindenden Minderheit von Parteigenossen ..." (ebenda 144).

Auch eine Gefahr der Abhängigkeit der Partei von reichen Mitgliedern sieht Michels bereits. Die Parteipresse wird nach seiner Beobachtung tendenziell auch partei-intern als Herrschaftsmittel, als Sprachrohr der hohen Funktionäre eingesetzt.

Wir können erkennen, dass wesentliche Elemente des Weberschen Bürokratiebegriffs – den Michels jedoch nicht explizit benutzt – in politischen Parteien offensichtlich eine große Rolle spielen: Arbeitsteilung, Spezialisierung, Hauptamtlichkeit, Geldentlohnung, Fach- und Dienstwissen sowie Hierarchie. Ebenfalls beobachtet Michels, dass die Partei im Zeitverlauf ihren ursprünglichen Instrumentalcharakter zur Durchsetzung eines bestimmten politischen Programms verliert, sich – wiederum mit Max Weber gesprochen – verselbständigt und damit zum Subjekt der Entwicklung wird (ebenda: 212ff.). Wir wollen in Abschnitt 3.3.3 zeigen, dass Michels Analyse auch heute noch weitgehend gültig ist, auch wenn insbesondere seine massen- und individualpsychologischen Argumente in der Zwischenzeit kritisiert worden sind. Nach wie vor gilt Michels „ehernes Gesetz der Oligarchie": „Wer Organisation sagt, sagt Tendenz zur Oligarchie" (Michels 1925: 25).

3.3.2 Max Webers Analyse der Apparatparteien

Wie mit vielen anderen Zeiterscheinungen hat sich Weber auch frühzeitig mit den gegen Ende des 19. Jahrhunderts verstärkt auftretenden Parteien befasst (vgl. Steininger 1980). Während Michels seine Analyse normativ unter einen radikaldemokratischen Bezugspunkt stellte, veränderte sich Webers Auseinandersetzung mit Parteien (und den Ausführungen von Michels) in charakteristischer Weise dahingehend, dass primär funktionalistisch nach der Chance der Selektion von geeignetem Führungspersonal für das politische System gefragt wird. Hinter diesem Bezugspunkt, der Webers grundsätzlich aristokratische und vernunftdemokratische Einstellung zeigt und der vornehmlich in seinen bereits angesprochenen politischen Schriften deutlich wird, steht jedoch zunächst eine relativ leidenschaftslose empirische Bestandsaufnahme ohne wertenden Charakter.

Mit der Auflösung von Honoratiorenverbänden und ihrer Leitfunktion für die Willensbildung stellt sich nach Weber eine durch zunehmende Massendemokratisierung geförderte bürokratische Struktur innerhalb der Parteien geradezu zwangsläufig ein. Die Durchsetzung der Interessen der Partei erfordert in zunehmendem Maße den sein Amt als Lebensberuf verstehenden, fachgeschulten und geldentlohnten Parteibeamten. Weber betont die Notwendigkeit von Spezialisierung und Routinisierung sowie strengste Disziplin und einheitliche Leitung insbesondere auf dem Hintergrund des Charakters moderner Parteien als ‚Wahlkampfmaschinen'. Ehrenamtliche Honoratiorenverbände sind auch in dieser Hinsicht dem bürokratischen Apparat nicht gewachsen. An diesem Punkt zeigen sich auch die deutlichsten Parallelen zu Michels organisatorischen Ursachen einer zunehmenden Oligarichisierung der Parteiapparate.

Weber überträgt nun die schon bekannten herrschaftssoziologischen Beobachtungen auch auf die Machtverteilung innerhalb politischer Parteien, indem er das Verhältnis von politischem Herrn zu bürokratischem Herrschaftsstab auf die Beziehung zwischen den ‚einfachen' Parteimitgliedern und dem Apparat der gewählten und ernannten Parteifunktionäre anwendet. Ausgangspunkt sind dabei wiederum die Merkmale der Hauptamtlichkeit und der Geldentlohnung von Leitung und Verwaltungsstab, woraus sich ein zwangsläufiges ökonomisch fundiertes Interesse an der Aufrechterhaltung des Apparates seitens der Funktionäre ergibt.

„Dann ist ein überwältigend starkes ökonomisches Interesse mit dem Fortbestand des Verbandes verknüpft, einerlei ob seine vielleicht primär ideologischen Grundlagen inzwischen gegenstandslos geworden sind. Es ist eine Alltagserscheinung, daß nach der eigenen Ansicht der Beteiligten "sinnlos" gewordene, Verbände aller Art nur deshalb weiterbestehen, weil ein "Verbandssekretär" oder anderer Beamter "sein Leben (materiell) daraus macht" und sonst subsistenzlos würde." (Weber 1980: 118 f.).

An dieser Stelle können wir auch ersehen, wie sehr Weber mit seiner Einschätzung der Parteien der modernen ökonomischen Theorie der Politik kommt, insbesondere wenn er auf das Patronageinteresse der Parteien abstellt:

„Bei allen, auch bei der reinsten Klassen-Partei pflegt aber für die Haltung der Parteiführer und des Parteistabs das eigene (ideelle und materielle) Interesse an Macht, Amtsstellungen und Versorgung mit ausschlaggebend zu sein und die Wahrnehmung der Interessen ihrer Wählerschaft nur soweit stattzufinden, als ohne Gefährdung der Wahlchancen unvermeidlich ist." (Weber 1980: 168 f.).

Diese materialistische Auffassung der Motivation der Parteifunktionäre steht für Weber in einer zur Motivation von Beamten in der Exekutive sowie von Berufspolitikern korrespondierenden Beziehung. Hauptberufliche Funktionäre in der Exekutive, im Parlament und in den Parteien halten sich aufgrund ihres mit der Hauptamtlichkeit ermöglichten oder diese voraussetzenden Fachwissens im politischen System in gewisser Weise die Waage, wobei jedes Subsystem danach strebt, Informationsvorsprünge und damit Machtvorteile zu gewinnen. Im Gegensatz zu Robert Michels, der die Unvereinbarkeit von Organisation und (Basis-) Demokratie betont, sieht Weber trotz der teilweisen Entmachtung der Parlamente durch die fachgeschulte Bürokratie oligarchische Strukturen als notwendige Voraussetzung der Wirksamkeit politischer Parteien an. Für ihn ist diese „Entartung demokratischer Politik" unter den Bedingungen der Massendemokratie und den sich daraus ergebenden funktionalen Anforderungen an die Parteien unvermeidbar. Für Weber handelt es sich bei der Bürokratisierung der Parteien um einen unentrinnbaren und unumkehrbaren Prozess, der nur eine Alternative zulässt: Entweder die Parteien organisieren eine Führerdemokratie „mit Maschine" – gemeint sind die als Wahlkampf- und Parteimaschinen verstandenen Apparate der bürokratisierten Parteien – oder aber die Demokratie selbst bleibt führerlos.

In diesem Zusammenhang ist auch der für Weber zentrale funktionale Bezugspunkt, die Führerauslese, zu sehen. Nachdem Weber die Beamtenherrschaft der Kaiserzeit – also die Praxis, Beamte zu Ministern zu machen – abgelehnt hatte, sind es für ihn gerade die Parteien, aus denen politische Führer hervorgehen müssen. Mit dem Vorsitzenden des Vereins für Sozialpolitik, Gustav Schmoller, war Weber sich darin einig, dass der Karriereweg durch eine bürokratisierte Partei mit größerer Wahrscheinlichkeit gerade auf seiten der systemkritischen SPD Führungskräfte garantiere, die Augenmaß und nicht nur blinden Glauben an die Revolution hätten.

„Bekommt die Sozialdemokratie einstens ausschließlich Führer und Beamte wie Bebel und Vollmar, wie Auer und Bernstein, und folgt diesen die Masse, so ist die Gefahr für unser Staatsleben und unsere Volkswirtschaft so ziemlich beseitigt." (Schmoller, nach: Lindenlaub 1965: 245).

3.3.3 Zur Bürokratisierung innerhalb der heutigen Parteien

Die gegenwärtige Parteien- und Parlamentssoziologie orientiert sich nicht nur am Leitbild repräsentativer Demokratie, sondern hat sich auch mit drei zentralen Hierarchisierungsprozessen im politischen System abgefunden:

a. Bei den Regierungsparteien, insbesondere der Kanzlerpartei damit, dass vor allem bei Verbindung von Kanzlerschaft und Parteivorsitz Partei und Fraktion tendenziell der Regierungspolitik eher folgen als diese zu determinieren. Das Bild von der Gewaltenteilung wird vom Modell der Gewaltenverschränkung ersetzt, da in der Praxis Kanzler und Minister Parteimitglieder und Mandatsträger sind, so dass sich auf Bundesebene das Spannungsverhältnis zwischen Legislative und Exekutive politisch als Gegensatz von Opposition einerseits sowie Regierungsfraktionen und Regierung andererseits darstellt.

b. Für alle Parteien gilt, dass die Fraktionen ein Übergewicht über die Parteien gewinnen, was nicht verwundert, wenn man bedenkt, dass Abgeordnete in aller Regel auch Parteiämter wahrnehmen.
c. Eine dritte Hierarchisierung liegt darin, dass auch innerhalb der Fraktionen die Entscheidungsprozesse zur Zentralisierung tendieren und von den ‚Hinterbänklern' Fraktionsdisziplin verlangt wird. Schließlich schlagen auch Parteivorstände und nicht nur Delegierte in gewissem Umfang Kandidaten für innerparteiliche Wahlämter vor.

All dies wird zunehmend verständlich, wenn man berücksichtigt, dass die Parlamentsarbeit, zumal in einem ‚Arbeitsparlament' wie dem Bundestag, arbeitsteilig und in Ausschüssen sowie Arbeitskreisen spiegelbildlich zur Ressorteinteilung der Exekutive spezialisiert vor sich geht. Bürokratisiert sind somit nicht nur die politischen Parteien, sondern auch die Parlamente.

Die Parteiensoziologie konstatiert allerdings auch bei den rein innerparteilichen Entscheidungsprozessen nach wie vor die schon von Robert Michels beobachteten Tendenzen zur Hierarchisierung und Oligarchisierung. So werden Programmentscheidungen auf Bundesparteitagen von den Parteivorständen aufgrund ihres Informationsvorsprunges und dadurch, dass sie die Tagesordnung aufstellen, weitgehend gelenkt, wobei eventuelle innerparteiliche Opposition problemlos taktisch überwunden wird. Aufgrund ihres entsprechend dem gebietskörperschaftlichen Aufbau ausgerichteten hierarchischen Gesamtaufbaus von übereinandergelagerten Beschlussgremien und Vorständen auf Kommunal-, Bezirks- und Bundesebene werden Initiativen der Subsysteme vielfach gefiltert. Die jeweils höhere Ebene kann ihre zentralere Position im Kommunikationssystem zu taktischen Zwecken ausnutzen. Dies gilt auch für Personalentscheidungen, zumal die Vorstände jeweils ein Vorschlagsrecht für Kandidaturen zu ihrer eigenen Ergänzung haben, also nach dem Kooptationsprinzip verfahren. Lediglich bei Organisationsentscheidungen, die seltener zu treffen sind und unter geringerem Zeitdruck stehen, kann wie beispielsweise bei der Fusionierung von Parteibezirken eine stärkere Partizipation des Parteivolkes stattfinden.

Zu berücksichtigen ist bei all dem, dass neben den gewählten Parteivorständen, die als Berufspolitiker häufig bezahlte Mandate wahrnehmen oder aus einem Beamtenberuf oder der Stellung eines Gewerkschaftsfunktionärs heraus Parteipositionen anstreben – dass hinter diesen Vorständen eine hauptamtliche Parteibürokratie steht, die die entsprechenden Entscheidungen vorbereitet. Nicht selten sind auch Funktionäre der Parteien wiederum aus ihrer Stellung als Parteimitglieder heraus in Vorständen oder mit bezahlten Mandaten abgesichert. Dennoch wird man sagen müssen, dass die Parteibürokratie relativ weniger Einfluss auf die Entscheidungsprozesse in den Parteien hat als die Ministerialbürokratie auf die Entscheidungsprozesse im Parlament besitzt (vgl. Zeuner 1969: 86ff.).

Versuche und Überlegungen, an diesem grundsätzlichen, seit Michels und Weber aus funktionalen Gesichtspunkten erklärbaren unvermeidlichen Sachverhalt etwas zu ändern, hat es immer wieder gegeben, sei es dass über Möglichkeiten nachgedacht wird, die Partizipationsbereitschaft der Parteimitglieder zu erhöhen (Scharpf 1970), sei es dass vorgeschlagen wird, ein Gegen-Expertentum in parteiinternen Subsystemen aufzubauen (Naschold 1969). Wichtig in diesem Zusammenhang erscheinen die in den Parteien von Zeit zu Zeit praktizierten Mitgliederbefragungen und Abstimmungen über Parteivorsitze oder Spitzenkandidaten. Wie schwierig es aber ist, den grundsätzlichen Sachverhalt abzuändern, haben die letztlich gescheiterten Versuche bei der sich basisdemokratisch verstehenden Partei ‚Die Grünen' gezeigt.

Am Beispiel der Grünen lässt sich illustrieren, wie eine Partei, welche zunächst bewusst antibürokratisch organisiert war und eine Reihe von Anleihen beim Rätemodell suchte, im Laufe der Zeit einen Bürokratisierungsprozess durchläuft und sich in ihrer internen Organisation den ‚klassischen' Parteien angleicht. Gegründet wurde die Partei ‚Die Grünen' im Jahr 1980 und drei Jahre später zog die Partei erstmals in den Deutschen Bundestag ein. „Die GRÜNEN wollten sich möglichst eng anlehnen an die Organisationsformen, die sich in den vielen Bürgerinitiativen und anderen informellen Gruppen, die immer stärker politisch auf sich aufmerksam machten, ausgebildet hatten. Lockere Strukturen mit geringem Verbindlichkeitsgrad wurden angestrebt. Antihierarchisch sollte das Ganze sein, der Formalisierungsgrad der Organisation möglichst gering bleiben." (Kleinert 1992: 293). So zeichnete sich die Organisationsstruktur der Grünen im Anfangsstadium durch Merkmale aus, die allesamt dem Weberschen Idealtypus bürokratischer Organisation entgegengesetzt werden können (vgl. hierzu auch Poguntke 1987):

In ihrer ersten Legislaturperiode im Deutschen Bundestag ab 1983 arbeitete die Fraktion der Grünen noch nach dem sogenannten *Rotationsprinzip*, wonach die Abgeordneten zur Hälfte der Wahlperiode ihre Mandate aufgaben und in die Position von Fraktionsassistenten wechselten, während die bisherigen Fraktionsmitarbeiter in das Parlament nachrückten. „Durch dieses Rotationsprinzip sollte eine Professionalisierung, einer Herausbildung parlamentarischer Eliten sowie eine mögliche Entfremdung von Bundestagsfraktion und Parteibasis verhindert und die parlamentarische Macht auf ein möglichst breites personelles Fundament gestellt werden." (Klein/Falter 2003: 91). Dieses Rotationsprinzip, welches zwischenzeitlich immer wieder für parteiinterne – aber auch für verfassungsrechtliche – Diskussionen gesorgt hatte, wurde 1991 schließlich offiziell abgeschafft. Führungsgremien wie der Bundesvorstand der Partei oder die Vorstände der Parlamentsfraktionen der Grünen auf Bundes- und Landesebene wurden – mit ähnlicher Begründung wie im Falle der Rotation – nicht monokratisch, sondern *kollegial geleitet*. Bis heute hat sich in diesem Zusammenhang als typisches Merkmal der grünen Parteiorganisation die ‚Doppelspitze' im Partei- und Fraktionsvorsitz erhalten. Des Weiteren sehen die Organisationsstatute der Partei das *imperative Mandat sowie die Abwählbarkeit von Funktionsträgern* vor, wobei diese Prinzipien aber eher auf dem Papier standen und in der politischen Praxis wenig verankert waren (vgl. Kleinert 1992: 310). Ebenfalls stark an das Rätemodell erinnert die anfängliche und bis 1989 beibehaltene *fehlende Geldentlohnung* der Mitglieder des Bundesvorstandes, womit diese Positionen von ihren Inhabern ehrenamtlich wahrgenommen wurden. Charakteristische Merkmale der basisdemokratisch inspirierten Parteiorganisation der Grünen sind zudem der Grundsatz der *Trennung von Parteiamt und Parlamentsmandat*, um Ämterhäufung und „Machkonzentrationen in den Händen einiger weniger einzudämmen oder gar nicht erst entstehen zu lassen." (Kleinert 1992: 296) sowie der Grundsatz der *Öffentlichkeit von Gremiensitzungen* und der – häufiger als in anderen Parteien zu praktizierenden – *Urabstimmungen* der Mitgliederbasis.

Die genannten Organisationselemente haben seit der Gründung der Partei im wesentlichen an Bedeutung verloren, so dass heute unumwunden bilanziert werden kann: „Die Partei hat sich in ihren innerparteilichen Organisationsstrukturen weitgehend an ihre politischen Konkurrenten angeglichen, vom idealistischen Konzept der Basisdemokratie ist kaum etwas übrig geblieben." (Klein/Falter 2003: 219). Wie schon Michels und Weber unterstrichen hatten, stehen politische Parteien in einer parlamentarischen Demokratie in Konkurrenz zu anderen Parteien und müssen daher ihre interne Organisation nicht nur nach basisdemokratischen Grundsätzen aufbauen, sondern sich auch den Zwängen und Notwendigkeiten des Parteienwettbewerbs stellen. In dieser Hinsicht mag auch die Beobachtung eines ‚Insiders' einen ausschnitthaften Eindruck von den Anpassungszwängen vermitteln, derer sich die Partei insbesondere in ihren ersten Jahren ausgesetzt sah:

„Die Bonner Politik- und Medienwelt förderte das professionelle politische Talent und ließ auf Dauer politischen „Amateurdarbietungen" wenig Raum. Übermäßig gesinnungsethisch aufgeladener Moralismus kam nicht gut an und verpuffte in seiner Wirkung recht bald. So entstanden rasch Differenzierungen in der Bundestagsfraktion, die in dem antihierarchischen Organisationsdenken der GRÜNEN so nicht vorgesehen waren und erhebliche Binnenprobleme schufen." (Kleinert 1992: 38).

Wie ein weiterer Beleg für die Richtigkeit der Michelschen und Weberschen Analysen lässt sich zum heutigen Tage bilanzieren, dass der schrittweise Abschied von den ursprünglichen basisdemokratischen Idealen sowie die zunehmende Professionalisierung und Hierarchisierung – mit anderen Worten: Die zunehmende Bürokratisierung – die Partei in die Lage versetzte, relativ erfolgreich mit den anderen Parteien in Konkurrenz zu treten und ihr inhaltliches politisches Programm auf dem Wege der Beteiligung an Landes- und Bundesregierungen effektiver zu verfolgen. Wir können hier mit Webers Worten auch das Spannungsverhältnis von Verantwortungsethik einerseits und Gesinnungsethik andererseits erkennen: Rein gesinnungsethisch gedacht, hätte sich die Partei der Grünen nicht von ihren organisatorischen Prinzipien verabschieden müssen, wofür dann aber der Preis der fehlenden Konkurrenzfähigkeit im Wettlauf um Wählerstimmen und Parlamentsmandate zu zahlen gewesen wäre.

3.4 Das Konzept der repräsentativen Bürokratie

In den vorangehenden Abschnitten hatten wir verschiedentlich gesehen, dass das Personal bürokratischer Organisationen, anstatt alle gesellschaftlichen Gruppen zu repräsentieren, Partial- oder Eigeninteressen entwickelt, insbesondere an der Aufrechterhaltung des eigenen Apparates oder an der Ausweitung der eigenen Macht- und Einflusssphäre. Ganz im Gegensatz zu solchen Erscheinungen wird mit der Forderung nach *repräsentativer Bürokratie* die Vorstellung verbunden, dass der Beamtenapparat nicht etwa nur im Sinne eines Advokaten die diversen gesellschaftlichen Interessen repräsentieren solle, sondern dass er entsprechend der sozialstrukturellen gesamtgesellschaftlichen Schichtung auch *repräsentativ rekrutiert* sein und daher alle Interessen intern zum Tragen bringen solle.

Hierbei handelt es sich zunächst einmal um eine normative Vorstellung, die bereits von der Tatsache ausgeht, dass Bürokratien dazu tendieren, eben gerade *nicht* sozial repräsentativ zusammengesetzt zu sein. Der Ausgangspunkt dieser Annahme ist bei Karl Marx zu finden. Dieser kritisierte – insbesondere mit Blick auf Hegels Schriften – die Vorstellung, dass die Bürokratie mit ihren Beamten das über den Partialinteressen liegende Allgemeinwohl repräsentierte. Diese Vorstellung sei, so Marx, nichts anderes als eine Ideologie, hinter der sich wiederum die Eigeninteressen der Bürokratie und der bürgerlich rekrutierten Bürokraten verbärgen. Ebenso hatte Max Weber auf die Eigeninteressen der Staatsdiener verwiesen, die als Lohnabhängige an der Perpetuierung ihrer Position und an der darauf basierenden Alimentierung interessiert seien. Im marxistischen und neomarxistischen Denken blieb diese Sicht auf die Bürokratie weit über Marx' Tod hinaus erhalten: „Large portions of the polemical literature, which was characterized by a Marxist or semi-Marxist bias, came to be based on the assumption that the civil service would always be class-bound in its orientations, would never be willing to implement social change and would sabotage any large-scale political and social programmes." (Eisenstadt 1958: 101).

Wendet man solche Kritik ins Positive, so gelangt man zu der Forderung, die Beamtenschaft solle aufgrund gleicher Zusammensetzung wie die übrige Bevölkerung – also aufgrund ihrer sozial-strukturellen Repräsentativität – sensibel und responsiv auf die Anliegen und Probleme der Gesamtheit der Bürger reagieren. Wird daher eine sozial repräsentative Zusammensetzung des öffentlichen Dienstes als wichtig erachtet und gefordert, gewinnt der *Prozess der Rekrutierung* des Personals an großer Bedeutung. Analytisch betrachtet kann die Rekrutierung der Beschäftigten auf das Funktionieren des Staates in doppelter Hinsicht Konsequenzen haben: Zum einen kann man annehmen, dass sich klassenbedingt Selektivitäten in der Phase der Entwicklung politischer Programme bemerkbar machen und insbesondere die Art der Problemwahrnehmung sowie die Art der präferierten Problemlösungen nicht unabhängig von der sozialen Herkunft der Entscheider in der Ministerialbürokratie gesehen werden können. Dies war der primäre Gesichtspunkt von Donald Kingsley, der in seiner 1944 erschienenen Untersuchung „Representative Bureaucracy" anhand der damaligen Situation in Großbritannien die Frage betrachtete, ob eine seitens der Wähler mit einem Regierungsauftrag versehene Labour-Regierung angesichts einer überwiegend bürgerlich zusammengesetzten Spitzenbeamtenschaft ihr politisches Programm überhaupt durchsetzen könne. Kingsley zufolge sollten die regierenden Politiker und die Bürokraten politisch harmonieren, was nicht zuletzt auch bedeute, dass die beiden Akteursgruppen bezüglich ihrer sozial-strukturellen Merkmale ein gewisses Maß an Übereinstimmung aufweisen. Die auf Kingsley folgende Literatur trug dann im Wesentlichen eine Kontroverse über die Bewertung des Phänomens der nichtrepräsentativen sozialen Rekrutierung aus (vgl. etwa Krislov 1974; Romzek/Hendricks 1982).

Zum anderen kann angenommen werden, dass die Rekrutierung des Verwaltungspersonals auch Auswirkungen im Verwaltungsvollzug insofern aufweist, als Äußerlichkeiten der Interaktion zwischen Bürger und Verwaltung – zu denken wäre etwa an den Umgangston und Verhaltensweisen – Konsequenzen für die Befriedigung von Klientenbedürfnissen haben können. Ferner ist hier aber auch an mögliche Selektivitäten in der Rechtsanwendung zu verweisen, die unbewusst ablaufen. So hat Ernst Fraenkel in seiner Schrift „Zur Soziologie der Klassenjustiz" (1968) auf die Abrichtung des Justizpersonals über die einzelnen Karriereschritte vom Reserveoffizier, die unbezahlte Assessorenzeit bis zur Ernennung als Richter verwiesen.[38] Andererseits zeigt Fraenkel, wie die Klassenlage der Richter vor und nach der Revolution von 1918 und unter dem Einfluss der

---

[38] Dabei zeigt Fraenkel auch, „daß in England der Weg zum höheren Richteramt über den Rechtsanwalt, in Preußen über den Staatsanwalt ging." (Fraenkel 1968: 11).

Inflationszeit Veränderungen in der Rechtsprechung hervorruft. Der Rechtsformalismus (oder mit Luhmann gesprochen: Die konditionale Programmierung) werde von der finalen Rechtsprechung abgelöst, die den Richtern große Ermessensspielräume lässt und ihnen damit die Möglichkeit gibt, die Interessen ihrer eigenen Schicht – wenn auch unbewusst – zu berücksichtigen, nachdem Richterschaft und Beamtentum sich nicht mehr sozial identisch mit „dem Staat" fühlen, der von der Sozialdemokratie übernommen worden sei.

Wir möchten im Folgenden zuerst das Thema der sozialen Rekrutierung öffentlich Bediensteter in historischer Perspektive aufgreifen (3.4.1) und anschließend die generellen funktionalen Begründungen für eine soziale Repräsentativität der Bürokratie darstellen (3.4.2). Dass das Konzept der repräsentativen Bürokratie seinerseits nicht unproblematisch ist, wird in Abschnitt 3.4.3 verdeutlicht. Der politisch bedeutende Aspekt der Ämterpatronage wird eigens in Abschnitt 3.4.4 behandelt.

3.4.1 Soziale Rekrutierung in historischer Perspektive

Schon Max Weber hatte in seiner Herrschaftssoziologie festgestellt, dass in patrimonialen Systemen mit Vorliebe „plebejisch" rekrutiert wurde, um den Einfluss des Adels in der Hof- und Staatsverwaltung zu brechen. Auch das deutsche Bürgertum des 19. Jahrhunderts verdankt seinen sozialen Aufstieg nicht zuletzt Beamtenkarrieren am absolutistischen Hof, für die u.a. die Herrschaftspatronage gegen den Adel fürstliches Motiv war. Erst als der Adel im Laufe des 19. Jahrhunderts bereit war, seine Söhne durch das bürgerliche Bildungssystem zu schicken, konnte er z.B. in Preußen seine Macht im Staat u.a. dadurch zurückgewinnen, dass er nun in die Positionen der höheren Beamtenschaft massiv eindrang. Obwohl die preußische Verfassung von 1850 im Artikel 4 die Zugänglichkeit der Ämter für alle Befähigten vorsah, dominierte der Adel gegenüber dem Bürgertum auch in der Folgezeit die Besetzung der Ämter im öffentlichen Dienst, insbesondere in den höheren Positionen. Die Arbeiterschaft gelangte bis 1918 faktisch überhaupt nicht in das höhere Beamtentum. Die Geschichtsforschung ist sich einig, dass diese soziale Zusammensetzung keineswegs nur Produkt eines faktisch unzugänglichen, weil zu teuren Bildungs- und Ausbildungssystems für die höhere Beamtenlaufbahn, sondern auch Ergebnis einer feudal ausgerichteten Personalpolitik war, die über die Diskriminierung von Liberalen – von Sozialisten ganz zu schweigen –, von Juden und Katholiken sowie über Konformitätsanreize (Orden, Titel, Nobilierung) eine gouvernementale Gesinnung auch in der anfangs nicht überwiegend preussischen Reichsverwaltung sichern wollte. Hierin wird schon deutlich, dass es bei der Personalselektion in Preußen und im Reich bis 1918 nicht nur um eine Privilegierung des Adels und des Bürgertums, das natürlich statistisch ebenfalls in den Ämtern überrepräsentiert war, ging, sondern dass parteipolitische Patronagemotive der bürgerlich-konservativen Parteien eine wesentliche Rolle gespielt haben.

Wenn Max Weber von der „Beamtenherrschaft" sprach, zielte er auf die Minister oder Staatssekretäre ab, die über Beamtenkarrieren in ihr *politisches* Amt gekommen waren, und er stellter dieser auf formaler *Ernennung* beruhender Rekrutierungsform eine parlamentarisch *gewählte* politische Spitze gegenüber. Werden die Beamten und selbst die Spitzen der Exekutive vom König oder vom Kaiser ernannt und eben gerade nicht von der Masse der Bürger gewählt, können sie als über den gesellschaftlichen Interessen – also über den Parteien und sonstigen Interessengruppen – stehend verstanden werden.

Historisch gesehen ist es zunächst in der Tat so gewesen, dass sich in bestimmten Phasen etwa die preußische Staatsspitze mit der Unterstützung des Beamtenapparates gegen partikular-gesellschaftliche Interessen hat durchsetzen können, insbesondere gegen den Adel und im ausgehenden 19. Jahrhundert gegen die ostelbischen Agrarier (vgl., mit einem Blick auf die Analysen des Ökonomen Schmoller, Lindenlaub 1965: 246 f.). In welchem Maße die Überparteilichkeit allerdings tatsächlich gelang, hing wesentlich davon ab, inwieweit die Rekrutierung des Personals in der Bürokratie unabhängig von gesellschaftlicher Patronage erfolgte. Das Junkertum stellte insofern für Max Weber und andere einen Stein des Anstoßes dar, weil hierdurch – ganz im Sinne von Karl Marx – der Staat zum Instrument der herrschenden Klasse wurde. Das Problem der mangelnden sozialen Repräsentativität der höheren Beamtenschaft im monarchischen Deutschland zeigt sich darüber hinaus noch an einem anderen Umstand: In nicht wenigen Fällen waren die ernannten Spitzenbeamten, insbesondere die preußischen Landräte und Regierungspräsidenten, zugleich Abgeordnete im Parlament, also im preußischen Herrenhaus oder im Abgeordnetenhaus. In dieser Hinsicht erscheint der Begriff des „politischen Beamten" in einem ganz anderen Licht: Der politische Beamte war seinerzeit eben der parteipolitische Beamte im weitesten Sinne, der neben seiner Tätigkeit im Staatdienst im Parlament Partialinteressen seiner Partei und seiner Schicht zu vertreten hatte.[39]

Mit der Einführung der republikanischen Staatsform im Jahr 1918 wandelte sich die soziale Zusammensetzung im höheren Beamtentum, ja sogar an der Spitze des Verwaltungsapparates dank zurückhaltender Personalpolitik zunächst nur wenig revolutionär. Zwar stieg der Anteil der Unterschicht bei der Besetzung der administrativen Positionen, dennoch blieb der Adelsanteil gemessen am Anteil des Adels an der Gesamtbevölkerung überproportional. Die Vakanzen, die

---

[39] Verwiesen sie hier nochmals auf die Ereignisse im Zusammenhang mit den sogenannten „Kanal-Rebellen" (siehe Abschnitt 2.1.7).

der Adel hinterließ, wurden bis 1933 vorwiegend vom gehobenen Bürgertum besetzt, das damit seinen Anteil am höheren Dienst noch steigern und den Adel als staatstragende Schicht ablösen konnte. Der Regimewechsel von 1933 führte zum weitgehenden Verschwinden der republikanischen politischen und administrativen Elite und, abgesehen vom Aufstieg marginaler Kleinbürger, zum Erstarken des Adels in der Politik und des latent weitgehend monarchistisch gebliebenen bürgerlichen Beamtentums in der Verwaltung. Die äußerst geringe politische und administrative Elite-Zirkulation während der Herrschaft der Nationalsozialisten änderte an dieser sozialen Zusammensetzung wenig. Nach dem Ende des Zweiten Weltkriegs verschwand der Adel größtenteils aus allen Funktionseliten und konnte sich in nennenswertem Ausmaß allenfalls noch im Auswärtigen Dienst halten. Die Erkenntnisse der Eliteforschung zeigen uns, dass nach 1945 über eine höhere intergenerationale Mobilität auch Kinder aus der Unterschicht und der unteren Mittelschicht eine effektive Chance gewonnen haben, in Spitzenpositionen aufzusteigen.

Abgesehen von diesen langfristigen Trends lässt sich für den uns hier besonders interessierenden Aspekt der sozialen Repräsentativität ein weiterer wichtiger Befund festhalten: Die Gruppe der Politiker ist in ihrer Gesamtheit sozial repräsentativer zusammengesetzt als die Gruppe der Spitzenbeamten. So zeigt eine Analyse der zwischen 1949 und 1999 amtierenden 173 Bundesminister, 139 parlamentarischen und 225 beamteten Staatssekretäre, dass sich die Väter der beamteten Staatssekretäre öfter als die der Politiker unter Gewerbetreibenden und Freiberuflern fanden und häufiger selbst bereits dem höheren Dienst angehörten. Zusammengenommen konnte in den drei untersuchten Gruppen in 39 Fällen ein Hilfs- oder Facharbeiter als Vater nachgewiesen werden, wobei jedoch allein 32 davon den beiden Politikergruppen (Minister und parlamentarischer Staatssekretäre) zuzurechnen waren (vgl. Derlien 2008: 298ff.). Die Ursache für diesen Unterschied ist freilich in den verschiedenen Rekrutierungswegen von Beamten einerseits und Politikern andererseits zu finden. Politiker werden – als typische Repräsentationselite – von den Wählern gewählt und brauchen dabei keine bestimmte formale Bildungsqualifikation nachzuweisen. Beamte hingegen werden – als Delegationselite – ernannt, und zwar nur dann, wenn die erforderlichen formalen Bildungsvoraussetzungen gegeben sind, also etwa für den Eintritt in den höheren Dienst ein Hochschulabschluss nachgewiesen werden kann. Da bereits in den höheren Schulen und Universitäten die sozialen Schichten der Gesellschaft ungleich stark vertreten und insbesondere Kinder von Arbeitern und einfachen Angestellten unterrepräsentiert sind, setzt sich diese Ungleichverteilung vor allem im höheren Dienst fort, ohne das von gezielter Diskriminierung gesprochen werden könnte.[40]

3.4.2 Funktionale Begründungen für soziale Repräsentativität

Soziale Repräsentativität der Beamtenschaft kann anhand verschiedener Argumente funktional begründet werden.

Zunächst könnte die Forderung nach einer sozial ausgewogenen Zusammensetzung des öffentlichen Dienstes als Reaktion auf den nicht selten behaupteten *Konservativismus bürokratischer Apparate* verstanden werden: Gegen (private und öffentliche) Verwaltungsapparate wird in der Regel – bürokratiekritisch – der Vorwurf erhoben, sie seien konservativ und hielten am Status Quo fest. Dabei bleibt jedoch meist unklar, worauf sich dieser vermutete Konservativismus bezieht: Auf die Erhaltung der bürokratischen Struktur einschließlich der für die Alimentation wichtigen Positionen, auf die Fortschreibung der entlastenden Arbeitsroutinen oder aber auf die Beibehaltung *inhaltlich*-konservativer Gesellschaftspolitik. Es ist sicherlich so, dass aufgrund der von Weber und Marx schon festgestellten Eigeninteressen des Apparates ein *Strukturkonservativismus* anzunehmen ist und Bürokratien daher oft genug das sprichwörtliche Beharrungsvermögen an den Tag legen. Andererseits aber zeigt die Geschichte, dass Staatsbürokratien nicht selten Promotor gesamtgesellschaftlicher Modernisierung gewesen sind und daher keineswegs pauschal von einem *Programmkonservativismus* ausgegangen werden kann. In aller Regel werden die beiden Aspekte in der Argumentation miteinander vermischt, obwohl es höchst aufschlussreich ist, beide Spielarten der Beharrung auseinanderzuhalten – ergeben sich doch beide Varianten logisch unmittelbar aus dem Gegensatz zwischen Partialinteresse und Allgemeinwohl. Versteht man zunächst unter „Partialinteresse" das Eigeninteresse der Bürokratie als sozialer Schicht und damit das Interesse an der Perpetuierung bürokratischer Organisation, so erklärt dies lediglich den Strukturkonservativismus. Stellt man aber auf die gesellschaftliche Rekrutierung des bürokratischen Personals ab, auf die schichtspezifische Selektion des Herrschaftsstabes, durch die gesellschaftliche Partialinteressen in die Gesetzesvorbereitung und den Gesetzesvollzug transponiert werden, so kann – muss aber nicht – daraus Programmkonservativismus resultieren. Wir können, auch aufgrund entsprechender

---

[40] Mosher (1982) hat bereits darauf hingewiesen, dass man zwischen einer aktiven und einer passiven Repräsentativität und Unterrepräsentation unterscheiden müsse. Während „aktive Repräsentativität" für eine bewusste klientelistische Rekrutierungspraxis (und damit meist auch für Diskriminierung) steht, meint „passive Repräsentativität", dass entsprechende Dispositionen unbewusst zum Zuge kommen.

Untersuchungen aus der Vergangenheit (vgl. Kingsley 1944; Lipset 1967), durchaus annehmen, dass bei einer Rekrutierung des bürokratischen Personals aus der herrschenden Klasse in der Tat Programmkonservativismus die Folge ist. Es ist uns jedoch aus der Geschichte auch das genaue Gegenteil bekannt: Wird nicht aus der herrschenden Klasse rekrutiert, sondern werden vom Souverän gerade – um mit Max Weber zu sprechen – Plebejer (wie etwa bei den Römern die Sklaven, bei den Karolingern die Leibeigenen oder in Preußen bürgerliche Juristen) in den öffentlichen Dienst gebracht, so ist dies in der Regel ein Mechanismus, um das Herrschaftsinteresse des Souveräns gegenüber zentrifugalen gesellschaftlichen Interessen durchzusetzen. Mithin kennen wir eine ganze Reihe historischer Beispiele, bei denen die herrschende Zentralinstanz mittels gezielter Rekrutierungspolitik konkurrierenden Kräften Einhalt zu gebieten versuchte: Sei es die Verfügbarkeit dieser „plebejisch Rekrutierten", denen Besitz und Freiheit fehlt; sei es im Falle der Rekrutierung von Eunuchen in den Sultanaten und der Zölibaten in der Römischen Kirche das Bestreben, Eigeninteressen des Apparats auszuschalten, die sich aus familiärer Rücksichtnahme ergeben; sei es die Praxis, bodenstämmige Selbstverwaltung zu brechen, indem Landfremde (etwa die chinesischen Mandarine, mittelalterliche Landvögte oder preußische Kriegskommissare; vgl. Hintze 1911) in Herrschaftspositionen gebracht werden. In all diesen Fällen soll faktisch der Einfluss gesellschaftlich dominanter, zumindest regional dominanter, Gruppen durch konträre soziale Rekrutierung gebrochen werden. Unter diesen Bedingungen kann dann auch nicht mehr von Programmkonservativismus gesprochen werden, da damit einhergehend regelmäßig eine *nicht* dem Status Quo verhaftete Politik von der Zentrale durchgesetzt werden soll.

Während solche gezielten, selektiven Rekrutierungsstrategien für vordemokratische Systeme kennzeichnend sind, besitzt der Aspekt der sozialen Repräsentativität im *demokratischen Kontext* eine andere Begründung. Es wird hierbei davon ausgegangen, dass sich im demokratischen Staat, in dem der Souverän das Volk sein soll, kein a priori feststellbares Allgemeinwohl bezeichnen lässt, sondern dieses sich erst a posteriori aus der Vermittlung gesellschaftlicher Einzelinteressen und einer entsprechenden Kompromißbildung materialisiert. Normativ gesehen sollen die in der Gesellschaft vorhandenen Interessen in etwa gleiche Zutritts- und Mitwirkungschancen hinsichtlich des politischen Prozesses besitzen, und genau unter diesem Aspekt erhält nun auch die Frage der Repräsentativität der sozialen Zusammensetzung von Bürokratie einen anderen Stellenwert. Geht man davon aus, dass aufgrund der Selektivität des Bildungssystems und dessen Filterwirkung bei der Selbst- und Fremdrekrutierung für den öffentlichen Dienst keine soziale Repräsentativität in der Praxis erreicht wird, dann bedeutet dies auch, dass in selektiver Weise in die Verwaltung Vorurteile und Attitüden, Problemwahrnehmungen, gesellschaftliche Bedürfnisse und Rollenverständnisse eingebracht werden. Diese Dispositionen kämen zum Tragen sowohl bei der gesetzesvorbereitenden, planenden Funktion der Ministerialbürokratie als auch im Verwaltungsvollzug gegenüber dem einzelnen Bürger, indem im Extremfall klientelorientierte Politik vorbereitet und ungleiche Behandlung im Verwaltungsvollzug stattfinden wird. Im Gegensatz dazu würde durch eine entsprechende soziale Rekrutierung eine soziale Repräsentativität in den verschiedensten Hinsichten – im Idealfall unter Beachtung des Leistungsprinzips – herzustellen sein.[41] Hiergegen ist aber von Subramaniam (1967) kritisch vorgebracht worden, dass es immer wieder zur Devianz von Oberschichtmitgliedern kommt und dass gerade soziale Aufsteiger zur Überanpassung an die Normen der herrschenden Schicht tendieren. Die Lösung dieses Dilemmas bestünde darin, dass man den wie auch immer rekrutierten öffentlichen Dienst zu Neutralität verpflichtet und die Repräsentativität – ohnehin ein Begriff des Wahlsystems – allein für die politischen Körperschaften zu erreichen versucht. Mit dieser Maßgabe wird allerdings eine problematische Unterscheidung zwischen Politik und Verwaltung und damit zwischen Zielsetzung und Zielverwirklichung gemacht, und für das Funktionieren eines – in der Empirie wohl immer nur annäherungsweise – neutralen öffentlichen Dienstes käme der effektiven politischen Steuerung zentrale Bedeutung zu.

Wir wollen in der Reihe der funktionalen Begründungen für die Repräsentativität der Bürokratie an dieser Stelle auch noch einmal Donald Kingsley's *Harmonie-Argument* betrachten. Wie bereits kurz angedeutet, hat Kingsley 1944 festgestellt, dass der British Civil Service – was uns nach dem bisher Gesagten nicht überraschen kann – von der Mittelklasse dominiert sei. Bei oberflächlicher Betrachtung muss dieser Befund mit der Vorstellung eines demokratischen Regimes, in dem alle Interessen berücksichtigt würden, konfligieren. Kingsley's Bewertung fiel allerdings ambivalent aus, denn der bedauerlichen Unterrepräsentation anderer Gesellschaftsschichten hielt er das Harmonie-Argument entgegen, das darauf abstellt, dass bei gleicher sozialer Rekrutierung von Politikern und Verwaltungsleuten die politische Steuerung erleichtert würde. Bei dieser Argumentation ist besonders überraschend, dass eine möglicherweise ebenfalls nicht repräsentative Rekrutierung des *politischen* Personals nicht weiter thematisiert und darin auch kein Problem gesehen wird. Offenbar gelingt es, den Interessen-

---

[41] So konnten beispielsweise Selden et al. (1998) zeigen, dass im Falle der amerikanischen Farmer's Home Administration (FmHA) bei den Angestellten mit einem minoritären ethnischen Hintergrund auch ein spezifisches Rollenverständnis einhergeht, welches wiederum Auswirkungen auf die eigene Tätigkeit besitzt: „From the perspective of representative bureaucracy, the finding that race and ethnicity exert a strong influence on an administrator's view of his or her role is of critical importance. The relationship demonstrated here between minority status and acceptance of the minority representative role by local supervisors of the FmHA indicates that race and ethnicity make a significant difference in administrative perceptions." (Selden et al. 1998: 737).

gleichklang zwischen Herrscher und Herrschaftsstab auch auf anderem Wege als über eine kongruente soziale Rekrutierung herzustellen, nämlich über eine soziale Homogenität und – was nicht vergessen werden darf – auf der Basis ökonomischer Anreize, womit allerdings wiederum das partielle Eigeninteresse des Apparats an der Erhaltung seiner Position verstärkt wird. Zusammengefasst kann man festhalten, dass Kingsley's Harmonie-Argument davon ausging, dass die zwischen der sozialen Zusammensetzung der Bürokratie einerseits und der sozialen Zusammensetzung der Schicht der Politiker andererseits bestehende Kongruenz die Loyalität des Apparats gegenüber dem „Herrn" sichern und das Problem der politischen Steuerung erleichtern würde. Verabsolutiert man diesen funktionalen Gesichtspunkt, so ergeben sich aber erneut normativ nicht akzeptable Konsequenzen: Es würden mit großer Wahrscheinlichkeit tendenziell Gesinnungskriterien anstelle von Leistungskriterien für Einstellungen und Beförderungen ausschlaggebend werden und die Folge könnte dann auch eine völlige Politisierung der Bürokratie sein, womit das Einfallstor für die Herrschaftspatronage geöffnet wäre. Es lohnt sich, kurz bei diesem Punkt zu verweilen.

In der Bundesrepublik sind Gesinnungskriterien und Kriterien der Parteizugehörigkeit bei Personalentscheidungen rechtlich ausgeschlossen. Andererseits wird die Notwendigkeit gesehen, politische Übereinstimmung zwischen Spitzenbürokraten und politischer Spitze herzustellen, damit die demokratisch legitimierte politische Führung eine reale Chance besitzt, ihr Programm ohne übermäßige Widerstände seitens der Bürokratie umzusetzen. Diesem Gesichtspunkt kommt die Institution des *politischen Beamten* entgegen, womit im Wesentlichen der Kreis der Staatssekretäre und der Ministerialdirektoren (welche üblicherweise in den Ministerien als Abteilungsleiter fungieren) umfasst wird.[42] Diese Beamten sind bei fehlender politischer Übereinstimmung mit der Spitze jederzeit in den einstweiligen Ruhestand versetzbar. Dabei bedeutet politische Übereinstimmung jedoch nicht, dass die Beamten der gleichen Partei wie ihre vorgesetzten Minister anzugehören hätten, wenngleich in der Praxis eine diesbezügliche Tendenz zu beobachten ist. Gemeint ist lediglich, dass der Minister im Falle einer aus seiner Sicht fehlenden Vertrauensbasis zu seinem Spitzenbeamten sich von diesem – im Übrigen ohne Angabe von Gründen – trennen kann. Von der Möglichkeit der Versetzung in den einstweiligen Ruhestand ist seitdem periodisch

---

[42] Zum Kreis der politischen Beamten zählen im Bund auch Diplomaten ab Besoldungsgruppe A 16, Verfassungsschützer und BND-Mitarbeiter ab der Besoldungsgruppe B 6, der Generalbundesanwalt, der Präsident des Bundeskriminalamtes und auf der Ebene der Bundesländer die Amtschefs der Landesministerien sowie Polizei- und Regierungspräsidenten – um die wichtigsten Positionen zu nennen. Im übrigen datiert diese Institution aus dem Jahr 1849, als man sich in Preußen nach dem Übergang zur konstitutionellen Monarchie auf die Situation einstellen musste, dass Beamte politisch einer anderen als der Regierungsfraktion zuneigten (vgl. zur geschichtlichen Entwicklung des politischen Beamten Kugele 1978).

Gebrauch gemacht worden, so z.b. 1899 bei der Opposition von Landräten im preußischen Abgeordnetenhaus gegen den Bau des Mittellandkanals (vgl. Horn 1966), wiederum im Preußen der Weimarer Zeit – etwa als 1920 führende Beamte den Kapp-Putsch unterstützten sowie anläßlich der politischen Morde an Erzberger und Rathenau 1922 – vor allem aber auch bei der nationalsozialistischen „Wiederherstellung des Berufsbeamtentums" in Preußen nach dem 20. Juli 1932 sowie im Reich nach der Machtergreifung Hitlers im Januar 1933.

Schließlich können wir auch eine *Legitimationsfunktion* der Repräsentativität annehmen. Gerade wenn man die politischen Funktionen der Bürokratie anerkennt und davon ausgeht, dass die institutionellen Kontrollmechanismen der Parlamente gegenüber der Exekutive unvollkommen sind, kann man in einer repräsentativen Zusammensetzung der Bürokratie auch eine Legitimationsfunktion gegenüber dem Bürger sehen und einen eigenständigen Ansatz für das Problem der Verantwortlichkeit. Die externe Steuerung durch das Parlament würde auf diese Weise sozusagen ersetzt durch eine Selbststeuerung der Bürokratie im Interesse des Bürgers.

3.4.3 Probleme des Konzepts der repräsentativen Bürokratie

Nach Art. 33 Abs. 2 GG hat jeder Bürger gleichen Zugang zu öffentlichen Ämtern. Die Auswahl des Personals darf sich lediglich an der Eignung, der Befähigung sowie der fachlichen Leistung der Bewerber orientieren. Damit dürfen bei Einstellungen und Beförderungen Bewerber nicht etwa bevorzugt oder benachteiligt werden, weil sie einer politischen Partei angehören oder nicht angehören. Eine Diskriminierung nach dem religiösen Bekenntnis oder einer Weltanschauung wird zudem durch Art. 33 Abs. 3 GG ebenfalls ausgeschlossen. Trotz dieser in der Verfassung verankerten Prinzipien ist die Einhaltung der Neutralität bei der Besetzung und bei der Ausübung öffentlicher Ämter immer wieder in Zweifel gezogen worden, insbesondere wenn von einer Parteipolitisierung des öffentlichen Dienstes die Rede ist.[43]

Die genannten Verfassungsnormen sollen die Personalentscheidungen der öffentlichen Verwaltung steuern Die tatsächliche Zusammensetzung des Personalkörpers ist jedoch nicht nur von dieser unter das Leistungsprinzip gestellten *Fremdrekrutierung* abhängig, sondern auch von der Eintrittsbereitschaft poten-

---

[43] Siehe den Überblick bei Hans-Ulrich Derlien (1985): Politicization of the Civil Service in the Federal Republic of Germany - Facts and Fables -, in: Francois Meyers (ed.), The Politicization of Public Administration, International Institute of Administrative Sciences, Brüssel, 10-38. Jüngst hat Franz (2007; 2008) die Durchbrechung des Leistungsprinzips durch parteipolitisch motivierte Rekrutierung angeprangert.

tieller Kandidaten in den öffentlichen Dienst und damit von einer *Selbstrekrutierung* in die öffentliche Verwaltung, die wiederum bestimmt sein kann von dem Bild, das die Fremdrekrutierung und die Beförderungschancen in der Öffentlichkeit bieten (vgl. Luhmann/Manytz 1973). Fehlende Repräsentativität des öffentlichen Dienstes insgesamt oder einzelner seiner Gruppen, etwa des höheren Dienstes, kann Produkt selbstselektiver Tendenzen, einer Diskriminierung bei der Fremdselektion oder einer Auswahl nach dem Leistungsprinzip sein. Unterrepräsentation einzelner – wie auch immer definierter – Gruppen hat es immer und überall gegeben, etwa in gemischt-rassigen Gesellschaften die Unterrepräsentation und Diskriminierung z.B. der Farbigen in der höheren amerikanischen Verwaltung (vgl. hierzu King 1999), bestimmter Landsmannschaften in föderalen Systemen[44], einzelner Konfessionen[45] oder etwa der Frauen vor allem in Führungspositionen des öffentlichen Dienstes.[46] Seit langem wird eine derartige

---

[44] Nach Art. 36 I GG sollen bei den obersten Bundesbehörden Beamte aus allen Ländern in angemessenem Verhältnis zur Bevölkerungszahl der Länder verwendet werden. Schon in der Reichsverwaltung vor 1918 hatten aber Beamte aus preußischen Landen quantitativ dominiert. Bezogen auf die Bundesrepublik dominieren Minister und parlamentarische Staatssekretäre aus Nordrhein-Westfalen (20,2 beziehungsweise 23 Prozent) vor Bayern (13,9 beziehungsweise 11,5 Prozent) und Baden-Württemberg (10,4 Prozent beziehungsweise 11,5 Prozent); von den 225 beamteten Staatssekretären waren ebenfalls die meisten (18,2 Prozent) im Bereich Nordrhein-Westfalens geboren, allerdings gefolgt von Hessen (9,3 Prozent), während Bayern mit 8,4 Prozent und Baden-Württemberg mit 8,9 Prozent hinter ihren Politikeranteil zurückfallen.

[45] Nach 1949 war man z.T. um die Überrepräsentation der Vertriebenen, z.T. um die Wahrung des föderalen Proporzes besorgt, bedeutete doch ein hoher Flüchtlingsanteil und eine Überrepräsentation norddeutscher Herkunft zugleich eine Dominanz der evangelischen Konfession. In der Tat ist es nie gelungen, die quantitative Überlegenheit der evangelischen Konfession zu reduzieren: 1959 waren nur 26 Prozent der höheren Beamtenschaft in Bonn katholisch. Hieran hat sich für die Inhaber von Spitzenpositionen zwischen 1949 und 1999 kaum etwas geändert, denn für 20,5 Prozent der beamteten Staatssekretäre ließ sich eine katholische, für 74 Prozent eine evangelische Konfession ermitteln. Bei den Ministern und parlamentarischen Staatssekretären hingegen waren die Katholiken mit 35 Prozent bzw. 29 Prozent, gemessen am katholischen Bevölkerungsanteil, kaum unterrepräsentiert.

[46] 95,3 Prozent der 1376 Personen, die zwischen 1949 und 1999 politische und administrative Spitzenpositionen des Bundes innehatten, waren Männer, nur 65 Personen waren Frauen und davon 43 im Amt eines Ministers (21) oder parlamentarischen Staatssekretärs (22) (vgl. Derlien 2008: 7). Hier zeigt sich mithin eine ähnliche Selektivität wie schon hinsichtlich der Zusammensetzung nach der sozialen Herkunft: Frauen sind, gemessen an ihrem Bevölkerungsanteil, in den Elitepositionen unterrepräsentiert, in gesteigertem Maße aber noch in der höchsten Beamtenposition des Bundes, während es ihnen immerhin gelingt, vereinzelt in politische Spitzenpositionen berufen zu werden. Das Bild hellt sich zunächst wieder auf, wenn wir den gesamten öffentlichen Dienst betrachten. Der Anteil der Frauen hat sich von 32,8 Prozent (1950) auf heute über 50 Prozent erhöht und ist in dieser Zeit viermal so schnell gestiegen wie der der Männer. Allerdings massieren sich Tätigkeitsfelder der Frauen in den stark angewachsenen Aufgabenbereichen „Gesundheit" und „Bildung", wo sie bis zu zwei Drittel der Beschäftigten stellen. Der Anteil von Frauen in der Sozialverwaltung liegt heute bei über 80 Prozent. Wenn Frauen mithin wiederum im höheren Dienst und damit in Leitungspositionen unterrepräsentiert sind, so lässt sich dieser Befund nur z.T. aus selbstrekrutiven Tendenzen, Filtereffekten des Bildungssystems und Doppelbelastung durch Beruf und Familie erklären. Vielmehr liegen,

Unterrepräsentation wissenschaftlich nicht nur als Ausdruck einer wie auch immer zu erklärenden Ungleichheit beim Zugang zu öffentlichen Ämtern, sondern auch funktional als Hindernis angesehen, die Interessen und Probleme aller gesellschaftlichen Gruppen in der Verwaltung zum Tragen zu bringen. Auch um eine höhere Legitimation der Verwaltung gegenüber dem Bürger zu erreichen, ist man gelegentlich den Weg gegangen, für unterrepräsentierte Gruppen bestimmte Quoten verfügbarer Dienstposten zu reservieren, um etwa Farbige in den USA oder Frauen proportional ihrem Gesellschaftsanteil in der Verwaltung zu repräsentieren. Nun ist es jedoch meist so, dass neben selbstselektiven Tendenzen vor allem die Auswahl nach dem Leistungsprinzip, gemessen an Bildungszertifikaten, für die Rekrutierung ausschlaggebend ist, so dass der Filter für Repräsentativität ganz erheblich bereits im Bildungssystem zu suchen ist. Proporzkriterien bei der Stellenbesetzung vermögen zwar Ausgleich zu schaffen, konfligieren jedoch mit dem Leistungsprinzip und schaffen neue Diskriminierungen, wenn z.B. ein qualifizierter männlicher Bewerber einer Bewerberin den Vortritt lassen muss, weil gerade noch eine Position im Frauenkontingent unbesetzt ist.

Neben diesen normativen Erwägungen spielen bei der Bewertung des Konzepts der repräsentativen Bürokratie aber auch operative Probleme eine Rolle: Wie nämlich soll Repräsentativität gemessen werden? Wenn man die soziale Herkunft als Kriterium anlegt, muss bedacht werden, dass schichtspezifische Attitüden durch sekundäre und berufliche Sozialisation wandelbar sind. „Vor allem die sozialisierenden Wirkungen, die von einer bürokratischen Organisation ausgehen, müssten deshalb noch mehr berücksichtigt werden, da sie ja ebenfalls das Verhalten und die Einstellungen der Bürokraten prägen können." (Czerwick 2001: 98). Auf diesen wichtigen Punkt weist auch Renate Mayntz hin: „Das Verhalten des Personals im öffentlichen Dienst ist insgesamt wesentlich stärker von Faktoren wie ihrer Arbeitssituation, den positiven und negativen Anreizen des Beförderungssystems, ihrer Berufserfahrung sowie ausbildungsbedingten Einflüssen bestimmt als von dem sozialen Status der elterlichen Familie." (Mayntz 1985: 159). Werden außerdem lediglich die Meinungen und Einstellungen von Bewerbern erfragt, dann bleibt größtenteils unsicher, inwieweit die geäußerten Einstellungen und das tatsächliche Verhalten miteinander korrelieren. Schließlich könnte man die Repräsentativität des öffentlichen Dienstes schlicht am Ergebnis des Verwaltungshandelns messen. Dann müsste aber geklärt werden, ob von der Intension, dem Entwurf oder von der Wirkung des Verwaltungshandelns in der sozio-ökonomischen Umwelt auszugehen sein soll (vgl. Saltzstein 1979). Schließlich können wir mit dem Phänomen der *Selbstselektion* auch noch einen weiteren Aspekt anführen, der das Konzept der repräsentativen Büro-

---

wie für andere Berufe auch, starke Indizien für eine gezielte Benachteiligung, selektive Fremdrekrutierung und damit Diskriminierung der Frau bei Beförderungsentscheidungen vor.

kratie zumindest in der Praxis abzuschwächen vermag. „Selbstselektion heißt also, dass Personen mit bestimmten Neigungen vom Vorstellungsbild einer bestimmten Organisation, der dort gebotenen Tätigkeiten und Arbeitsbedingungen besonders angezogen und sich deshalb unter im übrigen gleichen Bedingungen eher um Eintritt bewerben werden als diejenigen, die von ihrem Vorstellungsbild abgestoßen oder doch zumindest unberührt gelassen werden." (Mayntz 1985: 160). Zwar müssen selbstselektive Tendenzen aufgrund von Persönlichkeitsmerkmalen – wie etwa Rigidität, Sicherheitsbedürfnis, Risikofreude etc. – nicht mit den sozialstrukturellen Merkmalen der jeweiligen Bewerber zusammenhängen. Persönlichkeitsmerkmale stellen in ethnisch und sozial relativ homogenen Gesellschaften wie der Bundesrepublik sogar einen stärkeren Einfluss auf das tatsächliche Verhalten des Verwaltungspersonals dar, als dessen sozialer Hintergrund.[47]

Es liegt daher auf der Hand, dass mit dem Aspekt der (sozialen) Repräsentativität diverse Test- und Messprobleme sowie Fragen der kausalen Zurechnung entstehen. Mit anderen Worten: Wir wissen zwar, dass zwischen dem *social background*, den Einstellungen und dem Verhalten der Bediensteten sowie dem Output des Verwaltungssystems Zusammenhänge bestehen, aber wir wissen noch nicht hinreichend genug darüber, wie dieser Zusammenhang genau aussieht. Daher ergeben sich dann auch zwangsläufig instrumentelle Probleme, wenn man die Forderung nach Repräsentativität in der Praxis verwirklichen will, und es überrascht auch keineswegs, dass nach Jahrzehnten der Forschung zur repräsentativen Bürokratie festgestellt wird: „Even the conception of what representation means can be totally different." (Groeneveld/Van de Walle 2010: 239).

3.4.4 Ämterpatronage: Auf dem Wege zum Neofeudalismus?

Wir wollen in diesem Abschnitt abschließend einen Blick auf das Phänomen der parteipolitisch motivierten Ämterpatronage werfen, welches zwar nicht unmittelbar mit der *sozialen* Repräsentativität des öffentlichen Dienstes zu tun hat, dafür umso mehr mit dessen politischer Seite. Zudem handelt es sich hierbei auch um eine Facette des Repräsentativitätsproblems, zumal wenn man normativ davon ausgeht, dass der öffentliche Dienst parteipolitisch neutral sein und Regierungen

---

[47] Allerdings ist auch hier eine Relativierung notwendig: „Andererseits sollte man die Wirkung selbstselektiver Tendenzen aber auch nicht überschätzen, denn die Werthaltungen und Persönlichkeitsmerkmale der Bewerber für den öffentlichen Dienst sind nur zwei unter mehreren Faktoren, die ihr späteres Verhalten in der Arbeitssituation bestimmen. Insofern gilt hier derselbe Vorbehalt, der eben schon im Hinblick auf die Bedeutung sozialer Selektivitäten bei der Rekrutierung gemacht wurde." (Mayntz 1985: 163).

unterschiedlicher Couleur mit gleichem Engagement dienen sollte. Sollte sich die Tendenz, öffentliche Ämter nach ‚Parteibuch' zu vergeben, weiter entwickeln, so käme dies einer Praxis gleich, wie sie im Feudalismus herrschte – dort allerdings mit einer Ämterbesetzung nach sozialer Herkunft und möglichst entlang der Verwandtschaftsbeziehungen (Nepotismus). Diese zuletzt genannten Rekrutierungskriterien sind nämlich nicht solche, die erworben sind, sondern die unabhängig vom menschlichen Zutun angeboren sind. Mit einer Parteimitgliedschaft verhält es sich ähnlich: Sie ist zwar im strengen Sinne erworben, nicht aber ein Ausdruck von objektiv feststellbarer Leistung.

Der Verdacht, dass *Ämterpatronage* von politischen Parteien[48] ausgeübt würde oder der öffentliche Dienst politisiert sei, zieht sich durch die Geschichte der Bundesrepublik (vgl. Derlien 1985a), häufte sich jedoch in der Literatur mit dem Beginn der 1970er Jahre (vgl. Seemann 1975, 1980 u. 1981; Dyson 1979; Arnim 1980). Zweifelsohne besteht hierzu ein Unbehagen in der Verwaltungspraxis, wobei es allerdings kein leichtes Unterfangen ist, den Umfang und die Entwicklung des vermuteten – im Übrigen auch gegen das Leistungsprinzip des Art. 33 Abs. 2 GG verstoßenden – Phänomens empirisch zu bestimmen. Zunächst sollten zum Begriff der *Politisierung* der Bürokratie einige begriffliche Unterschiede vorausgeschickt werden:

So kann man von einer *funktionalen Politisierung* vor allem der Ministerialverwaltung dann sprechen, wenn man damit die Einbeziehung der Verwaltung in den politisch-administrativen Entscheidungsprozess, ihr taktisches Operieren bei der Gesetzesvorbereitung, ihre politisch motivierte Informationspolitik oder ihren Einfluss auf Politiker und Politik bezeichnen möchte (vgl. Mayntz 1983). In diesem Sinne ist die Ministerialverwaltung historisch gesehen wohl nie neutral gewesen, sondern sie wurde allenfalls normativ neutral gedacht, so wie auch heute noch nicht selten die Kommunalverwaltung als unpolitisch angesehen wird.[49]

Damit hängt, zweitens, ein mehr oder weniger stark ausgeprägtes *subjektives politisches Rollenverständnis* von Ministerialbeamten zusammen. Der ‚klassische Bürokrat', der sich als neutraler, über den Parteien und Partialinteressen stehender Sachwalter des Allgemeinwohls versteht, fand sich wie in allen größeren westlichen Demokratien auch in Bonn, insbesondere in den ersten beiden Jahrzehnten der Bundesrepublik. Daneben wurde aber spätestens mit dem Beginn der 1970er Jahre in empirischen Untersuchungen ein politischer Beamtentypus ausgemacht, der nicht der Ansicht war, die Beamtenschaft sei Wächter des

---

[48] Zum Begriff der Ämterpatronage, insbesondere zu der im folgenden verwendeten Unterscheidung zwischen Herrschafts- und Versorgungspatronage siehe Theodor Eschenburg (1961).
[49] In der Wissenschaft ist die Wende eng verbunden mit Rolf-Richard Grauhans Schrift „Politische Verwaltung" (Grauhan 1970).

– apriori ohnehin nicht zu spezifizierenden – Allgemeinwohls, sondern der die positive Rolle von Parteien und Parlamenten bei der Konkretisierung des Allgemeinwohls anerkannte, der kein technokratisches Rollenverständnis aufwies, der politische Interventionen nicht als illegitime Eingriffe und Parteienkonkurrenz als etwas Positives ansah, ja die politischen Aspekte seiner Tätigkeit genoss und sich mit bestimmten Politikinhalten identifizierte (vgl. zuerst Putnam 1973 u. 1976; Aberbach et al. 1981; für Deutschland: Steinkemper 1974). Obwohl logisch nicht zwingend, ließ sich bei diesem politischen Beamtentyp in der Bundesrepublik häufiger eine Parteimitgliedschaft feststellen als beim klassischen Beamten, allerdings fand sich der politisch denkende und handelnde Beamte in London genauso häufig wie in Bonn, obwohl Großbritannien seinen Civil Service strikt neutralisiert hat. Wenn die politikwissenschaftliche Literatur außerdem meint, das Auftreten des sich politisch verstehenden Beamten sei ein historisch junges Phänomen, so dürfte dies schon ein Blick in Beamtenbiographien der Vorkriegszeit fraglich erscheinen lassen (vgl. etwa Brecht 1966).

Nicht verwechselt werden sollte mit der funktionalen Politisierung und dem politischen Rollenverständnis die Institution des *politischen Beamten* (siehe auch Abschnitt 3.4.2). Wenn von diesen eine besondere Loyalität zur Regierung und die Übereinstimmung mit den politischen Zielen der Regierung verlangt wird, so stellt dies ebenso wie die Möglichkeit der einstweiligen Versetzung in den Ruhestand auf die funktionale Politisierung und die Notwendigkeit eines politischen Rollenverständnisses an der Schnittstelle von Politik und Verwaltung ab, ohne dass eine (gleichgeschaltete) Parteimitgliedschaft gefordert würde. In der Bundesverwaltung wurden zwischen 1949 und 1998 369 Beamte in den einstweiligen Ruhestand versetzt, überwiegend aus dem Auswärtigen Dienst und den Geheimdiensten. Etwa jeden dritten Staatssekretär (82), der in dieser Zeit amtierte, traf dies Schicksal. Wenngleich sich die Fälle nicht auf bedeutsame Regierungswechsel beschränken, stellen die Jahre 1969/1970, 1982/1983 und 1998 mit 64, 42 beziehungsweise 65 einstweiligen Ruheständen doch deutliche Zäsuren dar (vgl. Derlien 1984a; 2001: 48). Ob man den Ausdruck mag oder nicht, die Institution des politischen Beamten ist ein Mechanismus der personellen politischen Säuberung und Gleichschaltung, wie ihn alle politischen Bürokratien in der einen oder anderen Form kennen.[50] Dies bedeutet keineswegs, dass jeder politische Beamte den Regierungsparteien angehört, allerdings sind politische Beamte in den Bundesministerien häufiger Mitglieder einer politischen Partei, vor allem der Regierungsparteien, als die Ränge darunter.

---

[50] Ähnliche Effekte können aber auch durch Umsetzungen auf andere Dienstposten, selektive Beförderung und am radikalsten im amerikanischen Beute-System erreicht werden, in dem ein Teil der Beamten förmlich politisch ernannt wird und bei Bedarf ausscheidet.

Neben der funktionalen Politisierung, dem politischen Rollenverständnis sowie der Institution des politischen Beamten spielt schließlich die *Parteimitgliedschaft* von Beamten eine nicht unwesentliche Rolle in der Diskussion um die Politisierung des öffentlichen Dienstes. Bei der Ausübung seines Dienstes muss der Beamte parteipolitisch neutral handeln (§ 33 Abs. 1 BeamtStG), als Bürger hat er hingegen das verfassungsmäßige Recht (Art. 9, 21 GG), sich einer Partei anzuschließen oder seine politische Meinung frei zu äußern, wenngleich dem Beamten hierbei in der Öffentlichkeit Mäßigung und Zurückhalten geboten sind (§ 33 Abs. 2 BeamtStG). Wenn Beamte einschließlich der politischen Beamten von diesen Rechten Gebrauch machen, so ist dagegen mithin nichts einzuwenden. Parteimitgliedschaften nähren jedoch den Verdacht auf Bevorzugung bei Einstellungen und Beförderungen. Bevor hierauf einzugehen ist, soll zunächst dargelegt werden, dass Parteimitgliedschaften genausowenig wie die anderen Aspekte der Politisierungsthese ein historisch neues Phänomen sind. Dass die oben dargelegte soziale Selektivität der monarchistischen Bürokratie kein Zufall, sondern Ergebnis diskriminierender Personalpolitik war, wird dadurch unterstrichen, dass Sozialdemokraten nicht nur unter den Sozialistengesetzen, sondern noch 1914 faktisch nicht Beamte werden konnten (vgl. Fenske 1985).[51] So ist es nicht überraschend, dass als Ergebnis gezielter Personalpolitik in Preußen vor dem Ersten Weltkrieg 90 Prozent der Landräte, Regierungs- und Oberpräsidenten zu konservativen Auffassungen neigten und – sofern sie denn Mandate annahmen – im preußischen Abgeordnetenhaus der konservativen oder freikonservativen Fraktion angehörten (vgl. Runge 1965: 177). In der Weimarer Republik gelang es zumindest im politisch stabilen Preußen, das monarchistische Beamtentum aus Führungspositionen zurückzudrängen, wobei einerseits von dem vorzeitigen Ruhestand bei politischen Beamten, andererseits von der – auch heute noch rechtlich möglichen – Berufung von Außenseitern Gebrauch gemacht wurde. 1929 gehörten von den 540 preußischen politischen Beamten 107 der SPD, 72 den Demokraten, 112 dem Zentrum und 95 der DVP an, weiterhin aber stand eine erhebliche Zahl der Spitzenbeamten jenseits der Weimarer Parteien (vgl. ebenda: 201; Pikart 1958). Die Veränderung in der sozialen Zusammensetzung wie die republik-konforme Besetzung der Spitzenpositionen war dabei kaum das Ergebnis interner Rekrutierung durch Beförderung – dafür waren noch nicht genügend Republikaner in der Verwaltungslaufbahn nachgewachsen –, sondern der Berufung eines allerdings kleinen Prozentsatzes von Außenseitern in natür-

---

[51] Erinnert sei an die spektakuläre Aberkennung der venia legendi für den Physiker Aaron, wogegen sich Max Weber genauso entschieden wandte wie gegen die politische Diskriminierung der Soziologen Michels, Sombart und Simmel (vgl. hierzu Shils 1974).

lich oder durch einstweiligen Ruhestand vakant gewordene Positionen[52]. Diese Rekrutierungspraxis führte auf seiten der Konservativen zu Agitationen gegen das Parteibuchbeamtentum (vgl. Schmahl 1977: 184ff.).

Die Nationalsozialisten ‚säuberten' nach ihrer Machübernahme zunächst das höhere republikanische Beamtentum. In Preußen wurden zudem schon nach dem „Preußen-Streich" vom Juli 1932 69 Ministerialbeamte und bis Anfang 1933 52 Präsidenten entlassen; 1936 amtierten nur noch 19Prozent der Landräte, die vor 1932 ernannt worden waren (vgl. Runge 1965: 237ff.). Das „Gesetz zur Wiederherstellung des Berufsbeamtentums" vom 7. April 1933 ermöglichte es dann im ganzen Reich, generell alle seit 1918 ernannten „Außenseiter", Juden oder Beamte, deren politische Orientierung keine Gewähr für die Unterstützung des NS-Staates gab, zu entlassen (vgl. hierzu Mommsen 1966; Hattenhauer 1980).[53] Dieses massive Einrücken von Nationalsozialisten in Vakanzen auch auf niedrigeren Dienstposten, verbunden mit der Mißachtung laufbahnrechtlicher Vorschriften, verweist auf *Versorgungspatronage* als ein von der *Herrschaftspatronage* im höheren Dienst zu unterscheidendes Motiv. Damit stellt sich auch die historisch interessante Frage, wie stark der öffentliche Dienst in der NSDAP vertreten war. Für 1935 weist die Parteistatistik der NSDAP 20,7 Prozent der Mitglieder als Angehörige des öffentlichen Dienstes aus, von denen allerdings vier Fünftel erst nach 1933 der Partei beigetreten waren (vgl. Caplan 1981: 175). Ab 1939 wurde die (formale) Parteimitgliedschaft praktisch als Karrierevoraussetzung betrachtet, während sie zumindest für den Verbleib im Amt nicht rechtlich zwingend war. Allerdings gelang es der NSDAP aufgrund des Mangels an qualifizierten Parteigängern nie, die Verwaltung personalpolitisch total gleichzuschalten. Für die Weimarer Zeit liegen uns zwar keine Parteistatistiken vor, der Anteil des öffentlichen Dienstes unter den Mandatsträgern seinerzeit wie schon seit 1848 belegt jedoch ebenso wie die Mitgliederstruktur der NSDAP, dass der öffentliche Dienst in den politischen Parteien überrepräsentiert war. Hieran hat sich auch in der Bundesrepublik nichts geändert. Bei einem Anteil an der Gesamtbevölkerung von rund 5 Prozent hat die Überrepräsentation der Beamten in allen großen politischen Parteien seit Anfang der fünfziger Jahre zugenommen. Dabei war der Beamtenanteil in der FDP schon immer höher als in der CDU, der CSU und der SPD. Rechnet man die Angestellten im öffentlichen Dienst hinzu, erhöht sich schon 1956 deren gemeinsamer Anteil auf 14 Prozent bei der SPD und 38 Prozent bei der CDU (vgl. Rudzio 2000: 189).

---

[52] Pikart (1958: 124) nennt 86 Personen, von denen 44 zuvor Gewerkschaftsfunktionäre und 21 Parteisekretäre, Redakteure oder Rechtsanwälte waren.

[53] Ähnlich gestaltete sich die Säuberung auf der Kommunalebene, wo bis Ende 1933 156 der 252 Oberbürgermeister aus dem Amt getrieben waren. In Leipzig wurden 10 Prozent der städtischen Bediensteten entlassen und durch 1150 verdiente Parteigenossen ersetzt (vgl. Matzerath 1970: 85f.).

Wenden wir uns nun noch einmal ausführlicher den Bonner Spitzenbeamten zu. Über ihre Parteimitgliedschaft lässt sich nur etwas aufgrund von Selbst-Indizierungen (in Interviews oder Handbüchern) zuverlässig aussagen. Schon für die Aufbauphase der Bundesverwaltung lassen sich verstärkt Parteimitgliedschaften in der CDU/CSU, kaum jedoch in der SPD ausmachen (vgl. Morsey 1977; Wengst 1984: 175). Dagegen wurde 1970 in einer Umfrage unter 142 Beamten des höheren Dienstes ermittelt, dass 16 Prozent der CDU/CSU und 21 Prozent der SPD angehörten (vgl. Putnam 1973). 1972 wurden von den parteigebundenen Beamten der Besoldungsgruppen B6 bis B 11 noch 24,4 Prozent als Mitglieder der CDU/CSU, 46,2 Prozent der SPD und 21,8 Prozent der FDP ermittelt (vgl. Hoffmann-Lange et al. 1980: 49); für 1987 wurde ermittelt, dass 42,7 Prozent der Spitzenbeamten des Bundes *keiner* Partei angehörten, 1995 waren es noch 40,4 Prozent (vgl. Derlien 2003; Bürklin et al. 1997). Wie die Verteilung der einstweiligen Ruhestände schon anzeigte (siehe oben), haben nach dem Regierungswechsel 1969 SPD und FDP – letztere überproportional – Parteimitglieder in höheren Positionen gefunden oder, was wahrscheinlich ist, hineinbefördert. Nach 1982 ist dieser Prozess entsprechend der neuen Regierungszusammensetzung korrigiert worden, ebenso 1998.

Die Elite-Untersuchungen der Vergangenheit zeigen, dass Landesbeamte keineswegs weniger häufig einer Partei angehören. Es spricht auch einiges dafür, dass Kommunalbeamte am häufigsten parteipolitisch gebunden sind (vgl. Lehmann-Grube 1985). Zum anderen stellen sich die Verhältnisse in den Bundesministerien recht unterschiedlich dar. Wie das Auswärtige Amt in den frühen fünfziger Jahren Probleme hatte, die Selbstrekrutierung von Diplomaten des sogenannten Dritten Reichs, die der NSDAP angehört hatten, unter Kontrolle zu bekommen (vgl. Morsey 1977; Haas 1969), war das Innerdeutsche Ministerium schon frühzeitig einer aktiven Rekrutierung unter Parteigesichtspunkten ausgesetzt (vgl. Rüss 1973).

Was sagen schließlich festgestellte Parteimitgliedschaften aus? Es lässt sich nicht daraus folgern, dass die Parteimitgliedschaft einziges oder ausschlaggebendes Ernennungskriterium für Spitzenbeamte ist. Ein Minister oder eine Regierung wird in der Regel aus Selbsterhaltungstrieb von einer reinen Versorgungspatronage bei der Besetzung dieser Positionen absehen; ihnen liegt daran, qualifizierte Bewerber zu berufen, so dass die Parteimitgliedschaft lediglich als Zusatzkriterium in Frage käme. Berücksichtigt man ausländische Erfahrungen, die historische Entwicklung sowie die faktische funktionale Politisierung der Ministerialverwaltung, so wird zumindest verständlich, weshalb die Wahrscheinlichkeit der Parteimitgliedschaft mit dem Rang steigt und politische Beamte nicht nur in besonderem Maße ein politisches Rollenverständnis entwickeln, sondern auch eher der Partei ihres Ministers angehören. Herrschaftspatronage wird sozusagen legal, wenn man das besondere politische Vertrauen zum Eignungskriterium zusätzlich zur fachlichen Qualifikation erhebt.

So wie die Diskussion um soziale, landsmannschaftliche und konfessionelle Repräsentativität des öffentlichen Dienstes und besonders der Inhaber von Spitzenfunktionen kaum noch politisch aktuell ist, unterliegt auch die Besorgnis um eine Parteipolitisierung des öffentlichen Dienstes einer gewissen Periodizität. In Deutschland ist sie nach 1919 und nach 1969 zu lokalisieren, als SPD-geführte Regierungen in Preußen beziehungsweise in Bonn nach langer Machtabstinenz die Leitung von Ministerien übernahmen, die im wesentlichen aufgrund jahrelang amtierender konservativer Regierungen auch dementsprechend konservativ orientiert waren. Nicht nur die mäßige Zahl einstweiliger Ruhestände, sondern auch die quantitativ ebensowenig revolutionäre Zahl von Außenseiter-Berufungen scheinen in diesen Situationen den Apparat und die Kommentatoren zu irritieren, während beim Antritt konservativer Regierungen mit den gleichen personalpolitischen, durch Herrschaftspatronage motivierten Begleiterscheinungen zur Tagesordnung übergegangen wird.

Außerdem können wir hier festhalten, dass ähnliche Reaktionen wie 1919 und 1969 in Deutschland sich etwa auch in Frankreich 1981 (vgl. Bodiguel 1983) und in Großbritannien nach 1979 (vgl. Fortin 1984; Ridley 1985) beobachten ließen. Die Überrepräsentation von Beamten in Parteien und die besondere Häufigkeit, mit der Spitzenbeamte einer Partei angehören, sollte nicht nur aus der Perspektive des öffentlichen Dienstes und seiner Normen diskutiert werden. Diese Sicht mag für Großbritannien angebracht sein, wo Beamte keiner Partei angehören und aus dem Dienst ausscheiden, wenn sie bereits für ein politisches Mandat kandidieren. In Deutschland (wie in Frankreich) gehört der öffentliche Dienst hingegen zu den privilegierten Wahlkämpfern, die sich erst beurlauben lassen, wenn sie ein Mandat errungen haben, und zudem jederzeit in den öffentlichen Dienst zurückkehren können. Eine Inkompatibilität, eine Unvereinbarkeit von Amt und Mandat, gibt es zudem nur zwischen Mandaten und Ämtern auf der gleichen Ebene des Staatsaufbaus. Auch dies hat geschichtliche Tradition in Deutschland (vgl. Möller 1983) und erklärt den hohen Anteil öffentlicher Bediensteter in den Parlamenten seit dem 19. Jahrhundert. Wenn im Bundestag etwa 35 Prozent und in den Landtagen bis zu 50 Prozent Angehörige des öffentlichen Dienstes sitzen, es also selbst innerhalb der Parteien die Angehörigen des öffentlichen Dienstes wiederum verstehen, erfolgreicher Mandate zu gewinnen als andere Parteigruppen, so wäre zu fragen, ob nicht eher die Verwaltungsangehörigen Parteien und Parlamente als die Parteien das Verwaltungspersonal übernehmen, ob nicht die Politik eher bürokratisiert als die Bürokratie politisiert wird (vgl. Mayntz 1983: 484).

3.5 Ökonomische Theorie der Bürokratie

Zwischen Politik und Ökonomie bestehen zahlreiche Wechselwirkungen, die politische und ökonomische Makrotheorien, wollen sie erfolgreich sein, berücksichtigen müssen. Theorien, die diese Wechselwirkungen explizit berücksichtigen und ihnen großes Gewicht beimessen, werden zur „Politischen Ökonomie" oder kurz: „Politökonomik" gerechnet. In der modernen Politikwissenschaft spielt die ökonomische Theorie der Politik eine zentrale Rolle. Beispielsweise wird versucht, das Verhalten von Wählern und Parteien mit ökonomischen Nutzenkalkülen zu erklären. Unter den zahlreichen Richtungen der Politischen Ökonomie ist die Neue Politische Ökonomie (NPÖ) zweifelsohne die am stärksten formalisierte (vgl. zum Überblick Lehner 1981 und Kirsch 2004).[54] Was ist das Anliegen der *Neuen* Politischen Ökonomie? Franz Lehner führt hierzu aus: „Sie beschränkt sich größtenteils auf eine Anwendung des Instrumentariums der modernen Wirtschaftstheorie auf politische Strukturen und Prozesse, sowie auf Probleme der wechselseitigen Abhängigkeit und Beeinflussung von Politik und Wirtschaft." (Lehner 1981: 9). Es geht also darum, Hypothesen und Theoreme der Wirtschaftswissenschaften gleichsam als Werkzeug auch für die Soziologie und die Politikwissenschaft nutzbar zu machen. Uns interessiert dabei allen voran ein Baustein der Neuen Politischen Ökonomie, welcher als „Ökonomische Theorie der Bürokratie" bezeichnet wird und interessante Einsichten in das Funktionieren von Bürokratien sowie die Beziehung zwischen Politik und Bürokratie vermittelt.[55]

Bevor wir uns im nächsten Abschnitt explizit der Ökonomischen Theorie der Bürokratie zuwenden, sollen zunächst in aller Kürze die grundlegenden Annahmen der Neuen Politischen Ökonomie skizziert werden. Ideengeschichtliche Grundlage der NPÖ ist das neoklassische Paradigma. Damit ist zum einen die Theorie *rationalen Handelns* Ausgangspunkt aller Ansätze der NPÖ. Das bedeutet, dass sich Akteure bei ihren Handlungen am eigenen Nutzen orientieren oder sich zumindest stets zweckrational verhalten. Es gilt das Leitbild des nutzenma-

---

[54] Im Gegensatz zu den Vertretern der NPÖ verzichten die „Unorthodoxen" unter den Politischen Ökonomen auf die formale Eleganz und Stringenz mathematischer Modelle – zugunsten größerer Anschaulichkeit, Wirklichkeitsnähe und Relevanz. Zu ihnen gehört beispielsweise Albert O. Hirschman. Seine Analyse von Abwanderung und Widerspruch als Reaktionen auf den Leistungsverfall von Institutionen bezieht sich auch auf Bürokratien (vgl. Hirschman 1974a).
[55] Genauer betrachtet handelt es sich jedoch bei vielen Aussagen der Ökonomischen Theorie der Politik (oder der Bürokratie) gar nicht um ökonomische Aussagen i.e.S., sondern um Aussagen psychologischer oder auch soziologischer Natur. Die Annahme etwa, dass ein Individuum stets seinen Nutzen zu maximieren versucht, ergibt sich nicht ohne weiteres aus ökonomischen Erwägungen, sondern wird in der Regel psychologisch begründet.

ximierenden Homo Oeconomicus, dessen Verhalten im krassen Widerspruch etwa zu einem Ethos des Berufsbeamtentums stehen kann. Auf den Punkt gebracht besagt dieses Rationalitätsprinzip: „Ein Individuum wird in einer gegebenen Situation immer diejenige Verhaltensalternative wählen, von der es den größten Nutzen erwartet oder, bei nicht unterscheidbarem Nutzen, diejenige, die mit den geringsten Kosten verbunden ist." (ebenda: 13). Im Gegensatz zur klassischen (Politischen) Ökonomie sind die eigennützigen Ziele der Individuen in der NPÖ egoistischer Natur, altruistische Ziele sind zumindest vernachlässigbar (vgl. Roppel 1979: 19ff.). An dieser Stelle finden sich in der NPÖ aber auch andere Meinungen, die darauf bestehen, dass Rationalität nicht bedeute, „dass die Handlungsmotivation eigennützig sein muss." (Holzinger 2009: 541). Dieser Aspekt soll hier jedoch nicht weiter vertieft werden. Zum anderen fußt die NPÖ auf dem sogenannten *methodologischen Individualismus*. „Das heißt genauer: Aussagen über soziale Strukturen und Prozesse sind ableitbar aus Aussagen über individuelles Verhalten." (ebenda: 10). Wenn man also etwa verstehen möchte, warum Bürokratien als Organisationen oder ganze Gesellschaften auf der Makroebene so funktionieren, wie sie funktionieren, dann ist es laut den Vertretern des methodologischen Individualismus notwendig, individuelles Verhalten und Kalkül als Ausgangspunkt der Analyse zu wählen.

Die folgenden Ausführungen teilen sich in zwei Abschnitte: 3.5.1 skizziert das Bürokratiemodell William A. Niskanens, einem der wichtigsten Vertreter der Ökonomischen Theorie der Bürokratie. Abschnitt 3.5.2 wirft anschließend einen Blick auf wichtige Kritikpunkte, die gegen dieses Konzept vorgebracht werden können.

3.5.1 Das Bürokratiemodell Niskanens

Entlang der soeben beschriebenen Annahmen der Neuen Politischen Ökonomie können wir nun eingegrenzt auf die uns hier interessierende Bürokratie folgendes ableiten: Zum einen dreht sich ausgehend vom methodologischen Individualismus der Blick weg von ‚der Bürokratie' hin zum Verhalten der einzelnen, individuellen Bürokraten. Zum anderen wird angenommen, dass sich die Bürokraten entsprechend der Theorie rationalen Handelns nutzenorientiert oder nutzenmaximierend verhalten – und zwar aus einer egoistischen Perspektive. Diese Annahme ist für die Ökonomische Theorie der Bürokratie von zentraler Bedeutung, denn es wird dem Bürokraten nicht a priori unterstellt, dass er bei seinem Handeln eine Steigerung des Gemeinwohls im Sinn hat, sondern vielmehr seine eigene Macht, sein Prestige oder sein Einkommen zu maximieren versucht.[56] William A. Niskanen definiert zunächst Büros als Organisationen, „welche die folgenden beiden Eigenschaften aufweisen:[57]

- Ihre „Eigentümer" und die darin Beschäftigten eignen sich nichts von der Differenz zwischen Einnahmen und Kosten als persönliches Einkommen an.
- Ein Teil der Einnahmen stammt aus anderen Quellen als dem Verkauf des Outputs zu einem Stückpreis." (Niskanen 1979: 349).

Das Bürokratiemodell Niskanens bezieht sich also nicht auf kapitalistische Privatunternehmen, selbst wenn sie die Merkmale des Weberschen Idealtypus der Bürokratie aufweisen. Gegenstand des Modells ist vielmehr, wie es in der Bürokratietheorie der NPÖ üblich ist, ausschließlich die *Staatsbürokratie*: „Bureaus are non-profit organisations that are financed, at least in part, from a periodic appropriation or grant." (Niskanen 1973: 8). Die Finanzierung der Büros und ihrer Leistungen findet dabei in der Regel über Steuern statt. Die Beziehung zwischen einem Büro und seinem „Sponsor" nimmt die Form eines bilateralen Monopols an. In Niskanens Modell besitzen nämlich die Büros für die je von ihnen erbrachten Leistungen ein Angebotsmonopol. Und: „Ein Monopol haben auch diejenigen Institutionen des politischen Systems, die das Büro finanzieren (vor allem das Parlament, in manchen Fällen aber auch eine übergeordnete Behörde)." (Lehner 1981: 114). Diese Institutionen sind es auch, die von den Bürokraten bestimmte Leistungen – welche allerdings nicht immer genauer spezifiziert werden – verlangen.[58] Aus der Sicht der Büros gestaltet sich diese Bezie-

---

[56] Gegenteilige Bekundungen sind, so ein weiteres Theorem der Neuen Politischen Ökonomie, selbst wenn sie guten Glaubens geäußert werden, irrelevant, da die Wohlfahrtsfunktion kollektivistischen Typs eine Chimäre ist: Die gesamtgesellschaftliche Wohlfahrtsfunktion entsteht durch Aggregation individueller Nutzenfunktionen, die voneinander unabhängig sind (vgl. Arrow 1979: 138). Wegen der Schwierigkeiten bei der Bestimmung des totalen Wohlfahrtsoptimums wird die Leistung von Bürokratien allerdings nur danach beurteilt, ob ein relatives Wohlfahrstoptimum erreicht wird. Dies ist dann der Fall, wenn das Pareto-Kriterium erfüllt ist: also, „wenn der Nutzen keiner Wirtschaftseinheit erhöht werden kann, ohne daß sich der mindestens einer anderen vermindert." (Schumann 1980: 206).
[57] Als weitere Vertreter einer ökonomischen Theorie der Bürokratie können insbesondere Anthony Downs (Inside Bureaucracy, 1966) und Gordon Tullock (The Politics of Bureaucracy, 1965) genannt werden.
[58] Es kann zwar theoretisch angenommen werden, dass die finanzierenden Institutionen (also Parlament und Regierung) ihre Nachfragewünsche an die Büros hinsichtlich Menge, Qualität und Preis genau definieren, doch aufgrund eines ebenfalls anzunehmenden Informationsgefälles zuungunsten der Sponsoren und aufgrund der Kenntnis der Praxis ist diese Annahme wenig plausibel. Vielmehr kann man davon sprechen, dass es die Büros sind, die das Angebot definieren.

hung so, dass den Stimmbürgern oder deren Vertretern gegen ein Budget eine bestimmte Kombination von Output angeboten wird. Auf Seiten der Staatsbürokratie herrscht vollkommene Information über die Präferenzen der Stimmbürger, d.h. die aggregierte Nachfragefunktion für seine Leistungen ist dem Büro – z.B. aus früheren Budgetverhandlungen – bekannt. Die Stimmbürger oder deren Vertreter sind umgekehrt wegen der hohen Informationskosten nur sehr schlecht über die tatsächlichen minimalen Produktionskosten der Staatsbürokratie informiert.[59] Hieraus ergibt sich für Niskanen die Tendenz zur Überproduktion von Leistungen seitens der Bürokraten.

Aber nun zurück zu der Annahme, die Bürokraten verhielten sich nutzenmaximierend. Um den Begriff des eigenen Nutzens besser fassen zu können, geht Niskanen davon aus, dass das Verhalten von Bürokraten aus dem Ziel, das *Budget ihres Büros zu maximieren,* abgeleitet werden kann, obwohl ihrem individuellen Kalkül die unterschiedlichsten konkreten Ziele zugrunde liegen können. Die verschiedenen individuellen Ziele spiegeln sich somit in letzter Konsequenz stets in dem Versuch, das eigene Budget zu vergrößern. Dies hat zwei Gründe: Je höher das Budget ist, desto besser ist der Zielerreichungsgrad bei zahlreichen Zielen der Bürokraten. Beispielsweise wirkt sich die Budgethöhe positiv auf das Gehalt, das öffentliche Ansehen und die Macht eines Bürokraten aus. Zum zweiten: Will ein Bürokrat (in leitender Stellung) seine Position in der Bürokratie erhalten oder verbessern, muss er die Erwartungen seiner Untergebenen und seiner Auftraggeber erfüllen. Seine Untergebenen sind aus ähnlichen Gründen wie er an einem möglichst hohen Budget interessiert – gelingt es dem Bürokraten jedoch nicht, für ein hohes Budget zu sorgen, verfügen sie über mannigfaltige Möglichkeiten, seine Position zu unterminieren: „Sie können kooperativ, entgegenkommend und effizient sein. Sie […] können aber auch Informationen verweigern, seine Anweisungen unterlaufen und ihn vor der Wählerschaft und den Beamten der Organisation in Verlegenheit bringen." (Niskanen 1979: 360). Die Auftraggeber eines Spitzenbürokraten erwarten, „daß der Bürokrat in aggressiver Form mehr Aktivitäten und höhere Budgets vorschlägt. (...) Sie haben nicht genug Zeit, Information und Personal, um neue Programme auszuarbeiten. Sie sind darauf angewiesen, daß das Büro diese auswählt und vorlegt und

---

[59] Die hohen Informationskosten sind insbesondere darauf zurückzuführen, dass die Staatsbürokratie in der Regel Angebotsmonopolist ist, die Stimmbürger oder ihre Vertreter also von keinem Konkurrenten nahezu kostenlos durch ein niedrigeres Angebot zumindest über eine günstigere Budget-Output-Kombination informiert werden. Die Stimmbürger oder ihre Vertreter haben deshalb nur die Möglichkeit, das Angebot der Staatsbürokratie abzulehnen oder anzunehmen, von der Paketofferte abweichende Budget-Output-Kombinationen können sie nicht vorschlagen. Sie werden das Angebot der Bürokraten nur ablehnen, wenn der Gesamtnutzen des Outputs geringer als die Gesamtkosten ist.

daß es für die bestehenden Programme höhere Ausgaben fordert." (ebenda: 361).[60]

Diese Konfiguration führt nun laut Niskanen dazu, dass sich Bürokraten – indem sie versuchen lediglich ihr eigenes Budget zu maximieren – nicht dadurch auszeichnen, den kollektiven Nutzen zu mehren. Vielmehr komme es zu großen Ineffizienzen bei der Herstellung der Güter und Dienstleistungen der Bürokratie. Diese Güter und Dienstleistungen werden zudem in einer Menge angeboten, für die eigentlich kein Bedarf bestehe. Man hat es mit einer Überproduktion seitens der Büros zu tun und die politisch Verantwortlichen, also die Regierungen und Parlamente, sollten, so Niskanens Schlussfolgerungen, alle Anstrengungen unternehmen, um die Kontrolle über die Büros zu stärken, die Bürokraten einem Wettbewerbsdruck aussetzen und Möglichkeiten der Privatisierung staatlicher Leistungen austesten.

Die von Niskanen selbst aufgeworfene Frage „Bureaucracy: Servant or Master?" (Niskanen 1973) wird in Niskanens Analyse eindeutig beantwortet: Aufgrund ihrer Monopolstellung was die Bereitstellung der staatlichen Leistungen betrifft sowie aufgrund ihrer weitaus größeren Informationsressourcen gegenüber der Politik und den Bürgern, ist die Bürokratie der Herr und nicht der Diener. Dieses Ergebnis erinnert stark an Max Webers Ausführungen zur Verselbständigungstendenz der Bürokratie (siehe 3.1).

3.5.2 Kritik an Niskanens Bürokratiemodell

Gegen Niskanens Bürokratiemodell können freilich kritische Argumente angeführt werden. Eine erste Kritik richtet sich direkt auf die Annahme, Bürokraten seien stets versucht, ihr eigenes Budget zu maximieren. Gerade in Zeiten knapper öffentlicher Mittel unterliegt das Handeln der Bürokraten starken finanziellen Restriktionen, welche allerdings von Niskanen nur am Rande genannt und nicht weiter untersucht werden (vgl. Lehner 1981: 114). Die aus dem inkrementalistischen Budgetprozess abgeleitete These, die Politiker erwarteten von Bürokraten generell Vorschläge für Budgetsteigerungen, trifft nicht zu. Es gibt genügend empirische Beispiele dafür, dass Politiker von Bürokraten Vorschläge für die Reduzierung ihres Budgets (oder des Budgets anderer Bürokraten) erwarten – dies entspricht sogar dem empirischen Normalfall in Zeiten von Sparhaushalten und verfassungsrechtlich normierter Verschuldungsgrenzen. Spätestens mit dem Eintritt des Konsolidierungszwanges infolge ökonomischer Krisen (wie z.B. der Ölpreissteigerung in den 1970er Jahren) oder politischer Entwicklungen (wie

---

[60] Dass die Auftraggeber des Büros über genügend Sanktionsmöglichkeiten verfügen, um das gewünschte Verhalten herbeizuführen, bedarf wohl keiner weiteren Begründung.

etwa der deutschen Wiedervereinigung 1990) findet Politik in Deutschland – aber auch in den meisten anderen Ländern – unter der Bedingung knapper finanzieller Mittel statt (vgl. Derlien 1985b). Damit ist der „das Budget maximierende Bürokrat [..] eine historische Annahme der Neuen Politischen Ökonomie, die der erfahrungswissenschaftlichen Überprüfung nicht standhält." (König 2008: 63 f.). In empirischen Untersuchungen in den USA wurde sogar das Gegenteil zur Budgetmaximierungs-These als Ergebnis unterstrichen: „Senior executives are less likely than the general public to favor increased spending on the vast majority of government programs, contrary to assumptions about self-interested bureaucratic behavior." (Dolan 2002: 47).

Zudem sind Politiker in wesentlich stärkerem Maße als untergeordnete Staatsbürokraten in der Lage, auf die Spitzenbürokraten des Staates Druck auszuüben: Schließlich hängt der Aufstieg eines Bürokraten innerhalb der Hierarchie von der Beurteilung ab, die er von seinen Vorgesetzten erhält. Hierzu muss angemerkt werden, dass die Vertreter einer Ökonomischen Theorie der Bürokratie die Hierarchie und die damit einhergehende ‚befehlende' Rolle der Politik zwar registrieren, die hierarchischen Einwirkungsmöglichkeiten allerdings für unvollkommen halten, was den Bürokraten wiederum „diskretionäre Handlungsspielräume" überlässt (vgl. Roppel 1979: 30).

Ein zweiter Aspekt der Kritik hinterfragt die Annahme der Budgetmaximierung aus einem anderen Grund: Staatsbürokraten befinden sich in der Regel in einer ziemlich sicheren Position. Das rechtlich oder politisch abgesicherte Lebenszeitprinzip garantiert ihnen Arbeitsplatz und Einkommen. Diese Existenzgarantie mildert den Druck, den Untergebene und Vorgesetzte bzw. Auftraggeber (z.B. Politiker) durch Androhung oder Verhängung negativer Sanktionen auszuüben vermögen. Deswegen ist ein Staatsbürokrat anders als ein Bürokrat in Privatunternehmen, den die Entlassungsdrohung oder der drohende Untergang seines Unternehmens zur Gewinnmaximierung veranlassen, nicht gezwungen, seine vorgegebene Zielgröße, das Budget, zu maximieren (vgl. auch Roppel 1979).

Drittens ist die von Niskanen vertretene Ansicht, das Budgetmaximierungsverhalten der Bürokraten mindere den kollektiven Nutzen, per se äußerst pauschal und empirisch nicht zu belegen.[61] Vielfacher kollektiver Nutzen – man denke an die kollektive Sicherheit nach Aussen und im Inneren, die Versorgung von Kranken, Behinderten oder Alten oder die Bildung und Ausbildung an Schulen und Universitäten – wird gerade durch die Arbeit von Bürokratien erst realisiert, wie die Theorie der öffentlichen Güter belegt. Ob dieser kollektive Nutzen

---

[61] Dies hinderte Politiker wie Ronald Reagan oder Margret Thatcher jedoch nicht daran, auch aufgrund dieser theoretischen Denkfiguren etwa eine umfangreiche Politik der Privatisierung – welche man auch als Entmachtung der Bürokraten interpretieren kann – zu verfolgen, so wie es auch Niskanen in seiner „Agenda of Alternatives" (vgl. Niskanen 1973: 37 ff.) empfiehlt.

tatsächlich als ‚Nutzen' oder als Ausdruck des Gemeinwohls interpretiert wird, ist andererseits eine normative oder politische Frage, welche insbesondere über demokratische Bekundungen wie Wahlen und Abstimmungen zu bearbeiten ist. Einigt sich eine Gesellschaft im politischen Prozess darauf, Gut XY in einer bestimmten Menge öffentlich bereitzustellen, gibt es jedoch keinen Anlass für den Vorwurf, die Bürokratie mehre nicht den allgemeinen, sondern nur ihren eigenen Nutzen. Vielmehr wird dieser Vorwurf selbst zu einem kryptonormativen Argument, dessen normative Prämissen (etwa: So wenig Staatshandeln wie möglich) jedoch nicht explizit offen gelegt werden. Wird der Vorwurf abgemildert auf die Kritik, die Büros arbeiteten nicht effizient genug, drängt sich allerdings die Frage auf: Effizient im Vergleich zu wem?

Generell leidet Niskanens Theorie offensichtlich an einem Mangel empirischer Unterfütterung: „Sie stützt sich allerdings überwiegend auf Beobachtungen und Erfahrungen über die amerikanische Bürokratie (insbesondere des Pentagon) – Niskanen unternimmt keinen Versuch, seine Theorie empirisch umfassender zu untermauern." (Lehner 1981: 116). Der Bürokratietheorie der NPÖ ist zweifelsohne das Verdienst zuzurechnen, das gemeinwohlorientierte Verhalten von Staatsbürokratien problematisiert und stattdessen die Aufmerksamkeit auf die Bedeutung eigennütziger Motive von Staatsbürokraten gelenkt zu haben. Doch diesen Aspekt – und darauf ist nun schon wiederholt hingewiesen worden – finden wir auch schon in den Abhandlungen Max Webers und Karl Marx' thematisiert.[62] Insofern stellt sich hier abschließend die Frage, welche Schlüsse wir aus der Ökonomischen Theorie der Bürokratie ziehen können. Zum einen kann es als Fortschritt verbucht werden, dass wir dank der Ökonomischen Theorie der Bürokratie ein konkreteres Bild von den *Ineffizienzen* staatlicher Bürokratien besitzen. Dieses Bild kann durchaus dazu dienen, die Webersche Effizienzthese zu kontrastieren oder zumindest zu ergänzen. Zum zweiten ist es sicherlich wünschenswert, dass neben der Geschichtswissenschaft, der Soziologie oder Politikwissenschaft auch die Ökonomie sich mit dem Phänomen der Bürokratie beschäftigt und dieses zu durchdringen versucht. Drittens jedoch erkennen wir insbesondere bei der Betrachtung der Kritik an Niskanens Bürokratiemodell, dass auch und gerade stark formalisierte Modelle der ökonomischen Theorie der empirischen sozialwissenschaftlichen Überprüfung nur teilweise standhalten. Das bedeutet wiederum, dass die Lehren aus der Ökonomischen Theorie mit Vorsicht zu ziehen und zu formulieren sind. Bürokraten verhalten sich in der Realität nicht immer nur nutzen- oder budgetmaximierend. Ebenfalls arbeitet „die Bürokratie" nicht immer ineffizient. Vielmehr muss jeweils geklärt werden,

---

[62] Im einleitenden Kapitel seiner 1973 erschienen Schrift „Bureaucracy: Servant or Master?" erweckt Niskanen zudem den Eindruck, Webers Ausführungen zum Bürokratieproblem und den Begriff des Idealtypus missverstanden zu haben (vgl. Niskanen 1973: 3).

was mit „Effizienz" im Einzelfall gemeint ist, ein Aspekt auf den wir in Kapitel fünf zurückkommen werden.

4 Bürokratie und Individuum

Im Rahmen einer Bürokratietheorie lässt sich neben den gesamtgesellschaftlichen und politischen Bezügen auch das Verhältnis zwischen Individuum und Bürokratie in den Blick nehmen. Im Folgenden wird unterschieden zwischen dem disziplinierten Menschen in bürokratischen (4.1) und in totalen Institutionen (4.2) sowie dem administrierten (4.3) Menschen.

4.1 Der disziplinierte Mensch: Arbeit in bürokratischen Organisationen

Für die Behandlung dieses Themas erscheinen zwei Bemerkungen nötig. Zum einen können sich unsere Ausführungen nicht speziell auf den Typus von Bürokratie beschränken, wie er sich in der öffentlichen Verwaltung präsentiert. Der überwiegende Teil der relevanten Literatur befasst sich nämlich entweder ganz allgemein mit bürokratischen Organisationen oder nimmt Bezug auf den industriellen Bereich. Zum anderen lassen sich die von uns zu beschreibenden disziplinierenden Mechanismen nicht erst in solchen Organisationen identifizieren, die man als nahezu idealtypische Bürokratien bezeichnet. Man muss vielmehr auch auf Erkenntnisse der allgemeinen Organisationswissenschaft und ihrer Geschichte zurückgreifen, um die Entstehung und Wirkung bürokratischer Disziplinierung zu erfassen.

Aus diesem Grund wird der skizzierte Problembereich unter drei Gesichtspunkten beleuchtet: Unsere heutige Situation ist nur der vorläufige Endpunkt einer historischen Entwicklung, deshalb wird im ersten Schritt die Genese der Disziplinierung menschlicher Arbeit schlaglichtartig untersucht. Wie kam es dazu und wo sind erste Ansätze zu erkennen, von denen aus sich die immer perfekter bürokratisierte Welt entwickelte? Dabei interessieren uns vor allem die ersten praktischen Versuche, Disziplin in Organisationen zu institutionalisieren. Im zweiten Schritt wird die aktuelle Perspektive dargestellt. Was stellt man sich grundsätzlich unter einem ‚disziplinierten Bürokraten' vor? Welche Einflüsse wirken exemplarisch auf den bürokratischen Neuling? Im anschließenden Abschnitt wollen wir einige theoretische Überlegungen anstellen, die die aktuelle Situation analysieren. Welche Disziplinierungstechniken finden wir heute in bürokratischen Organisationen und welche Auswirkungen haben sie auf den Mitarbeiter?

4.1.1 Disziplinierung in bürokratischen Organisationen

„Jeden Tag nimmt mich die Realität des Schreibtisches wieder gefangen. Gegen halb zehn bin ich eng genug, daß ich arbeiten kann. Ich gehe die Akten durch, telefoniere und schreibe Aufträge aus. Ich gehe durchs Haus, vermittle terminlich zwischen Kontaktern, Textern und Grafikern. Ich trage her und hole ab, halte Rücksprache und vergesse mich über kleinen wichtigen Fragen. Ich gehe zur Produktionsabteilung, in die Kostenkontrolle und kläre ein Problem in der Buchhaltung. Ich trage Akten im Arm und Gedrucktes." (vgl. Bergen 1980: 176-177).

Es erscheint heutzutage schon fast selbstverständlich, dass Millionen von Menschen einer Beschäftigung in bürokratischen Organisationen nachgehen und damit den abstrakten Begriff „Bürokratie" zum Leben erwecken. Sie erfüllen bestimmte Aufgaben, die ihnen die Organisation vorschreibt. Wie werden sie dazu veranlasst, ihre Arbeit im Sinne der Organisation auszuführen? Welchen Einfluss übt die bürokratische Organisation also auf sie aus? Unsere durchgehende Behauptung ist, dass von dieser bürokratischen Organisation disziplinierende Impulse ausgehen. Wir wollen dies zunächst ganz allgemein begründen.

Wie verschieden detailliert (bürokratische) Organisationen auch definiert werden, ein zentrales Wesensmerkmal bildet immer ihre „Zielgerichtetheit" (vgl. Kieser/Walgenbach 2007: 7ff.; Mayntz 1963: 43ff., 58ff.). Die herrschende Organisationstheorie geht dabei von der grundlegenden Prämisse aus, dass die Interessen der Organisation einerseits und diejenigen ihrer Mitarbeiter andererseits nicht von vornherein übereinstimmen, sondern erst miteinander zur Deckung gebracht werden müssen. Dabei ist in aller Regel ein einseitiger Anpassungsprozess angestrebt, d.h. die Mitglieder müssen sich der Organisation und ihren Zielen unterordnen (vgl. Weber 1980: 548ff.). Das Kernproblem aller Organisationstätigkeit besteht deshalb darin, die Aktivitäten der Organisationsmitglieder auf dieses Ziel hin auszurichten. So versuchte schon Max Weber, mit seinem Bürokratiemodell den Idealtypus dieser Ausrichtung im Rahmen eines Zweck-Mittel-Schemas zu formulieren – für ihn bedeutete Bürokratie die rationalste Form, ein Organisationsziel in konkretes Handeln umzusetzen.

Das mit Hilfe des Bürokratiemodells erzeugte verlässliche Funktionieren einer Organisation kann man nun als bürokratische Disziplin beschreiben, nämlich als „ ... prompte, automatische Ausführung der von einem Vorgesetzten im Rahmen seiner Amtskompetenzen erteilten Befehle und die beständige 'innere' Ausführungsbereitschaft." (vgl. Slesina 2004: 143). Disziplin signalisiert Unterdrückung, Abhängigkeit, Bestrafung (vgl. Marschelke 1971: 71). Wir möchten dieses Schlagwort aber nicht mit dieser aktuellen, negativen Wertbehaftung verstanden wissen. Vielmehr sei vermerkt, dass „Disziplinierung" – wertfrei betrachtet – durchaus eine treffliche Charakterisierung für den Vorgang darstellt, innerhalb dessen der Mensch zum funktionierenden Rädchen in der bürokratischen Organisation wird. „Disziplinierung" beschreibt in seiner allgemeinsten Bedeutung deshalb lediglich den Tatbestand, dass ein Verhalten erzeugt werden soll, welches die Erfüllung bestimmter Ziele gewährleistet (vgl. Marschelke 1971: 34, 77ff.).[63] Unser Interesse gilt diesem Vorgang im Rahmen bürokratischer Organisationen, wobei er als ein Bestandteil beruflicher Sozialisation gesehen wird.

4.1.2 Historische Perspektive: Die Genese bürokratischer Disziplinierung

Historisch betrachtet ist die geschilderte Situation eine relativ neuzeitliche Erscheinung, die eng mit dem Prozess der Industrialisierung verbunden ist. Die Geschichte der Disziplinierungsversuche durch organisatorische Maßnahmen beginnt dabei nicht erst mit der ausdrücklichen Formulierung und bewussten Anwendung Weberscher Bürokratieprinzipien. Disziplinierende Organisationsformen gibt es schon lange – man denke nur an die antiken Heere. Speziell auch die Bürokratisierung setzt schon weit vor Weber und der planmäßigen Organisation der industriellen Arbeitswelt ein (vgl. Jacoby 1984; Hintze 1911).

In unserem Zusammenhang wollen wir die Untersuchung aber erst an dem Zeitpunkt beginnen, an dem Disziplinierungstechniken durch Großorganisationen für eine breite Masse der arbeitenden Bevölkerung relevant werden. Der Ausgangspunkt hierfür dürfte mit dem Beginn der industriellen Revolution Mitte des 19. Jahrhunderts gleichzusetzen sein.

Die Entstehung des Kapitalismus induzierte eine Ausbreitung disziplinierender Techniken, um eine effektive Kontrolle über die arbeitende Bevölkerung zu gewährleisten. Die Ursprünge dieser Entwicklung wollen wir in Anlehnung an Hubert Treiber und Hans Steinert beschreiben (vgl. Treiber/Steinert 1980) und damit den Prozess anhand der *Disziplinierung durch Arbeitersiedlungen* veranschaulichen.

In vorkapitalistischer Zeit waren die Techniken zur Disziplinierung eher zu verstehen als „Selbstdisziplin" gewisser Eliten, aus denen neben dem Militär und

---

[63] "Disziplinierung" wird damit sehr verwandt zu den Begriffen "Organisation" und "Erziehung", wird jedoch keineswegs deckungsgleich. So bedeutet Organisation nicht notgedrungen die Anwendung disziplinierender Techniken. Im Prozess der Erziehung wird mit Disziplinierung auch nur ein Teilaspekt angesprochen.

dem höfischen Adel die klösterlichen Orden wohl am markantesten herausragten (vgl. ebenda: 91). Deutlich davon zu unterscheiden ist der allmählich sich verstärkende Versuch der „Fremddisziplinierung" innerhalb der aufkommenden kapitalistischen Wirtschaftsordnung. Die Lohnarbeiter mussten sich – gewollt oder auch nicht – wegen ihrer materiellen Abhängigkeit diesen Methoden unterwerfen (vgl. ebenda: 91). Die ersten systematischen Versuche zur „Fabrikation eines zuverlässigen Menschen" im Rahmen industrieller Organisationen sehen Treiber und Steinert im Aufbau von Arbeiterquartieren, welche als geplante Wohnbereiche an Fabriken angegliedert wurden. Als idealtypisches Beispiel dient ihnen die 1867 fertiggestellte Siedlung Kuchen im Württembergischen.

In dieser als sozialpolitisch verdienstvoll dargestellten Einrichtung – so die seinerzeitigen Medien – des Textilunternehmers Arnold Staub wurden nun keineswegs grundsätzlich neue Ideen verwirklicht. Die offenkundig gezielt angestrebte Fabrikdisziplin hatte vielmehr eine erstaunliche Ähnlichkeit mit der schon lange existierenden Klosterdisziplin – was aber nicht als eine Kopie zu Zwecken der Sozialdisziplinierung zu deuten ist, sondern eher im Sinne einer „Wahlverwandtschaft"[64] (vgl. ebenda: 16). Das soll bedeuten, dass zentrale Strukturprinzipien des Klosterlebens identisch sind mit denen der Arbeitersiedlung und demzufolge auch genau dieselben disziplinierenden Wirkungen hervorrufen. Nach Treiber und Steinert manifestiert sich diese Analogie im Wesentlichen in den folgenden drei Prinzipien:

1. Die *Raumordnung des „zwingenden Blicks"*: Der Lageplan der Arbeitersiedlung wird bestimmt durch Geschlossenheit nach außen sowie durch geradlinige Verbindungen und rechteckige Bebauung nach innen. So wird eine Raumordnung geschaffen, die Überblick und Überwachung gewährt und die These bestätigt, dass Disziplinierungsversuche dort am vollkommensten gelingen, wo geschlossene Anlagen, „totale Institutionen" die bauliche Grundlage bilden (vgl. ebenda: 23). Der geometrische Plan ermöglicht ein Netz von einander kontrollierenden Blicken – unabhängig von den Zwecken, denen die Anlage dient. Bei den religiösen Orden als „Meister der Disziplin" wurden solche und ähnliche bauliche Besonderheiten schon über viele Jahrhunderte kultiviert (vgl. ebenda: 53). Abschottung durch die Klostermauer, räumliche Zusammenfassung verschiedener Funktionsbereiche, Minimierung der Privatsphäre auf eine karge Zelle dienten demselben Ziel: Über ar-

---

[64]. Die Verwendung des Begriffs der „Wahlverwandtschaften" bei Steinert und Treiber unterscheidet sich jedoch von seiner ursprünglichen Bedeutung bei Goethe (vgl. Goethe 1809). Im Rahmen unseres Buches handelt es sich bei einer Wahlverwandtschaft hier um die Beziehung zweier Institutionen, die scheinbar völlig unterschiedlich sind aber dennoch spezifische strukturelle Ähnlichkeiten aufweisen.

chitektonische Grundlagen eine permanente Transparenz des Verhaltens zu gewährleisten (vgl. ebenda: 65).

2. Die „*Diktatur der Pünktlichkeit*": Konnten die Menschen in vorindustrieller Zeit ihren Arbeitsrhythmus noch weitgehend selbst bestimmen, so müssen sie sich bei der Fabrikarbeit nach exakt vorgegebenen Zeiten richten, welche durch die Maschinen bestimmt werden. Arbeitsbeginn, Pausen, Schichtwechsel etc. unterliegen nun nicht mehr der Bestimmung durch den einzelnen Arbeiter (vgl. ebenda: 32). Zur Förderung der Pünktlichkeit – mit der die Arbeiter in der Anfangszeit Schwierigkeiten aufgrund sozialer Gewohnheiten hatten – gab es eigene Disziplinierungsmechanismen. Dazu zählen eine weithin sichtbare Uhr, Glockenzeichen, vor allem aber Strafen für einschlägige Abweichungen. Gerade die perfekte Zeiteinteilung ist ein altes klösterliches Erbe. Regelmäßige Frömmigkeitsübungen im ewig gleichen Tagesrhythmus gehören seit alters her wie selbstverständlich zum Klosteralltag (vgl. ebenda: 53). Es ist offenkundig, dass das (erzwungene) Einschleifen und Einhalten einer bestimmten Tagesrhythmik zu den wichtigsten organisatorischen Disziplinierungstechniken gehört.

3. Die *Verbindlichkeit einer „methodischen Lebensführung"*[65]: Mit der Errichtung eines Arbeiterquartiers wurde nun keineswegs ein privater Freiraum außerhalb der Fabrik geschaffen. Die Kontrollmöglichkeiten eröffneten die Chance, bei den Bewohnern eine bestimmte Gesinnung (Arbeitsethos) und eine spezifische Form der Lebensführung durchzusetzen. Auch das Verhalten und die persönlichen Einstellungen außerhalb des Arbeitsbereichs wurden so vom Unternehmer in erzieherischer Manier geprägt. Es wird Wert gelegt auf Ordnung, Sparsamkeit, Kindererziehung, Reinlichkeit und politische Bildung (vgl. ebenda: 36ff.). In Kuchen wurde sogar eine eigene Infrastruktur geschaffen, um diese methodische Lebensführung zu ermöglichen. Ohne auf die verschiedensten Varianten klösterlicher Lebensformen näher einzugehen, kann man vergleichend auf den grundsätzlich bekannten Tatbe-

---

[65] Die Merkmale methodischer Lebensführung wurden zuerst im Kloster entwickelt, das auch als Erfindungsstätte gebräuchlicher Disziplinierungsmethoden gilt. Durch die Multifunktionalität dieser organisierten Lebensführung, ist dieses Konzept auf andere Bereiche übertragbar. Neben dem Kloster und der Fabrik finden sich ihre Merkmale auch in Asylheimen, Internaten, Waisenhäusern oder beim Militär. Das Konzept der „methodische Lebensführung" bei Weber steht in enger Verbindung zu seinem Askesebegriff, welcher ebenfalls seine historischen Wurzeln im Kloster hat. Die innerweltliche Askese nimmt bei Weber neben der methodischen Lebensführung auch die beiden Begriffe „Disziplin" und „Beruf" auf. Dem Askesekonzept kommt bei Weber eine zentrale Bedeutung zu und dieser Begriff taucht in verschiedenen Schriften in unterschiedlichem Umfang auf: in seiner „Protestantischen Ethik" in der Fassung von 1904/1905, in der Religionssoziologie in „Wirtschaft und Gesellschaft" und in den „Gesammelten Aufsätzen zur Religionssoziologie" (vgl. Treiber 1999: 247). Zur weiterführenden Lektüre sei an dieser Stelle auf Webers Schriften und auf den Artikel von Hubert Treiber „Zur Genese des Askesekonzepts bei Max Weber" verwiesen.

stand hinweisen, dass das Einhalten einer bestimmten, methodischen Lebensweise – etwa das bekannte „ora et labora" – das zentrale Anliegen eines jeden Ordens ist (vgl. ebenda: 53ff.).
4. *Verwandte Institutionen*: Die auf obige Weise charakterisierte „Wahlverwandtschaft" von Klosterdisziplin und weltlicher Anstaltsdisziplin wurde stellenweise auch gezielt für die industrielle Praxis nutzbar gemacht – so im Bereich der Erziehung durch das Fabrikinternat in Neufra bei Reilingen in Württemberg (vgl. ebenda: 121ff.).[66] Das klösterliche Ideal wirkt sogar noch weiter, da die Multifunktionalität der angesprochenen Disziplinierungsprinzipien ihren Ausdruck auch in der Tatsache findet, dass etliche weltliche Institutionen mit Anspruch auf „Sozialisierung" ähnlich aufgebaut sind: Gefängnisse, Irrenanstalten, Internate – teilweise sogar Universitäten (vgl. ebenda: 107ff.). Einschränkend muss allerdings bemerkt werden, dass sich die Wirkungen nur im Bereich von „totalen Institutionen" vollkommen entfalten können – wie es etwa Goffman für bestimmte geschlossene Anstalten beschreibt (vgl. Goffman 1972).

Im ausgehenden 19. Jahrhundert bekamen die großen Industriebetriebe zunehmend Schwierigkeiten, geeignete Arbeitskräfte für ihre spezifischen Anforderungen zu rekrutieren (vgl. Behr 1981: 17), damit einher geht die *Entstehung industrieller Lehrwerkstätten*. Man hatte sich bis dahin zu sehr auf die extern gegebene, traditionell-vorindustrielle Qualifikationsstruktur der Arbeitskräfte verlassen. Aus der klassischen Handwerksausbildung kamen Gesellen zur Industrie, welche als gelernte Arbeiter beschäftigt wurden. Das Gros der Belegschaft bildeten aber kurzzeitig angelernte Arbeiter oder ungelernte Hilfsarbeiter für einfache Tätigkeiten. Eine systematische Lehrlingsausbildung gab es praktisch nicht (vgl. ebenda: 42ff.). Der so gestaltete Rekrutierungsmechanismus warf aber sehr bald Qualifikationsprobleme in zweierlei Hinsicht auf:

- Die Anforderungen der Industriearbeit standen im Widerspruch zu den klassischen Handwerkertugenden, zu denen etwa das Fehlen einer totalen Unterordnungsbereitschaft oder die Abneigung gegenüber den Gesetzmäßigkeiten der Industrieproduktion zu zählen sind (vgl. ebenda: 45).

---

[66] Das 1882 in Neufra gegründete Fabrikinternat für junge Arbeiterinnen wurde von katholischen Ordensschwestern geleitet, deren Anliegen u.a. darin bestand, die im Kloster erlernte methodische Lebensführung an die jungen Frauen weiterzugeben, um diese wiederum an regelmäßige Ordnung und Arbeit zu gewöhnen (vgl. Treiber/Steinert 1980: 121 ff.).

- Die großen Industrien hatten einen zentralisierten Bedarf an speziellen Berufen – wie etwa Gießern – in neuen Dimensionen, die weder durch die regionale Handwerkerausbildung noch durch überregionale Wanderungen gedeckt werden konnte. Die Qualität der Handwerkerlehre wurde darüber hinaus in diesen Zeiten zunehmend in Frage gestellt (vgl. ebenda: 46ff.).

Zusammen mit der fortschreitenden technologischen Entwicklung ergab sich konsequenterweise eine Qualifikationslücke, die geschlossen werden musste, wollte man der weiteren industriellen Entwicklung keine Grenzen setzen. So entstanden in einigen Pionierbetrieben – die Staatseisenbahn Preußens fungierte dabei 1879 gleichsam als Vorläufer (vgl. ebenda: 57ff.) – die ersten Lehrwerkstätten. Marhild von Behr schilderte diesen Prozess detailliert für die Betriebe M.A.N., Siemens, König und Bauer.

Kennzeichnend für diese neuartigen Einrichtungen ist ihre Trennung vom laufenden Produktionsprozess, in dem eine ständige systematische Unterweisung nur als störend empfunden wurde (vgl. ebenda: 19). Dabei kann man nach den Recherchen von Behrs nicht davon sprechen, dass dieses System sukzessive aus einer Art „Ausbildung am Arbeitsplatz" hervorgegangen wäre, welche ehedem ja kaum durchgeführt wurde. Vielmehr wurden Lehrwerkstätten überhaupt schon mit Beginn einer systematischen Lehrlingsausbildung in der Industrie eingeführt (vgl. ebenda: 38ff.).

Weshalb ist nun dieser Prozess für unsere Thematik besonders interessant? Die Anpassung an die Unternehmensziele erfordert mit fortschreitender Technisierung nicht mehr eine bloße Fügsamkeit der Arbeitskräfte. Vielmehr sorgen die Organisationen nun schon im Bereich der Ausbildung dafür, dass die ehedem nur ‚schwer geeigneten' Menschen die neuen Aufgaben in den Organisationen optimal erfüllen. Die klassischen Qualifizierungsmethoden taugten offenbar nicht mehr dafür. Deutliche Hinweise auf die damit einhergehenden Formen der Disziplinierung finden sich in den bei Marhild von Behr abgedruckten Lehrverträgen dieser Zeit. In einem Lehrvertrag der M.A.N. von 1903 heißt es:

> „Der Lehrling ist zu Treue, Fleiß, anständigem Betragen und seinem Vorgesetzten zur Folgsamkeit verpflichtet." (ebenda: 157).

Das stetige Vordringen des Industriekapitalismus in Deutschland mit all seinen Problemen weckte allmählich auch das Interesse der wissenschaftlichen Ebene, welches die *Entwicklung einer systematischer Industrieforschung in Deutschland* zur Folge hatte. In unserem Zusammenhang besonders bedeutsam erscheinen dabei die Aktivitäten des „Vereins für Sozialpolitik" und einige grundsätzliche Studien Max Webers. Man kann wohl behaupten, dass durch letztere die Disziplinierung des Menschen in arbeitsteiligen Organisationen auf wissenschaftliche

Füße gestellt wurde.[67] Wir wollen im Folgenden seine – oft verkannten – wegbereitenden Ausführungen für die Industriesoziologie rezipieren (vgl. Schmidt 1980; 1981).

Bekannterweise zieht sich durch das gesamte Webersche Werk die These des okzidentalen Rationalisierungsprozesses, wenngleich diese von ihm explizit auch nirgendwo formuliert wurde, sondern quasi das Produkt späterer Rezeptoren darstellt. Für den Bereich der Industrialisierung, des technischen Fortschritts findet dieser Prozess formaler Rationalisierung seinen Ausdruck im zunehmend apparatehaften Charakter der großindustriellen Organisation (vgl. Schmidt 1981: 170ff.). Der Betrieb erscheint damit als Form der gesellschaftlichen Institutionalisierung und Systematisierung zweckrationalen Handelns (vgl. ebenda: 172).

Diese Entwicklung erfordert nun den Einsatz der Sozialwissenschaften, um die Bedingungen zweckrationalen Handelns zu erforschen. Weber schreibt:

> „Denn wir fragen: welche Bedingungen für die ökonomische Verwertbarkeit, die Rentabilität der Verwendung von Arbeitern in den einzelnen Industrien bestehen und inwieweit diese Bedingungen von Arbeiterschaften bestimmter ethnischer, kultureller, beruflicher, sozialer Provenienz erfüllt, nicht erfüllt oder in untereinander verschiedenem Maße erfüllt werden." (Weber 1909: 232).

Man darf Weber dabei aber nicht als einen undifferenziert positiven Vertreter der bürgerlich-kapitalistischen Gesellschaft missverstehen (vgl. Schmidt 1980: 80). Es geht ihm keineswegs um die Frage, ob diese Entwicklung erfreulich sei oder nicht, sondern ausschließlich um eine sachliche und objektive Ermittlung der Existenzbedingungen der aufkommenden Großindustrie sowie die damit verbundenen Anforderungen an die Arbeiterschaft – ganz im Sinne seines Wertfreiheitsprinzips. Zu diesem Zwecke müsse man sich – möglichst interdisziplinär – der empirischen Wissenschaften bedienen, denen Max Weber als Soziologe schon immer ein besonderes Augenmerk widmete.

Die von Weber immer wieder propagierte Notwendigkeit empirischer Erhebungen führte 1908 im Verein für Sozialpolitik zu der großangelegten Enquete „Erhebungen über Auslese und Anpassung (Berufswahl und Berufsschicksal) der Arbeiterschaft der geschlossenen Großindustrie".[68] Für die Erhebung verfasste

---

[67] Jedenfalls gilt dies für Deutschland. In den USA machte auch schon um das Jahr 1910 herum ein gewisser Frederick W. Taylor mit einigen Veröffentlichungen von sich reden. Seine mehr theoretisch-spekulativen Vorschläge für eine optimale Arbeitsorganisation führten schließlich dazu, die 'wissenschaftliche Betriebsführung' Anfang des Jahrhunderts gemeinhin als "Taylorismus" zu bezeichnen. Siehe hierzu die erste deutschsprachige Ausgabe von Taylor: F.W. Taylor. Die Grundsätze wissenschaftlicher Betriebsführung. München 1913.
[68] Diese Untersuchung wurde von 1910 bis 1915 als Manuskript in sieben Bänden veröffentlicht. Wiederveröffentlicht wurde nur die "methodologische Einleitung" Webers durch seine Frau Marian-

Weber selbst nur die sogenannte „*methodologische Einleitung*", eine Art Arbeitsanweisung, in der er die besondere Absicht der Untersuchungen deutlich formulierte:

> „Es sollen untersucht werden einerseits die Art der "Ausleseprozesse", welche die Großindustrie, den ihr immanenten Bedürfnissen gemäß, an derjenigen Bevölkerung, die mit ihrem Berufsschicksal an sie gekettet ist, vollzieht, - andererseits die Art der "Anpassung des "körperlich" oder "geistig" arbeitenden Personals der Großindustrien an die Lebensbedingungen, die sie ihm zu bieten haben. Auf diese Weise soll allmählich der Beantwortung der Frage nähergekommen werden: Was für Menschen prägt die moderne Großindustrie kraft der ihr immanenten Eigenart, und welches berufliche (und damit indirekt auch: außerberufliche) Schicksal bereitet sie ihnen?" (Weber 1924: 37).

Nach diesen Erläuterungen des Erkenntnisziels diskutiert Weber ausführlich mögliche Erhebungsprobleme und einzusetzende Forschungsinstrumente – gewissermaßen gab er eine erste Einführung in die Probleme empirischer Sozialforschung. Die darauf aufgebaute Untersuchung, deren Ergebnisse insgesamt sieben Bände des „Vereins" füllen, erfasste vor allem Probleme der Arbeitszeit, der Pausenverteilung, verschiedener Lohnsysteme und der Lohnbuchführung in verschiedenen Zweigen der Industrie (vgl. Käsler 1978: 81). Die Zielsetzung der Arbeit, psychische, intellektuelle und soziale Merkmale eines Typus von Arbeiter zu ermitteln, welcher kennzeichnend für die moderne Industriearbeiterschaft ist, stieß schon damals auf das methodische Problem einer endgültigen Klassifikation von Arbeitern (vgl. Schmidt 1980: 79).

Im Anschluss an die „methodologische Einleitung" publizierte Weber in den Jahren 1908/1909 eine vierteilige Aufsatzserie mit dem Titel „*Zur Psychophysik industrieller Arbeit*".[69] Prinzipiell war diese Veröffentlichung als eine „kritische Literatur-Übersicht" konzipiert. Weber erweiterte diesen Anspruch jedoch beträchtlich, indem er eigene empirische Forschungen zum Thema anfügte.

Es ging Weber vor allem darum, das Defizit in der interdisziplinären Zusammenarbeit der damaligen Zeit auf der Suche nach optimalen Arbeitsbedingungen zu beheben:

---

ne (unzugänglich). Vgl. dazu Max Weber (1924): Gesammelte Aufsätze zur Soziologie und Sozialpolitik. Tübingen, 1-60.
[69] Vgl. hierzu Max Weber (1908/1909): Zur Psychophysik industrieller Arbeit, in: Archiv für Sozialwissenschaft und Sozialpolitik, Teil 1: Band 27 (1908), 730-770; Teil 2: Band 28 (1909), 219-277; Teil 3: Band 28 (1909), 719-761; Teil 4: Band 29 (1909), 513-542.

„Es müßte, im 'Prinzip', möglich sein, auf Grund physiologischer, experimentalpsychologischer und vielleicht auch anthropologischer Erkenntnisse, auch Einsichten über die Voraussetzungen und Wirkungen der technischen und ökonomischen Veränderungen der Bedingungen industrieller Arbeit zu gewinnen." (ebenda: 731). Es müßten nämlich für alle sozialwissenschaftlichen Probleme der modernen Arbeit die psychophysischen Bedingungen der Leistungsfähigkeit den Ausgangspunkt der Betrachtung bilden (vgl. ebenda: 732).

Als einen wesentlichen Beitrag zur Bestimmung der Grundqualitäten des Arbeiters würdigt Weber dabei die experimentalpsychologischen Untersuchungen Emil Kraepelins, die wichtige Ergebnisse über die Bedingungen der individuellen Leistungsfähigkeit zu Tage förderten. Weber schildert ausführlich Kraepelins Forschungen über Ermüdung, Erholung, Gewöhnung, Arbeitsunterbrechungen. Allerdings erscheint Weber die Laboratoriumsmethode Kraepelins wenig geeignet, um den Bedingungen industrieller Arbeitseignung auf die Spur zu kommen. Zu unterschiedlich wären die grobschlächtigen Bedingungen des Alltags von denen des Laboratoriums (vgl. ebenda: 227). Die bis dato schon durchgeführten Massenuntersuchungen findet er aber wegen ihrer methodischen Mängel noch weniger befriedigend (vgl. ebenda: 219ff.). „Angesichts dieser gewiß nicht ermutigenden Sachlage" (ebenda: 234) schließt Weber an die kritische Literatur-Übersicht eine umfassende Analyse von Daten an, welche er im Jahre 1908 im familieneigenen Textilbetrieb gewonnen hatte.[70] In bescheidener Manier bezeichnet er seine 100-seitige Darstellung als einen ersten dürftigen Ansatz, der keineswegs geeignet sei, schon fundierte Sachaussagen zu liefern (vgl. ebenda: 523 f.). Die Weber zur Verfügung stehenden Daten waren in etwa wie folgt beschaffen:

„Nehmen wir beispielsweise einige mit Hilfe automatischer Maßvorrichtungen festgestellte Leistungen von Webern, ... so finden wir, die jedesmalige Durchschnittsleistung = 100 gesetzt, bei einem Arbeiter folgende Leistungen in auf einander folgenden Arbeitstagen (5. Juni bis 11. Juli 1908): 88,4. 86,7. -(Pfingsten)-   96,0. 116,4. 115,4. 99,5. 109,5. -100,8. 108,3. 114,6. 106,4. 97,5. 103,2. - 113,1. 89,4. 89,4. 76,7. 109,1. 99,3. - 91,1. 97,4. 105,4. 96,9. 103,2. 99,8. - 84,4. 84,4. 93,7. 106,4. 87,3." (ebenda: 249).

Auf der Grundlage solcher und ähnlicher Reihen untersuchte er im zweiten Teil seiner Aufsatzserie folgende psychophysischen Bedingungen der Arbeitsproduktivität: Zum einen untersuchte er Schwankungen der industriellen Arbeitsleistung

---

[70] Vgl. den Hinweis bei Käsler 1978: 48, 82. In der Psychophysik-Studie selbst findet sich – vielleicht um die Darstellungen zu "objektivieren" – kein Hinweis darauf, dass es sich um den Betrieb seines Großvaters handelte.

sowohl innerhalb des einzelnen Arbeitstages, innerhalb der Arbeitswoche als auch innerhalb der Jahreszeiten. Zum anderen prüfte er den Einfluss der Variablen Geschlecht, Alter, Familienstand, Entlohnung und Einübung auf die Arbeitsleistung.

Trotz mancherlei Mängel gegenüber den Laboratoriumsversuchen, die Weber den noch nicht ausgereiften empirischen Techniken zuschreibt (vgl. ebenda: 528), glaubt er auch auf einige positive Ergebnisse dieser Pionierstudie verweisen zu können – vor allem was den Bereich der Erfahrung mit statistischen Methoden angeht. Laut Weber zeigten die Untersuchungen, „ ... daß die äußerst irrational sich gebärdenden Zahlenreihen ... bei Zusammenfassung von hinlänglich lang gewählten Zeiträumen und hinlänglich großen Zahlen doch ... Durchschnitte ergaben, welche weit weniger irrational sind, als die Zahlenreihen selbst ..." (ebenda: 526). In sachlicher Hinsicht konnte er die Bedeutung des Faktors „Übung" verdeutlichen (vgl. ebenda: 528) und auch einige Erkenntnisse zur Behandlung der „letzten Frage" nach der Relevanz von Vererbung und Milieu für die individuelle Leistungsfähigkeit beisteuern (vgl. ebenda: 531ff.).

Die eben charakterisierte Industrieforschung muss man nun im Rahmen des gesamten Werkes von Max Weber verstehen. Rein spekulativ kann man dabei wohl behaupten, dass gerade auch diese empirischen Erkenntnisse mit eingeflossen sind, als Weber für sein Lebenswerk „Wirtschaft und Gesellschaft" das *Bürokratiemodell* als Idealtypus zweckrationaler Durchsetzung von organisatorischen Zielen formulierte (vgl. Weber 1980: 551ff.).

Betrachtet man nun dieses Bürokratiemodell nicht als isolierten theoretischen Entwurf, so wird deutlich, dass sich darin das gesamte Spektrum Weberscher Analysen der Arbeitsgesellschaft widerspiegelt: Man denke an die protestantische Ethik, die Herrschaftsphilosophie, den Rationalisierungsgedanken, die empirische Forschung. Die Fundamente für das, was seit Max Weber als „Bürokratiemodell" bezeichnet wird und mithin auch die Ansätze zu bürokratischer Disziplinierung reichen demzufolge viel weiter zurück als die explizite Formulierung dieses Paradigmas, welche erst erfolgte, als das Problem empirisch wie theoretisch virulent wurde.

So war es auch unser Ziel zu zeigen, dass die Wurzeln der „Disziplinierung" im bürokratischen Sinne schon lange vor Webers Idealtypus zu suchen sind. Unter Berücksichtigung der Studien Webers kann man deshalb die These aufstellen, dass das bürokratische Modell gerade erst in der Erkenntnis formuliert wurde, wie der Mensch in den Organisationen der modernen Gesellschaft diszipliniert werden kann (und werden muss).

4.1.3 Alltagspraktische Perspektive: Der disziplinierte Bürokrat

Jedermann hat eine bestimmte Vorstellung vom Arbeitsstil in bürokratischen Organisationen. Die durchschnittliche Persönlichkeit eines „Bürokraten" wird dabei meist in etwas spöttischer Manier als eine willfährige und kritiklose Vollstreckungseinheit skizziert. Versuchen wir dieses bekannte Pauschalbild, den *‚Prototyp des Bürokraten'*, einmal nachzuzeichnen, indem wir es als das Ergebnis der „Sozialisation" durch bürokratische Regeln (Vgl. Weber 1980: 551ff.) charakterisieren. Wie spiegeln sich die Merkmale bürokratischer Organisation in den Verhaltensweisen des Bürokraten wider?

- *Klare Kompetenzabgrenzung und arbeitsteilige Strukturierung*: Der Bürokrat darf sich nur mit seinem speziellen Aufgabenbereich befassen. Fachfremde Anliegen wimmelt er unter Hinweis auf seine Zuständigkeitsgrenzen ab.
- *Regelsystem*: Der Bürokrat muss seine Aufgaben peinlich genau aufgrund exakter Regeln erledigen. Seine Dienstvorschriften gehen ihm über alles und er ist unfähig, Nichtvoraussagbares überhaupt zu behandeln.
- *Schriftverkehr*: Der Bürokrat muss über jeden Vorgang eine Aktennotiz anfertigen. Dies gibt ihm Sicherheit und das Gefühl, durch die Produktion von Papier etwas geleistet zu haben.
- *Unpersönlichkeit*: Der Bürokrat muss seine Aufgaben ohne Ansehen der betroffenen Personen erledigen. Und in der Tat scheint er öfters zu vergessen, dass seine Klienten Menschen sind.
- *Hierarchie*: Der Bürokrat muss sich in eine spezifische Stellung in der Hierarchie fügen. Nach oben bezieht er eine untertänige Haltung, nach unten – sofern es noch möglich ist – wirkt er autoritär.
- *Professionalismus*: Der Bürokrat ist hauptberuflich in seiner Organisation tätig. Er hält sich deshalb für unentbehrlich und glaubt, ohne ihn würde die Organisation zusammenbrechen.
- *Laufbahnregelung*: Der Bürokrat muss sich mit überschaubaren, begrenzten Karrierewegen abfinden. Erledigt er nur seine gröbsten Pflichten, wird er nur langsam befördert (aber trotzdem sicher) – spinnt er ein paar Intrigen, geht es in aller Regel schneller (aber trotzdem nicht viel weiter) nach oben. Kurz und knapp kennzeichnen Bensman/Rosenberg (1976: 325) unseren "obedient yes-man" so: "Butter up the boss, and by and by you will be the boss. Be a sycophant until you are a success."

Wir wollen einmal dahingestellt sein lassen, ob diese alltagspraktische Charakteristik den tatsächlichen Gegebenheiten in allen Details entspricht. Fest steht jedoch, dass in der Bürokratie ganz spezifische berufliche Sozialisationsprozesse wirksam sind, die letztendlich auch einen bestimmten Persönlichkeitstypus prägen (vgl. Bosetzky/Heinrich 1980: 109ff.). Aus diesem sehr komplexen Problembereich wollen wir exemplarisch die innerbürokratische Ausbildungsphase herausgreifen, um die von uns behauptete disziplinierende Wirkung bürokratischer Sozialisation zu illustrieren. Wie vollzieht sich *bürokratische Disziplinierung z.B. im Ausbildungsprozess*?

Nehmen wir einmal an, jemand möchte die Laufbahn des gehobenen Dienstes in der öffentlichen Verwaltung einschlagen. Dieser Ausbildungsgang ist formal definiert als Fachhochschulstudium, man erwirbt den akademischen Grad „Diplom-Verwaltungswirt (FH)". Während seiner dreijährigen Ausbildung durchläuft ein Inspektorenanwärter mehrere Blöcke, bestehend aus theoretischem Unterricht und praktischem Anlernen im Amt.

Schon der Leistungsdruck in der Theorie-Schulung wirkt disziplinierend. Allein die Anzahl der zu erbringenden Leistungsnachweise genügt, um Studenten wissenschaftlicher Universitäten zu schockieren: Es sind 60 eigenständige Arbeiten – vergleichbar den sogenannten ‚Scheinen' – zu erstellen. Das bedeutet jährlich 12 Klausuren (im Durchschnitt à 4 Stunden) plus 8 Hausarbeiten (von jeweils ca. 15 Seiten), die vor allem im juristischen Bereich herausragende Kenntnisse erfordern.

Zwar gelten auch für die theoretische Unterweisung die allgemeinen Dienstvorschriften (Anwesenheitspflicht, etc.), stärkere sozialisierende Wirkung dürfte aber von der büropraktischen Ausbildung ausgehen. Ein wichtiges Element stellt dabei die gründliche Verunsicherung des Neulings dar (vgl. ebenda: 112ff.). So ist beim ersten Betreten des Amts völlig unklar, welches Verhalten den Kollegen gegenüber an den Tag zu legen ist. Die ungeschriebenen Gesetze der Gruppennormen werden meist nur verschlüsselt signalisiert, der Neue muss sie vorsichtig identifizieren (vgl. ebenda: 133 f.). Denn um sich zu integrieren, muss er allmählich so werden wie die anderen. Sein Selbstvertrauen wird durch die gestellten Anforderungen auch nicht gerade gestärkt: Er erhält triviale Aufgaben, fertigt Berichte, die niemand liest oder wird mit theoriefreier Routinearbeit beschäftigt (vgl. ebenda: 112).

„Ziel dieser Verunsicherung ist es, dem Neuling klarzumachen, daß er für die Organisation erst vollwertig brauchbar ist, wenn er sich durch sie hat prägen lassen." (ebenda: 112).

Diese notwendige Internalisierung bürokratischer Normen steht nun häufig im Konflikt mit dem bisherigen Sozialisationsstand des Neulings. Man denke etwa an jemanden, der sich dem Umweltschutz stark verpflichtet fühlt – und dann in der Baubehörde erkennen muss, dass ökologische Probleme oft nur am Rande mitberücksichtigt werden. Vielfach wird dieser Konflikt durch „Mortifikation" aufgelöst: mit der Zeit verliert der Mensch sein altes Selbst und nimmt eine neue Identität im Sinne der Organisation an (vgl. ebenda: 111): Er wurde diszipliniert.

4.1.4 Theoretische Perspektive: Aktuelle Grundlagen der Disziplinierung und die Reaktionsweisen der betroffenen Menschen

Obwohl die im Anschluss an unsere historische Betrachtung einsetzende Bürokratisierung der Welt im Laufe unseres Jahrhunderts geradezu explosionsartig fortschritt, wurden schon relativ bald entscheidende Schwachstellen des bürokratischen Modells deutlich. Eine zweckrationale Gestaltung nach bürokratischen Idealen berücksichtigt nämlich in keiner Weise die spezifischen Eigenarten des Produktionsfaktors ‚Mensch'. Die grundlegende Prämisse, dass sich dieser den zweckrational gesetzten Anforderungen der bürokratischen Organisation reibungslos anpasst und somit höchste Effizienz gewährleistet, erwies sich als höchst fragwürdig. Eindrucksvoll bewiesen die berühmt gewordenen Hawthorne-Experimente[71], dass man große Organisationen nicht an den Bedürfnissen des Menschen vorbei planen kann, ohne deren Effektivität zu beschneiden (vgl. Roethlisberger/Dickson 1939).

Das Problem der Disziplinierung, der Nutzbarmachung des Menschen für das Erreichen der Organisationsziele, ließ sich also offenbar nicht reduzieren auf die Anwendung exakt vorgegebener formaler Prinzipien im Sinne des Bürokratiemodells (oder des Taylorismus). Die in der Folgezeit entwickelten Theorien zur Disziplinierungstechnologie mussten also sehr viel stärker auf den Menschen Bezug nehmen als auf entpersonalisierte Regeln. Unter Berücksichtigung dieser Gedanken wollen wir uns im Folgenden ein paar Ansätze aus der Vielzahl von Veröffentlichungen herausgreifen, die versuchen, disziplinierende Wirkungen der heutigen bürokratischen Organisationen zu erfassen.

---

[71] 1923 startete der National Research Council (NRC) in den USA ein Forschungsprogramm, in dem Zusammenhänge zwischen Arbeitsplatzbeleuchtung und der Arbeitsleistung untersucht werden sollten. Einige Experimente im Rahmen dieses Projektes fanden in den Hawthorne- Werken der Western Electric Company statt. Bei der Messung der Effekte der Beleuchtungsstärke auf die Arbeitsleistung konnte kein Zusammenhang ermittelt werden. Folglich mussten im Experiment nicht kontrollierte psychische Störfaktoren dafür verantwortlich sein, die wiederum einen starken Einfluss auf die Arbeitsleistung ausüben. An die Beleuchtungsexperimente (1924-1927) schlossen sich weitere Experimente an (1927-1932), welche die Auswirkungen von Variablen wie Pausen, Arbeitszeit oder Gruppenentlohnung auf die Leistungsbereitschaft der Arbeiter untersuchten. Heute beschreibt der Hawthorne- Effekt, dass Teilnehmer eines Forschungsprogramms ihr gewöhnliches Verhalten mit dem Wissen, dass sie an einem Experiment teilnehmen und unter Beobachtung stehen, verändern (vgl. Kieser 2002: 101-131).

Aller Bürokratiekritik zum Trotz müssen irgendwelche Einflüsse existieren, die erklären, weshalb sich in unserem Jahrhundert die vielzitierte bürokratische Gesellschaft entwickeln konnte. Weshalb fügen sich die Menschen letztlich in die doch augenscheinlich rigiden bürokratischen Regeln?

William Whyte erklärte im Jahre 1956 sehr plastisch, weshalb man in der damaligen amerikanischen Gesellschaft zu einem „well-rounded organization man" erzogen werden konnte (vgl. Whyte 1956). Er machte zunächst einmal klar, dass die von Weber propagierte protestantische Ethik, auf deren Basis sich der unerhörte amerikanische Aufschwung durch individualistisches Erfolgsstreben entwickeln konnte, mit zunehmender Bürokratisierung bedeutungslos wurde (vgl. ebenda: 14ff.). Der ‚Amerikanische Traum' vom Erfolg wird zum Mythos, zur blanken Illusion, die sich in der perfekt organisierten Gesellschaft überhaupt nicht mehr verwirklichen lässt (vgl. ebenda: 14ff.; Mayntz 1966: 320f.).

Der moderne Organisationsmensch, der „Organization Man", hat sich eine ganz andere innere Legitimationsgrundlage für sein Handeln geschaffen als die ehedem gültige protestantische Ethik. Whyte definiert diesen neu entstandenen Hintergrund als *‚Sozialethik'*. Er sieht sie durch drei Komponenten bestimmt:

- *Wissenschaftsgläubigkeit* („Scientism"): Man glaubt daran, dass dieselben Techniken, die in den Naturwissenschaften so erfolgreich waren, auch helfen können, eine exakte Wissenschaft vom Menschen zu betreiben.
- *Zugehörigkeitsbedürfnis* („Belongingness"): Die modernen sozialen Reformen und Utopien gehen alle davon aus, dass der Mensch nur glücklich sei, wenn er sich irgendwo zugehörig fühlen kann.
- *Gemeinschaftsbedürfnis* („Togetherness"): Speziell die in der bürokratischen Organisation Beschäftigten benötigen besonders dringend ein Zugehörigkeitsgefühl – aber nicht alleine, sondern zusammen mit anderen. Sichtbarer Ausdruck dafür ist die steigende Bedeutung der Gruppentätigkeiten.

Auf der Grundlage der so bestimmten *neuen Sozialethik* finden sich die Menschen in ihren Rollen in den bürokratischen Organisationen durchaus gut zurecht. Whyte illustriert den praktischen Prozess von Anpassung und Disziplinierung vor allem für die gehobenen Ausbildungsprozesse, „ ... where 'well-rounded' students were prepared to become a Generation of Bureaucrats, slated for suburbia, the outgoing life, and the breeding of Organization Children." (Bensman/Rosenberg 1976: 308).

Nun erklärt das Vorhandensein einer bestimmten Sozialethik sicherlich eine grundsätzliche Disposition, die eine effektive Eingliederung des Individuums in die Organisation ermöglicht. Um diese latente Fügsamkeit aber in Form konkreter Handlungen zu aktivieren, müssen in der bürokratischen Realität gewisse reaktionsauslösende Faktoren wirksam werden: *Disziplinierende Faktoren in bürokratischen Organisationen*. Nach der Ansicht von Presthus existieren in der bürokratischen Organisation im Wesentlichen drei hochdifferenzierte Systeme, die solche zwingenden Reize ausüben (vgl. Presthus 1966: 171ff.).

1. *Autoritätsunterschiede*: In der Organisationstheorie herrscht weitgehende Einigkeit darüber, dass ein wirksames kollektives Handeln in Organisationen gänzlich ohne Präsenz von Machtverhältnissen überhaupt nicht möglich ist, da auf die Dauer nicht von einer freiwilligen Leistungs- und Unterwerfungsbereitschaft ausgegangen werden kann (vgl. Bosetzky/Heinrich 1980: 133). Man muss deshalb die Frage nach den Quellen der Macht stellen – was in der Literatur auf die unterschiedlichste Art und Weise abgehandelt wird (vgl. exemplarisch: Crozier/Friedberg 1979: 39ff.; French/Raven 1960: 607ff.). Die „Autoritätsunterschiede" bei Presthus zielen dabei nicht auf formal legitimierte Machtgrundlagen ab. Er versteht Autorität als das durch eine hierarchische Position formal gerechtfertigte Vermögen, Unterwürfigkeit zu erwirken (vgl. Presthus 1966: 144). Autorität wird damit unabhängig vom Individuum einer bestimmten Position zugeschrieben, so dass die Positionsinhaber zwar wechseln können, das Autoritätssystem aber erhalten bleibt (vgl. ebenda: 147). Die so charakterisierte „Positionsmacht" ist nun nicht deckungsgleich mit anderen, vielzitierten Erklärungen zu Entstehung von Macht und Autorität, wie etwa den „fünf Grundlagen der Macht" nach French und Raven (reward power, coercive power, legitimate power, expert power, referent power). Das Konzept von Presthus bezieht sich vielmehr auf den gesamten Komplex verhaltenssteuernder Potentiale, die durch die spezifische bürokratische Situation einer bestimmten Position zugeschrieben und von den Untergebenen akzeptiert werden: Positive und negative Sanktionsmöglichkeiten, fachliche Kompetenz, unbefragte Prinzipien (vgl. ebenda: 146ff.). Das Reagieren auf eine so festgelegte Autoritätsstruktur bildet die entscheidende Variable bei einer Anpassung in Organisationen (vgl. ebenda: 148). Loyalität und Gehorsam werden erzielt, weil sie notwendig sind, um sich des Wohlwollens der Autoritätspersonen zu versichern.
2. Das *Statussystem*: Die Achtung, welche einer Organisationsposition entgegengebracht wird, lässt sich als Status oder auch Prestige bezeichnen und ist ungleichmäßig in der Organisation verteilt (vgl. ebenda: 155). Die Entwicklung der arbeitsteiligen Gesellschaft begünstigte die Entfremdung und lenkte das Interesse der Menschen zunehmend auf den Status als Nebenprodukt der Arbeit. Der Beruf wird zur wichtigsten Statusquelle – die Großorganisationen zu den entscheidenden Verteilerinstanzen für Statusdividenden

(vgl. ebenda: 157). Das hierarchische Statussystem steigert den Ehrgeiz und wirkt disziplinierend, denn der typische Angestellte benötigt zur Erlangung von Prestige die Unterstützung jener „ehrwürdigen Senioren", die über den Zugang zu hochgeachteten Positionen wachen.

3. *Kleingruppen*: Vor allem die zahlreichen Kleingruppen in der bürokratischen Organisation wirken als disziplinierende Instanzen (vgl. ebenda: 163ff.; Franke 1980: 123ff.). Verhalten in Organisationen ist in der Regel Gruppenverhalten. Berücksichtigt man dabei das schon von Whyte postulierte Bedürfnis nach Zugehörigkeit und Gemeinschaft, so erklärt es sich, dass der einzelne sein Verhalten an den Normen der Gruppe orientiert. Wie diese Anpassungsprozesse im Detail ablaufen, konnte durch die umfangreichen Ergebnisse der Kleingruppenforschung verdeutlicht werden. Beispielhaft sei hier nur auf die berühmte Untersuchung von Sherif hingewiesen, in der nachgewiesen werden konnte, dass Personen unter dem Einfluss der Gruppe ihre eigenen, ursprünglichen Ansichten zugunsten eines homogenen Gruppenurteils revidierten (vgl. Sherif 1935). Der disziplinierende Einfluss von Gruppennormen wird auch sehr oft am Beispiel des „Bremsens" diskutiert (vgl. Presthus 1966: 168). Die Disziplinierung des Menschen in Organisationen wird also durch die von Kleingruppen ausgehenden Sanktionen noch verstärkt, denn – wie es Presthus formuliert – „Das Verlangen, geliebt zu werden, ... ist ein mächtiger Anreiz zur Konformität." (ebenda: 169).

Man könnte sich nun auf den Standpunkt stellen, dass die skizzierten Disziplinierungsmechanismen vollkommen im Interesse der betroffenen Individuen liegen, die quasi erpicht darauf sind, auf einen organisatorischen Zweck hin ausgerichtet zu werden. Wir sollten deshalb an dieser Stelle auf einen Ansatz hinweisen, der einer solchen Interpretation widerspricht: *Widerspruch zwischen organisatorischen Anforderungen und menschlicher Reife.* Chris Argyris als ein Vertreter der motivationsorientierten Organisationstheorie versuchte klarzumachen, dass eine grundsätzliche Diskrepanz zwischen dem natürlichen Reifungsprozess eines Menschen und den Anforderungen der hierarchischen Organisation besteht. Er bezeichnet dies als „organisatorisches Dilemma" (vgl. Argyris 1964: 35ff.). Das natürliche Entwicklungsstreben vom Kind hin zum Erwachsenen vollzieht sich seiner Ansicht nach innerhalb eines Kontinuums, welches durch sieben Dimensionen gekennzeichnet werden kann (vgl. Argyris 1975: 216 f.). Wenngleich natürlich die individuelle Verortung auf diesem Kontinuum höchst unterschiedlich sein kann, so lässt sich dennoch ganz allgemein behaupten, dass die formalbürokratische Organisation dem Reifungsprozess entgegenwirkt (vgl. ebenda: 219ff.). Das Ergebnis dieser Form von Disziplinierung sind Frustration, Versagen, kurzfristige Orientierung und Konflikte (vgl. ebenda: 231).

Die bisherigen Ausführungen könnten zu der Vermutung führen, dass die bürokratische Organisation einen exakt planbaren Sozialisationstypus von Menschen hervorbringen kann – nämlich denjenigen, auf den die beliebte Pauschalbezeichnung ‚Bürokrat' zutrifft. Dies ist jedoch keineswegs der Fall. In der Realität zeigen sich recht vielfältige *Reaktionsformen auf die bürokratischen Anforderungen*. Wir wollen diese in Anlehnung an Presthus (1966), Bosetzky/Heinrich (1980) und Bensman/Rosenberg (1976) kennzeichnen.

a. Fälle gelungener Integration

Da ist zum einen der *Aufsteiger* zu nennen. Dieser Idealfall der Anpassung an das bürokratische Milieu ist gegeben, wenn ein Mensch seine eigenen Bedürfnisse innerhalb der Organisation verwirklichen kann und damit gleichzeitig auch die Organisationsziele erfüllt. Diesen Fall kann man beschreiben als eine autoritäre, extravertierte, pragmatische, zielstrebige Persönlichkeit, welche quasi zum Aufstieg vorbestimmt ist, weil sie die bürokratischen Anforderungen optimal erfüllt (vgl. Bosetzky/Heinrich 1980: 218 f.; Mayntz 1966: 314ff.). Weil solche Personen aber karriereorientiert sind, sind sie durchaus nicht der bürokratischen Organisation ganz allgemein, sondern eigentlich nur den höheren Rängen angepasst.

Zum anderen kann es sich um einen *regeltreuen Bürokraten* handeln. Eine pathologische Überidentifikation mit den bürokratischen Prinzipien findet statt, wenn die Befolgung von Regeln zum Selbstzweck wird, die Ziele zugunsten der Mittel aus den Augen verloren werden (vgl. Bosetzky/Heinrich 1980: 219 f; Bensman/Rosenberg 1976: 314ff.). Resultat sind die berüchtigten „Vollblutbürokraten" oder „Paragraphenhengste". Sie geben Anlass zum Schmunzeln (Beamtenwitze), zum Ärger (nur schleppende Aufgabenerfüllung), aber auch zur Sorge, denn blinde Regeleinhaltung führte schon zu den verschiedensten unmenschlichen Auswüchsen der Bürokratie. Aufsteiger wie regeltreue Bürokraten sind jedoch unverkennbar gelungene Produkte bürokratischer Disziplinierung. Sie erfüllen verlässlich ihre Pflicht. Diese Identifikation mit den bürokratischen Zielen findet auch ihren Ausdruck, nämlich in der – häufig selbsttäuschend gebrauchten – Formulierung „meine Firma" oder „unsere Organisation".

b. Fälle mißlungener Integration

Neben den integrierten Persönlichkeiten gibt es natürlich auch Mitglieder in einer Organisation, denen man eine weniger ideale Anpassung an das bürokratische Milieu attestieren muss: *Indifferente*. Den weitaus häufigsten Anpassungstypus in der modernen Arbeitswelt stellen diejenigen Menschen dar, die zwar vom Beruf existieren, aber von ganz anderen persönlichen Interessen leben. Der Beruf dient dem Broterwerb, die Freizeit der Sinngebung. Die seit Presthus deswegen als „Indifferente" Bezeichneten befleißigen sich keines besonderen Eifers oder Konformismus, sondern tun gerade das Nötigste, um Stellung und Lebensunterhalt zu sichern (vgl. Mayntz 1966: 317). Die Indizien im bürokratischen Alltag für eine solche Grundeinstellung sind Absentismus, Wunsch nach Urlaub, Ausweichen in Ablenkungen, Alkoholkonsum am Arbeitsplatz, Larmoyanz, das Betreiben informeller Organisationspolitik in Cliquen und ähnliche bekannte Erscheinungen. Erklärt man die Indifferenz mit Argyris durch eine Diskrepanz zwischen individuellen Bedürfnissen und den situationsspezifischen Befriedigungschancen, kann man zwei unterschiedliche Persönlichkeitstypen identifizieren. Indifferente sind zum einen Menschen, denen die geregelte Tätigkeit in großen Organisationen von vornherein zuwider ist. Zu denken wäre hier an Künstler, Abenteurer oder Intellektuelle (vgl. Mayntz 1966: 317 f.). Weitaus häufiger entsteht Indifferenz aber durch die Enttäuschung anfänglicher Hoffnungen (vgl. ebenda: 318ff.). Die schon von Argyris behaupteten Frustrationseffekte haben ihre Ursache nach Presthus dabei in monotoner Routine, mangelnden Aufstiegschancen und fehlenden Bildungsvoraussetzungen zur Realisation von Karriereträumen.

Die von Presthus als *„Ambivalente"* Bezeichneten, die nur die Leistung, aber nicht die Autorität respektieren, verhalten sich nicht so geschickt wie die Aufsteiger und werden deshalb in ihren Hoffnungen oft enttäuscht. Sie sind meist Spezialisten oder Intellektuelle, die den Ausweg in die Indifferenz nicht wählen, weil sie ihren fachlichen Ehrgeiz nicht aufgeben wollen (vgl. ebenda: 327 f.).

Bei Presthus weitgehend unberücksichtigt bleiben jene Personen, die durch passiven oder aktiven Widerstand für unerwünschte Einflüsse in der großen Organisation sorgen: Die *Widerstandsleistenden*. Das weitverbreitete Erscheinungsbild des passiven Widerständlers beruht auf strikter äußerer Regelbefolgung bei gleichzeitigem Bemühen, alle möglichen Normen der bürokratischen Maschinerie zu unterlaufen, um sich damit Freiräume für ein „gemütliches Leben" oder „unbürokratisches Handeln" zu verschaffen (vgl. Bensman/Rosenberg 1976: 317 f.; Bosetzky/Heinrich 1980: 222). Der „brave Soldat Schwejk" beschreibt in literarischer Form quasi den Idealtyp dieser Anpassungsform. Die Methoden zur „White-Collar Sabotage" (Bensman/Rosenberg 1976: 317) sind vielfältig und führen die These ad absurdum, der Mensch könne im Sinne des bürokratischen Idealtypus so diszipliniert werden, dass er Organisationsziele effizient erfüllt. Zu nennen wären dabei vor allem: „Dienst nach Vorschrift", gezieltes Ausfiltern von Informationen, Kollaboration von Untergebenen gegen Vorgesetzte, Ausspielen informeller Machtquellen. Von diesen Fällen dysfunktionaler Einwirkung auf die bürokratische Organisation sind allerdings jene Formen aktiver Auflehnung zu unterscheiden, durch die reformerisch gesinnte Akteure die Organisation in fortschrittlicher Weise verändern wollen. Es erscheint seltsam, aber im Sinne bürokratischer Pflichterfüllung muss man natürlich auch bei diesen Menschen von mißlungener Integration sprechen.

Letztendlich darf man nicht außer Acht lassen, dass die Anforderungen des bürokratischen Alltags auch Krankheiten auslösen können: *Pathologische Fälle.* Gemeint sind damit weniger die direkten Folgen organischer Gesundheitsrisiken (z.B. Verletzungsgefahr), sondern das breite Spektrum an psychosomatischen, neurotischen und psychotischen Symptomen, welche das Ergebnis schwerwiegender individueller Konflikte darstellen. Diese können ihren Ausdruck beispielsweise in Magengeschwüren, Rückenschmerzen (die oft durch psychische Probleme ausgelöst werden) oder im heutzutage oft diagnostizierten „Burnout Syndrom" finden. Das sichtbare, legale Krankgeschriebenwerden kann dabei einerseits nur Symptom sein (Flucht in den Absentismus), andererseits aber auch den absoluten Höhepunkt der Krise manifestieren (z.B. Nervenzusammenbruch).

Abschließend ist festzuhalten, dass die großen Organisationen der arbeitsteiligen Gesellschaft ihre Ziele nur erfüllen können, wenn ihre Mitglieder geordneten Aufgaben nachgehen. Das bürokratische Modell ist dabei ein weitverbreiteter Versuch, die Handlungsvollzüge zu strukturieren und die arbeitenden Menschen in den bürokratischen Organisationen auf die Ziele hin auszurichten. In diesem Prozess werden vielerlei disziplinierende Impulse wirksam, die jedoch keineswegs den einheitlichen Persönlichkeitstypus eines ‚typischen Bürokraten' hervorbringen, sondern die verschiedensten Reaktionen bei den Betroffenen auslösen. Eine zunehmende Bürokratisierung gesellschaftlicher Institutionen führt deshalb zu der Frage, ob die von Max Weber behauptete Effizienz der bürokratischen Organisation eine realistische Einschätzung darstellt.

4.2 Disziplinierung in totalen Institutionen

Nachdem im vorangegangenen Abschnitt die Selbstdisziplinierung in Klöstern – in denen sich die Disziplinierungstechniken entwickelten – und die Fremddisziplinierung in der Fabrik oder in bürokratische Organisation betrachtet wurde, rückt im Folgenden die Disziplinierung in totalen Institutionen (Internat, Gefängnis, Anstalt) in den Fokus.

Den Ausgangspunkt der Betrachtung bildet die Frage, welche Besonderheiten der Disziplinierung in totalen Institutionen zu finden sind im Vergleich zu den bisher betrachteten Formen (die hier als offene Institutionen bezeichnet werden). Dabei ist es wichtig zunächst die zentralen Merkmale totaler Institutionen (in Anlehnung an Erving Goffman) darzustellen und sie von ‚offenen' Institutionen abzugrenzen.[72] Eine wesentliche Besonderheit der totalen Institutionen ist es, dass sich nur hier die Wirkungen der Disziplinierung, als Prozess der Erzeugung eines bestimmten Verhaltens zur Erfüllung bestimmter Ziele, vollkommen entfalten können. Welches Ausmaß die Disziplinierung in totalen Institutionen annehmen kann, sollen anschließend die beiden ausgewählten Beispiele illustrieren. Dazu werden zum einen das Konzentrationslager als totale Institution sowie bürokratische Organisation und zum anderen das Gefängnis als totale Institution der Disziplinierung nach Michel Foucault betrachtet.

4.2.1 Merkmale totaler Institutionen

Eine grundlegende Darstellung des Disziplinierungsprozesses in totalen Institutionen sowie die Begriffsprägung „totale Institution" stammt von dem Soziologen Erving Goffman (vgl. Goffman 1972: 15ff.).[73]

„Eine totale Institution läßt sich als Wohn- und Arbeitsstätte einer Vielzahl ähnlich gestellter Individuen definieren, die für längere Zeit von der übrigen Gesellschaft abgeschnitten sind und miteinander ein abgeschlossenes, formal reglementiertes Leben führen." (ebenda: 11)

Die zentralen Merkmale totaler Institutionen sind die Aufhebung der in unserer Gesellschaft üblichen physikalischen Trennung der Lebensbereiche Arbeit, Freizeit, Schlaf und die Deprivation der Mitglieder, also Beraubung ihrer Kommunikationschancen (vgl. Lisch 1976: 11). Der totale und allumfassende Charakter solcher Institutionen zeigt sich in der Abgeschlossenheit von der Außenwelt, zum einen sichtbar durch verschlossene Tore, hohe Mauern und Stacheldraht, zum andern spürbar durch die Beschränkung der Kommunikation mit der Außenwelt und der Begrenzung der Freizügigkeit der Mitglieder (vgl. Goffman 1972: 15ff.). Beispiele für totale Institutionen sind Gefängnisse[74], Internate, Anstalten, Klöster, das Militär[75], das Schiff[76] oder Konzentrationslager[77].

---

[72] Vgl. weiterführend zum Thema auch Amitai Etzioni (1967): Soziologie der Organisationen, München: Juventa.
[73] Goffmans Werk „Asyle" beruht auf seiner Feldarbeit, die er 1955 bis 1956 im St. Elizabeths Hospital in Washington D.C. durchführte mit dem Ziel, das soziale Milieus der Klinikinsassen zu untersuchen (vgl. Goffman 1972: 7ff.).
[74] Vgl. hierzu Michel Foucault (1977): Überwachen und Strafen. Die Geburt des Gefängnisses. Frankfurt am Main: Suhrkamp.
[75] Vgl. hierzu Hubert Treiber (1973): Wie man Soldaten macht. Sozialisation in "kasernierter" Vergesellschaftung. Düsseldorf: Bertelsmann Universitätsverlag.

Alle totalen Institutionen weisen nach Goffman die folgenden vier Merkmale auf (vgl. ebenda: 17ff.), wobei diese Merkmale in den verschiedenen totalen Institutionen unterschiedliche Ausgestaltung und Intensivierung erfahren:

- Alle Angelegenheiten des Lebens (Arbeit – Freizeit – Wohnung) finden am gleichen Ort und unter der gleichen Autorität statt.
- Alle Mitglieder führen ihre tägliche Arbeit in einer großen Gruppe von Schicksalsgenossen aus. Alle verrichten die gleiche Tätigkeit und werden gleich behandelt.
- Alle Phasen des Arbeitstages sind exakt geplant.
- Alle erzwungenen Tätigkeiten sind in einem rationalen Plan zusammengefasst, der der Erfüllung der Ziele der Institution dienen soll.

Diese Merkmale treffen auf alle totalen Institutionen zu. Allerdings unterschieden sich diese Institutionen hinsichtlich ihrer Ziele, Begründung ihrer Legitimität und Selbstbestimmung der Mitglieder über den Eintritt in dieselbige. Goffman unterscheidet fünf Gruppen totaler Institutionen nach der jeweiligen Zielsetzung, die die Institution verfolgt (vgl. Goffman 1972: 16ff.):

- Fürsorge von unselbständigen, harmlosen Personen (Waisenhäuser, Altersheime);
- Fürsorge von Personen, von denen eine unbeabsichtigte Bedrohung für die Gesellschaft ausgeht (Psychiatrie, Quarantänestation);
- Schutz der Gesellschaft vor beabsichtigten Gefahren, wobei das Wohlergehen der abgesonderten Personen nicht unmittelbarer Zweck ist (Gefängnisse, Kriegsgefangenenlager, Konzentrationslager);
- Totale Institution zur besseren Aufgabenerfüllung (Kasernen, Internate, Schiffe);
- Zufluchtsort vor der Welt (Klöster).

Zudem kann der Eintritt in oder die Rekrutierung für eine totale Institution freiwillig oder unfreiwillig erfolgen. Von einer freiwilligen Rekrutierung kann man

---

[76] Vgl. hierzu Ralf Lisch (1976): Totale Institution Schiff. Berlin: Duncker & Humblot. Lisch untersucht die Organisation des Schiffes und ihrer Mitglieder. Im Mittelpunkt stehen der Seemannsberuf und das Leben an Bord. Durch die Abgeschlossenheit des Schiffes von der Gesellschaft und damit die fehlende Möglichkeit der Seemänner mit Mitgliedern der Gesellschaft außerhalb des Schiffes zu interagieren, „unterscheidet sich das Schiff in keiner Weise vom Gefängnis, vom Klostert oder von der Kaserne" (Lisch 1976: 7). Auch das Schiff erfüllt die Merkmale totaler Institutionen nach Goffman (vgl. Lisch 1976: 10ff.).

[77] Vgl. hierzu Wolfgang Sofsky (1993): Die Ordnung des Terrors: Das Konzentrationslager. Frankfurt am Main: Fischer.

unter Umständen bei Klöstern, Schiffen oder Kasernen sprechen. Voraussetzung ist, dass es sich beim Eintritt in eine dieser Institutionen um eine freie Entscheidung des Individuums handelt und nicht um Zwang (beispielsweise kann man im Falle einer geltenden Wehrpflicht nicht von freiwilliger Rekrutierung sprechen). In totalen Institutionen wie Altersheimen oder Waisenhäusern ist der Zugang teils freiwillig und teils erzwungen (vgl. Lisch 1976: 12). Ziel der Institution ist hier die Fürsorge hilfsbedürftiger harmloser Menschen, die unfreiwillig durch Alterungsprozesse oder Schicksalsschläge in einen Lebensumstand geraten, in dem sie sich nicht mehr selbstständig versorgen können. Der Eintritt in ein Altersheim oder Waisenhaus verspricht den Betroffenen eine Verbesserung der persönlichen Situation durch die angebotene Hilfe und Fürsorge der Institution. In totalen Institutionen wie dem Gefängnis, dem Konzentrationslager oder auch der geschlossenen Abteilung von Krankenhäusern und Psychiatrien – deren Ziel der Schutz der Gesellschaft vor den Insassen ist – handelt es sich um einen erzwungenen Eintritt.

Totale Institutionen zeichnen sich durch eine extrem starke Reglementierung und physische Kontrolle der Mitglieder rund um die Uhr aus. Die Kontrolle und Überwachung der Insassen stellt die Hauptaufgabe des Personals der Institution dar, wobei die fundamentale Trennung zwischen den Mitgliedern oder Insassen und dem Personal ein wesentliches Merkmal dieser Institutionen ist.

Goffman beschreibt die Welt der Insassen sehr detailliert, wobei hier nur in Auszügen auf einige Besonderheiten verwiesen werden sollen, bei denen es sich auch um Techniken handelt, die der Disziplinierung der Mitglieder dienen.

Schon der *Prozess der Aufnahme* hat einschneidende Wirkungen auf das betroffene Individuum (vgl. Goffman 1972: 25ff.): Durch die Einschränkung des Kontakts zur Außenwelt und die Wegnahme der „Identitätsausrüstung" (Kleidung, Eigentum, vollständiger Name, Haarpracht) erfolgt ein tiefer Bruch mit früheren Rollen. So tragen das Entkleiden, die Wegnahme persönlicher Habseeligkeiten und der Verlust des vollen Eigennamens oder der Ansprache mit diesem beträchtlich zur Verstümmelung des Selbst bei. Aus dem Individuum wird ein Insasse, dessen frühere soziale Schichtzugehörigkeit, Herkunft, Beruf oder Familienstand in der totalen Institution völlig an Bedeutung verlieren. Alle äußerlichen Persönlichkeitsmerkmale, die eine Unterscheidung zwischen den Insassen oder auch dem Personal ermöglichen würde, werden entfernt. Solche Aufnahmeprozeduren führen zu – z.T. unbeabsichtigten – Demütigungen und Angriffen auf die Persönlichkeit. Der Demütigungsprozess nimmt in den verschiedenen Institutionen natürlich ein unterschiedliches Ausmaß an (ebenda: 32ff.).

Auch der *Verlauf des Alltags* in der Institution zwingt den Insassen zu entwürdigendem Verhalten und erzwungene Ehrerbietung: Dem Insasse steht keinerlei Handlungsautonomie zu. Stattdessen bestimmt ein detaillierter, stark reglementierter Tagesplan den alltäglichen Verlauf. Zahlreiche Regeln, verbunden mit einem System von Strafen und Belohnungen sowie gestaffelter Autorität, bestimmen das Leben in der Institution (ebenda: 54ff.).

Die Reaktion der Insassen auf das Leben in der totalen Institution fällt unterschiedlich aus. Die Form der Anpassung hat starke Auswirkungen auf die Lebensumstände des Insassen, beispielsweise variieren damit Zahl und Härte der Strafen aber auch Höhe und Ausmaß von Belohnungen und Privilegien. Goffman unterscheidet folgende *Formen der Anpassung* (vgl. ebenda: 64ff.):

- Rückzug: Der Insasse reagiert mit Rückzug auf die Situation, in dem er die Beteiligung an Interaktionsprozessen abbricht. In diesem Fall zeigt er für nichts Interesse „außer für die Dinge, die ihn unmittelbar körperlich umgeben" (ebenda: 65).
- Widerstand: Der Insasse nimmt einen „kompromißlosen Standpunkt" (ebenda: 66) ein. Er lehnt die Institution ab, bedroht sie und verweigert die Zusammenarbeit mit dem Personal. Folglich wird der Insasse verstärkt kontrolliert und bestraft. Diese Reaktion ist häufig am Anfang bei den Insassen festzustellen. Später wird der Insasse auf eine andere Form der Anpassung ausweichen.
- Kolonialisierung: Damit ist eine Anpassung an die Welt der Institution gemeint. „Der Insasse nimmt den Ausschnitt der Außenwelt, den die Anstalt anbietet, für die ganze, und aus den maximalen Befriedigungen, die in der Anstalt erreichbar sind, wird eine stabile, relativ zufriedene Existenz aufgebaut." (ebenda: 66)
- Konversion: Bei der Konversion verinnerlicht der Insasse das amtliche Urteil über seine Person und versucht die Rolle eines perfekten Insassen zu spielen.

Goffman versteht diese Formen der Anpassung als kohärente Verhaltensrichtlinien, die allerdings nur von wenigen Insassen umfassend befolgt werden. In den meisten totalen Institutionen bedienen sich die Insassen einer Strategie, die er als „ruhig Blut bewahren" bezeichnet. Diese besteht aus „sekundären Anpassungen, Konversion, Kolonisierung und Loyalität gegenüber der Gruppe der Insassen" (ebenda: 68). An dieser Stelle sei auf die vielfältige Reaktionsformen der Mitglieder verwiesen, die wir als Ergebnis von Disziplinierungsversuche in bürokratischen Organisationen finden können (vgl. hierzu 104ff.).

Abschließend bleibt die Frage zu klären, inwiefern totale Institutionen auch bürokratische Institutionen sind. Vergleicht man die Merkmale totale Institutionen mit denen bürokratischen Organisationen so finden sich zum einen gewisse

Auswüchse dieser Eigenschaften in totalen Institutionen (z.B. Gehorsam und Regelorientierung, deren Nichteinhaltung mit körperlichen Strafen geahndet wird) und zum anderen müssen einige Merkmale kritisch diskutiert werden.

Hinsichtlich der Personalmerkmale, welche auf die Insassen bezogen werden, ist kritisch zu hinterfragen inwieweit es sich bei totalen Institutionen überhaupt um eine formal freie Kontrahierung handeln kann. Nur in wenigen totalen Institutionen kann man von freiwillig kontrahierten Mitgliedern sprechen (Kloster, Kaserne). Je nach dem, ob die Rekrutierung freiwillig oder unfreiwillig erfolgt, muss in Mitglieder vs. Insassen (Gefängnis, Konzentrationslager) unterschieden werden. Auch das Merkmal der Geldentlohnung ist nur in wenigen totalen Institutionen zu finden, als Beispiele können hier das Militär oder heutzutage in Ansätzen auch die Gefängnisse angeführt werden, da hier den Insassen für jeden Tag in Haft eine Pauschale nach der Entlassung gezahlt wird. Während die Merkmale Regelorientierung, Disziplin und Gehorsam in totalen Institutionen groß geschrieben werden, ist gerade die Unpersönlichkeit des Umgangs oft nicht gegeben, weil eine totale und umfassende Kontrolle herrscht. Vor allem sind totale Institutionen allerdings häufig nicht legal-rational legitimiert. Dies gilt beispielsweise für Sekten, die im Untergrund operieren (Opus Dei oder Church of Scientology).

Mit Blick auf die Organisationsmerkmale muss diskutiert werden, inwieweit die Trennung von Haushalt und Betrieb, Dienstgeschäften und Privatleben vorliegt. Dies ist offenbar für das Personal, welches in totalen Institutionen arbeitet gegeben: Gefängnisaufseher leben außerhalb des Gebäudekomplexes. Auch Ärzte oder Pflegepersonal von Anstalten verlassen nach getaner Arbeit die Institution. Im Bezug auf die Mitglieder oder Insassen ist eine solche Trennung nur beim Militär zu finden (Heimaturlaub). Sowohl in Klöstern, Gefängnissen aber auch Anstalten oder Waisenhäusern ist diese Trennung völlig aufgehoben. Merkmale wie die Kompetenzabgrenzung, Schriftlichkeit und Aktenkundigkeit sowie die Hierarchie sind in totalen Institutionen zu finden und umfassend praktiziert. Darüber hinaus gibt es Merkmale bürokratische Organisationen die im Kontext der totalen Institutionen ganz unterschiedlich interpretiert werden können: Beispiel hierfür ist das Rechtsstaatsprinzip, da für Insassen von Gefängnissen, Konzentrationslagern oder Quarantäneanstalten einige Rechte „zum Schutz der Gesellschaft" aufgehoben oder eingeschränkt werden.

Die folgende Abbildung fasst abschließend die zentralen Merkmale totaler und offener Institution, die in letzten Abschnitten behandelt wurden, zusammen und grenzt sie voneinander ab.

Abbildung 10: Abgrenzung totaler und offener Institutionen

Totale Institution			Offene Institution	
Selbst-disziplinierung	Fremd-disziplinierung		Selbst-disziplinierung	Fremd-disziplinierung
freiwillig kontrahiert (Mitglieder)	freiwillig kontrahiert (Mitglieder)	Zugang durch Zwang (Insassen)	freiwillig kontrahiert (Mitglieder)	
Kloster Sekte Militär (Kaserne)	Internat (Schule, Universität, Ausbildung), Waisenhaus	Gefängnis, Kriegsgefangenenlager, Konzentrationslager	Selbstständiger Unternehmer, Verein	Fabrik, bürokratische Organisation

4.2.2 Konzentrationslager als totale Institutionen und bürokratische Organisationen

Konzentrationslager sind ein extremes Beispiel dafür, welches Ausmaß die Herrschaft über Individuen mittels bürokratisch konzipierten Organisationen annehmen kann. Zum besseren Verständnis und zur Einordnung in den bürokratietheoretischen Kontext muss an dieser Stelle noch einmal auf den Begriff der *formalen und substantiellen Rationalität* bei Max Weber (behandelt unter Abschnitt 2.1.5 dieses Buches) verwiesen werden. Folgt man dieser Unterscheidung, dann können Konzentrationslager zwar als formal rational organisierte Einrichtungen aufgefasst werden, die jedoch aus unserer Sicht substantiell höchst irrationale Ziele verfolgen.[78] Aufgrund dieser thematischen Einordnung wird im Folgenden zwei zentralen Fragen nachgegangen: Erstens, inwieweit erfüllen Konzentrationslager die Merkmale totaler Institutionen nach Goffman und zweitens, inwiefern handelt es sich bei Konzentrationslagern um bürokratische Organisationen nach Max Weber?

Eine ausführliche Darstellung zum Begriff, Typologie und zur Frühgeschichte der Konzentrationslager findet sich bei Andrzej Kaminski.[79] Darüber

---

[78] Formale Rationalisierung ist lediglich auf die effiziente, effektive und damit rationale Umsetzung von Zielen ausgerichtet (z.B. Produktion eines Gutes durch Fließbandarbeit, Produktion von Waffen). Sie legt anders als die substantielle Rationalität keine Werturteile zugrunde, die nach der moralischen Vertretbarkeit der Ziele fragen (Ausbeutung und Entfremdung der Arbeiter am Fließband, Einsatz von Waffen). Zur Umsetzung substantieller Rationalität bedarf es stets normativer Prämissen, Werthaltungen oder auch Ideologien. Die Entscheidung darüber, ob etwas substantiell rational ist, liegt letztlich immer beim Einzelnen (oder im Falle von Ideologien bei deren Anhängerschaft).

[79] Zur Geschichte der Konzentrationslager (seit dem 19. Jahrhundert) und zur Mehrdeutigkeit des Begriffes vgl. Andrzey J. Kaminski (1982): Konzentrationslager 1896 bis heute. Eine Analyse. Stuttgart, Berlin, Köln, Mainz: Kohlhammer.

hinaus liefert Wolfgang Sofsky einen ausführlichen Abriss der Geschichte deutscher Konzentrationslager, die hier auch Gegenstand unserer Betrachtung sind. Zunächst ist zu berücksichtigen, dass es verschiedene *Typen von Konzentrationslagern* gibt, die sich hinsichtlich ihres primär verfolgten Ziels unterscheiden. Andrzej Kaminski unterscheidet beispielsweise zwei zentrale Funktionen solcher totalen Institutionen (vgl. Kaminski 1982: 70ff.): Zum einen das Konzentrationslager als Terror-Lager (z.b. deutsches Konzentrationslager) und zum anderen als Sklavenarbeitslager (z.b. sowjetisches Gulag). Darüber hinaus können die deutschen Konzentrationslager allerdings differenzierter betrachtet werden, da sich neben den Terrorlagern (Massenvernichtungslager) auch Beispiele für Lager finden, deren oberstes Ziel (zumindest zeitweise) der Gewinnung von Arbeitskräften galt. So können unter den deutschen Lagern folgenden drei Typen unterschieden werden:

- Arbeitslager (z.B. Auschwitz Monowitz gebaut für IG Farben)
- Umerziehungslager (Arbeitserziehungslager der Gestapo[80])
- Massenvernichtungslager (z.B. Auschwitz-Birkenau, Treblinka)

Die Zielverschiebungen, die sich innerhalb der deutschen Konzentrationslager in den Jahren 1933 bis 1945 vollziehen, werden besonders bei Wolfgang Sofsky deutlich. Er zeichnet anhand der *Geschichte* der deutschen Lager die damit verbundenen *Funktionsveränderungen* nach (vgl. Sofsky 1993: 41ff.). Mit diesen Funktionen verändern sich folglich auch die Zusammensetzung der Häftlinge und die Zustände in den Lagern.

Zu Beginn (1933-1936) sollten die Konzentrationslager der Inhaftierung politischer Gegner und der Einschüchterung der Bevölkerung dienen. Verhaftet werden zunächst Geistliche, Beamte, Journalisten und politische Gegner (z.B. kommunistische Funktionäre). Infolge der politischen Konsolidierung des Systems nimmt 1933 einige Monate nach der Machtergreifung der NSDAP die Zahl der Inhaftierungen wieder ab. 1934 beginnt die Reorganisation und Erweiterung des Lagersystems. Bis 1936 verfestigen sich die Konzentrationslager als Institution, die Lagerverwaltung wird formalisiert und auch hinsichtlich des Haftvollzugs ist eine Standardisierung erkennbar. Arbeits- und Kompetenzverteilung etablieren sich und werden schriftlich fixiert. Allerdings kennzeichnet die Konzentrationslager schon in ihren ersten Jahren – trotz bestehender Standardregelkataloge – Willkür und Terror des Personals gegenüber den Insassen. Innerhalb dieser vier Jahre wird der erste Funktionswandel der Konzentrationslager sichtbar: Die ursprünglich als befristetes Repressionsinstrument – welches zur Etab-

---

[80] Vgl. hierzu Gabriele Lotfi (2000): KZ der Gestapo. Arbeitserziehungslager im Dritten Reich. Stuttgart, München: DVA.

lierung eines neuen Regimes dienen soll – angelegten Lager, werden zu einer Dauereinrichtung, welche zur Inhaftierung aller dienen soll, die das System in den Folgejahren als Gegner definieren würde (vgl. ebenda: 43ff.).

Ab 1936 bis 1939 erfolgt ein systematischer Ausbau des bestehenden Lagersystems sowie Planung und Errichtung neuer Lager. Deren Standorte werden nach wirtschaftlichen Gesichtspunkten ausgewählt wie Produktionsstätten der Baustoffgewinnung, Granitsteinbrüche oder Nähe zu Ziegelwerken. Da die Opposition zu diesem Zeitpunkt schon zerstört ist, erfolgt eine Ausdehnung der Inhaftierung auf andere Gruppen. Zunehmend werden nun auch soziale Außenseiter, „Asoziale"[81] und Kriminelle inhaftiert (vgl. ebenda: 46ff.), über die sogar Häftlingsakten geführt werden. Hier zeichnet sich ein weiterer Funktionswandel ab: In den Mittelpunkt rücken nun die Zwangsrekrutierung von Arbeitern und deren Inhaftierung mit dem Ziel, Arbeitskräften für die SS-Betriebe zu gewinnen. Damit verändert sich die Zusammensetzung der Lager, wobei die politischen Gefangenen nun die Minderheit bilden. Die Konzentrationslager sollen in dieser Zeit eher die Funktion als Arbeitslager erfüllen, in denen die physische Vernichtung zwar nicht als oberstes Ziel definiert ist, jedoch mit Arbeit, Unterernährung Gewalt und Krankheit einhergeht.

Mit Beginn des Krieges veränderte sich die Funktion der Lager und die Zusammensetzung der Häftlinge erneut, die Organisationsstruktur der Lager veränderte sich allerdings nicht. Der Haftvollzug wird verschärft: Kürzung der Verpflegung, Straffung des Tagesablaufs, Ausdehnung der Appellzeiten. In Folge dessen steigt die Sterblichkeit in den Lagern besonders im ersten Kriegswinter stark an. Von 1939 bis 1945 werden die Lager als Arbeitsstätte zum zentralen Bestandteil für die kriegswichtige Industrie. Inhaftiert werden besonders ausländische Häftlinge aus den besetzen Ländern (Kriegsgefangene und vor allem Juden), diese stammen überwiegend aus Polen und der Sowjetunion (vgl. ebenda: 48ff.). Diese „Internationalisierung der Häftlingsgesellschaft" (ebenda: 48) hat eine Differenzierung der Sozialstruktur innerhalb der Konzentrationslager zur Folge und führt zu Gegensätze zwischen den nationalen Gruppen. Damit rücken deutsche Häftlinge in der Hierarchie nach oben und stellen einen Großteil der Funktionshäftlinge. Verbunden mit der steigenden Zahl an Häftlingen und folglich Überfüllung der Lager nehmen sowohl die Sterblichkeit als auch die systematische Vernichtungen zu. In der ersten Kriegshälfte (bis 1942) werden Exekution und Massenvernichtung das oberste Ziel der Konzentrationslager und damit vollzieht sich eine weitere Funktionsverschiebung. Diese Vernichtungsmaßnahmen erreichen im Winter 1941/1942 ihre radikalste Stufe (vgl. ebenda: 53). In der zweiten Kriegshälfte setzt sich die Massenvernichtung zwar weiter fort und

---

[81] Dabei handelt es sich um eine Sammelkategorie für beispielsweise Bettler, Prostituierte, Homosexuelle, psychisch Kranke oder Sinti und Roma.

richtet sich vor allem gegen die jüdische Bevölkerung, jedoch rückt parallel dazu auch die Gewinnung von Arbeitskräften für den Einsatz in der Rüstungsindustrie in den Fokus (vgl. ebenda: 52ff.).

In der letzten Periode des Krieges (1944-1945) werden die Konzentrationslager aufgrund des Vorrückens der Alliierten aufgelöst. Die Lager werden geräumt und die Häftlinge verlegt (in Lager, die sich weiter im Landesinneren befinden). Oftmals wurden die Insassen zu Fuß auf den Weg in andere Lager geschickt, diese Todesmärsche in den Wintermonaten überlebte die Mehrheit nicht (vgl. ebenda: 55ff.).

Zusammenfassend findet man folgende Phasen der Zielverschiebungen innerhalb der totalen Institution Konzentrationslager:

a. Ausschaltung der politischer Opposition, Isolierung sozialer Außenseiter, Terrorisierung der Bevölkerung: Arbeitseinsatz als Mittel des Haftvollzuges, nicht Zweck (1933-1936)
b. Konzentrationslager als Arbeitslager: Arbeitseinsatz als Zweck (ab 1936)
c. Konzentrationslager als Hinrichtungsstätte (ab 1939)
d. Massenvernichtung und Arbeitsstätte (1942-1944)
e. Auflösung der Konzentrationslager (1944-1945)

Folgt man abschließend der *Typologie nach Goffman* – bei der die Einordnung totaler Institutionen in die fünf Gruppen auf Basis deren Zieldefinition erfolgt – so sind Konzentrationslager trotz ihrer Funktionsverschiebungen zwischen 1933 bis 1945 in die Gruppe derjenigen totalen Institutionen einzuordnen, die den Schutz der Gesellschaft vor beabsichtigten Gefahren zum Ziel haben. Die Definition, wer inhaftiert wird, weil von ihm angeblich eine Gefahr für die Gesellschaft ausgeht, sowie die Legitimation der Lager gegenüber der Bevölkerung ergeben sich aus der Ideologie des NS-Regimes.

Konzentrationslager erfüllen mit Einschränkungen die zentralen *Merkmale totaler Institutionen nach Goffman*. Die Betrachtung der vier zentralen Eigenschaften zeigt, dass aufgrund der herrschenden Willkür des Personals gegenüber den Insassen und der undurchsichtigen Hierarchien in den Lagern die Merkmale nur beschränkt Geltung erfahren:

- Das gesamte Leben der Häftlinge findet in den Lagern und unter der gleichen Autorität (der SS) statt.
- Alle Häftlinge führen ihre tägliche Arbeit in einer großen Gruppe von Schicksalsgenossen aus. Alle verrichten einerseits die gleiche Tätigkeit, werden allerdings andererseits nicht gleich behandelt: Sondern zum einen herrscht Willkür und zum anderen gibt es unterschiedliche Hierarchien. Es

gilt zwar, zahlreiche Regeln im Lager zu befolgen, jedoch schützt deren Befolgen nicht vor willkürlichen Strafen. Auch die besondere Hierarchie unter den Häftlingen und die Grenze zwischen den Funktionshäftlingen und unteren SS-Rängen sind z.T. verwischt. Diese beiden Eigenschaften widersprechen den ursprünglich nach Goffman geschilderten Merkmalen (gleiche Behandlung aller Insassen und klare Hierarchien).

- Alle Phasen des Arbeitstages sind exakt geplant, können aber durch die Willkür der Herrschenden jederzeit verändert, umgeworfen oder unterbrochen werden.
- Alle erzwungenen Tätigkeiten sind in einem rationalen Plan zusammengefasst, der der Erfüllung der Ziele der Institution dienen soll: „Vernichtung durch Arbeit". Ziel der Konzentrationslager ist nicht nur die Massenvernichtung von Menschen, sondern auch die Ausnutzung der Häftlinge im Arbeitsprozess. Diesem Ziel liegt ein rationaler Plan (Bau und Ausstattung der Konzentrationslager, Anbindung an die Infrastruktur, Entrechtlichung der Opfer durch Verordnungen) zugrunde.

Inwiefern kann man nun *Konzentrationslagern als bürokratische Organisation* im Weberschen Sinne bezeichnen? Bei der Beantwortung dieser Frage müssen zwei Aspekte berücksichtigt werden. Zum einen handelt es sich bei bürokratischen Organisationen grundsätzlich um offene Institutionen, folgt man der Abgrenzung, die wir im vorangegangen Abschnitt vorgenommen haben. Daher kann es sich bei Konzentrationslagern nicht um eine bürokratische Organisation in Reinform handeln, sondern lediglich um eine Institution, die hinsichtlich ihrer Verwaltung und Arbeitsweise bürokratischer Merkmale aufweist. Zum zweiten zeigt die Betrachtung der Konzentrationslager, dass zahlreiche Unterschiede zu den Weberschen Bürokratiemerkmalen festzustellen sind.

Die Merkmale Trennung von Haushalt und Betrieb, Ressortprinzip, Fachqualifikation oder Spezialisierung, Hierarchie, Regelgebundenheit oder Amtsautorität gelten nicht oder nur sehr eingeschränkt. Im Übrigen sind insbesondere die Funktionshäftlinge natürlich nicht ‚frei kontrahiert' oder gar fachgeschult. Während Regelorientierung, Disziplin und Gehorsam eine wesentliche Rolle in den Lagern spielen, schützen die Befolgung dieser Prinzipien allerdings nicht vor Strafe oder Tod. Folglich entfällt auch das Merkmal der Regelgebundenheit. Statt Berechenbarkeit, Rechtmäßigkeit oder gleiche Behandlung aller herrschen Willkür und Terror in den Lagern. Die Merkmale Schriftlichkeit und Aktenkundigkeit müssen differenziert betrachtet werden, da in den ersten Jahren der Konzentrationslager (als Repressionsinstrument oder Arbeitslager) über die Insassen sowohl Häftlingsakten geführt als auch Inhaftierungen und Entlassungen protokolliert wurden. In der Funktion der Konzentrationslager als Massenvernichtungsanlage entfallen diese Merkmale zunehmend.

Im Ergebnis kann man von Konzentrationslagern nicht als bürokratische Organisation im Sinne Max Webers sprechen. Abschließend ist es jedoch von Bedeutung, die Betrachtung auf das politische System zu erweitern. Nur so kann die Relevanz bürokratischer Strukturen im nationalsozialistischen Staat für dessen Funktionieren und zur Umsetzung der Ideologie verdeutlicht werden.

Die vielen einzelnen Maßnahmen und Verordnungen, die im „Dritten Reich" veranlasst wurden, sind auf der einen Seite Beleg für den herrschenden Terror gegenüber bestimmten Bevölkerungsgruppen, beinhalten Willkür und Unrechtmäßigkeit und protokollieren die zahlreichen Demütigungen. Zum anderen setzen sie allerdings auch einen funktionierenden Verwaltungsapparat, der nach bürokratischen Merkmalen organisiert ist, voraus, damit die Verordnungen umgesetzt werden können. Diese Verordnungen reichen in alle Bereiche des Lebens im nationalsozialistischen Staat: Familie, Ehe, Freizeit, Beruf, staatliches Pass- und Meldewesen, Vermögen oder Versorgung mit Gütern.[82]

Schon die Begriffsklärung – Volljuden und Dreivierteljuden (Personen mit mindestens drei jüdischen Elternteilen), Geltungsjuden (Mischlinge ersten Grades, die der jüdischen Kultusgemeinde angehören oder mit einem Juden verheiratet sind), Halbjuden/ Mischlinge ersten Grades (Personen mit einem jüdischen Elternteil oder zwei jüdischen Großeltern), Vierteljuden/ Mischlinge zweiten Grades (Personen mit einem jüdischen Großelternteil) – erfolgt systematisch, pedantisch und formalisiert, da nicht zuletzt das Personal der jeweiligen Behörden bei der Bearbeitung von Fällen darauf zurückgreift. Auch die folgenden Verordnungen bedürfen der Umsetzung durch staatliche Behörden, die nach den Weberschen Bürokratiemerkmalen organisiert sind:

- Durchführungsverordnung vom 4. Mai 1933: Verpflichtung zum Nachweis der arischen Abstammung für Beamten (Ariernachweis/ Ahnenpass);
- 3. Verordnung vom 14. Juni 1938: Definition jüdischer Gewerbebetriebe, Erfassung aller jüdischen Gewerbebetriebe in einem gesonderten, für die Öffentlichkeit frei zugänglichen Verzeichnis;
- 10. Verordnung vom 4. Juli 1939: Gründung der „Reichsvereinigung der Juden in Deutschland" als Zwangsorganisation für alle Juden innerhalb des Reichsgebietes;

---

[82] Vgl. hierzu weiterführend und ausführlich Hans G. Adler (1974): Der verwaltete Mensch. Tübingen: J.C.B. Mohr (Paul Siebeck) und Raul Hilberg 1961. The Destruction of the European Jews. Chicago. Quadrangle Books.

- Verordnung zur Durchführung des Gesetzes über die Änderung von Familiennamen und Vornamen vom 17. August 1938: Juden deutscher Staatsangehörigkeit dürfen nur solche Vornamen tragen, die in Richtlinien über die Führung von Vornamen aufgeführt sind (soweit Juden andere Vornamen führen, müssen sie einen zusätzlichen Vornamen annehmen: Israel für Männer, Sara für Frauen.);
- Durchführungserlaß vom 4. Mai 1939 zum Gesetz über die Mietverhältnisse mit Juden vom 30. April 1939: Einrichtung sogenannter „Judenhäuser" (räumliche Trennung von jüdischer und nichtjüdischer Bevölkerung);
- Polizeiverordnung über die Kennzeichnung der Juden vom 1. September 1941: Juden, die das sechste Lebensjahr vollendet haben, sind verpflichtet, in der Öffentlichkeit den Judenstern als Kennzeichen zu zeigen.

Grundlegend wird man das ganze System kaum als legal-rationale Herrschaft mittels bürokratischer Organisation im Weberschen Sinne interpretieren können, denn es handelt sich juristisch (spätestens aus der Sicht nach 1945) eben nicht um legal-rationale Herrschaft, sondern Herrschaft außerhalb des gesatzten Rechts. Grund dafür ist das sogenannte Ermächtigungsgesetz[83], infolge dessen es zur Ausschaltung des Parlaments und zur Aufhebung der Gewaltenteilung kommt. Durch die Außerkraftsetzung der Verfassung und insbesondere die Aufhebung der Bindung an die Grundrechte, werden die Gleichschaltung von Verwaltung, Justiz, Sicherheitsorganen und Politik ermöglicht. Alle Parteien werden verboten, die NSDAP zur Staatspartei ernannt und die Pressefreiheit abgeschafft. Der Legitimitätsglaube in das rationale Zustandekommen des neuen Rechts mag bei Insidern des Systems (Juristen und Mitgliedern der SS-Organisation) vorhanden gewesen sein, nicht aber bei allen Herrschaftsunterworfenen und vor allem den Opfern.[84] Diese sind allerdings von besonderer Bedeutung, bedenkt man, dass Verurteilte heute unsere geltende Rechtsordnung grundsätzlich nicht anzweifeln.[85]

---

[83] Gesetz zur Behebung der Not von Volk und Reich (Ermächtigungsgesetz) vom 23. März 1933, verlängert 1937, 1939 (durch die Reichsregierung) und 1943 (per Führererlass): Neben dem verfassungsmäßigen Verfahren der Rechtsetzung durch den Reichstag kann auch die Reichsregierung ohne Zustimmung des Reichstages oder Reichsrates und ohne Gegenzeichnung durch den Reichspräsidenten Gesetze erlassen (§1), dies betrifft auch Verträge mit anderen Staaten (§4).
[84] Hier ein Beispiel dafür, dass statt Rechtsstaatlichkeit und Berechenbarkeit Willkür und Ungleichbehandlungen im NS-Staat gelten: Verordnung vom 1. Juli 1943, wonach strafbare Handlungen von Juden direkt durch die Polizei geahndet werden. Juden werden der ordentlichen Gerichtsbarkeit entzogen, damit werden Willkürurteile durch die Gestapo ermöglicht.
[85] Während unser aktuelles Justizsystem an Gesetze, Verordnungen und frühere Rechtssprechung gebunden ist, dominieren im NS-Staat Willkür und ideologisch bestimmte Auslegung der Tatbestände und damit einhergehende Verurteilungen. Beispiel hierfür ist die Verordnung „gegen Volksschäd-

Abschließend kann festgehalten werden, dass es sich bei Konzentrationslagern zwar um totale Institutionen nach Goffman (mit gewissen Einschränkungen bei einzelnen Merkmalen) handelt, allerdings nicht um bürokratische Organisationen im Weberschen Sinne. Im Konzentrationslager als Institution finden sich nur in Ansätzen Ausprägungen einzelner Merkmale (z.B. Hierarchie, Regelorientierung, Disziplin, Gehorsam). Die Erweiterung der Betrachtung – weg vom Konzentrationslager – auf den nationalsozialistischen Staat zeigt dann, dass zur Umsetzung dessen Ideologie und der in diesem Zusammenhang erlassenen Verordnungen Organisationen notwenig sind, die bürokratisch arbeiten. Jedoch ist ein zentrales Merkmal nach Max Weber, dass es sich eben um Bürokratie im Rahmen legal-rationaler Herrschaft handelt, im nationalsozialistischen Regime nicht erfüllt.

4.2.3 Disziplinierung in Gefängnissen – Michel Foucault

Den jüngsten Versuch einer Theorie der Sozialdisziplinierung liefert Michel Foucault[86]. Er beschreibt den Prozess der Disziplinierung am Beispiel der totalen Institution Gefängnis, die den Ausgangspunkt für den Übergang in eine moderne Disziplinargesellschaft im 17. und 18. Jahrhundert bildet. Anhand der Betrachtung der Geschichte der Strafpraxis möchte er erklären, wie sich die Institution des Gefängnisses gegen Ende des 18. Jahrhunderts als privilegierte Strafform etablieren konnte.[87]

Die Untersuchung der Veränderung des Strafsystems von Michel Foucault ist in drei Zeitepochen – die Klassik, das Zeitalter der Reform und die Moderne –

---

linge" vom September 1939, die eine Verschärfung des Strafrechts und einen großen Ermessensspielraum der Justiz bedeutet. Sie bildet die Grundlage für den Großteil der Todesurteile.

[86] Das „machtanalytisches Hautwerk" (Kögler 1994: 89) des französischen Historikers und Philosophen (1926-1984) *Überwachen und Strafen* aus dem Jahr 1975 entsteht im Zusammenhang mit seiner Kritik an der französischen Gefängnissituation. In den frühen siebziger Jahren beteiligt sich Foucault aktiv an Kämpfen zur Verbesserung von Haftbedingungen. Im Anschluss daran beschäftigt sich Michel Foucault ausschließlich mit der Rekonstruktion der Geschichte einer Institution – dem Gefängnis.

[87] Im Mittelpunkt von „Überwachen und Strafen" steht allerdings nicht das Gefängnis als solches, sondern „die in dieser Institution gebündelt zum Ausdruck kommende moderne Macht" (Kögler 1994: 91). Der Machtbegriff wird von Foucault anhand der Disziplinen eingeführt. In seinem Hauptwerk untersucht er die Wirkung dieser Disziplinen, die sich auf die individuellen Körper des Einzelnen richten (vgl. ebenda 1994). Diese „Technologien der Körperabrichtung" (ebenda: 105) sind auf die äußeren Bewegungsabläufe der Menschen gerichtet. Da im Rahmen dieses Abschnitts allerdings die Disziplinierung in totalen Institutionen den Fokus bildet, wird auf die Bedeutung und Erörterung der Macht bei Foucault im Folgenden nicht weiter eingegangen. Darüber hinaus wird der Machtbegriff Foucaults in der wissenschaftlichen Literatur immer wieder kritisiert. Vgl. hierzu weiterführend Jürgen Habermas (1985), Stefan Breuer (1978), Thomas Lemke (2001).

gegliedert, wobei die drei Zeitabschnitte drei unterschiedlichen Machtypen entsprechen (vgl. Kneer 1996). Im Folgenden werden die zentralen Merkmale des Strafsystems in diesen drei Etappen skizziert, um anschließend den Prozess der Disziplinierung bei Foucault und das Gefängnis als totale Institution und Ort des Disziplinierungsprozesses darzustellen.

Zu Beginn von „Überwachen und Strafen" schildert Foucault die Strafpraxis der *französischen Klassik*. (Foucault 1977: 44ff.) In dieser Zeit steht die öffentliche Bestrafung im Zentrum der Strafpraxis. Die grausamen Züchtigkeitspraktiken dieser Zeit (z. B. das Vierteilen, Foltern oder Verbrennen) werden öffentlich zur Schau gestellt. Die Marter erfüllt dabei eine „rechtlich-politische Funktion" (ebenda: 64). Neben der Abschreckung dient sie aber vor allem der Machtdemonstration und der Wiederherstellung der durch das Verbrechen verletzten Souveränität des königlichen Herrschers.

> „Die peinliche Strafe ist auch als ein politisches Ritual zu verstehen. Sie gehört auf ihre Weise zu den Zeremonien, in denen sich die Macht manifestiert." (ebenda: 63)

Im Gegensatz zur Öffentlichkeit der Strafe steht die geheime Durchführung des zuvor stattfindenden Gerichtsverfahrens. Die Anwendung von Folter, um Geständnisse zu erzwingen und „die Wahrheit des Verbrechens aus dem Täter hervorzuzerren" (Kneer 1996: 246), erfolgt dabei allerdings nicht willkürlich, sondern das Gericht hält sich an die überlieferten Verfahrenstechniken und folgt gewissen detaillierten Spielregeln. Im Mittelpunkt des Gerichtsverfahrens und der öffentlichen Bestrafung steht der menschliche Körper:

> „Der Kreis ist geschlossen: von der Folter bis zur Hinrichtung hat der Körper die Wahrheit des Verbrechens hervorgeholt und wiederholt. In einem Ritual von Prüfungen legt er das Geständnis ab, daß das Verbrechen stattgefunden hat, stößt er das Bekenntnis hervor, daß er selbst es begangen hat, bekundet er, daß er die Spuren des Verbrechens an sich trägt, erduldet die Operation der Züchtigung und trägt ihre Wirkungen zur Schau" (Foucault 1977: 62-63)

In der *Epoche der Reform* (Foucault 1977: 93ff.), Mitte des 18. Jahrhunderts werden die grausamen Gewaltformen der öffentlichen Bestrafung und Hinrichtung sowie die Willkür des Souveräns zunehmend in Frage gestellt. Im Rahmen der Aufklärung üben Reformer Kritik am absolutistischen Strafvollzug und fordern Mäßigung und Menschlichkeit. Die Strafjustiz solle „anstatt zu rächen, endlich strafen" (ebenda: 94). Ziel der Reformer dieser Zeit ist es, das Strafen so umzuformen, dass die Verurteilten nach der Züchtigung wieder in die Gesellschaft aufgenommen werden können. Dafür würde sich die Strafe der öffentlichen Arbeit am ehesten eigen. Gemeint sind hier körperliche Arbeiten, die an öffentlichen Plätzen wie Straßen oder Kanälen zu verrichten sind. Von besonderer Bedeutung ist, dass die angebliche Humanisierung der Gesetze „nur ein Nebenprodukt von gesellschaftlichen Modernisierungs- und Umwälzungsprozessen" (ebenda: 94) ist, denn tatsächlich sind sie auf die Auswirkungen der sich modernisierenden Gesellschaft zurückzuführen.[88] In Folge der Reformen zu Zeiten der Aufklärung entsteht ein „neues, perfekteres System der sozialen Kontrolle" (Breuer 1978: 320). Im Strafsystem agieren nun Richter, Ankläger, Verteidiger, und der Angeklagte selbst. Mit Inkraftsetzung des Strafgesetzbuches gehen Kodifizierung und Rationalisierung einher, welche neue Sicherheiten für den Untertanen als Rechtssubjekt (wie Rechtssicherheit und Berechenbarkeit) bedeuten. Damit ist die Basis für Verfahren gegen einen Bürger nun das Strafgesetzbuch und nicht der Souveränitätsanspruch des Herrschers. Die Strafe fungiert als Instrument, welches zum Ziel hat, das Rechtssubjekt wiederherzustellen (vgl. ebenda: 320ff.).

In der letzten *Epoche* der Veränderung des Strafsystems, der *Moderne*, wird das Gefängnis zur dominierenden Bestrafungsform. An die Stelle der Strafarbeit tritt die Haftstrafe. Das Gefängnis löst andere Formen der Züchtigung innerhalb weniger Jahre ab und wird zum bevorzugten Strafordnungsinstrument. Während nun die Gerichtsverhandlung des Angeklagten eher in der Öffentlichkeit stattfindet, erfolgt seine Bestrafung im Verborgenen, in den Strafanstalten. Ziel der Gefängnisstrafe ist es den Körper einzusperren, zu isolieren, zu kontrollieren und zu überwachen.

Über die Zeit vollziehen sich folgende Veränderungen im Strafsystem: Milderung, Humanisierung, Kodifizierung und Rationalisierung, aber auch Verfeinerung. Nach Foucault hat sich im Rahmen dieses Wandels allerdings nicht die Intensität, sondern es haben sich die Formen der Bestrafung geändert:

> „Die Milderung der Strafstrenge im Laufe der letzten Jahrhunderte ist ein Phänomen, das den Rechtshistorikern wohlbekannt ist. Aber lange Zeit wurde es global als ein quantitatives Phänomen betrachtet: weniger Grausamkeit, weniger Leiden, mehr Milde, mehr Respekt, mehr ‚Menschlichkeit'. In Wirklichkeit hat sich hinter diesen Veränderungen eine Verschiebung im Ziel der Strafoptionen vollzogen. Es handelt sich nicht so sehr um eine Intensitätsminderung als vielmehr um eine Zieländerung." (Foucault 1977: 25)

---

[88] Gewaltdelikte, wie Mord oder Misshandlungen gehen auffallend zurück. Gleichzeitig ist ein Anstieg bei Eigentums- und Kapitaldelikten zu verzeichnen. Eine Ursachendeutung liefert Foucault beispielsweise mit dem umfangreicher werdenden Polizeiapparat, dadurch kann Kriminalität „unter freiem Himmel" behindert werden und wird folglich zu diskreteren Formen gezwungen. Es ist also eine Verlagerung des Schwerpunktes von den Gewaltdelikten hin zu den Betrugsdelikten zu verzeichnen (vgl. Foucault 1977).

Diese Zielverschiebung vollzieht sich weg vom Strafen des Körpers hin zur Seele. Gegenstand des Strafens bilden dabei nun das Denken, der Wille und die menschliche Anlagen des Individuums (vgl. Foucault 1977: 25ff.) mit dem Ziel dieses durch die Strafe wieder gesellschaftsfähig zu formen.

Der *Prozess der Disziplinierung* – den Foucault am Beispiel des Gefängnisses beschreibt, dessen Ziel die Wiedereingliederung des Straftäters in die Gesellschaft nach Büßen seiner Tat ist – bedeutet eine Erziehung oder Umerziehung des Individuums, welche nach Foucault durch verschiedene Techniken erfolgt:

> „Diese Methoden, welche die peinliche Kontrolle der Körpertätigkeiten und die dauerhafte Unterwerfung ihrer Kräfte ermöglichen und sie gelehrig/nützlich machen, kann man die ‚Disziplinen' nennen." (Foucault 1977: 175)

Damit einher geht der *Begriff der Disziplin*[89], den Foucault mit folgenden Worten erklärt:

> „Die Disziplin fabriziert [...] unterworfene und geübte Körper, fügsame und gelehrige Körper. Die Disziplin steigert die Kräfte des Körpers (um die ökonomische Nützlichkeit zu erhöhen) und schwächt diese selben Kräfte (um sie politisch fügsam zu machen). Mit einem Wort: sie spaltet die Macht des Körpers." (ebenda: 177)

Zum einen soll durch Disziplin demnach eine Effizienzsteigerung der Fähigkeiten und Fertigkeiten des Individuums erreicht werden, wobei der Mensch im ökonomischen Sinne den größtmöglichen Nutzen erzielen soll. Zum anderen muss die daraus resultierende Energie oder „Mächtigkeit" allerdings im Zaum gehalten werden, um den Mensch kontrollieren zu können und berechenbar zu machen. Sie muss in ein striktes Unterwerfungsverhältnis des Beherrschten „umgepolt" werden (vgl. Kneer 1996). Beispiele für derartige Disziplinarinstitutionen, in denen die Formen der Disziplin stete Anwendung finden und z.T. sogar entwickelt wurden, sind die uns bekannten Internate, Elementarschulen, Spitäler oder das Militär.

Im Einzelnen unterscheidet Foucault *drei Gruppen disziplinierender Kontrolltechniken* (vgl. Foucault 1977: Kapitel III): Die erste Gruppe umschreibt Praktiken, die es zum Ziel haben, die motorischen Bewegungen des Menschen in durchgeplante, rationale Verhaltensabläufe zu pressen (vgl. ebenda 181ff.). Dazu zählen die folgenden vier Techniken:

---

[89] Vgl. weiterführend zum Begriff der *Disziplin* und *Sozialdisziplinierung* bei Max Weber, auch in Abgrenzung zu Michel Foucault, Stefan Breuer (2006): Max Webers tragische Soziologie. Aspekte und Perspektiven. Tübingen: Mohr Siebeck und Stefan Breuer/ Hubert Treiber (Hg.). Zur Rechtssoziologie Max Webers - Interpretation, Kritik, Weiterentwicklung (Beiträge zur sozialwissenschaftlichen Forschung, Band 65). Opladen: Westdeutscher Verlag.

- Verteilung der Individuen im Raum, z.B. räumliche Aufteilung, bauliche Abgeschlossenheit von der Außenwelt, Parzellierung der Insassen, Zuweisung von Funktionsstellen;
- Kontrolle der Tätigkeit, z.b. durch strenge Zeitplanung, zeitliche Durchstrukturierung der Tätigkeit, erschöpfende Ausnutzung des Menschen durch seine Tätigkeit;
- Organisation von Entwicklungen: Darunter ist zu verstehen, dass die zu erfüllenden Tätigkeiten in Serien und diese weiter in „sukzessive oder parallele Abschnitte" (ebenda: 203) zerlegt werden. Diese werden dann den Individuen in monotonen Ausbildungsgängen andressiert;
- Zusammensetzung der Kräfte, womit die gezielte Zusammenfügung oder organisierte Kombination der abgerichteten Körper zu einem größeren Produktionszusammenhang gemeint ist. Die Existenz eines präzisen Befehlssystems ist in diesem Zusammenhang eine wichtige Bedingung, die zu erfüllen ist.

Die zweite Gruppe der Disziplinartechniken setzt sich zusammen aus Prozeduren, die die Kontrolle und dauernde Überprüfung der andressierten Verhaltensweisen zum Ziel haben. Hierzu zählen folgende Techniken (vgl. ebenda: 220ff.):

- Techniken der hierarchischen Überwachung (diese reichen von der baulichen Planung (in Krankenhäusern oder Militärhäusern) bis hin zum Einsatz von Kontrolleuren und Inspektoren in den Fabriken.);
- Techniken der normierenden Sanktionen (diese setzen die Disziplin durch, indem sie jede Abweichung vom Regelwerk bestrafen. Neben der eigentlichen Strafung hat die Sanktion die Aufgabe, Abweichungen zu reduzieren und zu korrigieren. Allerdings ist nicht nur die Abweichung von der Regel strafbar, sondern alles was nicht konform ist. Dazu zählen demnach z.B. auch Schüler, die aufgrund von Leistungsdefiziten eine Aufgabe nicht lösen können.);
- Technik der Prüfung („Sie ist ein normierender Blick, eine qualifizierende, klassifizierende und bestrafende Überwachung." (ebenda: 238) Sie kombiniert die Techniken der Überwachung und der Sanktionen.).

Die dritte Gruppe der Disziplinarprozeduren bildet das *Panopticon* (vgl. ebenda: 251ff.). Dabei handelt es sich um eine Überwachungs- und Kontrollanstalt, die sich durch eine bestimmte architektonische Struktur auszeichnet. Damit wird eine lückenlose und allumfassende Überwachung der Insassen möglich. Nach Foucault bildet das Panopticon die „Utopie der perfekten Einsperrung" (ebenda: 263). Diese Form der Überwachung ist vielseitig anwendbar und ist folglich in

Spitälern, Schulen, Werkstätten oder auch Armenhäuser zu finden. Es vervollständigt die Machtausübung, indem es die verschiedenen Disziplinartechniken kombiniert und zugleich verstärkt. Das Panopticon erreicht die „Perfektionierung der Machtausübung, weil es die Möglichkeit schafft, dass von immer weniger Personen Macht über immer mehr ausgeübt wird" (ebenda: 264-265).

Diese verschiedenen Methoden der Disziplinierung bilden die Grundlage für den Disziplinierungsprozess von Michel Foucault. Den eigentlichen Kern seiner Theorie bildet nun die Annahme, dass es im Prozess der Modernisierung der Gesellschaft zur Ausweitung und Intensivierung dieser angeführten Macht- und Kontrolltechniken kommt (vgl. ebenda: 269ff.). Dabei geht es darum, jeden individuellen Körper detailliert zu bearbeiten und auf ihn einen fein abgestimmten Zwang auszuüben. Um das Ziel der Steigerung und Gefügigkeit der Kräfte eines Körpers zu erreichen, dringen die Machtmechanismen in sämtliche Bereiche der Gesellschaft vor. Der „Panoptismus" (Kneer 1996: 252) tendiert in den modernen Gesellschaften dazu, die geschlossene Anstalt zu verlassen und sich zu „desinstitutionalisieren" (Foucault 1977: 271). Die Disziplinarmechanismen breiten sich also im gesamten Raum aus, ohne dabei etwas von ihren grundlegenden Eigenschaften zu verlieren. Allerdings schreibt Foucault, dass sich die massiven und komplexen Disziplinen zu „weichen, geschmeidigen, anpassungsfähigen Kontrollverfahren" (ebenda: 271) lockern. Durch die Ausbreitung und Vervielfältigung der disziplinierenden Kräfte formiert sich eine *Disziplinargesellschaft*. Breuer zieht folgendes treffendes Fazit über Foucaults Hauptwerk:

> „das Gefängnis verliert seine exemplarische Funktion, weil die Gesellschaft selbst zum Gefängnis geworden ist" (Breuer 1978: 323).

Im *Disziplinierungsprozess* kommt dem *Gefängnis* bei Foucault eine entscheidende Rolle zu. Zum einen etabliert sich diese Anstalt als bedeutender Moment in der Geschichte der Disziplinarmechanismen (vgl. Foucault 1977: 295ff.), zum anderen bildet die moderne Form des Gefängnisses die Elementarform der Disziplinargesellschaft (vgl. Breuer 2006). Das Gefängnis erfüllt nicht nur die Merkmale totaler Institutionen nach Goffman, sondern Foucault selbst schreibt über diese Anstalt als „totale und asketische Institution" (Foucault 1977: 295ff.), die einen vollkommenen Disziplinarapparat umfasst, der sich letztendlich über die Gefängnismauern hinwegsetzt und ausbreitet. Das Gefängnis erfüllt nach Foucault folgende Funktion:

"(...), um die Individuen anzuordnen, zu fixieren räumlich zu verteilen und zu klassifizieren, um das Höchstmaß an Zeit und das Höchstmaß an Kräften aus ihnen herauszuholen, um ihre Körper zu dressieren, ihr ganzes Verhalten zu codieren, sie in einer lückenlosen Sichtbarkeit festzuhalten, rund um sie einen Beobachtungs- und Registrierungsapparat aufzubauen, ein sich akkumulierendes und zentralisierendes Wissen über sie zu konstruieren." (ebenda: 295)

Das *Gefängnis als Disziplinarapparat* muss sämtliche Aspekte des Menschen erfassen: Körperliche Dressur, Arbeitseignung, alltägliches Verhalten, moralische Einstellung, individuellen Anlagen (vgl. ebenda: 301ff.). Damit ist das Gefängnis bei Foucault sogar noch mehr als die ebenfalls als totale Institutionen geltenden Kasernen, Internate oder Werkstätten. Der Grund dafür liegt in der Spezialisierung, die in diesen Institutionen vorgenommen wird: Eine Kaserne ist auf die Ausbildung von Soldaten, ein Internat auf die Bildung und eine Werkstatt ist auf die Verrichtung von bestimmter Arbeit oder Produktion spezialisiert. Im Gefängnis findet keine derartige Spezialisierung statt, sondern Foucault bezeichnet diese Institution als „Gesamtdisziplin" (ebenda: 301), einen „Apparat zur Umformung der Individuen" (ebenda: 297), der eben alle Aspekte des menschlichen Daseins umfassen muss. Ziel dieser „Gesamtdisziplin" ist es letztendlich, dass der Insasse mittels der Haftstrafe für sein Vergehen bestraft wird, aber durch die auf ihn einwirkenden Disziplinen eine Umformung herbeigeführt wird, die einer Besserung entspricht und die es ermöglicht, diesen Menschen nach der Haft wieder in die Gesellschaft entlassen zu können. Um dieses Ziel zu erreichen sind drei wesentliche Prinzipien im Disziplinarapparat Gefängnis zu beachten (vgl. ebenda: 302ff.), die sich übrigens in ähnlicher Form auch bei Goffman finden:

- Isolierung des Häftling (sowohl von der Außenwelt, als auch der Häftlinge untereinander);
- Arbeit (als elementarere Teil im exakt geplanten Tagesablauf: Essen – Arbeit – Gebet – Schlaf);
- Gefängnis als „Instrument der flexiblen Strafbemessung", welches die Dauer der Haft nicht als Abwägung zum Verbrechen konzipiert, sondern die Haftlänge an der Zeit orientieren muss, die zur Umformung des Insassen benötigt wird (vgl. ebenda: 313ff.).

Abschließend ist festzuhalten, dass die *Modernisierung der Gesellschaft* bei Foucault den „Motor" für den Prozess der Disziplinierung darstellt. Demnach hat die Disziplinargesellschaft kein ideologisches, politisches oder ökonomisches Zentrum, auf das sich dieser Prozess zurückführen ließe. Stattdessen greift die Disziplin Techniken und Mechaniken auf, die unabhängig voneinander in den

Klöstern, Fabriken oder Gefängnissen entwickelt wurden. Sie kann zwar nicht durch die „Unterwerfungspraxis des Staates und des kapitalistischen Unternehmers" (Breuer 2006: 338) gesteuert werden, jedoch können diese, die Ausbreitung der Disziplin beträchtlich fördern.[90] Letztlich führt diese Ausbreitung nach Foucault wieder zur Disziplinargesellschaft.

4.3 Der administrierte Mensch: Bürger und Verwaltung

Im Rahmen einer umfassenderen Bürokratietheorie stellt neben dem historischem Kontext und der Effektivität bürokratischer Organisationsformen die Beziehung zwischen Individuum und Bürokratie einen dritten Bezugspunkt dar. Ein Aspekt, die Beziehung zwischen Bedienstetem und öffentlicher Verwaltung, ist im Abschnitt 4.1 behandelt worden. Hier geht es demgegenüber nun um die Beziehung zwischen Bürger und Verwaltung.[91] Dieser Beziehung kommt eine doppelte Bedeutung zu. Zum einen hängen von der Interaktion zwischen Behörde und Publikum nicht unwesentlich die Inanspruchnahme und die Wirksamkeit von (Leistungs-)Programmen ab. Zum anderen sind die Erfahrungen, die der Bürger im Umgang mit der Verwaltung macht, bedeutsam für seine Einstellung zur öffentlichen Verwaltung und damit zum Staat insgesamt.[92]

---

[90] Verwiesen sei an dieser Stelle auf die Techniken der Disziplinierung wie wir sie in der Fabrik oder in Arbeitersiedlungen (S. 155ff.) finden. Darüber hinaus finden wir solche disziplinierenden Maßnahmen aktuell auch in Großraumbüros oder an videoüberwachten öffentlichen aber auch privaten Plätzen (U-Bahnstationen, Bahnhöfe, Flughäfen, Banken, Fahrstühle).
Im Gegensatz zu Foucault betont Weber den Einfluss des institutionalisierten Zwangs für die Sozialdisziplinierung. Nicht zu letzt deshalb, weil die Stabilität von Herrschaft abhängig ist von einer erfolgreichen Disziplinierung der Untergebenen. Ein weiterer entscheidender Unterschied zwischen den Erklärungen von Max Weber und Michel Foucault ist in der Bedeutung der Disziplinierung für das Individuum an sich zu finden. Während bei Weber das herrschaftskonforme und berechenbare Handeln des Menschen im Vordergrund steht, ist die Disziplin bei Foucault in der Lage, den Mensch gefügig und berechenbar zu sowie effizienter, leistungsfähiger und individueller zu machen. Er schreibt ihr demnach eine produktive Funktion zu.
[91] Hierzu gibt es eine Vielzahl an Publikation. Vgl. weiterführend z.B. Renate Mayntz (1997): Soziologie der öffentlichen Verwaltung. Heidelberg: Müller.
[92] Vgl. hierzu weiterführend und zur Veranschaulichung am Beispiel des Transformationsprozesses der neuen Länder seit 1990 den Beitrag von Hans-Ulrich Derlien und Stefan Löwenhaupt (1997): Verwaltungskontakte und Institutionenvertrauen.

4.3.1 Das Konzept der Bürgernähe

Bei dem Begriff der „Bürgernähe" handelt es sich grundsätzlich um eine Sammelbezeichnung für Maßnahmen, mit denen die Beziehung des Bürgers zur Verwaltung verbessert werden soll. Maßnahmen, die eine größere Bürgernähe zum Ziel haben, finden wir heute auf allen politischen Ebenen (EU, Bund, Länder, Kommunen), jedoch variieren deren Bedeutung je nach Ebene sehr stark. Beispielsweise bedeutet das Konzept der Bürgernähe auf EU-Ebene eher Aufbau eines positiven Images der EU als Institution und Identifikation der Bürger mit Europa. Hingegen zielt Bürgernähe auf kommunaler Ebene oder Kreisebene eher auf die gute Erreichbarkeit und Verfügbarkeit notwendiger Behörden (Einwohnermeldeamt, Kfz-Zulassungsbehörde), auf die Verständlichkeit auszufüllender Formulare, effiziente und schnelle Bearbeitung der Fälle sowie den Umgang des Personals mit den Bürgern ab.

Mängel in diesem Bereich werden seit dem Ende der 1970er Jahre unter dem Begriff „Bürgernähe" diskutiert (vgl. Gramke 1978; Hegner 1979; Federwisch 1981; Grunow 1988). Dieser umgangssprachliche Begriff soll die Distanz zwischen Verwaltungsapparat und Bürger als Klient ansprechen und soll diese wiederum mit Hilfe verschiedener Projekte und Maßnahmenkataloge reduzieren. Dabei bleibt jedoch meist unklar, welche Form der Distanz jeweils gemeint ist. Folgende Typen der Distanz zwischen Bürger und Verwaltung können unterschieden werden:

- Die *geographische Distanz* (Entfernung zur Behörde);
- Die *soziale Distanz* (die Hemmschwelle, die der Bürger zu überwinden hat, um befriedigenden Kontakt zur Verwaltung und ihrem Personal herzustellen oder die Schalterdistanz, die das Verwaltungspersonal bei der Interaktion mit dem Bürger ausstrahlt);
- Die *politische Distanz* (Möglichkeit, Einfluss auf die Verwaltung über die zuständige Vertretungskörperschaft zu erlangen).

Die *geographische Distanz* wurde lange als Folge der Gemeindegebietsreformen (besonders in den 1970er Jahren in den alten Ländern und in den 1990er Jahren sowie bis heute andauernd in den neuen Ländern) insbesondere im ländlichen Raum als größer angesehen. Sie wird jedoch heute angesichts zunehmender moderner Kommunikationsmittel sowie öffentlicher und privater Verkehrsmittel vielfach als unproblematisch erachtet. Unter dem Stichwort „E-Government" gingen etwa die Kommunalverwaltungen nahezu flächendeckend dazu über, für die Bürger wichtige Antragsformulare und weitere Informationen im Internet bereitzustellen. Problematisch dürfte sich die Erreichbarkeit für Behörden jedoch nach wie vor für Bevölkerungsgruppen gestalten, die entweder mit den modernen Kommunikationsmitteln wenig vertraut sind oder aber aufgrund von Krankheit und Behinderung längere Wege nicht oder nicht alleine auf sich nehmen können.

Die *soziale Distanz* ist sowohl von Merkmalen des öffentlichen Dienstes als auch des Publikums abhängig. Für das Verständnis dieses Problems ist der Typus bürokratischer Organisation bedeutsam, innerhalb dessen sich die Interaktionen zwischen Behörde und Publikum abspielen. Die Merkmale Arbeitsteilung und Spezialisierung, Regelgebundenheit, Schriftlichkeit im Verkehr sowie Unpersönlichkeit führen dazu, dass Verwaltungsentscheidungen vielfach als inadäquat wahrgenommen werden, weil das Problem als juristisch subsumierbarer Fall gelegentlich nur ausschnittweise gelöst wird. Die Programmiertheit des Verwaltungshandelns und die Unpersönlichkeit des Entscheidens als Kehrseite des Gleichheitsgrundsatzes werden vom Bürger oft als kalt und abstoßend empfunden. Allerdings muss man sich vergegenwärtigen, dass die Mehrheit der Bevölkerung nur sehr punktuellen Kontakt zu Behörden hat, wobei das Finanzamt an erster und die Kfz-Meldestelle an zweiter Stelle steht. Jedoch sind es gerade untere soziale Schichten und Randgruppen, die aufgrund ihrer Einkommens- und Problemlagen häufiger und länger mit mehreren Behörden, deren Leistungsprogramme sie in Anspruch nehmen (müssen), Kontakt haben.

Die Einstellung zur öffentlichen Verwaltung ist dabei stark sozialstrukturell determiniert: Jüngere Bürger, Arbeiter, Freiberufler und Personen mit hoher Formalbildung sind besonders kritisch eingestellt. Es ist also festzuhalten, dass die erlebnismäßige Verarbeitung solcher Kontakte sehr stark von sozialen Merkmalen des Klienten abhängt, die seine Kompetenz im Umgang mit Behörden beeinflussen. Andererseits wäre zu fragen, ob die daraus resultierenden Einstellungen nicht in gleicher Weise gegenüber bürokratischen Organisationen auftreten, die nicht der öffentlichen Verwaltung zuzurechnen sind, etwa Banken oder Versicherungen.

Einstellungen gegenüber Verwaltungsbehörden sind nur z.T. Ausdruck konkreter Erfahrungen im Einzelfall. Vielfach widersprechen persönliche Erlebnisse sogar der generellen Einstellung gegenüber der öffentlichen Verwaltung, die in der Regel stark von Klischees geprägt wird. Das Divergieren von konkretem Erlebnis und grundsätzlicher Einstellung ist letztlich auch eine Folge des geringen Informationsstandes und Differenzierungsvermögens der Bevölkerung, was die öffentliche Verwaltung angeht. Konkrete Erfahrung oder Klischees in Verbindung mit niedrigem Bildungsstand und geringer Kompetenz im Umgang mit Behörden können nun dazu führen, dass sich ein sozialer Filter für den Zugang zu Dienstleistungen einstellt, bevor es überhaupt zur Interaktion mit einer Behörde kommt. Wie stark derartige Filter infolge der Antizipation möglicher

Komplikationen im Umgang mit Behörden wirken, macht der große Prozentsatz derjenigen deutlich, die keinen Antrag auf Lohnsteuerjahresausgleich stellen oder die aus diesen und zusätzlichen anderen Gründen auf Leistungen der Sozialverwaltung verzichten, die ihnen eigentlich zustehen (vgl. Leibfried 1976).

Die *politische Distanz* umfasst sowohl institutionell garantierte Formen politischer Beteiligung wie Wahlen, Bürgerbegehren und Bürgerentscheid, Bürgerantrag, Mitwirkung in Parteien als auch unkonventionelle Formen politischen Engagements wie Bürgerinitiativen, Selbsthilfegruppen oder aktiver städtischer Protest (vgl. Roth 1999). Seit Ende der 1960er Jahre ist eine Bedeutungszunahme der direkten Partizipation für den Bürger zu verzeichnen, wie beispielsweise das Aufkommen der Bürgerinitiativen zeigt. Die Ursachen für Partizipationsforderungen sind vielfältig: Verinnerlichung basisdemokratischer Werte, Wahrnehmung eines (vermeintlichen) Versagens parlamentarisch-repräsentativer Formen der Interessenvermittlung und Verwaltungskontrolle sowie mangelnde Bürgernähe, Transparenz und Responsivität der Verwaltung (vgl. Derlien 1984c: 868).

Einige *Gesetze* haben die direkte Partizipation des Bürgers institutionalisiert wie z.B. Landesschulgesetze, Bundesbaugesetze, Städtebauförderungsgesetze. Diese beziehen sich vor allem auf die Einbeziehung von Bürgerinteressen bei kommunalen Bau- und Planungsangelegenheiten. Dabei stehen Informationsveranstaltungen, Anhörung der Bürger und Interessenberücksichtigung Betroffener (Anwohner) im Mittelpunkt.

Ebenfalls institutionalisiert sind mittlerweile in allen 16 Bundesländern die konventionellen Verfahren *Bürgerbegehren und Bürgerentscheid* (auf kommunaler Ebene) sowie die Volksbegehren und Volksentscheide (auf Landesebene). Dabei handelt es um Politikinstrumente, deren Aufgabe darin besteht, den Bürger direkt in den politischen Willens- und Entscheidungsprozess einzubeziehen. Sie bieten folglich den Bürgern die Möglichkeit, selbst initiativ tätig zu werden. Dabei unterscheidet beispielsweise Hellmut Wollmann folgende Formen der Verfahren (vgl. Wollmann 1999): Initiierende Begehren (ein neues Thema soll auf die politische Agenda gestzt werden), kassatorische Begehren (vergleichbar mit Korrekturbegehren) und präventive Begehren (die die Verhinderung eines vorbereiteten Beschluss der Vertretung zum Ziel haben). Vor 1990 waren diese direktdemokratischen Verfahren nur in Baden-Württemberg möglich. In den 1990er Jahren setzte ein Regelungsschub ein, in dem nach und nach auch in den anderen Bundesländern kommunale Referenden eingeführt wurden (vgl. Wollmann 1999). Im Jahr 2000 waren sie in 15 der 16 Bundesländer verankert und seit 2005 sind in allen Ländern Bürgerbegehren möglich (vgl. Rehmet, Mittendorf 2008).

Grundsätzlich sind direktdemokratische Verfahren in den vergangenen Jahren bekannter geworden und ihre Anwendung hat zugenommen (vgl. ebenda).[93] Jedoch fällt die Gesamtbilanz ernüchternd aus (vgl. Kampwirth 2003): Die Instrumente direkter Demokratie werden zum einen selten – setzt man die rund 300 Verfahren pro Jahr ins Verhältnis zu den rund 13000 Kommunen in Deutschland – und zum anderen überwiegend von Bürgerinitiativen, Verbänden und kleinen Parteien genutzt. Dabei hat besonders das institutionelle Design (Themenausschluss, Fristen, Kostendeckungsvorschlag, Quoren) Einfluss auf die Anwendung. Besonders auf Landesebene finden diese Verfahren, trotz des Booms in den 1990er Jahren kaum statt: Nur alle 43 Jahre kommt es zu einem Volksentscheid. Dabei scheitern drei von vier Initiativen auf dem Weg zum Volksentscheid[94] (vgl. ebenda).

Um den Bürger zu mehr direkter Demokratie zu ermutigen, wären eine Reihe von Reformen notwendig wie z.B. Streichung oder Verringerung der Ausschlusskataloge, Senkung der Quoren und Zulassung freier Unterschriftensammlung (vgl. ebenda). Jedoch sind diese Maßnahmen zur Verringerung der politischen Distanz nicht unumstritten: Beispielsweise soll es sich bei Volks- und Bürgerentscheide um Mehrheitsentscheidungen handeln und nicht um Diktate einer aktiven Minderheit. Dabei stellt sich die normative Frage nach einer angemessenen Quorenhöhe.

Darüber hinaus ist die reaktive Möglichkeit der *Verbandsklage* zu nennen, die nicht die Verfechtung von Individualrechten, sondern die von kollektiven Anliegen zum Gegenstand hat. Die verwaltungsgerichtliche Verbandsklage ermöglicht die Durchsetzung von gemeinschaftlichen Interessen gegen die Verwaltung (z. B. kann ein anerkannter Naturschutzverbund gegen eine Entscheidung des Bundesumweltamtes Rechtsmittel einlegen).[95]

Neben diesen institutionalisierten und konventionellen Verfahren der Bürgerbeteiligung gilt die *Bürgerinitiative* als „Standardform lokaler Mobilisierung

---

[93] Hinsichtlich der kommunalen Referenden ist die Zahl besonders in den Jahren 1995 und 1996 angestiegen. Die meisten Verfahren waren 1996 und 1997 (mit fast 500) zu verzeichnen. Seit 1998 hat sich die Zahl der Verfahren auf ca. 250 bis 320 pro Jahr gesenkt. Vgl. zur Praxis die Berichte des Vereins Mehr Demokratie e.V „Bürgerbegehren-Bericht, Deutschland 2007" von 2008 und „Volksbegehrensbericht 2006" von 2007, erstellt in Kooperation mit der Forschungsstelle Bürgerbeteiligung und Direkte Demokratie der Universität Marburg.

[94] Gründe für das Scheitern der Verfahren liegen oftmals in deren Unzulässigkeit (besonders bei Finanzvorbehalt überstehen die Begehren in vielen Fällen nicht die Zulässigkeitsprüfung), in der zu hohen Unterschriftenhürde (nur 14 von 41 Initiativen erlangen überhaupt die zweite Verfahrensstufe, den Bürger- oder Volksentscheid), in der fehlenden Popularität des Themas oder in organisatorischen Schwächen. Hinzu kommt, dass Initiativen auch vom Parlament übernommen werden und sich dann die Fortsetzung des Verfahrens erübrigt.

[95] Vgl. hierzu weiterführend Bernd Bender (1977): Die Verbandsklage, in: Deutsches Verwaltungsblatt., 169-175.

von unten" (Roth 1999: 6). Es handelt sich dabei um einen Zusammenschluss von Bürgern entlang gemeinsamer Interessen, die vereint einen Betroffenheitsprotest führen. Anders als bei Parteien können die Bürger einer Initiative ganz unterschiedliche sozial-ökonomische Charaktere besitzen. Sie müssen also nicht zwingend ähnliche Merkmale wie Status, Bildung, Beruf oder Herkunft aufweisen, sondern die Gemeinsamkeit ergibt sich aus dem Zweck der Initiative (vgl. Kreß 1985). Darüber hinaus agieren Bürgerinitiativen im Vergleich zu Parteien oder Verbänden eher spontan und informell und haben eine eher kurze Lebensdauer. Seit Ende der 1960er Jahre hat sich diese Form der Beteiligung verbreitet, wobei sie ihre Hochzeit in den 1970er und 1980er Jahren hatte (vgl. Roth 1999: 6ff.).[96] 60 bis 90 Prozent aller Bürgerinitiativen haben kommunalpolitische Aktionsfelder zum Gegenstand wie beispielsweise Verkehr, Stadtentwicklung und -planung, Jugendfragen (Freizeit- und Jugendeinrichtungen, Kindergärten, Spielplätze), Bau oder Sanierung kommunale Einrichtungen (Schwimmbad, Krankenhaus) oder Kulturangebote. Bürgerinitiativen können sowohl private (Forderung einer Sperrzeit, weil Anwohner einer ‚Partymeile' sich durch nächtlichen Lärm belästigt fühlen) als auch allgemeine Anliegen (Umweltschutz) aufgreifen.

Dabei soll die Betroffenheit der Bürger durch die Eigeninitiative der Privaten aufgehoben werden. Folgende Ziele können Bürgerinitiativen im Hinblick auf staatliche Maßnahmen verfolgen (vgl. Kreß 1985):

- Modifikation staatlicher Planungsmaßnahmen;
- Zurücknahme oder Einstellung staatlicher Planungsmaßnahmen;
- Durchsetzung von Entscheidungen auf Seiten des Staates;
- Bürgerinitiative als Selbsthilfe (Initiierung neuer Planungsmaßnahmen).

Folglich können Bürgerinitiativen als „Korrektiv der Selektivität des Parteiensystems und des Verbändeeinflusses" (Derlien 1984c: 869) gesehen werden. Sie üben Kritik an den bestehenden planungsbeteiligten Kräften (Verwaltung, Stadtrat, Bürgermeister) und haben nicht nur Vermeidung (Protest gegen den geplanten Bau einer Müllverbrennungsanlage) sondern oftmals auch neue Themen, die bisher nicht aufgegriffen oder realisiert wurden (z.B. Einführung einer Sperrzeit, Bau eines neuen Kindergartens) zum Gegenstand. Die Repräsentativität von Bürgerinitiativen gilt dabei als eigenes Problem, da zum einen die Zusammensetzung solcher Vereinigungen nicht repräsentativ ist und zum anderen auch die

---

[96] Vgl. weiterführend zur geschichtlichen Entwicklung Peter Cornelius Mayer-Tasch (1975): Die Bürgerinitiativbewegung. Reinbeck; und Uwe Thaysen (1978): Bürgerinitiativen, Parlamente und Parteien in der Bundesrepublik. Eine Zwischenbilanz (1977), in: Zeitschrift für Parlamentsfragen 9 (1978), 87-103, 104-117.

Themenauswahl (Vertretung von Privatinteressen) nicht zwingend dem Allgemeinwohl dienen oder der Mehrheitsmeinung entsprechen muss.

Auch die *Belebung der Parteienkonkurrenz* durch die Etablierung der Grünen, Alternativer Listen oder die vorrangig kommunal agierenden Wählergemeinschaften beeinflussen die politische Distanz. Besonders die lokalen Wählergemeinschaften, welche in den 1990er Jahren eine Aufschwungphase erlebt haben, gelten als besonders bürgernahe und problembezogene Form kommunalpolitischer Beteiligung (vgl. Holtmann 2001: 406-427). Die „freien Wähler" verstehen sich selbst als ideologiefreie, sachorientierte Alternative zu den traditionellen Parteien. Dabei gelten die Stärkung kommunaler Selbstverwaltung, die Sparsamkeit bei der Ausgabe öffentlicher Gelder oder die Forderung nach einer schlanken Verwaltung als typische Inhalte.[97]

Hinzu kommen eine Reihe *neuer Formen der Bürgerbeteiligung* wie beispielsweise Bürgerhaushalte[98], Bürgerpanels[99], Mediationsverfahren oder Bürgerforen, die dem Bürger neue Möglichkeiten der Mitwirkung an staatlicher Planung bieten, insofern die Anwendung attraktiv gestaltet wird.[100]

4.3.2 Aspekte der Interaktion zwischen Publikum und Verwaltung

Neben der Einstellung des Bürgers als potentiellen oder aktuellen Klienten der Verwaltung ist die reale Interaktion zwischen Verwaltung und Publikum aufschlussreich (vgl. Pippig 1988). Wo sich das Gefühl der Abhängigkeit von der Verwaltung mit dem Bewusstsein mangelnder Kompetenz im Umgang mit Behörden paart, wird die Interaktion als besonders beängstigend erlebt: So wird für die Sozialverwaltung ermittelt, dass etwa 13 Prozent der Klienten überwiegend ängstlich, bemüht, besorgt oder zurückhaltend sind, während 55,8 Prozent verbindlich, freundlich, sachlich und aufgeschlossen sind. Diese Ängstlichkeit besteht, obwohl die beobachteten Sacharbeiter selbst zu 73,1 Prozent freundlich

---

[97] Ein wesentlicher Grund für die kommunale Stärke der Wählergemeinschaften liegt darin, dass Ortsvereine von Parteien oft erst ab einer Gemeindegröße von ca. 3000 Einwohnern zu finden sind. Folglich müssen Präsenzlücken der Parteien geschlossen werden. Da in kleinen Gemeinden deutlich mehr kumuliert und panaschiert wird, gelten gerade diese als Domäne der Freien Wähler. Mit steigender Kommunengröße nehmen ihre Stimmanteil ab (vgl. Holtmann 2001).
[98] Vgl. hierzu ausführlich Jochen Franzke und Heinz Kleger (2010): Bürgerhaushalte. Chancen und Grenzen. Berlin: Edition Sigma.
[99] Dabei handelt es sich um mehrmals stattfindende repräsentative Befragungen gleicher Personen zu bestimmten kommunalpolitischen Themen (z.B. Evaluation öffentlicher Dienstleistungen). Vgl. hierzu weiterführend Helmut Klages, Carmen Daramus und Kai Masser (2008). Bürgerbeteiligung durch lokale Bürgerpanels. Berlin: Ed. Sigma.
[100] Vgl. hierzu weiterführend Angelika Vetter (Hg.) (2008): Erfolgsbedingungen lokaler Bürgerbeteiligung. Wiesbaden: VS Verlag für Sozialwissenschaften.

und verbindlich sind. Insgesamt liefen 97,9 Prozent der Fälle ohne Gefühlsausbrüche auf beiden Seiten ab. Nach Einschätzungen des befragten Personals sind folgende Gründe dafür ausschlaggebend, dass der Kontakt mit dem Sozialamt als unangenehm empfunden wird: Die Tatsache, dass man etwas erbitten muss (24,3 Prozent), allgemeine Angst vor dem Umgang mit Behörden (23,8 Prozent), die Angst vor dem negativen Image eines Sozialhilfeempfängers (16 Prozent) (vgl. Grunow/Hegner 1978: 182ff.).

Für die Ordnungsverwaltung wie auch für die Dienstleistungsverwaltung ist typisch, dass als Folge der starken Verrechtlichung der Programme zunächst einmal von Seiten der Sacharbeiter eine Reihe von Informationen von Klienten abgefragt werden muss, um Zuständigkeit und Einschlägigkeit des Falles prüfen zu können. Es liegt also eine *Dominanz der Informationserfassung* vor. Insofern kann man sagen, dass die Kommunikation grundsätzlich einseitig abläuft. Will der Bürger beraten werden, setzt dies bereits seinerseits einen relativ hohen Informationsstand über grundsätzliche Möglichkeiten, Zuständigkeiten etc. voraus, damit er überhaupt zielgerichtet fragen kann. In der erwähnten Sozialamtsstudie äußern 41,2 Prozent der beobachteten Klienten spezifische Bitten um eine bestimmte Hilfsart. Demgegenüber können sich 11,9 Prozent nur mit diffusen Hinweisen und Bitten artikulieren und 5,8 Prozent wollen beraten werden. Beispielsweise veranschaulicht die Beantragung von „Hartz IV" diese zunächst einseitige Kommunikation und auch die Bedeutung der Informiertheit auf Seiten des Kunden: Zunächst muss der Bürger eine Vielzahl an persönlichen Informationen preisgeben (Wohn- und Lebenssituation, Kinder, Beruf, Bildung, Einkommen, Vermögen) und natürlich muss er hierzu eine Reihe an Formularen ausfüllen. Erst wenn alle Fragen vollständig und ausreichend beantwortet sind, kann der Fall bearbeitet werden. Dabei ist der erste Schritt die Überprüfung, ob der Betroffene überhaupt „Hartz IV berechtigt" ist, also diese Sozialleistung erhalten darf. Ist der Bürger über den Umfang der Beantragung vorab nicht informiert, können die Konfrontation mit der Vielzahl an Fragen zu seiner Person und an Formularen schnell zu Überforderung, Angst und Unsicherheit führen.

Die Interaktion mit Verwaltungsbehörden erfolgt nicht zuletzt auch schriftlich: *Schriftlichkeit im Verkehr.* Hier wie im mündlichen Umgang wird die Informationsaufnahme für die Fallbearbeitung in der Regel standardisiert über Formulare vorgenommen. Diese Formulare sind naturgemäß auf die Bearbeitung des Falles, nicht aber auf den Informationsstand des Bürgers zugeschnitten. Entsprechend wird – nicht zuletzt aufgrund des juristisch geprägten Amtsdeutsch in den Formularen – gerade dieser Aspekt der Interaktion von der Bevölkerung vielfach als angsteinflößend oder zumindest lästig empfunden. Der Bürger in der Lebensmitte ist dabei am stärksten mit dem Ausfüllen von Formularen konfrontiert. Bereits seit längerer Zeit ist es empirisch dokumentiert, dass ein beträchtlicher Anteil von Bürgern die amtlichen Formulare als unverständlich charakterisiert. Dieser Anteil ist bei Personen mit niedriger Formalbildung am höchsten (vgl. etwa Scheuch et al. 1980).

In einer Situation, in der insbesondere sozial schwächere Schichten ungenügend gerüstet sind für den schriftlichen Umgang mit den Behörden, ist es wichtig, in welchem Maße das Verwaltungspersonal eher dienstleistungsorientiert ist und dem Bürger hilft oder reaktiv und regelorientiert dessen Fall bearbeitet. Folglich kommt es auf das *Verhalten des Personals* im Einzelfall an. In der Sozialamtsstudie kritisieren 64,8 Prozent der Sachbearbeiter Uneinsichtigkeit der Klienten, 59,7 Prozent fehlende Informationen über die Lebensverhältnisse und 50 Prozent mangelnde Auskunftsbereitschaft. Hierin drückt sich die eminente Bedeutung aus, die der Informationsabgabe vom Verwaltungspersonal zugemessen wird. 66 Prozent der befragten Sachbearbeiter halten es zwar für unzutreffend, dass beim Ausfüllen der Formulare nicht geholfen würde, aber immerhin 55,3 Prozent meinen, dass in schwierigen Fällen die Sachbearbeiter unruhig und unfreundlich werden (vgl. Grunow/Hegner 1978: 227). Es ist anzunehmen, dass in einer solchen Situation eine zusätzliche Selektivität der Fallbearbeitung und Klientenbehandlung einsetzt, die sich nach sozialen Vorurteilen und Etikettierungen richtet, wie wir dies auch aus Untersuchungen über das Verhalten von Polizisten kennen (vgl. Feest/Blankenburg 1972; Brusten/Hohmeier 1975).

Derartige Probleme lassen sich nur z.T. aus dem durch die bürokratische Organisationsstruktur vorgeprägten Charakter des Kontaktes erklären. Vielmehr ist auch bedeutsam, in welchem Maße *bürgerfreundliches Verhalten als Leistungskriterium* in der öffentlichen Verwaltung bewertet wird. Die Sozialamtsstudie zeigt, dass publikumsbezogene Qualifikationen in der Sozialverwaltung kaum Leistungs- und Beförderungskriterien sind (vgl. Grunow/Hegner 1978: 165): 92,7 Prozent der befragten Sachbearbeiter geben an, dass es Unterschiede in der Kompetenz der Kollegen gebe, mit dem Publikum zurechtzukommen. Aber 44,7 Prozent meinen, dass es beim Arbeitseinsatz überhaupt nicht berücksichtigt würde, wie gut jemand mit dem Publikum umgehen könne. Weitere 39,1 Prozent meinen, dass diese soziale Kompetenz bei Beförderungen nicht berücksichtigt würde. Wären jedoch Sozialkompetenz und Bürgerfreundlichkeit beförderungsrelevante Kriterien, so hätte das leider die Folge, dass gerade diejenigen Sachbearbeiter, die besonders geeignet für die Bearbeitung von Bürgeranträgen sind, in Positionen befördert werden, in denen sie kaum oder weniger Kontakt mit dem Bürger haben.

Ergänzend ist an dieser Stelle auch auf die Wirkung der Behörde als Gebäude hinzuweisen. Bedenkt man, dass Bürger sich auf den Weg machen und die Behörde aufgrund eines Anliegens aufsuchen, sind nicht nur die oben genannten bürokratischen Merkmale und das Verhalten des Personals, sondern eben auch die *bauliche Beschaffenheit* der Behörde ein zu berücksichtigender Aspekt bei der Interaktion zwischen Publikum und Verwaltung. Nicht selten verbinden Bürger mit dem Gang zum Arbeits- oder Finanzamt rein funktionelle Bauten, lange Flure, schlecht beleuchtete Gänge und Wartezimmer, unbequeme Stühle sowie eine kalte und triste Atmosphäre.[101]

4.3.3 Rationalisierungsstrategien

Natürlich sind in diesem Bereich aufgrund der soeben beschriebenen Defizite seit geraumer Zeit vielfältige Reformbestrebungen im Gange. Diese reichen vom Training in Bürgerfreundlichkeit, Verbesserung der Formulare und Abbau von Amtsdeutsch über Behördenwegweiser und die im Sozialgesetzbuch eingeführte Beratungspflicht bis zum Bürgerbeauftragten oder Ombudsmann.[102]

Es ist jedoch fraglich, inwieweit derartige Maßnahmen, die den Informationsstand des Bürgers verbessern sollen, geeignet sind, das grundsätzliche „bürokratische Dilemma" (Hegner 1978) zu beheben. Dieses besteht darin, dass Interaktion und Problembearbeitung weniger von den Erwartungen des Bürgers als vielmehr von Entscheidungsprogrammen und bürokratischer Organisationsstruktur geprägt sind.

Angesichts dieses Problems sollte jedoch nicht vergessen werden, dass die *Verrechtlichung* und die damit korrespondierende *Unpersönlichkeit* des Verwaltungshandelns als *historische Errungenschaften* einen Schutz des Bürgers gegen Willkür darstellen und die Behandlung seines Falles „ohne Ansehen der Person" garantieren sollen. Wenn Bürger den Wunsch nach ‚unbürokratische' Vorgangsweisen im Zusammenhang mit mehr Bürgernähe äußern, so würde dessen Berücksichtigung zu Lasten der historischen Errungenschaften wie Rechtssicherheit und Brechbarkeit gehen. Der Vollständigkeit halber nur erwähnt werden an dieser Stelle Möglichkeiten, die der *Berechenbarkeit* durch den Bürger und der Regelung des manifesten Konfliktfalles dienen:

---

[101] An dieser Stelle sei auf den Aufsatz von Rainer Paris verwiesen, der sich mit der Analyse des Wartens und der Wartesituation in bürokratischen Organisationen beschäftigt (vgl. Paris 2001).

[102] Ein schönes Beispiel hierfür ist das Arbeitshandbuch des Bundesverwaltungsamtes zum Thema „Bürgernahe Verwaltungssprache". Dieses Handbuch enthält Empfehlungen zur Verwaltungssprache, die die Verständlichkeit erhöhen, zu mehr Bürgernähe führen und die Zusammenarbeit zwischen Behörden und Bürgern verbessern sollen (vgl. Bundesverwaltungsamt 2002). Der Verwendung z.B. des Wortes „Veranlagung" erfolgt im Alltag als „Begabung" und in der Fachsprache als „steuerliche Einschätzung". Daraus ergibt sich die Frage, ob ein Bürger – der auf einem Formular (welches er zuvor noch nie ausgefüllt hat) das Wort „steuerliche Einschätzung" liest – weiß, was er an dieser Stelle zu schreiben hat.

- Die Verwaltungsverfahrensgesetze;
- Der Beschwerde- und Verwaltungsgerichtsweg;
- Das Petitionswesen;
- Das Datenschutzrecht;
- Die Regelung der Staatshaftung und nicht zuletzt
- Unsere Grundrechte.

Über diese Rationalisierungsstrategien gehen die Versuche zur *Befreiung des (total) administrierten Menschen* von Karl Mannheim[103] und Herbert Marcuse[104] hinaus. Bei diesen Ansätzen werden Möglichkeiten der Emanzipation des Individuums in einer alles umfassenden Gesellschaft thematisiert. Sie sind grundsätzlicher, theoretischer Natur und sollen hier nur ergänzend Erwähnung finden, da sie von unserem Thema, der Bürokratietheorie, wegführen.

---

[103] Karl Mannheim (1893-1947), studierte Soziologie und Philosophie und war ein Schüler Max Webers. Im Rahmen von Rationalisierungsstrategien kann im Hinblick auf stärkere Bürgerpartizipation bei der Verwaltungsplanung zur theoretischen Diskussion auf Mannheim verwiesen werden. In seinem Werk „Freiheit und geplante Demokratie" erhofft er sich "das Wirken sozial verantwortungsbewusster Eliten" (Mannheim 1970: 38). Diese Eliten sollen die Menschen zu demokratischem Verhalten erziehen.

[104] Herbert Marcuse (1898-1972) gibt in seinem Werk „Der eindimensionale Mensch" eine geschichtliche und gesellschaftliche Analyse der Verfangenheit des Individuums in der modernen Gesellschaft und zeigt hierzu Wege der Befreiung auf (vgl. Marcuse 1967).

5 Bürokratietheorie als Organisationstheorie

Max Weber ist unzweifelhaft einer der letzten, wenn nicht gar der letzte deutschsprachige Autor, der mit seinen politischen, ökonomischen und soziologischen einschließlich der rechtssoziologischen Schriften für sich noch beanspruchen kann, die seinerzeit schon organisatorisch zerfallene Einheit der Staatswissenschaft intellektuell zu repräsentieren. Diese Breite seines Schrifttums hat dazu beigetragen, dass eine Vielzahl von Wissenschaften, darunter vor allem auch die Organisationstheorie und die Verwaltungslehre, Weber für sich reklamierten. Dabei ist es aber auch zu zwei folgenreichen Fehlinterpretationen gekommen, denen Webers Bürokratietheorie ausgesetzt war: Die Vernachlässigung des universalgeschichtlichen und des herrschaftssoziologischen Anliegens (und damit zusammenhängend die normative Wendung des Bürokratie-Konzepts) sowie die Verkürzung der Merkmalsliste um eben jene Aspekte, die den historischen Bezug herstellen. In diesem Kontext trifft also das folgende Verdikt von François Chazel – leider – zu: „Die Ironie des Schicksals will es, dass gerade die „Klassiker" zwar prinzipiell gut bekannt sind, in Wirklichkeit aber schlecht verstanden werden." (Chazel 2010). Abgesehen davon zeigt ein Blick auf die Alltagssprache, dass die Begriffe „Bürokratie" und „Organisation" nicht selten synonym verwendet werden (vgl. Albrow 1972).[105] Diese Umstände deuten bereits darauf hin, dass es sich lohnt, Bürokratietheorie auch als Organisationstheorie aufzufassen. Zu diesem Zweck werden wir in diesem Kapitel zunächst die Bedeutung des Bürokratiekonzepts in der Organisationstheorie betrachten (5.1), ehe wir uns unter 5.2 speziell der Verkürzung des Weberschen Bürokratie-„Modells" widmen. Im Abschnitt 5.3 möchten wir ‚freiwillige Organisationen' betrachten und fragen, welche Gemeinsamkeiten und Unterschiede zwischen dieser Art von Organisation einerseits und der Bürokratie andererseits bestehen. Abschnitt 5.4 befasst sich exkursartig mit der Frage, inwiefern die Mafia eine bürokratische

---

[105] Ergänzt werden kann jedoch auch der Sprachgebrauch, wonach „Bürokratie" als Synonym für die *rationale* Organisation steht. So hat Peter Leonard Bürokratie folgendermaßen definiert: „Es ist darunter einfach die rationale und klar definierte Anordnung von Tätigkeiten zur Erfüllung der Organisationsziele zu verstehen." (zitiert nach Albrow 1972). Eine dritte alltagssprachliche Verwendung besteht zudem darin, „Bürokratie" schlicht mit der „Unfähigkeit einer Organisation" gleichzusetzen. Für Michel Crozier ist eine Bürokratie nichts anderes als eine „Organisation, die nicht aus Fehlern lernen kann." (ebenfalls zitiert nach Albrow 1972).

Organisation darstellt. Damit möchten wir unterstreichen, dass sich das Phänomen der Organisation nicht auf die üblicherweise im Mittelpunkt organisationstheoretischer Untersuchungen stehenden Behörden und Unternehmen beschränkt.

5.1 Das Bürokratiekonzept in der Organisationstheorie

Die Merkmale, mit denen Max Weber Bürokratie als Typus definiert, werden üblicherweise, wenn auch nicht umfassend, als Merkmale formaler Organisation angesehen. Indem die Weberschen Ausführungen als paralleles Befehlsmodell der Organisation betrachtet werden (vgl. March/Simon 1958: 6 f.), wird eine Parallelität zu den klassischen Organisationstheoretikern, insbesondere zu Frederick Winslow Taylor und seinem Maschinenmodell der Organisation hergestellt (vgl. zur Theorie Taylors Kieser 2006). Ferner wird Max Weber dabei in Verkennung des methodologischen Status seines Idealtypus ein präskriptives Anliegen, wie es gerade auch für die Klassiker der Organisationstheorie typisch war, unterstellt, d.h also der Idealtypus wird als Modell interpretiert, wie eine formale Organisation gestaltet werden sollte (vgl. Mayntz 1965). Auf diese Missverständnisse und Verkürzungen werden wir im nächsten Abschnitt zurückkommen. An dieser Stelle gilt es festzuhalten, dass Webers Beschreibung der Bürokratie im organisationstheoretischen Kontext nicht mehr mit der Frage nach der Form politischer Herrschaft in Zusammenhang gebracht wird, sondern schlicht als eine mögliche Form der Organisation gesehen wird. In dieser Tradition wurden insbesondere die Dysfunktionen sowie die relative Effizienz bürokratischer Organisation thematisiert.

5.1.1 Empirische Bürokratiekritik: Dysfunktionen

Die Organisationstheorie und insbesondere die Organisationssoziologie konnte in einer Reihe einzelner Studien vielfach Pathologien und Dysfunktionen bürokratischer Organisation feststellen. Gemeinsam ist diesen Denkrichtungen, dass sie mit dem Aufweisen von Dysfunktionen annehmen, die Webersche Effizienzthese widerlegt zu haben. Von Dysfunktionen können wir immer dann sprechen, wenn die Abstimmung der Organisationsstruktur intern und gegenüber den Anforderungen der jeweiligen Umwelt nicht gelingt. Die wichtigsten Dysfunktionen bürokratischer Organisation sollen hier kurz skizziert werden (vgl. ausführlicher Türk 1976; Caiden 1991).

Zunächst kann immer wieder festgestellt werden, dass *starre Kompetenzabgrenzungen* oft dazu führen, dass neue Probleme in der Umwelt der Verwaltung nicht umfassend erkannt und verarbeitet werden, sondern lediglich im Raster der Zuständigkeitsverteilung wahrgenommen werden. Wir können dieses Problem der selektiven Wahrnehmung an einem Beispiel aus der Ministerialbürokratie des Bundes illustrieren. Bis zur Gründung des Bundesumweltministeriums befanden sich wesentliche Teile der Zuständigkeit für den Umwelt- und Naturschutz im Bundesinnenministerium. Hier wurden beispielsweise in speziellen Referaten der Gewässerschutz und die Luftreinhaltung als Probleme bearbeitet, und – im Falle des Gewässerschutzes – das Klären des Abwassers sowie – im Falle der Luftreinhaltung – die Abtrennung von Dioxin in den Schornsteinen von Verbrennungsanlagen rechtlich geregelt. Der Klärschlamm und die anfallende Filterasche, beides giftige Abfallprodukte, werden auf speziellen Deponien abgelagert und können auf diesem Weg einem weiteren Schutzgut, nämlich dem Boden, beträchtlichen Schaden zufügen. Dieser Problemzusammenhang wurde bis zur Gründung eines eigenen Referats für den Bodenschutz kaum betrachtet und fiel gleichsam durch das Raster der Zuständigkeiten. Wulf Damkowski prägte im Rahmen einer weiteren Untersuchung auch die Rede von der „blinden Bürokratie" (vgl. Damkowski 1981) und die jüngsten von den verschiedenen Behörden (Sozialamt, Arbeitsagentur, Jugendamt, Polizei, Schule) nicht erkannten Fälle von in Familien verwahrlosender Kinder verweisen auf die gleiche Dysfunktion.

Das an der Zuständigkeitsverteilung orientierte Aufmerksamkeitsraster greift auch dann nicht selten zu spät oder überhaupt nicht, wenn neue und unerwartete Situationen auftreten. Mit der Subsystembildung als Folge zunehmender interner Differenzierung und Arbeitsteilung geht in der Regel eine *Überidentifikation des Personals mit Teilaufgaben* einher, wobei stets die eigenen Aufgaben, für die man sich selbst zuständig zeichnet, allergrößte Priorität erlangen. Die Folge dieser an sich verständlichen und auch keineswegs illegitimen Verhaltensweise ist jedoch regelmäßig eine *Externalisierung* (also Verschiebung) von Problemen und damit letztlich eine *Suboptimierung* oder negative Koordination von Problemlösungen.

Die *Überbetonung der Formalisierung und Regelhaftigkeit* der Aufgabenerfüllung führt zu defensivem Verhalten der Organisationsmitglieder und vielfach zu *Zielverschiebungen* in dem Sinne, dass Regeln um ihrer selbst willen vollzogen werden, ohne dass ihre Zweckmäßigkeit überdacht wird. So kritisierte etwa Robert Merton (1952) an der Regelgebundenheit des Entscheidens die Dysfunktion der Zielverschiebung, bei der Regeln auch dann ausgeführt werden, wenn deren Zwecke offensichtlich obsolet geworden sind. Zielverschiebungen in bürokratischen Organisationen treten im übrigen besonders dann auf, wenn die für die Mitglieder geltenden individuellen Leistungsziele quantitativ (z.B. als Fallzahlen) formuliert sind, während die Aufgabe qualitative Aspekte (z.B. Bürgerfreundlichkeit) umfasst, die folglich in der Leistungsbeurteilung unberücksichtigt bleiben.

Crozier (1964) hat ferner den Rigiditätszirkel beobachtet, in dem Organisationen schrittweise verknöchern, weil immer neue Regeln zur Bekämpfung von Abweichungen produziert werden, bis das System in einer Krise kollabiert. Da auf notwendigerweise eintretende Funktionsprobleme vielfach mit neuen Regelungen reagiert wird, tendieren bürokratische Organisationen zur Rigidität, Inflexibilität und *Übersteuerung*. Meist kommt es in der Folge davon erst in schwereren Krisen zu strukturellen und programmatischen Anpassungen der Organisation. Des weiteren wird insbesondere der öffentlichen Verwaltung als Konsequenz ihrer bürokratischen Struktur *Innovationsfeindlichkeit* vorgeworfen, wobei in diesem Kontext zwischen Programm- und Strukturkonservativismus unterschieden werden müsste (vgl. hierzu auch 3.4.2).

Eine tiefe *hierarchische Staffelung* von Positionen schafft einerseits Übersetzungs- und Implementationsprobleme, stellt andererseits aber auch organisatorische *Filter* für die Rückmeldung von Ereignissen und Umweltveränderungen dar. Die Inhaber von Spitzenpositionen laufen daher regelmäßig Gefahr, einen Realitätsverlust zu erleiden und organisatorischen Fiktionen aufzusitzen, wenn sie ausschließlich die über den Dienstweg heraufgegebenen, vielfach gefilterten und geschönten Berichte registrieren. Abhilfe für solche Probleme können alternative, direkte Informationsquellen und Stabseinheiten schaffen, welche direkt der Behördenleitung zugeordnet sind. Die Filterwirkung der Hierarchie ist aber vor allem auch deshalb nicht leicht auszugleichen, weil nun einmal im „Apparat" das gesamte Wissen der Organisation gebündelt ist und laut Weber genau dieser Faktor auch dazu führt, dass sich bürokratische Apparate zu verselbständigen drohen. Der Informationsvorsprung der mitunter tief gestaffelten und auf kleine Ausschnitte spezialisierten Organisationseinheiten kann daher auch von gut funktionierenden Stäben immer nur z.T. kompensiert werden.

Wesentliche Dysfunktionen werden aber vor allem auch für das Verhältnis zwischen *Individuum und bürokratischer Organisation*, sei es für den Bediensteten im Verhältnis zu seiner Behörde, sei es im Verhältnis des Bürgers oder Klienten zur Behörde festgestellt. Hierauf ist in Kapitel 4 bereits ausführlich eingegangen worden.

Solcherlei Probleme bürokratischer Organisationen sind nicht zu leugnen und werden mitunter als Widerlegung des Weberschen Bürokratiekonzepts ins Feld geführt. Die von Max Weber behauptete Überlegenheit bürokratischer Organisation gegenüber allen anderen Formen der Organisation wurde jedoch lange Zeit und wird bisweilen immer noch missverstanden, weil sie aus dem historischen Kontext und der systematischen Absicht Webers herausgerissen wurde.

Die Effizienzbehauptung wurde von Weber für den historischen Vergleich z.B. gegenüber feudalen Organisationsformen und unter dem Gesichtspunkt der Ausübung staatlicher Herrschaft aufgestellt. Dies hat allerdings die Organisationstheorie nicht daran hindern können, diese Aussage absolut zu setzen und präskriptiv zuwenden, zumal die Merkmale des Weberschen Typus eine Reihe von Ähnlichkeiten mit der preußischen Verwaltung und mit dem zu Beginn des Jahrhunderts entwickelten Organisationsmodell des Scientific Management aufwiesen. Mit anderen Worten: Auch Weber hätte die gerade benannten Dysfunktionen zu keinem Zeitpunkt negiert, wie man aus seinen politischen Schriften, in denen er sich als einer der vehementesten Kritiker von Bürokratie als sozialem Phänomen gezeigt hat, entnehmen kann. Sein Anliegen bestand nicht darin, präskriptiv ein optimales, fehlerfreies Organisationsmodell zu entwerfen, sondern die Andersartigkeit dieses Typus gegenüber älteren Herrschaftsmodellen herauszuarbeiten. Weber hat zwar die Effizienz bürokratischer Organisation besonders unterstrichen, diese Effizienz jedoch stets in Relation gesetzt, wie Abschnitt 5.2 noch verdeutlichen soll.

5.1.2 Relative Effizienz

Die präskriptiven Schwächen, wie sie die genannten Pathologien aufweisen, haben in der Zwischenzeit dazu geführt, die Annahme zu modifizieren, bürokratische Organisationen seien immer überlegen. Obwohl wissenschaftlicher Konsens darüber, woran und wie die Effizienz von Organisationen zu messen wäre, weitgehend fehlt, versucht man sich der Effizienz-Frage über die Analyse unterschiedlicher Organisationssituationen und -umwelten anzunähern. Die Kontingenztheorie der Führung und die Theorie situativer Organisation (vgl. Kieser/Ebers 2006: 215ff.) beschränken das klassische „Befehls- und Maschinenmodell" der Organisation auf Situationen,

- in denen die Umwelt relativ konstant bleibt,
- Probleme daher gut strukturiert,
- Aufgaben programmiert und routinisierbar,
- die Qualifikation der Mitarbeiter niedrig
- und ihre Motivation extrinsisch sein können;

In solchen Situationen lässt sich streng arbeitsteilig, regelorientiert, hierarchisch und förmlich verfahren. Bei turbulenter Umwelt hingegen, neuen Problemen, unstrukturierten Aufgaben, deren Lösung Innovationen verlangt, bei gut qualifiziertem, intrinsisch motiviertem Personal mit professionellem Selbstverständnis zeigt sich eine „organische" der „mechanischen" Organisation überlegen, sind teamartige Interaktion, Dezentralisation von Verantwortung und ein mitarbeiterorientierter Führungsstil vorzuziehen (vgl. Müller 1973).

5.2 Verkürzung des Weberschen „Bürokratiemodells"

Im Zusammenhang mit der Frage nach der Effizienz des bürokratischen Typus wurde in der organisationstheoretischen Literatur der Weberschen Effizienzthese besondere Beachtung geschenkt:

> „Die rein bureaukratische, also: die bureaukratisch-monokratische aktenmäßige Verwaltung ist nach allen Erfahrungen die an Präzision, Stetigkeit, Disziplin, Straffheit und Verläßlichkeit, also: Berechenbarkeit für den Herrn wie für die Interessenten, Intensität und Extensität der Leistung, formal universeller Anwendbarkeit auf alle Aufgaben, rein technisch zum Höchstmaß der Leistung vervollkommenbare, in all diesen Bedeutungen: formal rationalste, Form der Herrschaftsausübung." (Weber 1980: 123).

Wir haben oben bereits darauf hingewiesen, dass Weber sehr wohl die unterschiedlichen Dysfunktionen und Ineffizienzen der Bürokratie erkannt hatte. Doch wir wissen auch, dass der Webersche Idealtypus der Bürokratie von der Organisationstheorie nur partiell und ahistorisch rezipiert wurde und dass die sogenannte Effizienzthese aus dem Rahmen der Herrschaftssoziologie, wo Weber bekanntlich die Bürokratie abgehandelt hat, herausgelöst wurde (vgl. Mayntz 1965; Prewo 1979; Gabriel 1979: 31).

5.2.1 Historische Entleerung des Konzepts

„Organisationen sind entweder Bürokratien oder nicht, je nachdem, welche Merkmale sie aufweisen." (Ferrel Heady, zitiert nach Albrow 1972). Dieser Satz empfiehlt dem Forscher geradezu, konkrete Organisationen daraufhin zu untersuchen, ob in ihnen die Merkmale bürokratischer Organisation vorhanden sind oder nicht. Von den Merkmalen, nach denen bei Max Weber die Bürokratie gekennzeichnet wird, finden sich in den entsprechenden Untersuchungen der strukturalistischen Organisationstheorie etwa von Hall (1968) oder der Aston-Schule (vgl. Lammers/Hickson 1979) üblicherweise jedoch nur ein Teil aufgeführt:

- Arbeitsteilung und Spezialisierung;
- Formalisierung von Organisationsstruktur und Prozeduren in Gestalt schriftlicher Regeln;
- Hierarchischer Weisungsweg, Kommunikation und Kontrollmuster;
- Einstellung und Beförderung nach professioneller Leistung;
- Unpersönlichkeit der Interaktion mit dem Publikum;
- Schriftlichkeit der Kommunikation und Aktenkundigkeit.

Natürlich lassen sich diese Charakteristika auf eine große Bandbreite von formalen Organisationen in modernen Gesellschaften anwenden, von Organisationen im privatwirtschaftlichen Sektor bis hin zu öffentlichen Behörden. Allerdings gehören die meisten Organisationen, die empirisch untersucht werden, nicht zur Klasse der öffentlichen Behörden. Dies mag insofern noch seine Berechtigung finden, als Max Weber mehrfach betont hat, dass Bürokratisierung nicht nur in öffentlichen Behörden, sondern auch in der Industrie und – im Anschluss an Robert Michels – auch in politischen Parteien beobachtet werden kann. Außer Frage aber steht, dass Weber als theoretischen Kontext seiner Behandlung der Bürokratie das Phänomen politischer Herrschaft im Sinne hatte und damit primär auf öffentliche Organisationen abstellte. Ein zweites Manko besteht darin, dass bei einem Vergleich von bürokratischen Organisationen untereinander der von Weber intendierte historische Kontrast zwischen bürokratischer Organisation und vormodernen Organisationsformen vollständig verlorengeht und man auch aus diesem Grund Gefahr läuft, Webers eigentliches Anliegen zu verpassen (vgl. hierzu auch Chazel 2010). Vergleicht man nun die genannten Merkmale mit denen, die Max Weber in „Wirtschaft und Gesellschaft" aufgelistet hatte, so stellt man leicht fest, dass die Merkmalsliste der Organisationstheoretiker ergänzt werden muss um:

- Hauptamtlichkeit des Personals,
- Geldentlohnung,
- Fachschulung,
- Disziplin und Berufsethos sowie
- Trennung von Haushalt und Betrieb, privatem und öffentlichem Besitz von Produktionsmitteln.

Die meisten dieser Charakteristika beziehen sich auf das bürokratische Personal und werden in der systematischen Organisationstheorie übersehen, weil diese Merkmale heutzutage in modernen privatwirtschaftlichen und öffentlichen Organisationen eine Selbstverständlichkeit sind, die keine empirischen Unterschiede zutage fördert. Offensichtlich sind sie für den heutigen primär systemtheoretischen Organisationstheoretiker daher nicht mehr bedeutsam, um das interne Funktionieren formaler Organisationen zu verstehen und zu erklären. Es sind aber gerade diese vernachlässigten Charakteristika, über die sich ein ganz wesentlicher Bezug zur Herrschaftssoziologie herstellen lässt und die Max Weber in historisch-komparativer Perspektive für bedeutsam ansah. Zudem tragen auch die von der Organisationstheorie anerkannten Merkmale in sich historische Bedeutung. Wenn Weber die *Hierarchie* und insbesondere die monokratische Behördenleitung als Charakteristikum von Bürokratie betonte, so tat er dies auf dem Hintergrund des bis 1806 in Preußen praktizierten Kammersystems, das dann von dem sogenannten Bureau-System abgelöst wurde. Was die Organisationstheorie heute schlicht *Arbeitsteilung und Spezialisierung* nennt, beinhaltet bei Weber die Ablösung der Provinzialdepartments durch das funktionale Ressortsystem, ja sogar den Gedanken der Gewaltenteilung und der funktional abgegrenzten festen Zuständigkeit. Die *Regelgebundenheit* reflektiert den sich entwickelnden Gesetzes- und Rechtsstaat, der politische Herrschaft sowohl für den Herrn als auch für die Beherrschten, um Max Webers Worte zu benutzen, berechenbar machte. Überflüssig zu sagen, dass es sich hierbei um ein zentrales Merkmal der Weberschen Grundthese von der zunehmenden Rationalisierung handelt und dass diese Regelgebundenheit auf generalisierten Normen beruht, die das provinziell fragmentierte, mit Privilegien aller Art (z.B. Steuerprivileg) versehene und historisch gewachsene Recht ablösten. Diese Regelgebundenheit trägt zur Standardisierung, Schematisierung und *typischen Unpersönlichkeit* des Verwaltungshandelns bei. *Schriftlichkeit* des internen und externen Verkehrs, heute ebenfalls eine Selbstverständlichkeit, ist historisch keineswegs unbedeutend, setzt sie doch zumindest die Schriftkundigkeit auf Seiten des Publikums und damit die Einführung der allgemeinen Schulpflicht voraus. In Kodifizierungen wurde positiviertes Recht nachlesbar, z.B. in Intelligenz- und Regierungsblättern. *Fachschulung* als Merkmal der Bürokratie erinnert an die Etablierung der Kameralwissenschaft und der Polizeywissenschaft, später der Jurisprudenz als Grundausbildung zumindest des höheren Verwaltungspersonals im 18. und 19. Jahrhundert (vgl. Bleek 1972; Wunder 1986: 36). Der Vorgang der *hierarchischen Ernennung* löst die Wahl und die Erblichkeit oder den Kauf von Ämtern ab, nachdem sich der absolutistische Staat mit dem Militär ein stehendes und mit der angewachsenen inneren Verwaltung ein „sitzendes" Heer zugelegt hatte, um Hans Rosenbergs Wortspiel (1958) zu zitieren. Dass dieser Apparat *hauptamtlich* tätig war, ist im Gegensatz zu denken zum Feudalsystem, in dem das Amt lediglich Annex zum Lehen war (vgl. Wyluda 1969). Mit der Hauptamtlichkeit aber geht einher, dass Bürokraten, die tendenziell aus nichtvermögenden sozialen Schichten rekrutiert wurden, zunehmend mit *Geld entlohnt* wurden, da ihre Zahl zu groß wurde, um sie noch im Haushalt des Herrschers zu alimentieren, zu beköstigen und wohnen zu lassen oder ihnen Naturalgüter zu geben, um ihre und ihrer Familien Reproduktion zu sichern. Natürlich setzte makroökonomisch die Geldentlohnung ein funktionierendes, zuverlässiges System der Steuereinnahmen in einer Geldwirtschaft voraus. *Disziplin und Berufsethos* hatten sich ebenfalls historisch zunächst zu entwickeln, wobei bei materialistischer Betrachtung der Zusammenhang zu Nebenämtern und Korruption herauszustellen ist, bei eher idealistischer Betrachtung aber zu dem, was Max Weber die methodische Lebensführung (vgl. Hennis 1984) genannt hat, wie sie aus der Domestizierung in Klöstern, im Militärdienst und schließlich in der Fabrik (vgl. Treiber/Steinert 1980) entwickelt worden ist. Was schließlich die *Trennung von Haushalt und Betrieb*, von öffentlichen und privaten Mitteln betrifft, so hat auch dieses Merkmal einen von der Organisationstheorie nicht beachteten, heute nicht mehr leicht erkennbaren historischen Bezug: Nicht nur ist damit gemeint die räumliche Aussonderung von Büros aus der fürstlichen Hofhaltung, sondern auch die Expropriation der Bediensteten vom Besitz der Produktionsmittel, wie Weber in bewusster Anlehnung an Karl Marx formulierte (vgl. Weber 1980: 8 f.).

Diese Skizze, die vieles, was bereits in den vorhergehenden Kapiteln ausgeführt wurde, noch einmal aufgreift, zeigt uns, dass Webers Sicht auf die Bürokratie eine zutiefst historisch geprägte Sicht gewesen ist: „Durch den *Vergleich* mit *vormodernen* oder jedenfalls nicht modernen Verwaltungsmitteln bekommt, so die Annahme Webers, die Analyse ihre volle Bedeutung und Tragweite." (Chazel 2010). Dieser Aspekt wurde und wird in der neueren Organisationstheorie jedoch selten berücksichtigt, ebenso wie der herrschaftssoziologische Kontext der Weberschen Abhandlung.

5.2.2 Vernachlässigung des herrschaftssoziologischen Kontextes

Es ist die Kombination dieser Merkmale mit historischem Gehalt, die uns zu verdeutlichen hilft, dass der Typus bürokratischer Organisation eindeutig nicht in organisationstheoretischer Hinsicht beschrieben worden ist, sondern seine Stellung im Rahmen der Weberschen Herrschaftssoziologie hat. Die legal-rationale Herrschaft mittels eines bürokratischen Verwaltungsstabes wird von Max Weber kontrastiert mit den Typen der traditionalen und charismatischen Herrschaft. Diese, kurz gesagt, bürokratische Herrschaft ist das Produkt historischer Rationalisierung im politischen Subsystem der Gesellschaft. Wie einzelne der Charakteristika selbst bereits die Rationalitätssteigerung zum Ausdruck bringen – etwa die Regelgebundenheit oder die Fachschulung – so gibt auch das *Zusammenspiel dieser Merkmale* dem Typus legal-rationaler Herrschaft ein höheres Rationalitätsniveau, als es die anderen beiden Formen politischer Herrschaft beanspruchen können (vgl. Seibel 1976; Tyrell 1980; Kocka 1981). Aus der Sicht des Bürgers bringt die legal-rationale Herrschaft ein historisch einmaliges Maß an Berechenbarkeit auf der Basis des Gesetzes- und Rechtsstaates mit sich. Aus der Sicht des Herrschers – wer auch immer er sei – liefert sie ebenfalls ein Höchstmaß an Berechenbarkeit, da die Beamtenschaft sich kaum von der politischen Leitung emanzipieren und politisch verselbständigen kann, da sie von ihr inzwischen existentiell abhängig ist dank Geldentlohnung und Expropriation von den Betriebsmitteln. Traditionale Herrschaft beispielsweise beruht hingegen auf der Vergabe von Lehen, die wiederum die ökonomische Grundlage für eine politische Verselbständigung bieten können, und charismatische Herrschaft beruht ökonomisch auf Geschenken, Beute und Bettel und damit auf einem unzuverlässigen Ressourcenstrom und entsprechend labiler Gefolgschaft.

Bei der Betrachtung der oben zitierten Weberschen Effizienzthese sollte uns in diesem Zusammenhang auffallen, dass Weber den Ausdruck „Effizienz" nicht benutzt, sondern von der formal rationalsten Form auch nicht der Organisation schlechthin, sondern der Ausübung politischer Herrschaft redet, nämlich im Vergleich zur traditionalen und charismatischen Herrschaft mit ihren Instabilitäten. Dass es sich um *formale Rationalität* handelt, erkennt man schon an den aufgeführten Kriterien: Präzision, Stetigkeit, Schnelligkeit, Disziplin, Berechenbarkeit, Intensität und Extensität der Leistungen, universelle Anwendbarkeit auf alle Aufgaben und technisch am höchsten perfektionierbare Form der Herrschaft (vgl. auch Gajduschek 2003: 710). Weber spricht hier weder über Konservativismus oder Innovationsfeindlichkeit, noch über fehlende „Anliegensgerechtigkeit" und „Bürgernähe". Der Anspruch formaler Rationalität wird in historischer Perspektive erhoben in Gegenüberstellung mit traditionaler und charismatischer Herrschaft, andererseits in systematischer Hinsicht gegenüber der ehrenamtlichen Dilettantenverwaltung oder schwerfälligen kollegialen Entscheidungsgremien. Theoretischer Bezugspunkt der formalen Rationalitätsbeurteilung ist also Herrschaftssicherung, nicht etwa eine materielle Zielerreichung, gesellschaftliche Leistung oder die Berücksichtigung von Mitarbeiterinteressen oder die Bürgernähe – Kriterien, die man heute wohl in Effizienzuntersuchungen zugrundelegen würde. Die Auswahl derartiger Kriterien ist zwangsläufig wertend oder unbewusst interessenabhängig, wie auch der Nachweis von Dysfunktionen sich letztlich an normativen Erwartungen des Forschers oder einer Klientel orientiert. Derartige Urteile über Ineffizienz oder Dysfunktionen fallen jedoch unter den von Weber gelegentlich kontrapunktisch zur Betonung formaler Rationalität herangezogenen Begriff der *substantiellen Rationalität*. Insgesamt also sollte Max Webers auf die Bürokratie bezogene Effizienzthese immer in einen historischen und herrschaftssoziologischen Bezug gesehen werden.

5.3 Berücksichtigung freiwilliger Organisationen

Wenn Max Weber die lediglich formale Rationalität bürokratischer Herrschaft betonte, so tat er dies also aus Gründen der Werturteilsfreiheit. In Anbindung an die im vierten Kapitel erläuterte soziale Distanz, soll im Folgenden auf die These eingegangen werden, dass ein Teil der gängigen Bürokratiekritik, insbesondere eben die Kritik an der sozialer Distanz bei personalen sozialen Dienstleistungen (z.B. in öffentlichen Krankenhäusern und Sozialverwaltungen) in erster Linie eine Kritik an fehlender substantieller Rationalität ist. Hinzufügen ist daneben die etwas gewagte These, dass uns die ahistorische und systematische Verkürzung des Typus bürokratische Organisation in der Organisationstheorie auch daran hindert, diejenige Klasse von Organisationen ins Blickfeld unserer Analyse zu bekommen, die den impliziten Kriterien substantieller Rationalität in diesem Zusammenhang am ehesten genügen könnte: die Klasse freiwilliger, auf Ehrenamtlichkeit basierender, amateurhafter „Dilettantenverwaltungen", wie Weber sie gerne im ursprünglichen Sinne des Wortes bezeichnete.

Es geht hier nicht darum, eine forschungsstrategisch bedauerliche Verkürzung des Begriffs der formalen Organisation zu beklagen, der die Erforschung von *voluntary organizations* zu einem Spezialgebiet gemacht hat (vgl. Sills 1968; Horch 1983 u. 1992). Allerdings ist es von Bedeutung darauf hinzuweisen, dass man durch die Eliminierung der Merkmale Hauptamtlichkeit, Geldentlohnung und Fachschulung aus dem Bürokratiekonzept sehr schnell eben diesen Typus aus den Augen verliert, der heute mit dem Ruf nach Selbsthilfe-Gruppen als Ersatz oder zur Flankierung bürokratisch exekutierter Sozialpolitik von einigen Theoretikern – die sich nicht mit der Verbesserung der sozialen Bürgernähe von Behörden begnügen wollen – gefordert wird. So wie mit der Laienmedizin und Selbstmedikamentierung die Auswüchse der Apparatemedizin bekämpft werden sollen, sollen Selbsthilfe-Gruppen eben jenes Maß an Menschlichkeit und „Wärme" bringen, das man bei der unpersönlich handelnden Sozialverwaltung vermisst (vgl. Gross 1985).[106]

Man wird sich schnell darauf verständigen können, dass es bei dieser Gegenüberstellung nicht um eine Ausschließlichkeit gehen kann. Man mag die Verrechtlichung und Monetarisierung der Sozialpolitik genauso wie die Technisierung der Medizin beklagen, zur Grundversorgung mit Massengütern, um dieses Stichwort Max Webers aufzugreifen, sind die damit betrauten bürokratischen

---

[106] Im Bereich der Organisation politischer Herrschaft finden wir das Pendant im Rätemodell; hier soll politische Distanz abgebaut werden, indem Funktionäre nicht mehr ernannt, sondern gewählt, nicht auf Lebenszeit angestellt, sondern jederzeit abwählbar sein sollen. Der Spezialisierung wird das Rotationssystem entgegengestellt und eine Form von Zuständigkeitsverteilung – die Gewaltenteilung – soll aufgehoben werden.

Apparate wohl unverzichtbar. Dies bedeutet aber nicht, dass nicht auch freiwillige, auf Ehrenamtlichkeit basierende Organisationen komplementär zum Einsatz kommen könnten. Es kann auch nicht darum gehen, die historische Errungenschaft des unpersönlichen Verwaltungshandelns – und d.h. schließlich: Entscheiden ohne Ansehen der Person, also ohne Rücksicht auf soziale Herkunft und Privilegien – abzuschaffen. Stattdessen könnte man lediglich die dienstleistende Verwaltung in Teilbereichen um ein Element ergänzen, für das die bürokratische Organisation als Herrschaftsapparat (und Apparat zur Erstellung von Massengütern) eben typischerweise nicht angelegt ist. Deren formale Rationalität ist heute unverzichtbar. Was den Mangel an sogenannter Bürgernähe, an substantieller Rationalität betrifft, werden Reformen des Typus Bürokratie auf strukturelle Grenzen stoßen.

Die *Aufhebung der Unpersönlichkeit und sozialen Distanz* können wir in dem von der Organisationstheorie definitorisch eliminierten Bereich der stark ehrenamtlichen freiwilligen Vereinigungen, der Dilettantenverwaltung finden. Vereine und die Institution des Ehrenamtes wirken gewissermaßen als unbürokratische Elemente inmitten der bürokratischen Gesellschaft und finden als wichtige Faktoren für den gesellschaftlichen Zusammenhalt immer wieder die Aufmerksamkeit der Politik (vgl. BMFSFJ 2000; Enquete-Kommission 2002). Man wird jedoch auch dann gelegentlich erkennen, dass Selbsthilfe-Organisationen ihrerseits je nach rechtlicher Konstruktion, Ressourcenbedarf und Ressourcenbeschaffung graduell unterschiedlich bürokratisiert sein können.

Dieser Gedanke findet sich sehr wohl schon bei Max Weber, allerdings nicht in seinem wissenschaftlichen Werk, in dem es ihm in diesem Zusammenhang nur um die historisch-systematische Analyse des Funktionierens politischer Herrschaft ging.[107] Den Hinweis finden wir in dem wenig bekannten Bericht Max Webers über seine Tätigkeit als Kommandant von Reservelazaretten in der Nähe Heidelbergs während des Ersten Weltkrieges. Er hatte dort, wie er sagte, „Dilettantenverwaltungen" einzurichten, als deren Teil er sich selbst sah. Er rühmt dort die „ohne Umwege über das Rote Kreuz reichlich gespendeten Liebesgaben der Bürgerschaft und Ströme hilfsbereiter Wärme", um dann fortzufahren:[108]

> „Diese Liebesgabenverwaltungen haben für die Lazarette ganz Unersetzliches geleistet, was durch die offizielle Verwaltung nach der Natur anderer Aufgaben niemals geboten werden konnte. Einerseits rein menschlich, durch persönlichen Zu-

---

[107] Vgl. weiterführend zur Soziologie des Vereinswesens Max Weber (1910): Verhandlungen des Ersten Deutschen Soziologentages. Tübingen: Mohr (Siebeck) 1911, 39-62.

[108] Der Bericht ist vollständig abgedruckt in Band 15 der Max Weber-Gesamtausgabe (vgl. Baier et al. (Hg.) (1984): 32-48).

spruch, Beschaffung von Lektüre, Beschäftigungsgelegenheit, private Berufsvermittlung für die Verwundeten. (…) andererseits an dem Zusammenbringen von Mitteln für Bedürfnisse, welche teils gar nicht, teils nicht in dieser Qualität und Quantität in der Lazarettverwaltung gedeckt werden konnten."

Und in diesem Zusammenhang auch noch das abschließende Loblied auf die freiwilligen, von ihm so genannten „Dilettantenkrankenschwestern":

„Was derartige Persönlichkeiten an ununterbrochener Arbeit während einer fünfvierteljährigen Kriegszeit zu arbeiten vermochten, war durchaus unerwartet und stand nach Überwindung der Anfangsschwierigkeiten sicherlich auf gleicher Höhe wie die Leistung einer besonders gut geschulten Berufsschwester, übertraf aber den Durchschnitt der Leistungen einer solchen durch die meist weit weniger schematische, individuell auf die Kranken eingehende Art, deren nicht nur hygienische und physische, sondern auch rein menschliche Interessen zu befriedigen, ohne daß die erforderliche Distanz verloren ging."

Bei allem Lob der ehrenamtlichen, nicht fachgeschulten oder geldentlohnten Schwestern lief Weber jedoch auch in diesem Erfahrungsbericht als Praktiker nie Gefahr, die formale Rationalität professioneller Schwestern und hauptamtlicher Lazarettverwaltung für die Kontinuität und Berechenbarkeit des Betriebes zu übersehen.

5.3.1 Der Verein zwischen „Dilettantismus" und Bürokratisierung

Die Struktur der Vereine hat sich über 100 Jahre bewährt und ist grundsätzlich unbürokratisch. Daher betrachten wir den Verein hier zunächst als konträres Beispiel zu den bisher analysierten bürokratischen Organisationen. Jedoch hat sich der Typus der Bürokratie seit Mitte des 19. Jahrhunderts im staatlichen und wirtschaftlichen Bereich durchgesetzt und ‚droht' nun auch das Vereinswesen zunehmen zu erfassen (vgl. Derlien 1980). Aus diesem Grund gehen wir in diesem Abschnitt der Frage nach, ob sich die dilettantisch (also freiwillig leidenschaftlich) geführten Vereine[109] zunehmend in einem Prozess der Bürokratisierung[110] befinden.

---

[109] „Dilettant" wird hier im ursprünglichen Sinn des Wortes verwendet: Liebhaber oder Künstler, der Nicht-Fachmann.
[110] Wobei wir Bürokratisierung hier nicht als „Regelungsflut" verstehen, sondern als die Durchführung von Aufgaben in allen Bereichen des Lebens mit hauptamtlichen, fachgeschulten, mit Geld entlohnten Personal, welches in spezialisierten, hierarchisch organisierten Organisationen seine Aufgaben schriftlich und unpersönlich erfüllt.

Der *Verein als soziales Gebilde* existiert nunmehr seit über 170 Jahren. Diese gesellschaftliche Organisationsform, die im Gegensatz zu Zwangsorganisationen (z.B. Zunft- und Gildenorganisationen) auf Freiwilligkeit beruht, ist im 19. Jahrhundert mit dem Zerfall der feudalen Ordnungen aufgetreten. Diese neuen Formen gesellschaftlicher Selbstorganisation wie Vereine, Verbände, Genossenschaften oder Parteien zeichnen sich durch eine Mitgliedschaft aus, die individuell ist und auf freiem Willen beruht und eben nicht mehr durch die Geburt standesgemäß bestimmt wird (vgl. Derlien 1980). Im weiteren Verlauf vollzieht sich eine breite Differenzierung und Spezialisierung im Vereinswesen. Neben kulturellen Vereinen wie beispielsweise Lesevereinen werden auch national-politische Vereine oder seit 1830 Wahlklubs (die nach Einführung des bürgerlichen Wahlrechts entstanden) gegründet. Daneben finden sich Turn- und Sportvereine und seit 1820 eben auch berufliche Interessenvereine (z.B. die der Apotheker), nicht zu vergessen die vielfältigen Fürsorgevereine, die mit fortschreitender Industrialisierung an Bedeutung gewinnen (vgl. ebenda).

Im Gegensatz zu bürokratischen Organisationen ist die *Struktur des Vereinswesens* grundsätzlich unbürokratisch angelegt. Das bedeutet, dass Funktionen im Verein (ob als einfaches Mitglied oder im Vereinsvorstand) ehrenamtlich, also nebenberuflich und ohne dafür mit Geld entlohnt zu werden, wahrgenommen werden. Für die jeweilige Vereinsaufgabe sind die Mitglieder weder fachgeschult noch gilt das Laufbahnprinzip. Um im Verein ‚aufzusteigen' müssen auch keine Prüfungen abgelegt werden. Es handelt sich also um kein Fachpersonal, sondern eben um (im ursprünglichen Sinne des Wortes) *Dilettanten*. Darüber hinaus ist auch der Umgang zwischen den Mitgliedern sehr persönlich und „kameradschaftlich" sowie kaum reglementiert (höchstens über eine formale Vereinssatzung) und es wird wenig schriftlich kommuniziert. Die Mitgliedschaft in Vereinen ist nicht nur formal freiwillig, sondern ergibt sich aus Interesse oder Freude am jeweiligen Vereinszweck (Sport, Tanz, Theater, Kaninchenzucht, Gartenpflege). Die Bereitschaft sich in einem Verein zu engagieren ist folglich „intrinsisch und nicht extrinsisch motiviert" (Derlien 1984b: 346). Ein weiteres wesentliches Merkmal des Vereinswesens im Unterschied zu bürokratischen Organisationen besteht darin, dass sich Vereine selbst verwalten und selbst organisieren, während im Gegensatz dazu staatliche Behörden von der höheren Instanz und wirtschaftliche Betriebe von der Unternehmensleitung fremdverwaltet werden.

Die folgende Abbildung fasst die Strukturmerkmale von Vereinen zusammen und stellt sie den Weberschen Bürokratiemerkmalen gegenüber.

Abbildung 11: Strukturvergleich zwischen bürokratischen Organisationen nach Max Weber und dem klassischen Vereinswesen

Personalmerkmale		Organisationsmerkmale	
Bürokratie	**Verein**	**Bürokratie**	**Verein**
formal freie Kontrahierung	formal freiwillig	Trennung Privat- und Betriebsmittel	Stube als Büro, Küche als Sitzungsraum
Hauptamtlichkeit	Nebentätigkeit	Kompetenzabgrenzung	erfolgt ad hoc
Geldentlohnung (Unbestechlichkeit)	Ehrenamtlichkeit (Urkunden, Aufwandsentschädigung)	Schriftlichkeit Aktenkundigkeit (Kontrollierbarkeit)	formale Satzung keine Akten (Sitzungsprotokolle)
Spezialisierung	keine		
Fachschulung	Dilettant (Fachschulung nicht für Vereinstätigkeit erworben)	Trennung Amt und Person Laufbahn	nein keine
Ernennung nach objektiven Kriterien	Wahl (freiwillige Übernahme)		
Unpersönlichkeit	Kameradschaftlichkeit	(Gleichheitsgrundsatz)	
Regelorientierung	Vereinssatzung	Regelgebundenheit	gebunden an Vereinssatzung
Disziplin, Gehorsam	Freiwilligkeit, kein Zwang möglich, aber Selbstdisziplin	Hierarchie (Monokratische Verwaltungsführung)	kollegial

Seit einigen Jahren zeichnet sich nun ein Trend ab, dass auch Vereine zunehmend bürokratische Strukturen aufweisen. Hans-Ulrich Derlien hat diese Entwicklung bereits in den 1980er Jahren thematisiert und bezieht sich dabei vor allem auf große Sportvereine:

> „ ... [D]ie gesamtgesellschaftliche Bürokratisierung [greift] an einigen Punkten auf unsere mitgliedschaftlich verfaßten, ehrenamtlich geführten, idealistisch motivierten, amateurhaften und im guten Sinne dilettantischen Gemeinschaften über." (Derlien 1984b: 346.)

Am Beispiel des mitgliederstarken Sportvereins zeigt Derlien exemplarisch einige *Strukturveränderungen* auf, die besonders die Kommerzialisierung, Monetarisierung sowie Professionalisierung im Vereinswesen beschreiben und folglich den Ausbau bürokratischen Merkmale bedeuten (vgl. ebenda: 346ff.):

- Verfolgung kommerzieller Interessen (Verein als Werbeträger, Ausübung der jeweiligen Sportart gegen Entgelt und damit als Dienstleistung);
- Hauptamtliches, fachgeschultes Personal (besonders in Großvereinen mit mehr als 1000 Mitgliedern) die im Verwaltungs- und Servicebereich sowie als Geschäftsführer arbeiten;
- Zahlung von Aufwandsentschädigungen aus Verbandsgeldern an Ausbilder oder Anstellung von hauptamtlich tätigen Trainern;
- Verrechtlichung (zunehmende internationale Reglementierung des Wettkampfsportes);
- Fremdbestimmung von Außen (z.B. durch die Politik im Rahmen von Zuschüssen und Fördergeldern, die für den Verein finanzielle Abhängigkeit bedeuten können).

Darüber hinaus gehen *aktuelle Entwicklungen* wie beispielsweise hinsichtlich der Spezialisierung und Professionalisierung, die sich durch hauptamtlich tätige Trainer oder eigens für die Sportler angestellten Mediziner und Physiotherapeuten veranschaulichen lässt. Ursprünglich als Freude am Sport gegründete Vereine, in denen man in seiner Freizeit aktiv ist, haben sich zu Organisationen des Profisports entwickelt. Nicht zu vergessen sind an dieser Stelle, die vielfältigen Einrichtungen, die begleitend entstanden sind, allerdings mittlerweile unabhängig agieren (z.B. Anti-Doping-Behörden oder die eigens für Fußballspieler gegründete Gewerkschaft VDV).

Letztlich geht die bürokratische Vereinsführung einher mit diesen Entwicklungen, da aus der zunehmenden *Einbindung der Vereine in verbandliche und administrative Bürokratien* neue Aufgaben erwachsen (z.B. Außenvertretung, Kommunikation, Marketing, Buchführung). Solche Aufgaben, die dann auch die schriftliche Fixierung der Prozesse voraussetzen, können in Großvereinen nicht mehr ehrenamtlich wahrgenommen werden, sondern müssen von hauptamtlichem und fachgeschultem Personal erfüllt werden (vgl. Derlien 1984b).

Daran schließt sich die Frage an, ob solche Entwicklungen negative Auswirkungen auf die *Motivation zu freiwilligem Engagement* haben. Unter Teilnahmemotivation ist die Bereitschaft, ein Ehrenamt in einem Verein zu übernehmen, gemeint. Dabei geht das Engagement über die rein formale Mitgliedschaft hinaus (vgl. Derlien 1980). Derlien postuliert bereits in den 1980er Jahren eine sinkende Teilnahmemotivation, da die oben beschriebenen Entwicklungen allerdings bis heute fortwirken, ist eine Umkehrung des Trends bisher nicht absehbar. Folgende *Ursachen* können die mangelnde Motivation zur Übernahme eines Ehrenamtes erklären (vgl. ebenda):

- Die Tendenz, den Verein als Dienstleistungsbetrieb zu sehen;
- Die herrschende Anonymität und Intransparenz in größeren Vereinen;
- Sinkende Wertschätzung (Prestige) für die Ausübung von Vereinsämtern;
- Die Tendenz zum partiellen Engagement (in Folge eines kappen Zeitbudgets, eines breiten Freizeitangebotes welches viele alternative Betätigungsmöglichkeiten bietet und die gestiegene Mobilität der Bevölkerung, wodurch weitere Strecken in kürzerer Zeit zurückgelegt werden können);
- Allgemeine Apathie im Bereich der Partizipation.

Folglich kann die *Vereinstruktur* als ausschlaggebender Faktor für die Teilnahmemotivation zur Erklärung herangezogen werden: Je größer der Verein ist, desto ausgeprägter sind bürokratische Strukturen. Damit einher gehen niedrige Partizipationsraten, partielles Engagement, Dienstleistungsorientierung. Und besonders die Beschäftigung hauptamtlichen Personals hat entscheidenden Einfluss auf die Motivation der Vereinsmitglieder

5.3.2 Zur aktuellen Bedeutung ehrenamtlichen Engagements

Der Begriff des ehrenamtlichen Engagements wird in der Literatur vielfältig definiert und ausgelegt. Versteht man es jedoch ganz grundsätzlich als Form des Tätigwerdens für die Gesellschaft (vgl. Kistler; Schäfer-Walkmann 1999), außerhalb seines persönlichen, privaten Umgangskreises und bei dessen Ausübung nicht mit Blick auf Macht und Geld, sondern zugunsten der Gesellschaft (vgl. Kirsch 1998), so muss kritisch der Vollständigkeit halber darauf verwiesen werden, dass die eben beschriebenen Entwicklungen diese allgemeine Bedeutung des Ehrenamtes in Frage stellen. Die Idee des Ehrenamtes oder des freiwilligen Engagements ganz allgemein geht durch Hauptamtlichkeit, Geldentlohnung, Fachschulung, Dienstleistungsorientierung und Professionalisierung verloren. Die stärke Ausprägung bürokratischer Merkmale verdrängt letztlich die entscheidenden Merkmale des Ehrenamtes und des Vereinswesens.

Trotz der bürokratischer Strukturen und der eben beschriebenen Tendenzen wird die grundsätzliche *Bedeutung freiwilligen Engagements heute* immer wieder betont. Sowohl die Vereine selbst als auch Politik und Wirtschaft heben seine Relevanz für die Gesellschaft hervor. Beispielsweise legen Unternehmen zunehmend auf ‚Soft Skills' wert, die eben gerade im Freizeitbereich und im Umgang mit Menschen erlernt werden können. Die Berücksichtigung von außerschulischen oder außeruniversitären Aktivitäten im Lebenslauf von Bewerbern wird aktuell immer wieder hervorgehoben.

Auch im politischen Bereich – in Reden von Bundespräsidenten oder ranghohen Politikern, in den Wahlprogrammen der demokratischen Parteien – sind in den letzten Jahren häufiger die Forderungen nach Anerkennung ehrenamtlicher Tätigkeit zu hören. Hinzu kommen neue und bereits praktizierte Maßnahmen wie z.B. die in einigen Ländern eingeführte Ehrenamtskarte oder die Auszeichnung von Ehrenbürgern auf kommunaler Ebene sowie die Vergabe von Urkunden an Personen, die sich mit ihrem freiwilligen Dienst zugunsten der Gesellschaft verdient gemacht haben. Solche Maßnahmen haben die Förderung und Würdigung des freiwilligen Engagements zum Ziel. Es bleibt abzuwarten, ob sie den negativen Trend hinsichtlich der Teilnahmemotivation umkehren können.

Jedoch muss ergänzend erwähnt werden, dass die Teilnahmemotivation in den Bereichen unterschiedlich ausfällt, da die Ausprägungen ehrenamtlichen Engagements in der Gesellschaft vielfältig sind. Beispielsweise unterscheiden Kistler und Schäfer-Walkmann folgende *Formen des ehrenamtlichen Engagements* (vgl. Kistler; Schäfer-Walkmann 1999):

- Soziales Engagement (z.B. Besuchsdienst im Krankenhaus, Vorlesen im Kindergarten, Altenpflege)
- Eigenarbeit (Nachbarschaftshilfe, Genossenschaften)
- Selbsthilfe (Selbsthilfegruppen im Gesundheitsbereich, z-B. Anonyme Alkoholiker)
- Politische Beteiligung (Mitarbeit in Parteien, Ehrenamtlicher Gemeinderat
- Ehrenamtliche Wahrnehmung öffentlicher Funktionen im Gemeinwesen (Wahlhelfer, freiwillige Feuerwehr, Elternbeirat)

Besonders im Bereich der politischen Beteiligung ist die Teilnahmemotivation in den letzen Jahren gesunken, Parteien klagen über fehlenden Nachwuchs und können des Öfteren nicht alle Ämter besetzen oder genug Kandidaten für ihre Wahllisten finden.

Die dennoch nach wie vor hohe *Wertschätzung des ehrenamtlichen Engagements* in Deutschland zeigt auch eine aktuelle Untersuchung des Bundesministeriums für Familie, Senioren, Frauen und Jugend (vgl. BMFSFJ 2005): Danach engagieren sich 36 Prozent (Stand 2004) der Bevölkerung ab 14 Jahren freiwillig. Auch die Intensität des freiwilligen Engagements hat sich in den Jahren 1999 bis 2004 erhöht. Der Anteil der Engagierten, die mehr als eine Aufgabe oder Funktion übernehmen, ist von 37 Prozent auf 42 Prozent gestiegen. Die aktivste Gruppe der Freiwilligen stellen junge Menschen zwischen 14 und 24 Jahren dar, doch die deutlichste Steigerung des freiwilligen Engagements hat sich in der Gruppe der Senioren (Personen ab 60 Jahren) vollzogen. Dort ist die Engagementquote von 26 Prozent auf 30 Prozent zwischen den Erhebungsjahren 1999 und 2004 gestiegen. Interessant ist die Entwicklung, dass sich zwar Männer mit 39 Prozent noch immer stärker als Frauen freiwillig engagieren, jedoch stieg seit 1999 das freiwillige Engagement bei Frauen stärker als bei den Herren. Besonders bei den erwerbstätigen Frauen hat die Engagementquote von 1999 bis 2004 um 5 Prozentpunkte auf nun 37 Prozent zugenommen. Hinzu kommt, dass sich nun auch Männer zunehmend in Bereichen wie „Schule und Kindergarten" sowie im sozialen Bereich, die grundsätzlich mehr vom Engagement der Frauen bestimmt sind, engagieren.

Die *Motive* für freiwilliges Engagement sind über die Zeit hinweg relativ konstant. Nach wie vor geben die Freiwilligen an, sich aufgrund des Wunsches nach Mitgestaltung der Gesellschaft und Suche nach Gemeinschaftlichkeit sowie zugunsten des Gemeinwohls zu engagieren (vgl. BMFSFJ 2005). Zunehmend spielen jedoch auch eigene Interessen und Problemlagen eine Rolle, die an das Engagement herangetragen werden (besonders in den neuen Ländern bei jungen Menschen und Arbeitslosen). Dabei engagieren sich die meisten Deutschen in den *Bereichen* „Sport und Bewegung" (11 Prozent), gefolgt von „Schule und Kindergarten" (7 Prozent) sowie „Kirche und Religion" (6 Prozent) (vgl. BMFSFJ 2005).

5.4 Exkurs: Die Mafia aus bürokratie- und organisationstheoretischer Sicht

Im folgenden Exkurs soll anhand des Beispiels der italienischen Mafia illustriert werden, dass sich eine Bürokratietheorie nicht ausschließlich mit formal organisierten Verwaltungen beschäftigen muss. Zunächst wird hierzu das Phänomen der Mafia begrifflich und historisch umrissen (5.4.1), ehe wir unter 5.4.2 danach fragen, inwieweit die Mafia als Organisation und als Bürokratie verstanden werden kann.

5.4.1 Begriff und Geschichte der Mafia

Bei der Mafia handelt es sich wohl um die bekannteste Erscheinung organisierter Kriminalität. Im Folgenden werden wir unser Augenmerk ausschließlich auf die *italienische* Mafia richten, wohl wissend, dass sich der Begriff „Mafia" längst auch auf nicht-italienische kriminelle Organisationen beziehen lässt und auch in anderen Ländern mafiose Strukturen beobachtet werden können. Zudem existiert mit der sizilianischen *Cosa Nostra*, der neapolitanischen und kampanischen *Camorra* sowie der kalabrischen *'Ndrangheta* eine Unterteilung in drei größere regionale Mafiavereinigungen, welche hier jedoch aus Platzgründen nicht einzeln dargestellt und beibehalten werden kann. Es sollen hier nicht mögliche Unterschiede zwischen diesen Vereinigungen herausgearbeitet werden, sondern jene Aspekte skizziert werden, die den einzelnen Untergliederungen gemeinsam sind. Etymologisch lässt sich „Mafia" wahrscheinlich zurückführen auf „mafiusu", was im sizilianischen Dialekt „mutig", „kühn" oder „verschlagen" meint (vgl. Hessinger 2002: 482).[111] Abschließend geklärt ist der Ursprung des Wortes jedoch nicht.

Die Mafia unterscheidet sich von anderen Gruppierungen der organisierten Kriminialität vor allem durch ihre enge Verflechtung mit der italienischen Politik und Teilen des Staates (vgl. hierzu Scarpinato 2008; Müller 1991). Anders als etwa Terrororganisationen konzentrierte die Mafia ihre Energie niemals in erster Linie darauf, den Staat zu bekämpfen, sondern mit diesem in Symbiose zu leben. Zur Ermordung von hohen Polizeibeamten, Richtern oder Staatsanwälten schreitet die Mafia jedoch immer dann, wenn sie durch Ermittlungsaktivitäten der Behörden ihre Einflussbereiche und Geschäftschancen bedroht sieht und die mächtigen und weniger mächtigen Mitglieder der Mafia ihre Aufdeckung fürchten müssen.

Die Geschichte der italienischen Mafia reicht in das 19. Jahrhundert zurück, als insbesondere mit dem Ende der feudalen Ordnung im Jahr 1812 die lokalen Pächter des adligen Großgrundbesitzes immer mehr die Stellung und die Funktionen der zuvor herrschenden Barone übernahmen. Die lokale Bevölkerung konnte von diese Großpächtern (*gabelloti*) wiederum kleinere Teile des Landes pachten, bei den Großpächtern Beschäftigung finden und musste – was für die Entwicklung der Mafia von besonderer Wichtigkeit ist – Schutzzahlungen an die Großpächter abführen. Die Großpächter unterhielten private bewaffnete Gruppen von Wächtern (*bravi*), deren Aufgabe vor allem darin bestand, den örtlichen Besitz der Pächter zu sichern und renitente Kleinbauern in die Schranken zu weisen. Diese Elemente – Abhängigkeiten und Klientelismus, der Einsatz bewaffneter Gewalt durch die *bravi* sowie das Schutzgeldsystem – können als die historischen Wurzeln der Mafia gesehen werden. Die Zahlung von Schutzgeld ist auch heute noch ein wesentliches Kennzeichen der Mafiaherrschaft und spielt

---

[111] Müller führt zur Wortgeschichte weiter aus: „Als mafios galt bis ins 19. Jahrhundert hinein im sizilianischen Dialekt ursprünglich unspezifisch alles, was als besonders gut im Sinne von überlegen oder leistungsfähig charakterisiert werden sollte. Ein Mafioso war ein Mann, der sich in Konformität mit den gültigen Werten eigenständig in der sozialen Umgebung durchzusetzen vermochte." (Müller 1991: 309).

vor allem dann eine große Rolle, wenn die staatlichen Sicherheitsorgane der Polizei und der Justiz entweder nicht vorhanden, nicht effektiv handlungsfähig sind oder aber nicht handeln sollen und wollen. In diesem Fall kann sich eine regelrechte „Schutzindustrie" der Mafia entfalten (vgl. Hessinger 2002). Aus der Sicht der Mafia stellen die Schutzgeldzahlungen nichts anderes als eine lukrative Einnahmequelle dar, welche auch ausbeuterische Züge annehmen kann. Die italienische Zentralregierung zeigt in diesem Zusammenhang viele Jahrzehnte kein Interesse, diese örtlichen Abhängigkeiten der Bevölkerung von den Schutzgarantien der Mafiosi aufzubrechen. Die faschistischen Machthaber setzten erstmals den Herrschaftsanspruch der Zentralregierung auch in Sizilien mit aller Gewalt durch und schränkten den Handlungsspielraum der Mafia entscheidend ein. Mit der Invasion der Alliierten und dem Ende des Faschismus im Jahr 1943 erwachten die mafiosen Strukturen jedoch zu neuem Leben, nicht zuletzt auch deshalb, weil die Alliierten – auch schon im Vorfeld der Invasion – eng mit der Mafia zu kooperieren begannen (vgl. Hess 1994). Die Gründung der parlamentarischen Demokratie nach dem Zweiten Weltkrieg tat der erneuten Bedeutungszunahme der Mafia keinen Abbruch. Ganz im Gegenteil konnte sich die Mafia nach 1945 in Teilen aus ihren starken lokalen Bezügen lösen und im gesamten Land sowie in zunehmender internationaler Vernetzung sich zu einem florierenden „Wirtschaftsunternehmen" mit besten Beziehungen in die Politik entwickeln (vgl. hierzu Raith 1986). Insbesondere für die Nachkriegszeit können wir mit Luciano Violante festhalten: „ (…) von hier an erstreckten sich die Beziehungen zwischen Mafia und Politik auf alle Bereiche der öffentlichen Verwaltung, die für die Mafia lukrativ erschienen: auf öffentliche Auftragsarbeiten, auf Instandhaltungen und auf die Miet- und Pachtverträge für öffentliche Einrichtungen, insbesondere für die Schulen." (Violante 1995: 70). Im Laufe der Geschichte hat sich die Mafia als äußerst anpassungsfähig an die sich wandelnden gesellschaftlichen und politischen Umstände gezeigt: „Die permanente Anpassung von Mafia an die Wandlungen der Gesellschaft und des politischen Systems hat zur Folge, dass sich Mafia nicht unabhängig und über die Zeit gültig definitorisch festschreiben lässt." (Müller 1991: 21). Selbst die spätestens ab den 1980er Jahren verstärkte Bekämpfung der Mafia durch die italienischen Behörden konnten die kriminelle Vereinigung bis heute nicht vollends ausschalten: „Trotz unverkennbarer Erfolge des Staates, ist es der Mafia immer von neuem gelungen, verloren geglaubtes Terrain zurückzugewinnen." (Violante 1995: 72). Und der von der Mafia 1992 ermordete Richter Giovanni Falcone urteilt: „Die charakteristischen Eigenschaften der Mafia sind die Geschwindigkeit, mit der sie althergebrachte Werte den Anforderungen der Zeit anzupassen vermag, die Fähigkeit, die Gesellschaft zu unterwandern, die Anwendung von Einschüchterungsmethoden und Gewalt, die Zahl und das kriminelle Profil ihrer Anhänger und schließlich die Eigenschaft, immer anders und immer gleich zu sein." (Falcone 1992: 97).

Wir möchten an dieser Stelle die historische Entwicklung der Mafia nicht weiter vertiefen, sondern verweisen zu diesem Zweck auf eine Reihe höchst aufschlussreicher Abhandlungen (vgl. etwa Lupo 2005; Blok 1981; Müller 1991; Walston 1988). Anstelle dessen wollen wir uns einigen organisations- und bürokratietheoretischen Fragen im Zusammenhang mit der Mafia zuwenden.

5.4.2 Die Mafia – eine Organisation und Bürokratie?

Die Frage nach der internen Organisation der Mafia ist zunächst alles andere als leicht zu beantworten, handelt es sich doch bei der Mafia nicht einfach um ein dem Wissenschaftler relativ frei zugängliches Forschungsobjekt, sondern um eine Mischung aus krimineller Organisation und Geheimbund, deren genaues Innenleben dem aussenstehenden Beobachter naturgemäß im Verborgenen bleibt. Die wichtigste Quelle hinsichtlich der internen Organisation der Mafia stellen deshalb die Aussagen ehemaliger Mafiamitglieder und Kronzeugen dar, die das Schweigegebot (*omertà*) brechen und sich gegenüber Polizei und Justiz als *pentiti* (Geständige) öffnen (vgl. Violante 1995: 74; Arlacchi 1995).

Aus organisationstheoretischer Sicht ist zunächst die Tatsache wichtig, dass es sich bei der Mafia nicht um *eine* Organisation handelt: „Es gibt zwar Organisation, aber nicht „die Organisation"." (Hess 1994: 31). Es wäre als zu kurz gegriffen, die Mafia als überhaupt nicht organisiert oder gar nur als Mentalität oder Lebensphilosophie begreifen zu wollen (vgl. hierzu auch Müller 1991: 132 f.). Sofern man nun im Falle der Mafia von einer Organisationsstruktur sprechen möchte, muss man als einzelne Elemente dieser Organisationsstruktur die – in erster Linie auf Familienbande basierenden – Clans (*cosche*) und die nach Aussen (also zur Politik, der Verwaltung, zu Unternehmen etc.) reichenden Geflechte (*partiti*) nennen. Ein *partito* lässt sich als Gruppe schon „nicht mehr scharf begrenzen, weil es keine einheitliche Personengruppe ist, sondern eine Summe von Bekanntschaften und Beziehungen, die nicht ständig aktiv sein müssen." (Müller 1991: 132). Die Clans gliedern sich wiederum in mehrere Unterclans. „Biologische Verwandschaft ist der Zugehörigkeit zu einer Cosca sicher förderlich, aber keine zwingende Voraussetzung." (Müller 1991: 131). Auch Nicht-Verwandte können im Zuge bestimmter Aufnahmerituale Mitglied eines Clans werden. Clans und Unterclans sind – folgt man den Aussagen geständiger ehemaliger Mafiamitglieder – informal pyramidenförmig organisiert.[112] Zur Rege-

---

[112] „Eine Mafiaclientel gliedert sich jeweils pyramidenförmig. Die Basis bilden die einfachen Gefolgsleute. Über ihnen stehen Unter-Bosse mit begrenzten Kompetenzen. Hierarchisch darüber sind

lung von Konflikten zwischen einzelnen *cosche* und zur Abstimmung von politischen Lobby-Aktivitäten wurden in der Vergangenheit von mächtigen Mafiabossen ausserdem Versuche unternommen, mit einer sogenannten Regionalkommission ein Koordinationsgremium zu schaffen (vgl. Hess 1994: 32; Hessinger 2002: 494). Bei den genannten Strukturen handelt es sich jedoch um keine Formalorganisation, sondern – „als Substitut fehlender formaler Organisation" (Müller 1991: 133) – um informale Organisation. Es scheint gerade diese Informalität der Organisation zu sein, die dazu geführt hat, dass die Mafia „die flexibelste, anpassungsfähigste und pragmatischste Organisation ist, die es je gegeben hat." (Falcone 1992: 76). Diese alles in allem schwierige Bewertung lässt freilich nur den Schluss zu, dass die Mafia keine formale Organisation wie eine Behörde oder ein Wirtschaftsunternehmen darstellt. Und doch könnte die Mafia niemals zu ihrer Macht gelangt sein, wenn sie sich nicht intern zumindest informal strukturiert und organisiert hätte.

Die zweite Frage, die wir hier ansprechen wollen, nämlich inwiefern die Mafia bürokratische Elemente aufweist, mag nach dem soeben Ausgeführten vielleicht paradox erscheinen: Wie und warum sollte eine vor allem auf informalen Strukturen beruhende kriminelle Vereinigung wie die Mafia Elemente des Weberschen Idealtypus der Bürokratie aufweisen? Kann ein Gebilde wie die „Mafia" überhaupt als eine Bürokratie im Weberschen Sinne interpretiert werden?

Wir entdecken in der Organisation der Mafia zumindest das Element der *Hierarchie*, wie soeben bereits angedeutet wurde. Tommaso Buscetta, ein ehemaliger Mafiaführer, schilderte nach seiner Festnahme gegenüber den Behörden detailliert, wie diese Hierarchie beschaffen ist. „Die Cosa Nostra, wie Buscetta sie beschrieb, war eine weitaus strenger und hierarchischer strukturierte Organisation, als die Ermittler es sich gedacht hatten." (Stille 1997: 107). Buscetta konnte ein „präzises Organigramm der Cosa Nostra" (ebenda) zeichnen. Die einzelnen Stufen der Hierarchie laufen von einer auf der obersten Ebene angesiedelten Regionalkommission (auch als „Kuppel" bezeichnet) über Provinzvertreter, eine Provinzkommission, den *capo mandamento* hinunter bis zum Familienoberhaupt. Dem Familienoberhaupt untersteht wiederum ein sogenannter *capo decina*, der unter sich schließlich „Ehrenmänner" und „Soldaten" versammelt, welche als Ausführende von Gewaltakten und sonstigen Aufgaben auf der untersten Ebene stehen (vgl. hierzu Falcone 1992: 168). Eine *Kompetenzabgrenzung* ist in der Mafia zu aller erst in territorialer Hinsicht festzustellen, und die territoriale Herrschaft über ein bestimmtes Gebiet wird – auch und gerade wegen der damit zusammenhängenden Chancen auf geschäftlichen Profit – zur Not

---

die eigentlichen Mafiosi einzuordnen. Diese Gliederungsmomente sind dem informalen Wesen von Mafia entsprechend nicht festgeschrieben und variabel." (Müller 1991: 310).

auch mit aller Brutalität gegenüber konkurrierenden Clans verteidigt. Innerhalb von Clans kann die Kompetenzabgrenzung jedoch auf die Hierarchie zurückbezogen werden. So sind für einfache Aufgaben sowie für die gewaltsame Beseitigung von Personen in der Regel untere Ränge zuständig, während sich die Bosse selten „ihre Hände schmutzig machen." Mit dem Vorhandensein einer gewissen Hierarchie hängt dann auch der Gedanke einer *Laufbahn* zusammen. Aufstiege in der Hierarchie sind der Mafia zwar bekannt, aber verlaufen dennoch nicht in geregelten und geordneten Bahnen, sondern erratisch.

Mit dem Blick auf weitere Merkmale des bürokratischen Typus zeigen sich jedoch deutliche Unterschiede zum Weberschen Konzept der Bürokratie. So urteilt Stölting, dass die Mafia unter keinen Umständen als Bürokratie gesehen werden könne: „Keine schriftlichen Verträge – und wenn, dann sind sie legal – keine formalisierten Instanzenzüge, die in Statuten festgelegt sind, keine Geschäftsbücher." (Stölting 1983: 3). In der Tat scheint das Element der *Schriftlichkeit und Aktenkundigkeit* aus naheliegenden Gründen einer kriminellen Vereinigung völlig fremd zu sein. Nach der Festnahme des Mafiabosses Bernardo Provenzano im Jahr 2006 stießen die Ermittler aber z.B. auf ein ausgeklügeltes System schriftlicher Kommunikation. Provenzano „schrieb seine Botschaften mit einer elektrischen Schreibmaschine auf die berühmten *pizzini* – Zettel, die zu kleinen Rollen verklebt, durch viele Hände, sogenannte Schleusen, wanderten, bis sie beim Empfänger ankamen." Die Behörden fanden dann „mit rund 220 ordentlich abgelegten pizzini einen wahren Schatz für die Ermittlungen." (Klüver 2007). Natürlich sollten diese Kommunikationsmittel nicht mit einem üblichen in Behörden und Unternehmen vorzufindenden Aktenbestand gleichgesetzt werden. Insbesondere dient die Schriftlichkeit in keinster Weise der nachvollziehenden Kontrollierbarkeit von Entscheidungen, so wie das von Max Weber in den Vordergrund gerückt wurde. Ohne Schriftlichkeit scheint aber selbst die Mafia nicht auszukommen. Die Rekrutierung des Personals weist in Ansätzen bürokratische Züge auf. So werden Personen in der Regel nicht gezwungen, Mitglieder der Organisation zu werden, sondern aufgrund von Verwandschaftsbeziehungen (was dem bürokratischen Typus wiederum deutlich widerspricht) oder sonstiger Merkmale nach einem Aufnahmeritual ernannt und kooptiert, also in gewisser Weise *formal frei kontrahiert*.[113] Was die *Fachgeschultheit* des „Personals" betrifft können über die Zeit hinweg Veränderungen dahingehend beobachtet wer-

---

[113] Aus der Vernehmung des Mafioso Antonio Calderone wird beispielsweise berichtet: „Im Dunstkreis eines jeden etwas einflussreicheren uomo d'onore bewegen sich immer zwanzig bis dreißig Jugendliche, die nichts sind und etwas werden wollen. Diese jungen Männer stehen zu seiner Verfügung, sie sind immer da, um ihm kleine Gefälligkeiten zu erweisen, fragen nach, ob er nicht ihre Dienste nötig habe. [...] Sie sind zu allem bereit und wünschen sich nichts mehr, als auf die Probe gestellt und womöglich in die Cosa Nostra aufgenommen zu werden." (Arlacchi 1992, zit. nach Hess 1994: 28 f.).

den, dass zu Zeiten der nur lokal in Sizilien agierenden Agrarmafia die Mitglieder der Mafia keinerlei Ausbildung und bestimmte Fachqualifikationen aufwiesen, die international vernetzte Mafia von heute jedoch auf betriebswirtschaftliches und z.T. auch juristisch geschultes Personal nicht mehr verzichten kann. Damit geht auch in Ansätzen eine gewisse *Spezialisierung* und *Hauptamtlichkeit* des Personals einher, auch wenn diese Aspekte nicht überbewertet werden sollten. Mitglieder der Mafia werden heute üblicherweise auch in dem Maße *geldentlohnt*, in dem andere Vergütungsmöglichkeiten wie z.B. Grundstücke oder Vieh an Bedeutung verloren haben.

Einen großen Kontrast zu bürokratischen Organisationen stellt die *fehlende Regelgebundenheit* des Handelns in der Mafia dar. Zwar existieren auch in der Mafia gewisse Normen und Ehrenkodizes, ansonsten zeichnet sich eine kriminelle Vereinigung wie die Mafia aber gerade dadurch aus, sich nicht an geschriebene Regeln – schon gar nicht an staatlich gesatztes Recht – zu orientieren. Das heißt wiederum nicht, dass die ungeschriebenen Gesetze und Regeln keine Bedeutung hätten und leicht umgangen werden könnten – ganz im Gegenteil: „Die Cosa Nostra ist eine Gesellschaft, eine Organisation, um es juristisch auszudrücken, deren Regeln, sollen sie beachtet werden, einen wirksamen Sanktionsmechanismus voraussetzen. [...] Wer auch immer gegen die Regeln verstößt, weiß, dass er dafür mit seinem Leben bezahlen wird." (Falcone 1992: 36). Damit haben wir in der Mafia durchaus auch die Elemente der *Disziplin* und des *Gehorsams* vorliegen. Das Merkmal der bürokratischen *Unpersönlichkeit* wird in gleicher Weise geradezu in das Gegenteil verkehrt: In der Mafia sind persönliche Loyalitäten und Abhängigkeiten von zentraler Bedeutung und verwandschaftliche Beziehungen sind der Dreh- und Angelpunkt von mafiosen Clanstrukturen. Eine Trennung *privater und betrieblicher Arbeitsmittel* besitzt ebenfalls keinen Stellenwert für die Mafia.

Mit dieser kurzen Skizze sollte gezeigt werden, dass wir im Falle der Mafia nicht von einer dem Weberschen Idealtypus entsprechenden bürokratischen Organisation sprechen können. Dies wäre auch rein intuitiv kaum zu erwarten gewesen und bekanntlich kommt laut Weber ein Idealtypus in der Realität ohnehin nicht in Reinform vor. Der Erkenntnisfortschritt sollte vielmehr darin bestehen, dass wir *auch* in der Mafia gewisse bürokratische Elemente aufspüren können, von denen die Hierarchie wahrscheinlich den wichtigsten Aspekt darstellt. Mit dem Idealtypus bürokratischer Organisationen lässt sich die Analyse der Mafia also hilfreich anleiten. Eine Vermutung aus bürokratietheoretischer Sicht könnte nun lauten, dass insbesondere jene ‚bürokratischen' Strukturmerkmale zum politischen und ökonomischen ‚Erfolg' der Mafia sowie zu der überaus beachtlichen Stabilität dieses Gebildes mit beigetragen haben.

6 Entbürokratisierung

Spätestens seit der zweiten Hälfte der 1970er Jahre ist der Ruf nach einer Entbürokratisierung von Staat und Verwaltung unüberhörbar geworden: „Staatsbürokratie. Das hoheitliche Gewerbe" (Lohmar 1978), „Die lautlose Krake – Klassenkampf der Staatsbürokratie gegen die private Gesellschaft" (Lohmar 1979), „Verwaltete Bürger – Gesellschaft in Fesseln" (Geißler 1978) oder „Bürokratisierte Demokratie" (Laufer 1983) lauten die Schlagzeilen, welche auch heute noch in ähnlicher Form im politischen Diskurs zu vernehmen sind. Dieser Diskurs ist nicht auf Deutschland beschränkt, sondern in ähnlicher Weise z.B. auch in den USA zu verfolgen (vgl. Kaufman 1981; Garrett et al. 2006). Die Forderung nach einem „Abbau" der vorhandenen Bürokratie spiegelt dabei die seit dessen Geburt abwertende Bedeutung des Bürokratie-Begriffs wider und besitzt damit eine lange Geschichte (vgl. hierzu Abschnitt 1.1). Dennoch hat die Intensität der Entbürokratisierungsdebatte sowie der Stellenwert dieses Themas in der Politik in den letzten Jahrzehnten – als Wendepunkt werden in diesem Zusammenhang nicht selten die Ölpreiskrisen der 1970er Jahre sowie die damit einhergehenden ökonomischen Probleme in den Industrieländern genannt – zugenommen.

In diesem Kapitel soll zunächst danach gefragt werden, was unter „Entbürokratisierung" oder „Bürokratieabbau" verstanden werden kann (6.1), ehe wir uns den Methoden und Instrumenten der Entbürokratisierung zuwenden (6.2). In Abschnitt 6.3 wollen wir einen abschließenden Blick auf die Hürden und Probleme werfen, welche im Zusammenhang mit der Entbürokratisierung von Staat und Verwaltung auftreten und welche – soll Entbürokratisierung erfolgreich sein – überwunden werden müssten. Der Blick richtet sich dabei auf den Bereich der öffentlichen Verwaltung, während Entbürokratisierung etwa in Unternehmen der Privatwirtschaft hier ausgeklammert wird.

6.1 Entbürokratisierung – Bedeutung und Abgrenzung des Begriffs

Was meint der Begriff der Entbürokratisierung? Diese Frage ist alles andere als leicht zu beantworten: „Angesichts des inflationären Gebrauchs der Begriffe Bürokratisierung, Entbürokratisierung und Deregulierung ist im konkreten Fall oft unklar, ob bestimmte Regelungen, Verwaltungsstrukturen und Verwaltungsverfahren „bürokratisch" sind und worin die „entbürokratisierende" Wirkung von Reformmaßnahmen besteht." (Bohne 2005: 4). Oftmals ergibt sich eine erste Annäherung an die Frage, was mit „Entbürokratisierung" im Einzelfall gemeint ist, aus dem Standpunkt innerhalb des politisch-ideologischen Meinungsspektrums. So nehmen etwa konservativ-bürgerliche Politiker in ihren Reden über die notwendige Entbürokratisierung den Polizei- und sonstigen Sicherheitsapparat oder den Normenbestand auf dem Gebiet der inneren Sicherheit für gewöhnlich aus und zielen dafür umso stärker auf sozialstaatliche oder arbeitsrechtliche Regelungsfelder (vgl. Butterwegge 1981). Die in den 1970er Jahren in der Bundesrepublik – und nicht nur dort – aufkommende Welle an Bürokratiekritik kann zunächst auch als „konservative Abrechnung mit der Staatsbürokratie" (Fach 1981; vgl. auch Hekking 1980) verstanden werden, auf die in der Folgezeit auch die anderen im Bundestag vertretenen Parteien reagierten und ihrerseits Programme zur Entbürokratisierung vorlegten (vgl. Mann 1984). Bereits dieser Blick auf ideologische Verortungen zeigt, dass Urteile über „zu viel Bürokratie" nicht selten subjektiv und eben abhängig vom politischen Standpunkt des Urteilenden sind. Dieser Umstand erschwert eine allgemeingültige Definition des Begriffs „Entbürokratisierung", jedoch können wir auch an dieser Stelle Max Weber bemühen. Wir können mithin, ehe wir uns dem Begriff der Entbürokratisierung zuwenden, danach fragen, was überhaupt mit dem gegenteiligen Prozess der „Bürokratisierung" gemeint sein kann. Es ist sinnvoll, mindestens drei Dimensionen der *Bürokratisierung* zu unterscheiden

- Die Ausprägung und Steigerung *einzelner Merkmale* des Typus „Bürokratie" in konkreten Organisationen, z.B. in politischen Parteien die zahlenmäßige Zunahme hauptamtlicher Funktionäre;
- Die gesamtgesellschaftliche Ausbreitung des Typus vom staatlichen auf den Wirtschafts- und andere *Sektoren*, womit der bürokratische Organisationsgrad einer Gesellschaft wächst. In makro-soziologischer Perspektive ist hier aber auch daran zu erinnern, dass der Typus sich nicht nur sektoral ausbreitet, sondern auch international, denn auch die sogenannten Entwicklungsländer erleben im Modernisierungsprozess die Übernahme des in Europa historisch entwickelten Typus Bürokratie (vgl. Jacoby 1984);

- Aus der Sicht des *Individuums*, das in solchen Organisationen arbeitet oder ihnen als Klient, Kunde oder Mitglied in immer neuen Lebensbereichen gegenübertritt, wird Bürokratisierung schließlich spürbar als zunehmende Einbindung in die Struktur und die Verfahren bürokratischer Organisationen.

Entbürokratisierung bedeutet dann entsprechend die Abschwächung oder die Umkehr dieser Entwicklungen. Unter Rückgriff auf den Weberschen Bürokratiebegriff erhalten wir insofern zwar noch keine knappe Definition dieser Begriffe, wohl aber können wir diese nun bereits präziser fassen, als dies bei einer bloßen umgangssprachlichen Betrachtung der Fall ist. Allerdings ergibt sich bei der Betrachtung der gängigen Entbürokratisierungsdiskussionen in der Tagespolitik und in der Verwaltungspraxis das Problem, dass diese Diskussionen in aller Regel nicht mit Bezug auf Max Webers Bürokratietheorie geführt werden. Der herrschende Sprachgebrauch mit seinem Verständnis von Entbürokratisierung als Vereinfachung oder Bereinigung der bestehenden Gesetze, Rechtsverordnungen oder Verwaltungsvorschriften bezieht sich nämlich insbesondere auf die – von Weber als *ein* Merkmal von Bürokratie genannten – Regelgebundenheit politischen und administrativen Handelns. Andere – für Weber ebenso wichtige – Merkmale bürokratischer Organisation werden im zeitgenössischen Entbürokratisierungsdiskurs hingegen selten oder gar nicht thematisiert. Daher können wir an dieser Stelle bereits festhalten, dass wir in den Diskussionen um Entbürokratisierung und Bürokratieabbau eine eklatante Verkürzung des wissenschaftlichen, weberschen Bürokratiebegriffs beobachten können, denn niemand würde etwa einer Abschaffung der Geldentlohnung und der Fachgeschultheit des Personals oder einer Aufhebung fester Kompetenzabgrenzungen das Wort reden wollen und dies als „Entbürokratisierung" bezeichnen.

Führende Verwaltungswissenschaftler wie Werner Jann und Hans Peter Bull (vgl. Bull 2005b) nähern sich diesen begrifflichen und definitorischen Problemen, indem sie verschiedene Dimensionen der Bürokratiekritik sowie darauf aufbauend auch verschiedene Dimensionen möglicher Entbürokratisierungsmaßnahmen unterscheiden. So trennen Jann et al. (2007) zwischen einer Bürokratiekritik, die „zu viel Staat" als Problem erkennt, einer Bürokratiekritik, die „zu viel Regulierung" beklagt sowie einer Bürokratiekritik, welche die Merkmale bürokratischer Organisation in den Mittelpunkt stellt. Dieser Dreiteilung werden wir uns in Abschnitt 6.2 erneut zuwenden.

Erschwert wird die begriffliche Unklarheit des Weiteren dadurch, dass neben „Entbürokratisierung" und „Bürokratieabbau" in der Diskussion häufig die Begriffe „Deregulierung", „Dezentralisierung" und „Privatisierung" gebraucht werden (vgl. Seibel 1986). Bei der *Privatisierung* geht es jedoch in erster Linie lediglich darum, staatliche Aufgaben in den privatwirtschaftlichen Sektor zu verschieben, was nicht unbedingt mit Entbürokratisierung einhergehen muss. Dies gilt auch für den Begriff der „*Liberalisierung*", der die Aufbrechung staatlicher Marktmonopole – etwa im Bereich der Telekommunikation oder der Energieversorgung – bezeichnet und eng mit Privatisierungsvorgängen verknüpft ist. Empirische Untersuchungen haben gezeigt, dass gerade die Liberalisierung und Privatisierung öffentlicher Aufgaben nicht zu weniger, sondern zu mehr rechtlicher Normierung – und damit zu mehr Bürokratie im umgangssprachlichen Sinn – führen kann (vgl. Fliedner/Hadamik 2007; Vogel 1996). „*Dezentralisierung*" hingegen meint die „Delegation von Kompetenzen an eine selbständige Verwaltungseinheit" (Seibel 1986: 140), ein Tatbestand, der ebenfalls nicht automatisch mit Entbürokratisierung zusammenhängt, sondern beispielsweise aufgrund notwendiger Koordinations- und Aufsichtsmechanismen sogar zu mehr Regeln führen kann. Der Begriff der *Deregulierung* schließlich weist deutliche Überschneidungen zum gängigen Verständnis von Entbürokratisierung auf, geht es doch hier ebenfalls in erster Linie um eine Reduzierung des generellen oder auf einzelne Regelungsfelder bezogenen Normierungsgrades. Im engeren Sinne jedoch versteht man gerade im amerikanischen Kontext unter „Deregulierung" eine Zurücknahme der insbesondere wirtschaftspolitischen Regulierungstätigkeit des Staates, was dann aber wiederum nicht selten die Liberalisierung von Märkten und insbesondere von Monopolen bedeutet. Die genannten Begriffe sind mithin alles andere als überschneidungsfrei und werden häufig synonym verwendet. In der politischen Praxis wird diese Begriffsverwirrung fortgesetzt: Einige Autoren weisen zum einen darauf hin, dass den Begriffen „Entbürokratisierung" oder „Bürokratieabbau" bisweilen eine Verschleierungsfunktion zukommt. So konstatiert beispielsweise Hans Peter Bull, „[d]ie „Großformel" Bürokratieabbau verschleiert im Übrigen manches, was man den Wählern nicht unvermittelt sagen möchte, etwa dass zuviel Umweltschutz betrieben werde." (Bull 2005a: 1). Zum anderen ist neben dieser Verschleierungsfunktion nicht selten auch eine Sündenbockfunktion der einschlägigen Begriffe auszumachen: „ (…) bureaucrats have become convenient and credible scapegoats for politicians whose policies don't succeed and for journalists who can always find an instance of stupidity or injustice or incompetence to fill a story on a day without much news." (Kaufman 1981: 7 f.). Bedenkt man die seit jeher negative Konnotation des Bürokratiebegriffs verwundert es nicht, dass insbesondere politische Akteure aus Gründen der Legitimationsgewinnung gerne von Entbürokratisierung" und „Bürokratieabbau" sprechen und dabei kaum Widerspruch befürchten müssen.

6.2 Methoden und Instrumente der Entbürokratisierung

Um bei der Reduzierung von Bürokratie Fortschritte zu erzielen, verfolgen Bund, Länder und Kommunen seit Jahrzehnten unterschiedliche Wege, wenden verschiedene Instrumente an und schaffen regelmäßig neue Institutionen und Verfahren. Betrachtet man Entbürokratisierung als Politikfeld und aus einer Problemlösungs-Perspektive, so können diese unterschiedlichen Instrumente und Institutionen zur Entbürokratisierung als Mittel aufgefasst werden, um bestimmte Ziele zu erreichen oder bestimmte Probleme zu lösen. Die verfolgten Ziele und die zu lösenden Probleme sind dabei durchaus vielfältig: Oftmals soll privaten Akteuren, also den einzelnen Bürgern und insbesondere auch Wirtschaftsunternehmen, bei ihren Entscheidungen weniger Vorschriften auferlegt und ganz allgemein den Werten der Freiheit und der Subsidiarität wieder größere Geltung verschafft werden. Auf einer konkreteren Ebene geht es in der Regel darum, die durch bürokratische Auflagen entstehenden Kosten für die Wirtschaft zu verringern oder die Verwaltung bürgernäher arbeiten zu lassen, also etwa amtliche Formulare verständlich zu gestalten oder Verwaltungsverfahren wie die Genehmigung von Bauvorhaben oder die Existenzgründung zu beschleunigen. Schließlich kann auch die effizientere Gestaltung verwaltungsinterner Prozesse Ziel von Entbürokratisierung sein, wobei häufig auch finanzielle Motive – etwa bei der Einsparung von Personal – eine Rolle spielen.

Die Auswahl der Instrumente der Entbürokratisierung bemisst sich also zunächst einmal daran, was im konkreten Fall als „Entbürokratisierung" verstanden wird. Aus der Vielzahl der verfolgten Zwecke ergibt sich auch die Vielzahl der möglichen Lösungsansätze: Unter Maßnahmen zur Entbürokratisierung kann die Verringerung des Bestandes an Rechtsvorschriften fallen, aber auch die Reduzierung der Zahl der öffentlich Bediensteten oder die Abschaffung einzelner Behörden. Geht es um die *Reduzierung des staatlichen Aufgabenbestandes*, wird man am ehesten den Weg einer regelmäßigen oder nur punktuellen Aufgabenkritik (vgl. Dieckmann 1977) und einer Privatisierung öffentlicher Aufgaben einschlagen. Damit einher geht in aller Regel auch eine Reduzierung des öffentlichen Personals (vgl. Bull 2005b). Die Privatisierung öffentlicher Aufgaben – ein Thema, das hier nur angerissen werden kann – gehört sicherlich zu den großen Reformtendenzen der letzten drei Jahrzehnte. Die damit zusammenhängenden Probleme sind vielfältiger Natur, z.B. müssen bislang öffentlich bereitgestellte Güter und Dienstleistungen auch nach einer Privatisierung den Bürgern gleichmäßig, zu vertretbaren Kosten und in der gleichen Qualität angeboten werden können. Dabei gilt es, insbesondere mit der Hilfe des relativ jungen Regulierungsrechts, ein „privates Rosinenpicken", also etwa die Schließung von Postfilialen in dünnbesiedelten Gebieten oder die Aufgabe unrentabler Bahnstrecken, auf ein noch vertretbares Maß zu beschränken. Wenn man analytisch davon ausgeht, dass die öffentlichen Aufgaben deshalb im öffentlichen Sektor erledigt werden, weil gerade *kein* funktionierender Markt hierfür existiert, stellt sich nicht selten auch das Problem, erst effektive Markt- und Wettbewerbsstrukturen entstehen zu lassen, da andernfalls im Zuge von Privatisierung ein öffentliches Monopol lediglich durch ein privates Monopol oder Oligopol ersetzt werden würde.

Geht es in erster Linie um die *Streichung von Rechtsvorschriften* jeglicher Art, wird der Bestand an Rechtsnormen durchforstet werden müssen, um verzichtbare oder veraltete Normen identifizieren und aufheben zu können. Ebenso könnten an dieser Stelle verschiedene Automatismen greifen, wie z.B. eine verpflichtende Gesetzesfolgenabschätzung, anderweitige Testverfahren vor der Verabschiedung eines Gesetzes (vgl. Böhret 1980) oder die automatische Befristung einer jeden neuen Rechtsnorm. Drittens könnte „Entbürokratisierung" schlicht bedeuten, die Verhaltensweisen und Handlungen der Verwaltung bürger- oder wirtschaftsfreundlicher zu machen, ohne den Aufgaben-, Personal- oder Normenbestand anzutasten.

Da in der Praxis „Entbürokratisierung" in den meisten Fällen den vorhandenen Normenbestand in das Visier nimmt und diesen zu reduzieren versucht, werden die hierfür einschlägigen Instrumente in der Literatur am intensivsten diskutiert (vgl. Ellwein 1989; Helmrich 1989; Mantl 1995). Gegen Ende der 1970er Jahren setzten nahezu alle Bundesländer diesbezügliche Entbürokratisierungs-Kommissionen ein, die sich größtenteils mit einer Begutachtung des vorhandenen Normenbestandes beschäftigten (vgl. Seibel 1986). In einigen Bundesländern erfuhren diese Kommissionen eine Institutionalisierung in Form von sogenannten Normprüfstellen, deren Hauptaufgabe darin besteht, neue Regelungsvorschläge auf ihre Notwendigkeit zu prüfen. Die quantitative Bereinigung des bestehenden Rechts ist ein bereits seit langem bekanntes Instrument, welches sich jedoch dem Vorwurf ausgesetzt sieht, ohnehin nur unwichtige oder längst obsolete Vorschriften aus der Welt zu schaffen: „Selbstverständlich sind regelmäßige Aufräumaktionen im Sinne einer Bereinigung und Konsolidierung des Normenbestandes unerlässlich. Aber die allgemeine Tonnenideologie ist einer modernen Gesellschaft nicht angemessen, setzt den Beteiligten die falschen Anreize und fördert einen höchstens kurzfristig erfolgversprechenden Entbürokratisierungs-Populismus." (Jann et al. 2007: 55).[114] Des weiteren wird insbesondere

---

[114] Z. B. reduzierte Baden-Württemberg im Rahmen seiner „Deregulierungsaktion 2000" den Bestand an Verwaltungsvorschriften von 4229 auf 2377. Bayern strich von 2003 bis 2007 53 Landesgesetze (15 Prozent), 321 Verordnungen (28 Prozent) und 1700 Verwaltungsvorschriften. Mit seiner Deregulierungsoffensive 2003 setzte Niedersachsen 48 Prozent seiner Vorschriften außer Kraft, darunter 103 Gesetze und Verordnungen sowie 1865 Verwaltungsvorschriften. Die Bundesländer lassen sich jedoch sowohl bei den absoluten Zahlen als auch bei den prozentualen Kürzungen im Normenbestand kaum miteinander vergleichen. Manche Bundesländer scheinen von jeher einen in absoluten Zahlen

von Juristen darauf hingewiesen, dass weniger Gesetze nicht automatisch mehr Recht bedeute, also das Problem nicht in erster Linie ein quantitatives sei, sondern es um die Qualität der Normen gehe (vgl. Isensee 1985). Versuche, das geschriebene Recht durch die stärkere Verwendung von Ermessensspielräumen, Generalklauseln oder unbestimmten Rechtsbegriffen inhaltlich zu straffen und zu vereinfachen, verschieben die praktischen Probleme der Rechtsanwendung lediglich auf die Verwaltung und Justiz, wo solche offenen Rechtsbegriffe anschließend interpretiert werden müssen – ohne dass die Rechtsadressaten auf diese Weise ein höheres Maß an Rechtssicherheit zugestanden bekämen.[115] Um den Normenbestand gar nicht erst übermäßig anschwellen zu lassen, greifen beispielsweise viele Bundesländer, aber auch in einzelnen Fällen der Bund, dazu, Rechtsvorschriften einer Befristung zu unterwerfen. Hessen befristet alle neu erlassenen Gesetze, Rechtsverordnungen und Verwaltungsvorschriften grundsätzlich auf fünf Jahre. Niedersachsen, Saarland, Sachsen-Anhalt, Schleswig-Holstein und Thüringen befristen Verwaltungsvorschriften und z.T. auch Gesetze und Verordnungen ebenfalls auf fünf Jahre. In Sachsen beträgt die Gültigkeitsfrist bei Verwaltungsvorschriften gar nur zwei Jahre. Dieses Instrument der Befristung besitzt jedoch den großen Nachteil, dass dem Gebot der Rechtssicherheit damit nicht gedient ist.

Der tiefere Grund für diese, an der Quantität des Normenbestandes orientierte Herangehensweise an das Problem der Bürokratie liegt in der Vermutung, dass ein Zuviel an geschriebenem Recht dessen Steuerungsfähigkeit herabsetzt, indem sowohl das Verwaltungspersonal als auch die Bürger als Adressaten des Rechts jeglichen Überblick über die gültigen Normen verlieren, einzelne Rechtsnormen zueinander in Widerspruch geraten oder aber aufgrund ihrer schieren Quantität überhaupt nicht mehr vollzogen werden können. Ähnlich wie eine Geldinflation den Wert des Geldes mindert, führe eine Gesetzesinflation zu einer Einschränkung des Wertes von Rechtsnormen. In diesem Zusammenhang wird die Befürchtung geäußert, dass ein „Zuviel" an rechtlicher Normierung – mit anderen Worten: Eine „Gesetzesflut" – dazu führe, dass der Staat überhaupt nicht

---

geringeren Normenbestand zu besitzen, wie beispielsweise Rheinland-Pfalz, das 1997 nur die relativ geringe Zahl von 772 Verwaltungsvorschriften zählte und dennoch bis 2005 auf 385 reduzierte. Und obwohl das kleinere Saarland immerhin 70 Prozent seiner Verwaltungsvorschriften aufhob, zählt das Land immer noch 1216 (vorher 3346) Vorschriften von dieser Sorte. Noch deutlich mehr Verwaltungsvorschriften finden sich wiederum in Sachsen (2134), obwohl man hier von 2004 bis 2006 um über 50 Prozent reduzierte (vorher 4491). Schleswig-Holstein setzte zum 31.12.2003 sämtliche Verwaltungsvorschriften außer Kraft und erließ 792 unverzichtbare Vorschriften neu.
[115] Des weiteren muss zumindest darauf verwiesen werden, dass eine Bereinigung des Rechts im *staatlichen* oder *öffentlichen* Bereich keineswegs mit ebenfalls weniger Vorschriften im *privaten* Sektor einhergehen muss. Der Umfang der „Allgemeinen Geschäftsbedingungen" bei einfachen Kaufvorgängen, die Kompliziertheit von Versicherungsverträgen oder auch die stetige Zunahme von DIN-Normen mögen als beispielhafte Schlagworte in diesem Zusammenhang genügen.

mehr handlungsfähig sei und das Recht seinerseits als zentrales Steuerungsmedium des Staates seine Funktionen nicht mehr erfüllen könne (vgl. Grimm 1990; Görlitz/Voigt 1987). Allerdings werden gerade in der wissenschaftlichen Literatur gegen diese Sicht auch vielfach Einwände geäußert, da in der Empirie ein Steuerungsversagen des Rechts nicht ohne weiteres zu beobachten ist (vgl. Dose 2006; Nahamowitz 1998; Holtschneider 1991).

In einer Vielzahl von Untersuchungen wird darüber hinaus betont, dass eine bessere Normierungstechnik zu einfacheren, verständlicheren und auch beständigeren Gesetzen führte. In dieser Perspektive soll auf dem Wege einer besseren Gesetzgebung – im angelsächsischen Sprachraum als *Better Regulation* bezeichnet – nicht lediglich die Qualität von Rechtsnormen erhöht werden, sondern auch ein Beitrag zur Entbürokratisierung geleistet werden (vgl. zum Konzept der besseren Gesetzgebung Blum 2004; Schulze-Fielitz 2004). Zum einen wird davon ausgegangen, dass im Zuge einer „besseren Gesetzgebung" nur solche Regelungen verabschiedet werden, die auch unbedingt notwendig sind, also eine Gesetzesfolgenabschätzung auch die Frage nach dem Bedarf der Regelung enthält. Zum anderen besteht die Annahme, dass qualitativ hochwertige und sorgfältig ausgearbeitete Normen einen geringeren Novellierungsbedarf besitzen. Dieser zuletzt genannt Aspekt ist deshalb von besonderer Bedeutung, weil wir aufgrund empirischer Untersuchungen wissen, dass in erster Linie Änderungsregelungen und Gesetzesnovellierungen für die hohe Zahl an Gesetzen und Verordnungen verantwortlich sind, wir also mehr von einer „Änderungsflut" als von einer unspezifischen „Gesetzesflut" sprechen können (vgl. Müller/Nuding 1984). Die Gesetzesfolgenabschätzung als Kernstück vieler Initiativen zur besseren Rechtsetzung leidet jedoch ein wenig darunter, bei methodisch hohen Ansprüchen und bei einem breiten Einsatz auf alle erdenklichen Gesetzgebungsvorhaben schnell großen Aufwand zu produzieren.

Ein relativ neues und mittlerweile in nahezu allen europäischen Ländern gebräuchliches Instrument der Entbürokratisierung ist das Standardkosten-Modell. Das Standardkosten-Modell ist dazu gedacht, die insbesondere bei den Unternehmen entstehenden Kosten infolge staatlich verordneter Informations-, Dokumentations- oder Statistikpflichten zunächst zu messen und in einem zweiten Schritt um einen bestimmten Prozentsatz zu reduzieren. Anhand des Standardkosten-Modells wurde beispielsweise errechnet, dass Unternehmen in Deutschland aufgrund von Bundesrecht jährlich Bürokratiekosten in Höhe von 47,6 Mrd. € zu tragen haben. Diese Kosten sollen innerhalb eines bestimmten Zeitraums um einen messbaren Anteil (25 Prozent) gesenkt werden (vgl. zum Standardkosten-Modell Rösener et al. 2007; Veit 2008).

Grundsätzlich wird nicht erst jüngst die Institutionalisierung von Entbürokratisierungsmaßnahmen und –verantwortlichen empfohlen, um nicht nur periodisch und punktuell tätig zu werden, sondern die Bemühungen auf eine dauerhafte Basis zu stellen (vgl. Wilkes 1989; Bohne 2005). Diese Institutionalisierung kann entweder über eine gesetzliche Verankerung bestimmter Maßnahmen oder über die organisatorische Institutionalisierung von zuständigen Stellen in Parlament, Regierung und Verwaltung erfolgen. Aus bürokratietheoretischer Sicht besteht das Interessante an diesem Sammelsurium an möglichen Instrumenten darin, dass die Institutionalisierung und die alltägliche Anwendung dieser Instrumente seinerseits nur auf eine bürokratische Art und Weise möglich erscheint. Die aktuell in der Bundesrepublik bestehende Entbürokratisierungs-Struktur umfasst neben dem Nationalen Normenkontrollrat und seinem Mitarbeiterstab einen Koordinator sowie einen Staatssekretärsausschuss für Bürokratieabbau, welche – unterstützt von einer Geschäftsstelle Bürokratieabbau – im Bundeskanzleramt angesiedelt sind. Daneben existieren in allen Bundesministerien Ansprechpartner für den Bürokratieabbau. Gesetzlich verankert ist diese Struktur über das im Jahr 2006 vom Bundestag verabschiedete „Gesetz zur Einsetzung des Nationalen Normenkontrollrates" (NKRG).[116] Die Regelgebundenheit und damit der bürokratische Charakter des Programms äußert sich im weiteren darin, dass nach § 6 NKRG der Nationale Normenkontrollrat jährlich dem Bundeskanzler über seine Aktivitäten Bericht zu erstatten hat. Die Bundesregierung wiederum erstattet ebenfalls jährlich dem Deutschen Bundestag einen Bericht über ihre Entbürokratisierungspolitik und insbesondere die Anwendung des Standardkosten-Modells (§ 7 NKRG). Die Bundesministerien sind zudem verpflichtet, ihre Gesetzentwürfe dem Nationalen Normenkontrollrat zuzuleiten, damit dieser eine Stellungnahme abgeben kann. „Diese Stellungnahmen und die Stellungnahmen der Bundesregierung dazu werden dem Gesetzentwurf bei der Einbringung in den Bundestag beigefügt." (§ 6 Abs. 1 NKRG). Diese kurze Skizze zeigt bereits, dass angesichts der Regelgebundenheit, der festen Zuständigkeiten, der schriftlichen Berichtspflichten, der Wahrnehmung der Aufgaben durch fachgeschulte Beamte etc. durchaus von einer Bürokratisierung der Entbürokratisierung gesprochen werden kann. Eine Entbürokratisierung im Weberschen Sinne jedenfalls liegt in diesem Fall nicht vor. So mögen beispielsweise im Zuge der Institutionalisierung des Standardkosten-Modells und des für die An-

---

[116] Ohne Zweifel stellen die Einrichtung des Nationalen Normenkontrollrates und der Einsatz des Standardkosten-Modells einen neuen Ansatz dar, denn erstmals wird nun auf der Bundesebene versucht, den sogenannten Bürokratieabbau mit meßbaren Zielmarken zu untermauern. Auch der Versuch, mit dem Nationalen Normenkontrollrat eine Art „Wachhund" im Bundeskanzleramt zu installieren, dem alle Gesetzesentwürfe vorgelegt werden *müssen*, ist neu. Man kennt diese Funktion der obligatorischen Prüfung aller Entwürfe zwar auch vom Bundesministerium der Justiz und vom Bundesministerium des Innern, die geplante Rechtsetzungsvorhaben auf Rechtsförmlichkeit hin untersuchen, doch handelt es sich dabei um herkömmliche Ressorts und nicht – wie im Falle des Normenkontrollrates – um ein mit externen Experten besetztes Gremium.

wendung des Modells verantwortlichen Nationalen Normenkontrollrates Unternehmen der Privatwirtschaft um nicht geringe Summen entlastet werden, allerdings ist in diesem Zusammenhang zu fragen, ob es sich hierbei um „Entbürokratisierung" im eigentlichen Sinne des Wortes handelt oder nicht schlicht um eine wirtschaftspolitische Maßnahme. Diese eher semantischen Unstimmigkeiten sind jedoch in der Praxis von Politik und Verwaltung nur von untergeordneter Bedeutung. Weitaus schwerer wiegt eine Reihe von anderen Problemen, denen wir uns im folgenden Abschnitt widmen möchten.

An dieser Stelle wollen wir jedoch nun noch einen kurzen Blick auf *weitere Dimensionen der Entbürokratisierung* werfen. Diese weiteren Dimensionen ergeben sich aus der Struktur des Buches und beziehen sich zum einen auf eine Entbürokratisierung der Beziehung zwischen Politik und Bürokratie (siehe Kapitel 3), zum zweiten auf das Individuum (siehe Kapitel 4) sowie zum dritten auf die Bürokratie als Organisation (siehe Kapitel 5). Sollen die Beziehungen zwischen den politischen Institutionen und der Bürokratie „entbürokratisiert" werden, kann es nur darum gehen, den Einflussbereich der öffentlichen Verwaltung, insbesondere der Ministerialbürokratie, gegenüber den und zugunsten der politischen Akteure zurückzudrängen. In dieser Perspektive erwiese sich beispielsweise eine stärkere Politisierung des öffentlichen Dienstes als ein möglicher Weg, die Machtverteilung zwischen Politik und Bürokratie zugunsten der Politik zu verschieben. Dass damit wiederum eigens zu thematisierende Folgeprobleme zusammenhängen, muss hier nicht weiter vertieft werden (siehe hierzu Abschnitt 3.4). Der Einfluss der Bürokratie kann des weiteren dadurch eingeschränkt werden, dass im Prozess des Policy Making weniger die Empfehlungen und Sichtweisen der Ministerialbürokratie Eingang in die inhaltliche Gestaltung finden, sondern im Gegensatz – oder zumindest als Ergänzung dazu – die Meinungen und Vorschläge der „einfachen" Bürger. Ein mögliches Instrument in diesem Zusammenhang wäre etwa die sogenannte Planungszelle, in der zufällig ausgewählte Bürger innerhalb eines begrenzten Zeitraums ihre Vorstellungen hinsichtlich konkreter politischer Vorhaben einbringen (vgl. Dienel 2002). Ein anderes Instrument – der Bürgerhaushalt – ist ähnlich ausgestaltet, bezieht sich jedoch auf den Prozess der Haushaltsaufstellung (vgl. Sintomer et al. 2010; Franzke/Kleger 2010). Solche und andere Ansätze finden zwar punktuell Einsatz, eigenen sich aber dennoch wohl nur schwer dazu, automatisch und stets in sämtlichen Entscheidungsprozessen Verwendung zu finden. Ein Grund hierfür ist freilich auch die strukturelle Eigenmacht der Bürokratie, die bereits von Max Weber und dem Stichwort des Fach- und Dienstwissens erkannt und breit diskutiert wurde und die sich selbst bei einem verstärkten Rückgriff auf derartige Partizipationsinstrumente in keiner Weise abschwächt.

Welche Bezüge die Entbürokratisierung des Verhältnisses von Individuum und Bürokratie aufweist, soll an dieser Stelle nicht diskutiert werden. Wir verweisen hierzu auf den Abschnitt 4.3 und insbesondere auf den Unterabschnitt 4.3.1. Ein abschließendes Wort ist hier aber über die Entbürokratisierung innerhalb einzelner Organisationen zu verlieren, womit wir zugleich einen Bezug herstellen zur Interpretation der Bürokratietheorie als Organisationstheorie (siehe Kapitel 5). Die Existenz und die Intensität der einzelnen von Max Weber beschriebenen Bürokratiemerkmale können zwischen Organisationen in vielfältiger Weise variieren und sind zudem in einem nicht unerheblichen Ausmaß beeinflussbar. Zu unterscheiden ist hierbei zwischen subtilen oder auch informellen „entbürokratisierenden" Momenten einerseits und bewussten Eingriffen in die bürokratische Struktur andererseits. Eine typische Ausprägung informeller Organisation zeigt sich immer dann, wenn in der behördeninternen Kommunikation nicht der vorgegebene, über die einzelnen Stufen der Hierarchie laufende „Dienstweg" eingehalten wird, sondern Mitglieder der Organisation diesen Dienstweg aus zeitlichen oder anderen Gründen umgehen und sich direkt ‚kurzschließen'. Solche Kommunikationsformen sind streng genommen in den organisationsinternen Dienstanweisungen nicht vorgesehen und signalisieren einen Ausbruch aus der Hierarchie. Im Gegensatz dazu können die Merkmale der Bürokratie bewusst und geplant – in den allermeisten Fällen seitens der Behördenleitung, mitunter aber auch angestoßen von externen Organisationsberatern – abgeschwächt werden. Dies ist etwa dann der Fall, wenn einzelne Hierarchieebenen aufgelöst, „nicht-bürokratische" Führungsstile propagiert, von der festen Zuständigkeitsverteilung abweichende Teams oder Projektgruppen installiert oder die monokratische Entscheidungsstruktur durch kollegiale Gremien ersetzt werden. Auch das Streben nach dem „papierlosen Büro" ist in diesem Zusammenhang zu nennen. In der Management- und Organisationsliteratur finden sich denn auch regelmäßig und nicht erst jüngst Stimmen, welche das Ende der bürokratischen Organisation entweder empfehlen oder aber zumindest vorhersagen (vgl. etwa Bennis 1967; Pinchot/Pinchot 1993). Bislang jedoch ist im organisatorischen Alltag eine Ablösung der Bürokratie durch andere, nicht-bürokratische Organisationsformen nur schwer zu erkennen. Man würde auch einem Trugschluss aufsetzen, wenn man die inflationären anti-bürokratischen Handlungsanweisungen, Strategien oder Managementphilosophien mit der alltäglichen Realität innerhalb von Organisationen verwechseln würde.

6.3 Probleme der Entbürokratisierung

Nicht selten werden die Bemühungen um eine Entbürokratisierung als relativ erfolglos bezeichnet und Parallelen zur Arbeit des Sisyphos gezogen (vgl. Dose 2008). „Angesichts der geringen Nachhaltigkeit vieler der bisherigen Entbürokratisierungsanstrengungen drängt sich die Frage auf, worauf diese zurückzuführen ist." (ebenda: 107). Auch scheint die Operationalisierung der Variable „Erfolg bei der Entbürokratisierung" große Probleme zu bereiten: Wann ist Entbürokratisierung erfolgreich? Sollen die absoluten Zahlen der gestrichenen Gesetze, Rechtsverordnungen oder Verwaltungsvorschriften als Indikator herangezogen werden? Wenn das getan wird, sollte man immerhin mit berücksichtigen, dass eine Verwaltungsvorschrift unter Umständen höheren Aufwand und größere Kosten verursacht, als z.B. fünf marginale Änderungsgesetze. Methodisch äußerst fragwürdig wäre auch die Messung des Erfolgs anhand makroökonomischer Daten wie etwa dem Wirtschaftswachstum oder der Arbeitslosenquote, da für diese Daten sicher nicht ausschließlich Entbürokratisierungsmaßnahmen verantwortlich sind, sondern ein ganzes Bündel von Einflüssen und Ursachen.

Die weiteren Hürden erfolgreicher Entbürokratisierung liegen zumeist in den Ursachen der tatsächlichen oder wahrgenommenen Bürokratisierung begründet, was an mehreren Beispielen verdeutlicht werden soll: Regeln werden geschaffen (und ständig verfeinert), weil sich Akteure gegenseitig misstrauen, Politik und Bürger nach Gerechtigkeit streben oder um bestimmte individuelle wie kollektive Interessen zu schützen (vgl. Bull 2005a). Daneben führen Eigenheiten des Staatsaufbaus in Deutschland – insbesondere der Föderalismus und die kommunale Selbstverwaltung – sowie die Einbindung des Nationalstaates in supranationale und internationale Organisationen – allen voran ist hier die Europäische Union zu nennen – zu einem deutlichen Mehr an Regelungen.[117] Drittens erwächst aus einer Vielzahl an Gründen ein ständiger – nicht lediglich parteipolitisch motivierter, sondern „objektiver" – Bedarf an neuen Normen: „Die Nutzung beispielsweise der Atomenergie und der Gentechnik erforderten neue Rechtsnormen, um den Gefahren, die von diesen neuen technikinduzierten Entwicklungen ausgehen, begegnen zu können. Ein Verzicht auf Rechtsetzung hätte fatale Folgen gehabt. Ähnliches gilt im Hinblick auf den Hochwasserschutz oder

---

[117] Aufgrund des Föderalismus existieren beispielsweise ein Beamtenrecht des Bundes und daneben sechzehn Beamtengesetze der Bundesländer. Richtlinien der Europäischen Union müssen anhand eigener, nationaler Normen in nationales Recht umgesetzt werden. Mit Blick auf die jüngsten Föderalismusreformen urteilt Harald Schultze: „Die mit der sog. Föderalismuskommission verbundene Erwartung, die allseits beklagte Regelungsflut und Regelungsdichte werde abnehmen, halte ich für eine Illusion. Gerade die von den Ländern erstrittene Möglichkeit, unter bestimmten Umständen von bundesrechtlichen Regelungen durch Landesgesetz abweichen zu können, wird eher das Gegenteil zur Folge haben." (Schultze 2007: 408 f.).

den Klimawandel." (Dose 2008: 108). Nicht zuletzt erfordern rechtstaatliche Prinzipien wie die Gesetzesbindung des Verwaltungshandelns oder der Vorrang und der Vorbehalt des Gesetzes ein hohes Maß an rechtlicher Normierung.[118] Diese Aspekte zusammengenommen ergeben die Einsicht, dass Gesetze und andere Rechtsnormen nicht in erster Linie Freiheit beschränken und zur Schikanierung der Bürger geschaffen werden, sondern um Verlässlichkeit, Gleichbehandlung und nicht zuletzt Schutz vor übermäßigen Eingriffen des Staates zu generieren. Regeln ermöglichen zudem die Koordination der Handlungen verschiedener Akteure, lösen Konflikte und reduzieren Unsicherheit (vgl. Olsen 2005: 8).

Abgesehen von diesen grundsätzlichen Erwägungen stellt sich in der Praxis dennoch nicht selten die Frage, ob eine bestimmte (Detail-)Regelung wirklich notwendig oder doch nicht besser verzichtbar sei. Selbst wenn sich eine ganze Reihe von Akteuren mit der „Abschaffung" einer solchen auf den ersten Blick überflüssigen Norm einverstanden erklären sollten, wird diese mit hoher Wahrscheinlichkeit von einer bestimmten Klientel – aus welchen Gründen auch immer – verteidigt werden. So wehren sich beispielsweise die Handwerkskammern gegen die Lockerung des Meisterzwangs, der Einzelhandel gegen die Aufhebung von Verpackungsnormen oder Eltern gegen die Aufhebung von Sicherheitsstandards in Kindergärten und Schulen. „Hinter fast jeder Norm steckt eine Interessengruppe, die sie im Gesetzgebungsverfahren propagiert hat und ihre Abschaffung bekämpft. Dabei handelt es sich regelmäßig um vollkommen legitime Interessen." (Bull 2005b: 288). Aus diesen Gründen ist die Abschaffung einzelner Vorschriften zwar nicht generell unmöglich, sie kostet aber in jedem Einzelfall politische Überzeugungskraft und Durchsetzungsfähigkeit.

Ein weiteres Problem der Entbürokratisierung ergibt sich aus der Frage, welche Akteure eigentlich Nutznießer konkreter Entbürokratisierungsmaßnahmen sind. Werner Seibel unterscheidet als mögliche Nutznießer zwischen der Verwaltung selbst sowie dem „großen" und dem „kleinen Publikum", „wobei mit großem Publikum privatrechtliche Organisationen, Unternehmungen aller Größenordnungen und Freiberufler, mit kleinem Publikum hingegen der Individualbürger gemeint ist." (Seibel 1986: 156 f.). Seibels empirische Untersuchungen ergaben eine deutliche Schlagseite der Entbürokratisierungspolitik zugunsten der Verwaltung und dem großen Publikum, also insbesondere der Wirtschaft. Der einzelne Bürger muss daher nicht immer per se zu den Gewinnern bei Entbürokratisierungsmaßnahmen gehören.

---

[118] Zur weiteren Vertiefung der Frage nach den Ursachen zunehmender rechtlicher Normierung sei hier auf Thomas Ellwein (1989) verwiesen. Ellwein unterscheidet sechs Ursachenbündel, nämlich (a) soziale, (b) ökonomische und technische, (c) politische, (d) konstitutionelle, (e) bürokratische sowie (f) sprachlich-logische Ursachen.

Schließlich begegnet uns die oben bereits genannte Sündenbockfunktion von Forderungen nach Bürokratieabbau auch bei den hier anzusprechenden Problemen wieder. Dieser Aspekt wird nämlich insbesondere dann augenfällig, wenn Regierungs- und Parlamentspolitiker sich über die vermeintlich hohe Zahl an geltenden Rechtsvorschriften beklagen, welche sie jedoch selbst verabschiedet und der Verwaltung lediglich zur Umsetzung überantwortet haben. Nicht die Verwaltung produziert Gesetze, sondern das Parlament, und es sind gerade die unvermeidlichen politischen Rationalitäten wie etwa die Produktion von (aus der Sicht des Vollzugs nicht selten problematischen) Formelkompromissen, das Streben nach Einzelfallgerechtigkeit oder auch symbolische Gesetzgebungsakte, die das Recht unübersichtlich und kompliziert erscheinen lassen. In ähnlicher Weise wie die „Regelungsflut" sind auch andere Phänomene wie z.B. eine Ausweitung des öffentlichen Dienstes oder eine Erhöhung der Staatsquote in aller Regel extern politisch induziert und nicht bürokratieimmanent.

7 Schluss

Ziel des Buches ist es, einen Überblick und eine differenzierte Betrachtung von Bürokratie zu geben. Angefangen haben wir mit den Begriffserläuterungen zum Wort „Bürokratie", um dann die diese Organisationsform in den historischen, gesellschaftlichen, politischen, wirtschaftlichen und sozialen Kontext einordnen zu können. Dabei haben wir immer wieder deutlich gemacht, dass Bürokratie nicht alleinstehend sondern eben im Kontext und mit Blick auf Prozesse und Entwicklungen betrachtet werden muss. Entstanden ist ein Sammelwerk über unterschiedliche Aspekte, die im Rahmen der Bürokratietheorie und Bürokratiekritik berücksichtigt werden müssen. Am Ende des Buches haben wir dann den konträr zur Bürokratisierung verstandenen Prozess der Entbürokratisierung erläutert.

Darüber hinaus ist uns ein zentrales Anliegen, einen Einblick in den Schriftenreichtum Webers zu diesem Thema zu geben und für ein besseres Verständnis sowie die Ausräumung von Fehlinterpretationen zu sorgen. Allein mit dem Blick auf *Webers Bürokratieverständnis* wird deutlich, dass es sich um ein vielschichtiges Thema handelt, welches nicht in eine einzige Theorie gepresst werden kann. Wir wollen uns nicht anmaßen die Bedeutung der Schriften Webers hier nun in einigen Sätzen abzureißen. Vielmehr wollen wir auf ein Zitat verweisen, welches sehr gut wiedergibt, wie man mit der weberschen Sicht auf Bürokratie eben nicht verfahren kann, sondern wie man sie stattdessen lesen sollte:

> „Mit seinen Schriften liefert uns Weber in der Tat eine umfassende Sicht, ja in gewisser Hinsicht auch eine Gesamtschau der Bürokratie. Diese Sicht ist jedoch nicht ausreichend in sich geschlossen, als dass man sie in einer einzigen Theorie zusammenfassen könnte, sie lässt sich jedoch in einzelne, für sich stehende, freilich komplementäre Bestandteile zerlegen. Das Webersche Denken zeichnet sich nämlich dadurch aus – und das ist einer seiner Verdienste –, dass es sich nicht mit einer einseitigen Sicht zufrieden gibt." (Chazel 2010)

Im Ergebnis haben wir Bürokratie als *universell einsetzbares, für jede Zielsetzung diszipliniert arbeitendes Instrument* kennengelernt. Dabei können sich Bürokratien ganz wesentlich unterscheiden beispielsweise hinsichtlich Reichweite des bürokratischen Apparates, Einsatzbereiche, Qualität der Bürokratie sowie Personalzusammensetzung (Eliten) und Qualifikation des Personals (Politisierung, Ämterpatronage). Als Einflussfaktoren haben wir den historischen Kontext (Zeit, Entwicklungsstadium), den jeweiligen Anwendungsbereich (Staatsverwaltung, Politik, Wirtschaft) oder das politische System (demokratisch, sozialistisch, liberal, totalitär) kennengelernt. Dieser instrumentelle Charakter der Bürokratie wird auch deutlich, wenn wir uns vergegenwärtigen, in wie vielen Lebensbereichen (ausgenommen den staatlichen Bereich, den wir nun ausführlich betrachtet haben) wir bürokratische Merkmale – in unterschiedlicher Ausprägung – feststellen können: Politische Parteien, das Unternehmen (die Fabrik), der Verein und das Ehrenamt, das organisierte Verbrechen am Beispiel der Mafia, Bürokratie in totalen Institutionen wie z.B. dem Gefängnis. Darüber hinaus haben wir deutlich gemacht, dass eben der bürokratisch arbeitende Apparat als Instrument auch missbraucht werden kann, da er dann zwar formal rational agiert, aber eben substantiell irrationale Ziele verfolgt (Konzentrationslager). Ein weiteres Beispiel hierfür sind auch Terrororganisationen wie Al Kaida, die ebenfalls organisierte, bürokratische Strukturen aufweisen. Ebenfalls bürokratisch organisiert, ist auch eine der ältesten Institutionen der Weltgeschichte, die Kirche. Beispielsweise hat der Vatikan den Status eines eigenen Staats. Aber zu denken ist auch an die kleine Ortskirche im Dorf nebenan: Bereits hier sind die klassischen weberschen Bürokratiemerkmale wie Schriftlichkeit, Regelgebundenheit oder Fachschulung (Theologiestudium, Priesterseminar) zu finden. Als abschließendes, ganz alltagspraktisches Beispiel wollen wir noch auf die Familie als z.T. bürokratisierte Institution verweisen. Auch hier treten in Ansätzen viele der Bürokratiemerkmale auf: Schriftlichkeit (auch wenn nicht alle Regeln schriftlich fixiert werden, so finden wir sie in Form von Kalendern, Haushaltsbüchern, Einkaufslisten), Regelgebundenheit (Essenszeiten, Schlafenszeiten), Arbeitsteilung (Müll entsorgen, Hund füttern) oder auch Spezialisierung (Wäsche, Garten, Kochen) und natürlich auch Hierarchie, Disziplin und Gehorsam.

Letztlich kann man von einem *Siegeszug bürokratischer Merkmale* sprechen, die heute in allen Bereichen des Lebens zu finden sind. Trotz immer wiederkehrender Kritik an „Regelungsflut", „Bürokratisierung" oder „fehlender Bürgernähe und Bürgerorientierung" gibt es keine dauerhaft brauchbaren Alternativen um das bisherige bürokratische System abzulösen.

Abschließen möchten wir dieses Buch mit einigen Anmerkungen zur *Bedeutung und zum Wert von Bürokratie* im Allgemeinen. „Is „bureaucracy" an organizational dinosaur helplessly involved in its death struggle?" – Diese Frage stellt der Politikwissenschaftler Johan P. Olsen an den Beginn seines 2005 erschienenen Aufsatzes "Maybe It Is Time to Rediscover Bureaucracy" (Olsen 2005: 1). Der Titel gibt bereits eine erste Antwort auf die von ihm aufgeworfene Frage. Wir möchten im Folgenden einige Schlussfolgerungen aus den vorhergehenden Kapiteln ziehen sowie die Zukunft der Bürokratie und der bürokratischen

Organisation in den Blick nehmen: Ist die Bürokratie als soziales Phänomen ihrem Ende nahe oder lohnt es sich, sie „wieder zu entdecken"?

In einer anderen Abhandlung resümiert Olsen hinsichtlich des vorherrschenden Sprachgebrauchs, dass „[a]t the rhetorical level, Weber has lost. „Bureaucracy" has become a vehicle for antigovernment and antipublic sector sentiments, and the term is used as a pejorative in ideological crusades and competitions to place blame." (Olsen 2008: 27). 2007 ergab eine Meinungsumfrage, dass 84 Prozent der Deutschen der Ansicht sind, es gebe in Deutschland zu viel Bürokratie. 43 Prozent der Befragten waren der Meinung, „Bürokratie bedeute nicht die Versicherung vor staatlicher Willkür, sondern sei umgekehrt erst deren Ursache". 70 Prozent stimmten der Aussage „Eine gewisse Bürokratie ist zwar unvermeidlich, aber was bei uns passiert, ist einfach zu viel. Für alles und jeden werden Regeln und Kontrollen erfunden. So erstickt das Land in Bürokratie" zu. (vgl. Noelle/Petersen 2007). Andererseits aber verweisen Titel wie „The Case for Bureaucracy" (Goodsell 1983), „In Praise of Bureaucracy (Du Gay 2000) oder „The Values of Bureaucracy" (Du Gay 2005) darauf, dass das Phänomen der Bürokratie und der bürokratischen Organisation nicht durchweg kritisch behandelt wird, sondern zumindest in der sozialwissenschaftlichen Literatur auch die möglichen Vorzüge einer solchen Organisation herausgearbeitet werden. Auch die Bürger äußern sich – sobald in den Umfragen die Fragen in eine andere Richtung formuliert werden – nicht einhellig kritisch. Immerhin 79 Prozent der Befragten gaben 2007 an, dass sie bei Behördenbesuchen von qualifizierten und gut ausgebildeten Mitarbeitern bedient wurden; 57 Prozent fanden in den Behörden klare Zuständigkeiten vor (vgl. DBB 2007). Die veröffentlichte Bürokratiekritik findet also nur z.T. Rückhalt in den Einstellungen der Bevölkerung zu diesem, wenn auch punktuell perhorreszierten, im allgemeinen aber zur Selbstverständlichkeit gewordenen Phänomen der Bürokratie (vgl. für einen Überblick Pippig 1988: 9).

Die Autoren, die der Bürokratie „wohlwollend" gegenüberstehen, betonen die Funktionalität bürokratischer Organisation zur Erreichung und Aufrechterhaltung rechtsstaatlicher und demokratischer Verhältnisse. Aus dieser Perspektive betrachtet, sei eine gute Regierungsführung ohne Bürokratie nicht möglich:

> „Good government, at a minimum, requires organizational designs that promote democratic direction, control and accountability. Public bureaucracy contributes to good governance to the extent that it is designed in ways that support these requirements and thus help to secure adherence to the rule of law and public-service values and ethics, public-service impartiality in policy advice and service delivery, and the faithful stewardship of the public trust. [...] To the degree that we seek to "banish bureaucracy", we shall soon discover that we have placed not just good public management but also good government at risk." (Aucoin 1997: 291; 305).

Speziell bezogen auf das deutsche Grundgesetz und dessen Verfassungsprinzipien gilt ähnliches: „Der moderne Rechts- und Sozialstaat braucht Normen und er braucht Institutionen zu ihrer Durchsetzung, also „Bürokratie" im positiven Sinne." (Bull 2005b: 297). Die weitgehende Abwesenheit von Willkür, die Gleichheit vor dem Gesetz und die Regelgebundenheit der politischen Herrschaft – und damit im Alltag: Die Regelgebundenheit des Verwaltungshandelns – gehören zu den wichtigsten Kennzeichen der „legal-rationalen Herrschaft mit bürokratischem Verwaltungsstab" und werden allgemein für demokratische Regierungssysteme als höchst funktional angesehen (vgl. Gajduschek 2003: 718 f.). Ein Zeichen für die ungebrochene Relevanz der Bürokratie sind daneben die Diskussionen und Bemühungen rund um den Aufbau rechtsstaatlicher, unbestechlicher und zuverlässiger Verwaltungen in sich entwickelnden Ländern. Werden in den entsprechenden Ländern Individuen von Behörden ungleich behandelt, Zuständigkeitsgrenzen nicht eingehalten, willkürliche Entscheidungen ohne Rechtsgrundlage gefällt oder korrupte Verhaltensweisen an den Tag gelegt, so hat man es nicht mit „zu viel", sondern mit „zu wenig Bürokratie" im Weberschen Sinne zu tun (vgl. auch Olsen 2005: 5f.). Eine wegweisende Untersuchung von Evans und Rauch zeigte beispielsweise, dass wirtschaftliches Wachstum positiv von Merkmalen bürokratischer Organisation wie dem Leistungs- und dem Laufbahnprinzip im öffentlichen Dienst beeinflusst wird (vgl. Evans/Rauch 1999). Gerade auch für ostasiatische Staaten wie Japan, Korea und Taiwan konnte im Rahmen weiterer Fallstudien ein Zusammenhang zwischen bürokratischer Verwaltung und wirtschaftlichem Aufstieg dargestellt werden (vgl. ebenda: 750). Dasselbe kann auch für mittel- und osteuropäischen Transformationsländer festgehalten werden (vgl. Drechsler 2005). Im internationalen Kontext wird auch auf die Probleme hingewiesen, die ein übermäßiges Eindringen der demokratisch-repräsentativen Institutionen, also von Regierung und Parlament, in den Bereich der öffentlichen Verwaltung, also der Bürokratie, mit sich bringt. Diese Probleme reichen von der exzessiven Parteipolitisierung administrativer Leitungsfunktionen über die übertriebene Polarisierung in politischen Sachfragen zulasten vernünftiger Problemlösungen und gehen zumeist mit einer aggressiv-populistischen Rhetorik des *bureaucracy bashing* der führenden Politiker einher (vgl. hierzu Meier 1997; Suleiman 2003).

Aber selbst wenn man von allen normativen Bezügen wie der Sicherung liberal-demokratischer und rechtsstaatlicher Werte abrückt, gilt die bürokratische Organisation nach wie vor als effektives Instrument zur Erreichung (beliebiger) Ziele:

"Bureaucracy can be seen as a rational tool for executing the commands of elected leaders. In this perspective it is an apparatus for getting things done, to be assessed on the basis of its effectiveness and efficiency in achieving predetermined purposes." (Olsen 2005: 3).

Ergänzend muss man freilich hinzufügen, dass Bürokratien nicht nur „gewählten" politischen Führern in liberalen und demokratischen Staaten zur Verfügung stehen, sondern auch Diktatoren und Putschisten.

Aus diesen Gründen ist es unwahrscheinlich, dass „Bürokratie" als soziales Phänomen alsbald von der Bildfläche verschwindet. So wie die wissenschaftliche Beschäftigung mit diesem Phänomen nun schon viele Jahre zurückreicht, werden Wissenschaftler auch in Zukunft laufend neue Untersuchungen und Einordnungen zu diesem Thema hervorbringen.

Literaturverzeichnis

Aberbach, Joel D./Putnam, Robert D./Rockman, Bert A. (1981): Bureaucrats and Politicians in Western Democracies. Cambridge, Massachusetts: Harvard University Press
Adamek, Sascha/Otto, Kim (2008): Der gekaufte Staat: Wie bezahlte Konzernvertreter in deutschen Ministerien sich ihre Gesetze selbst schreiben. Köln: Kiepenheuer & Witsch
Adler, Hans G. (1974): Der verwaltete Mensch. Studien zur Deportation der Juden aus Deutschland. Tübingen: Mohr-Siebeck
Ahlberg, Réné (1976): Die sozialistische Bürokratie. Marxistische Kritik am etablierten Sozialismus. Stuttgart: Kohlhammer
Albrow, Martin (1972): Bürokratie. München: List
Althaus, Horst (1976): Zwischen Monarchie und Republik. Schnitzler, Kafka, Hofmannsthal, Musil. München: Fink
Anter, Andreas (1995): Max Webers Theorie des modernen Staates. Berlin: Duncker & Humblot
Antonio, Robert J. (1979): The Contradiction of Production and Domination in Bureaucracy. The Contribution of Organizational Efficiency to the Decline of the Roman Empire. In: American Sociological Review 44. 895-912
Arendt, Hannah (1963): Über die Revolution. München: Piper
Argyris, Chris (1964): Integrating the Individual and the Organization. New York: Wiley
Argyris, Chris (1975): Das Individuum und die Organisation: Einige Probleme gegenseitiger Anpassung. In: Türk (1975): 215-233
Arlacchi, Pino (1992): Gli uomini del disonore. La mafia siciliana nella vita del grande pentito Antonio Calderone. Mailand: Arnoldo Mondadori Editore
Arlacchi, Pino (1995): Mafia von innen. Das Leben des Don Antonio Calderone. Frankfurt am Main: Fischer
Arnim, Hans Herbert von (1980): Ämterpatronage durch politische Parteien. Ein verfassungsrechtlicher und staatspolitischer Diskussionsbeitrag. Wiesbaden: Karl-Bräuer-Institut
Arrow, Kenneth J. (1951): Social Choice and Individual Values. New York: Wiley
Arrow, Kenneth J. (1979): Öffentliche und private Wertvorstellungen. In: Pommerehne/Frey (1979): 130-149
Aucoin, Peter (1997): The design of public organizations for the 21st century: why bureaucracy will survive in public management. In: Canadian Public Administration 40. 290-306
Bahro, Rudolf (1977): Die Alternative. Zur Kritik des real existierenden Sozialismus. Köln: Bund-Verlag/Frankfurt am Main: Europäische Verlagsanstalt

Baier, Horst/Lepsius, Mario R./Mommsen, Wolfgang J. (Hrsg.) (1984): Max Weber Gesamtausgabe. Band 15. Tübingen: Mohr-Siebeck
Balla, Balint (1972): Kaderverwaltung. Versuch zur Idealtypisierung der „Bürokratie" sowjetisch-volksdemokratischen Typs. Stuttgart: Enke Verlag
Battis, Ulrich/Schlenga, Hans-Dieter (1995): Die Verbeamtung der Lehrer. In: Zeitschrift für Beamtenrecht 9. 253-256
Bayer, Michael/Mordt, Gabriele (2008): Einführung in das Werk Max Webers. Wiesbaden: VS Verlag für Sozialwissenschaften
Becker, Michael/Zimmerling, Ruth (Hrsg.) (2006): Politik und Recht. Wiesbaden: VS Verlag für Sozialwissenschaften
Beetham, David (1974): Max Weber and the theory of modern politics. London: Allen & Unwin
Behr, Marhild von (1981): Die Entstehung der industriellen Lehrwerkstatt. Frankfurt am Main: Campus Verlag
Bellebaum, Alfred/Becher, Heribert/Greven, Michael (Hrsg.) (1985): Helfen und Helfende Berufe als Soziale Kontrolle. Opladen: Westdeutscher Verlag
Bender, Bernd (1977): Die Verbandsklage. In: Deutsches Verwaltungsblatt. 169-175
Bennis, Warren G. (1967): Coming Death of Bureaucracy. In: Management Review 56. 19-24
Bensman, Joseph/Rosenberg, Bernard (1976): Mass, Class, and Bureaucracy. An Introduction to Sociology. New York: Praeger
Bergen, Bernd (1980): Angestellt. In: Walser (1980): 176-180
Bermbach, Udo (1967): Das Scheitern des Rätesystems und der Demokratisierung der Bürokratie 1918/1919. In: Politische Vierteljahresschrift 8. 445-460
Blankart, Beat (1975): Zur ökonomischen Theorie der Bürokratie. In: Public Finance 30. 166-185
Bleek, Wilhelm (1972): Von der Kameralausbildung zum Juristenprivileg. Studium, Prüfung und Ausbildung der höheren Beamten des allgemeinen Verwaltungsdienstes in Deutschland im 18. und 19. Jahrhundert. Berlin: Colloquium Verlag
Blok, Anton (1981): Die Mafia in einem sizilianischen Dorf. 1860-1960. Frankfurt am Main: Suhrkamp
Blum, Peter (2004): Wege zu besserer Gesetzgebung – sachverständige Beratung, Begründung, Folgeabschätzung und Wirkungskontrolle. Gutachten I zum 65. Deutschen Juristentag Bonn 2004. München: Beck
BMFSFJ Bundesministerium für Familien, Senioren, Frauen und Jugend (Hrsg.) (2000): Freiwilliges Engagement in Deutschland. Zugangswege zum freiwilligen Engagement und Engagementpotential in den neuen und alten Bundesländern. Stuttgart: Kohlhammer
BMFSFJ Bundesministerium für Familie, Senioren, Frauen und Jugend (Hrsg.) (2005): Freiwilliges Engagement in Deutschland 1999–2004. Berlin
Bodiguel, Jean-Luc (1983): A French-Style „Spoil Systems"? In: Public Administration 61. 259-300
Bogner, Artur (1988): Zivilisation und Rationalisierung. Ein Vergleich der Zivilisationstheorien Max Webers, Norbert Elias', Max Horkheimers und Theodor Adornos. Opladen: Westdeutscher Verlag

Bohne, Eberhard (2005): Kriterien und institutionelle Voraussetzungen des Bürokratieabbaus. FÖV Discussion Papers 22. Speyer: Forschungsinstitut für öffentliche Verwaltung
Borkenau, Franz (1956): Karl Marx. Frankfurt am Main: Fischer Bücherei
Bosetzky, Horst/Heinrich, Peter (1980): Mensch und Organisation. Aspekte bürokratischer Organisation; eine praxisorientierte Einführung in die Soziologie und die Sozialpsychologie der Verwaltung. Köln/Berlin (u.a.): Deutscher Gemeindeverlag
Böhret, Carl/Hugger, Werner (1980): Test und Prüfung von Gesetzentwürfen. Köln (u.a.): Heymanns
Brecht, Arnold (1966): Aus nächster Nähe. Lebenserinnerungen 1884-1927. Stuttgart: Deutsche Verlagsanstalt
Brubaker, Rogers (1984): The Limits of Rationality: An Essay on the Social and Moral Thought of Max Weber. London (u.a.): Allen & Unwin
Brusten, Manfred/Hohmeier, Jürgen (Hrsg.) (1975): Stigmatisierung II. Zur Produktion gesellschaftlicher Randgruppen. Neuwied/Darmstadt: Luchterhand
Bull, Hans Peter (2005a): Vom Auf- und Abbau der Bürokratie. Speyer: Deutsches Forschungsinstitut für Öffentliche Verwaltung Speyer
Bull, Hans Peter (2005b): Bürokratieabbau – Richtige Ansätze unter falscher Flagge. In: Die Verwaltung 38. 285-314
Bull, Hans Peter (2009): Die Zukunft des Beamtentums: Zwischen Recht und Politik, Staats- und Verwaltungslehre. In: Die Verwaltung 42. 1-26
Bundesverwaltungsamt (Hrsg.) (2002): BBB-Arbeitshandbuch „Bürgernahe Verwaltungssprache". 4.Auflage. Köln
Butterwegge, Christoph (1981): Konservatismus, Bürokratiekritik und Reprivatisierungskampagne. In: Institut für Marxistische Studien und Forschungen (1981): 202-214
Bürklin, Wilhelm P./Rebenstorf, Hilke (u.a.) (1997): Eliten in Deutschland: Rekrutierung und Integration. Opladen: Leske & Budrich
Caiden, Gerald E. (1991): What Really is Public Maladministration? In: Public Administration Review 51. 486-493
Caplan, Jane (1981: Civil Service Support for National Socialism: An Evaluation. In: Hirschfeld/Kettenacker (1981): 167-193
Cartwright, Dorwin/Zander, Alvin (Hrsg.) (1968): Group Dynamics: Research and Theory. New York: Harper & Row
Chazel, François (2010): Webers Bürokratiebegriff – neu betrachtet. In: Trivium 7-2010
Crozier, Michel (1964): The Bureaucratic Phenomenon. Chicago: Chicago University Press
Crozier, Michel/Friedberg, Erhard (1979): Macht und Organisation. Königstein/Taunus: Athenäum Verlag
Czerwick, Edwin (2001): Bürokratie und Demokratie. Berlin: Duncker & Humblot
Damkowski, Wulf (1981): Die blinde Bürokratie. In: Die Verwaltung 14. 219-246
DBB Beamtenbund und Tarifunion (Hrsg.) (2007): Bürgerbefragung öffentlicher Dienst. Einschätzungen, Erfahrungen und Erwartungen. Düsseldorf: Vereinigte Verlagsanstalten GmbH
Derlien, Hans-Ulrich (1974): Theoretische und methodische Probleme der Beurteilung organisatorischer Effizienz der öffentlichen Verwaltung. In: Die Verwaltung 7. 1-22

Derlien, Hans-Ulrich (1980): Zur Bedeutung und Funktion der ehrenamtlichen Mitarbeit in sozialen Systemen. In: Idealismus oder Materialismus? Zur ehrenamtlichen Mitarbeit im Sport, Schriftenreihe „Berichte und Analysen" des Deutschen Sportbundes 54. 16-33

Derlien, Hans-Ulrich (1984a): Einstweiliger Ruhestand politischer Beamter des Bundes 1949-1983. In: Die Öffentliche Verwaltung 37. 689-699

Derlien, Hans-Ulrich (1984b): Der Verein in einer bürokratisierten Welt. In: Rudersport 15. 345-347

Derlien, Hans-Ulrich (1984c): Verwaltungssoziologie. In: von Mutius (1984): 793-869

Derlien, Hans-Ulrich (1985a): Politicization of the Civil Service in the Federal Republic of Germany - Facts and Fables. In: Meyers (1985): 10-38

Derlien, Hans-Ulrich (Hrsg.) (1985b): Programmforschung unter den Bedingungen einer Konsolidierungspolitik. München: GfP

Derlien, Hans-Ulrich/Löwenhaupt, Stefan (1997): Verwaltungskontakte und Institutionenvertrauen. In: Derlien/Wollmann/ König/Renzsch/Seibel (1997): 417-472

Derlien, Hans-Ulrich/Murswieck, Axel (Hrsg.) (2001): Regieren nach Wahlen. Opladen: Leske & Budrich

Derlien, Hans-Ulrich (2001): Personalpolitik nach Regierungswechseln. In: Derlien/Murswieck (2001): 39-57

Derlien, Hans-Ulrich (2003): Mandarins or Managers? The Bureaucratic Elite in Bonn, 1970 to 1987 and Beyond. In: Governance 16. 401-428

Derlien, Hans-Ulrich (2008): Die politische und administrative Elite der Bundesrepublik. In: Jann/König (2008): 291-328

Derlien, Hans-Ulrich/Wollmann, Hellmut/König, Klaus/Renzsch, Wolfgang/Seibel, Wolfgang (1997): Transformation der politisch-administrativen Strukturen in Ostdeutschland. Opladen: Leske & Budrich

Dickertmann, Dietrich (Hrsg.) (1982): Bürokratieüberwälzung. Stand, Ursachen, Folgen und Abbau. Regensburg: Verlag Recht, Verwaltung, Wirtschaft

Dieckmann, Rudolf (1977): Aufgabenkritik in einer Großstadtverwaltung. Berlin: Duncker & Humblot

Dienel, Peter (2002): Die Planungszelle. Der Bürger als Chance. 5.A. Opladen: Westdeutscher Verlag

Djilas, Milovan (1958): Die neue Klasse. Eine Analyse des kommunistischen Systems. München: Kindler

Dolan, Julie (2002): The Budget-Minimizing Bureaucrat? Empirical Evidence from the Senior Executive Service. In: Public Administration Review 62. 42-50

Dose, Nicolai (2006): Verrechtlichung und die Steuerungsfähigkeit von Recht. In: Becker/Zimmerling (2006): 503-522

Dose, Nicolai (2008): Warum Bürokratieabbau auf Dauer erfolglos ist, und was man trotzdem tun kann. In: Der moderne Staat 1. 99-120

Downs, Anthony (1966): Inside Bureaucracy. Boston: Little

Drechsler, Wolfgang (2005): The Re-Emergence of "Weberian" Public Administration after the Fall of New Public Management: The Central and Eastern European Perspective. In: Halduskultuur Tallinn 6. 94-108

Du Gay, Paul (2000): In Praise of Bureaucracy. London: Sage

Du Gay, Paul (Hrsg.) (2005): The Values of Bureaucracy. Oxford: Oxford University Press
Dyson, Kenneth (1979): Die westdeutsche „Parteibuch"-Verwaltung. Eine Auswertung. In: Die Verwaltung 12. 129-160
Echtler, Ulrich (1973): Einfluss und Macht in der Politik. Der beamtete Staatssekretär. München: Goldmann
Eisen, Arnold (1978): The Meanings and Confusions of Weberian 'Rationality'. In: British Journal of Sociology 29. 57-70
Eisenstadt, Shmuel N. (1958): Bureaucracy and Bureaucratization. In: Current Sociology 7. 99-124.
Elias, Norbert (1939): Über den Prozess der Zivilisation. 2 Bände. Frankfurt am Main: Suhrkamp
Elias, Norbert (1969): Die höfische Gesellschaft. Untersuchungen zur Soziologie des Königtums und der höfischen Aristokratie. Neuwied: Luchterhand Verlag
Ellwein, Thomas (1989): Verwaltung und Verwaltungsvorschriften. Opladen: Westdeutscher Verlag
Enquete-Kommission „Zukunft des Bürgerschaftlichen Engagements" Deutscher Bundestag (Hrsg.) (2002): Bürgerschaftliches Engagement und Zivilgesellschaft. Opladen: Leske & Budrich
Eschenburg, Theodor (1961): Ämterpatronage. Stuttgart: Schwab
Evans, Peter/Rauch, James E. (1999): Bureaucracy and Growth: A Cross-National Analysis of the Effect of „Weberian" State Structures on Economic Growth. In: American Sociological Review 64. 748-765
Fach, Wolfgang (1981): Die konservative Abrechnung mit der Staatsbürokratie. In: Politische Vierteljahresschrift 22. 91-109
Etzioni, Amitai (1967): Soziologie der Organisationen. München: Juventa
Falcone, Giovanni (1992): Inside Mafia. München: F.A. Herbig
Federwisch, Joachim (1981): „Bürgernähe" in Theorie und Praxis. Ein Beitrag zur empirischen Verwaltungssoziologie. Hamburg: Lüdke
Feest, Johannes/Blankenburg, Erhard (1972): Die Definitionsma cht der Polizei. Gütersloh: Bertelsmann
Fenske, Hans (1985): Bürokratie in Deutschland. Vom späten Kaiserreich bis zur Gegenwart. Berlin: Colloquium Verlag
Fliedner, Ortlieb/Hadamik, Sabine (2007): Weniger Gesetze durch Privatisierung öffentlicher Aufgaben? In: Zeitschrift für Gesetzgebung 22. 289-296
Fortin, Yvonne (1984): Madame Thatcher et la politisation des échelons supérieurs de l'Administration centrale in Grande-Bretagne 1979-1984, mythe ou réalité?. In: International Review of Administration Sciences 50. 337-354
Foucault, Michel (1977): Überwachen und Strafen. Die Geburt des Gefängnisses. Frankfurt am Main: Suhrkamp
Fraenkel, Ernst (1968): Zur Soziologie der Klassenjustiz. Darmstadt: Wissenschaftliche Buchgesellschaft
Franke, Joachim (1980): Sozialpsychologie des Betriebs. Stuttgart: Enke Verlag
Franz, Wolfgang (2007): Dilettanten im Amt – Zu Rechtsbruch und Inkompetenz in Politik und Verwaltung. Berlin: Lit Verlag

Franz, Wolfgang (2008): Staatssekretäre und das Leistungsprinzip. Ein Bereich massiven Rechtsbruchs der politischen Klasse. In: Zeitschrift für Beamtenrecht 56. 236-243

Franzke, Jochen/Kleger Heinz (2010): Bürgerhaushalte. Chancen und Grenzen. Berlin: Edition Sigma

French, John/Raven, Bertram (1960): The Basis of Social Power. In: Cartwright/Zander (1968): 607-623

Fritz, Hans-Joachim (1982): Menschen in Büroarbeitsräumen. München: Heinz-Moos Verlag

Fuchs-Heinritz, Werner et al. (Hrsg.) (2004): Lexikon zur Soziologie. 4. Auflage. Wiesbaden: VS Verlag für Sozialwissenschaften

Fügen, Hans Norbert (1985): Max Weber. Reinbek: Rowohlt

Gabriel, Karl (1979): Analysen der Organisationsgesellschaft. Ein kritischer Vergleich der Gesellschaftstheorien Max Webers, Niklas Luhmanns und der phänomenologischen Soziologie. Frankfurt am Main: Campus Verlag

Gabriel, Oskar/Niedermayer, Oskar/Stöss, Richard (Hrsg.) (2001): Parteiendemokratie in Deutschland. Bonn: Bundeszentrale für politische Bildung

Gajduschek, Gyorgy (2003): Bureaucracy: Is It Efficient? Is It Not? Is That The Question? In: Administration and Society 34. 700-723

Garrett, Sam R./Thurber, James A./Fritschler Lee A./Rosenbloom, David H. (2006): Assessing the Impact of Bureaucracy Bashing by Electoral Campaigns. In: Public Administration Review 66. 228-240

Geiger, Theodor (1932): Die soziale Schichtung des deutschen Volkes. Soziographischer Versuch auf statistischer Grundlage. Stuttgart: Enke Verlag

Geißler, Heiner (Hrsg.) (1978): Verwaltete Bürger – Gesellschaft in Fesseln. Bürokratisierung und ihre Folgen für Staat, Wirtschaft und Gesellschaft. Frankfurt am Main: Ullstein

Giddens, Anthony (1973): The class structure of the advanced societies. London: Hutchinson

Goethe, Johann Wolfgang von (1809): Die Wahlverwandtschaften. Ein Roman. Erstausgabe. 2 Bände. Tübingen: Cotta

Goffman, Erving (1972): Asyle. Über die soziale Situation psychiatrischer Patienten und anderer Insassen. Frankfurt am Main: Suhrkamp

Goodsell, Charles T. (1983): The Case for Bureaucracy. Chatham: Chatham House Publishers

Görlitz, Axel/Voigt, Rüdiger (Hrsg.) (1987): Grenzen des Rechts. Pfaffenweiler: Centaurus

Görres, Johann Joseph (1821): Europa und die Revolution. Stuttgart: F.B. Weßler'sche Buchhandlung

Gramke, Jürgen (1978): Praktizierte Bürgernähe. Stuttgart: Kohlhammer

Grauhan, Rolf-Richard (1970): Politische Verwaltung. Freiburg: Rombach

Grimm, Dieter (Hrsg.) (1990): Wachsende Staatsaufgaben – sinkende Steuerungsfähigkeit des Rechts. Baden-Baden: Nomos

Groeneveld, Sandra/Van de Walle, Steven (2010): A contingency approach to representative bureaucracy: power, equal opportunities and diversity. In: International Review of Administrative Sciences 76. 239-258

Gross, Peter (1985): Vergebliche Liebesmüh. Professionalisierung, Entprofessionalisierung und die Grenzen der Erwerbsgesellschaft. In: Bellebaum/Heribert/Greven (1985): 265-291

Grunow, Dieter (1988): Bürgernahe Verwaltung. Theorie, Empirie, Praxismodelle. Frankfurt am Main: Campus Verlag

Grunow, Dieter/Hegner, Friedhart (1978): Die Gewährung persönlicher und wirtschaftlicher Sozialhilfe. Untersuchungen zur Bürgernähe der kommunalen Sozialverwaltung. Bielefeld: Schriftenreihe der Forschungsgruppe ‚Sozialplanung und Sozialverwaltung e.V.'

Gusy, Christoph (1981): Vom Verbändestaat zum Neokorporatismus. Wien: Wirtschaftsverlag Orac

Haas, Wilhelm (1969): Beitrag zur Geschichte der Entstehung des Auswärtigen Dienstes der Bundesrepublik Deutschland. Bremen: Haas

Hall, Richard H. (1968): Die dimensionale Natur bürokratischer Strukturen. In: Mayntz (1968): 69-81

Hamer, Eberhard (1979): Bürokratieüberwälzung auf die Wirtschaft. Eine kritische Bestandsaufnahme des Mittelstandsinstituts Niedersachsen-Bremen am Beispiel des Handwerks. Hannover: Schlüter

Hartwich, Hans-Hermann (Hrsg.) (1983): Gesellschaftliche Probleme als Anstoß und Folge von Politik. Opladen: Westdeutscher Verlag

Hattenhauer, Hans (1980): Geschichte des Beamtentums. Köln: Heymann

Hegner, Friedhart (1978): Das bürokratische Dilemma. Frankfurt am Main: Campus Verlag

Hegner, Friedhart (1979): „Bürgernähe" von Politik und Verwaltung als Anliegens- und Problemgerechtigkeit. In: Die Verwaltung 12. 311-335

Hekking, Klaus 1980: Entbürokratisierung? Zur Funktion der aktuellen konservativen Bürokratiekritik. In: Blätter für deutsche und internationale Politik 25. 77-82

Helmrich, Herbert (1989): Entbürokratisierung. Dokumentation und Analysen. München: Beck

Hennis, Wilhelm (1984): Max Webers Thema „Die Persönlichkeit und die Lebensordnungen." In: Zeitschrift für Politik 31. 11-52

Hennis, Wilhelm (1996): Max Webers Wissenschaft vom Menschen. Neue Studien zur Biographie des Werks. Tübingen: Mohr

Hennis, Wilhelm/Kielmansegg, Peter Graf/Matz, Ulrich (Hrsg.) (1977/1979): Regierbarkeit I (1977) und II (1979). 2 Bände. Stuttgart: Klett-Cotta

Hess, Henner (1994): Para-Staat und Abenteuerkapitalismus. Die sizilianische Mafia 1943-1993. In: Kritische Justiz 27. 23-41

Hessinger, Philipp (2002): Mafia und Mafiakapitalismus als totales soziales Phänomen. In: Leviathan 30. 482-508

Hilberg, Raul (1961): The Destruction of the European Jews. Chicago: Quadrangle Books

Hintze, Otto (1911): Der Beamtenstand. In: Oestreich (1964): 66-125

Hirschfeld, Gerhard/Kettenacker, Lothar (Hrsg.) (1981): Der „Führerstaat": Mythos und Realität. Stuttgart: Klett-Cotta

Hirschman, Albert O. (1974a): Abwanderung und Widerspruch. Reaktionen auf Leistungsabfall bei Unternehmungen, Organisationen und Staaten. Tübingen: Mohr

Hirschman, Albert O. (1974b): „Exit, voice and loyalty": Further reflections and a survey of recent contributions. In: Social Science Information 13. 7-26

Hoffmann-Lange, Ursula/Neumann, Helga/Steinkemper, Bärbel (1980): Konsens und Konflikt zwischen Führungsgruppen in der Bundesrepublik Deutschland. Eine empirische Analyse. Frankfurt am Main: Lang

Holtmann, Everhard (2001) Parteien und Wählergruppen in der Kommunalpolitik. In: Gabriel/Niedermayer/Stöss (2001): 406-427

Holtschneider, Rainer (1991): Normenflut und Rechtsversagen. Wie wirksam sind rechtliche Regelungen. Baden-Baden: Nomos

Holzinger, Katharina (2009): Vom ungeliebten Störenfried zum akzeptierten Paradigma? Zum Stand der (Neuen) Politischen Ökonomie in Deutschland. In: Politische Vierteljahresschrift 50. 539-576

Horch, Heinz-Dieter (1983): Strukturbesonderheiten freiwilliger Vereinigungen. Frankfurt am Main: Campus Verlag

Horch, Heinz-Dieter (1992): Geld, Macht und Engagement in freiwilligen Vereinigungen. Berlin: Duncker & Humblot

Horn, Hannelore (1966): Der Kampf um den Bau des Mittelland-Kanals. Köln: Westdeutscher Verlag

Hubbell, Larry (1991): Ronald Reagan as Presidential Symbol Maker: The Federal Bureaucrat as Loafer, Incompetent Buffoon, Good Ole Boy, and Tyrant. In: The American Review of Public Administration 21. 237-253

Institut für Marxistische Studien und Forschungen (Hrsg.) (1981): Der Staat im staatsmonopolistischen Kapitalismus der Bundesrepublik 1: Staatsdiskussion und Staatstheorie. Frankfurt am Main: Fuldaer Verlagsanstalt

Isensee, Josef (1985): Mehr Recht durch weniger Gesetze? In: Zeitschrift für Rechtspolitik 18.139-145

Jacoby, Henry (1984): Die Bürokratisierung der Welt. Frankfurt am Main: Campus Verlag

Jann, Werner/Wegrich, Kai/Tiessen, Jan (2007): „Bürokratisierung" und Bürokratieabbau im internationalen Vergleich – wo steht Deutschland? Studie im Auftrag der Friedrich-Ebert-Stiftung. Berlin: Friedrich-Ebert-Stiftung

Jann, Werner/König, Klaus (Hrsg.) (2008): Regieren zu Beginn des 21. Jahrhunderts. Tübingen: Mohr-Siebeck

Kalberg, Stephen (1980): Max Weber's Types of Rationality: Cornerstones for the Analysis of Rationalization Processes in History. In: American Journal of Sociology 85. 1145-1179

Kaufman, Herbert (1981): Fear of Bureaucracy: A Raging Pandemic. In: Public Administration Review 41. 1-8

Kaminski, Andrzey (1982): Konzentrationslager 1896 bis heute. Eine Analyse. Stuttgart/Berlin/Köln/Mainz: Kohlhammer

Kampwirth, Ralph (2003): Der ernüchterte Souverän. Bilanz und Perspektiven der direkten Demokratie in den 16 Bundesländern und auf Kommunalebene. In: Zeitschrift für Parlamentsfragen 4. 657-671

Käsler, Dirk (1978): Max Weber. In: Käsler (1978): 40-177

Käsler, Dirk (Hrsg.) (1978): Klassiker des soziologischen Denkens. Zweiter Band: Von Weber bis Mannheim. München: Beck

Käsler, Dirk (1979): Einführung in das Studium Max Webers. München: Beck

Kevenhörster, Paul (1974): Das Rätesystem als Instrument zur Kontrolle politischer und wirtschaftlicher Macht. Opladen: Westdeutscher Verlag

Kieser, Alfred (2002): Organisationstheorien. 5. Auflage. Stuttgart: Kohlhammer

Kieser, Alfred (2006): Managementlehre und Taylorismus. In: Kieser/Ebers (2006): 93-130

Kieser, Alfred/Ebers, Mark (Hrsg.) (2006): Organisationstheorien. 6. Auflage. Stuttgart: Kohlhammer

Kieser, Alfred/Walgenbach, Peter (2007) Organisation. 5. Auflage. Stuttgart: Schaefer-Poeschel Verlag

King, Desmond (1999): The Racial Bureaucracy: African Americans and the Federal Government in the Era of Segregated Race Relations. In: Governance 12. 345-377

Kingsley, Donald J. (1944): Representative Bureaucracy: An Interpretation of the British Civil Service. Ohio: Yellow Springs

Kirsch, Guy (1998): Das Ehrenamt – Lösung oder Notlösung. In: Verwaltung und Management 4. 196-201

Kirsch, Guy (2004): Neue Politische Ökonomie. Stuttgart: UTB

Kistler, Ernst/Schäfer-Walkmann Susanne (1999): Garant für Gemeinsinn oder gar soziales Kapital? Ehrenamtliches Engagement zwischen Über- und Unterforderung. In: Sozialmagazin 3. 48-56

Klages, Helmut/Daramus, Carmen/Masser, Kai (2008): Bürgerbeteiligung durch lokale Bürgerpanels. Theorie und Praxis eines Instruments breitenwirksamer kommunaler Partizipation. Berlin: Edition Sigma

Klein, Markus/Falter, Jürgen (2003): Der lange Weg der Grünen. München: Beck

Kleinert, Hubert (1992): Aufstieg und Fall der Grünen. Analyse einer alternativen Partei. Bonn: Dietz

Klüver, Henning (2007): Mit jeder Lösung ein neues Rätsel. In: Süddeutsche Zeitung vom 13. März 2007. S. 3

Knemeyer, Franz-Ludwig (1970): Regierungs- und Verwaltungsreformen in Deutschland zu Beginn des 19. Jahrhunderts. Köln: Grote

Kocka, Jürgen (1969): Unternehmensverwaltung und Angestelltenschaft am Beispiel Siemens 1847-1914. Zum Verhältnis von Kapitalismus und Bürokratie in der deutschen Industrialisierung. Stuttgart: Klett

Kocka, Jürgen (1981): Otto Hintze, Max Weber und das Problem der Bürokratie. In: Historische Zeitschrift 233. 65-105

Kocka, Jürgen (Hrsg.) (1986): Max Weber, der Historiker. Göttingen: Vandenhoeck & Ruprecht

Kolarska, Lena/Aldrich, Howard (1980): Exit, Voice, and Silence: Consumers' and Managers' Responses to Organizational Decline. In: Organization Studies 1. 41-58

Kögler, Hans Herbert (1994): Michel Foucault. Stuttgart/Weimar: J.B. Metzler

König, Klaus (1982): Kaderverwaltung und Verwaltungsrecht. In: Verwaltungsarchiv 72. 37-59

König, Klaus (Hrsg.) (1991): Verwaltungsstrukturen der DDR. Baden-Baden: Nomos

König, Klaus (2008): Moderne öffentliche Verwaltung. Studium der Verwaltungswissenschaft. Berlin: Duncker & Humblot

Kracauer, Siegfried (1930): Die Angestellten: Aus dem neuesten Deutschland. Frankfurt am Main: Suhrkamp

Kraus, Christian Jacob (1808): Vermischte Schriften über staatswissenschaftliche, philosophische und andere wissenschaftliche Gegenstände. 8 Bände. Königsberg: Nicolovius

Kreß, Karlheinz/Nikolai, Klaus-Günter (1985): Bürgerinitiativen. Bonn: Bouvier Verlag Herbert Grundmann

Krislov, Samuel (1974): Representative bureaucracy. Englewood Cliffs: Prentice-Hall

Kugele, Dieter (1978): Der politische Beamte. Entwicklung, Bewährung und Reform einer politisch-administrativen Institution. München: Tuduv Verlagsgesellschaft

Laak, Dirk van (2001): Infrastrukturgeschichte. In: Geschichte und Gesellschaft. Zeitschrift für Historische Sozialwissenschaft 27. 367-393

Lammers, Cornelis/Hickson, David (Hrsg.) (1979): Organizations Alike and Unlike. International and Interinstitutional Studies in the Sociology of Organizations. London: Routledge & Kegan Paul

Laufer, Heinz (1983): Bürokratisierte Demokratie. Zürich: Edition Interform

Lehmann-Grube, Hinrich (1985): Der Einfluss politischer Vertretungskörperschaften auf die Verwaltung. In: Die Öffentliche Verwaltung 38. 1-9

Lehner, Franz (1981): Einführung in die Neue Politische Ökonomie. Königstein: Athenäum

Leibfried, Stephan (1976): Armutspotential und Sozialhilfe in der Bundesrepublik. Zum Prozess des Filterns von Ansprüchen auf Sozialhilfe. In: Kritische Justiz 9. 377-393

Lindenlaub, Dieter (1965): Richtungskämpfe im Verein für Sozialpolitik. Wissenschaft und Sozialpolitik im Kaiserreich vornehmlich vom Beginn des „Neuen Kurses" bis zum Ausbruch des Ersten Weltkrieges (1890-1914). Wiesbaden: Steiner

Lipp, Wolfgang (1978): Bürokratische, partizipative und Kaderorganisation als Instrument sozialer Steuerung. In: Die Verwaltung 11. 3-25

Lipset, Seymour Marin (1967): Agrarian Socialism. 3. Auflage. Berkeley: University of California Press

Lisch, Ralf (1976): Totale Institution Schiff. Berlin: Duncker & Humblot

Lohmar, Ulrich (1978): Staatsbürokratie. Das hoheitliche Gewerbe. München: Goldmann

Lohmar, Ulrich (1979): Die lautlose Krake – Klassenkampf der Staatsbürokratie gegen die private Gesellschaft. In: Aus Politik und Zeitgeschichte B 15/79. 3-8

Lotfi, Gabriele (2000): KZ der Gestapo. Arbeitserziehungslager im Dritten Reich. Stuttgart/München: DVA

Luhmann, Niklas (1966): Theorie der Verwaltungswissenschaft. Bestandsaufnahme und Entwurf. Köln: Grote

Luhmann, Niklas/Mayntz, Renate (1973): Personal im öffentlichen Dienst. Eintritt und Karrieren. Baden-Baden: Nomos

Luhmann, Niklas (1975): Legitimation durch Verfahren. 2. Auflage. Darmstadt: Luchterhand

Lupo, Salvatore (2005): Die Geschichte der Mafia. Düsseldorf: Albatros

Mandel, Ernest (1976): Die Bürokratie. 4. Auflage. Frankfurt am Main: ISP-Verlag

Mann, Günter (1984): Parteienkonzepte zur Kontrolle der Staatsbürokratie. In: Zeitschrift für Parlamentsfragen 15. 494-509
Mannheim, Karl (1935): Mensch und Gesellschaft im Zeitalter des Umbaus. Leiden: Sijthoff
Mannheim, Karl (1970): Freiheit und geplante Demokratie. Köln: Westdeutscher Verlag
Mantl, Wolfgang (Hrsg.) (1995): Effizienz der Gesetzesproduktion. Abbau der Regelungsdichte im internationalen Vergleich. Wien: Signum Verlag
March, James G./Simon, Herbert A. (1958): Organizations. New York: Wiley
Marcuse, Herbert (1965): Industrialisierung und Kapitalismus. In: Stammer (1965): 161-180
Marcuse, Herbert (1967): Der eindimensionale Mensch. 2. Auflage. Neuwied: Luchterhand
Marschelke, Ekkehard (1971): Begriff und Funktion der Disziplin in der Erziehung. Dissertation. Mannheim: W. Mayer KG
Marx, Karl (1844): Zur Kritik der Hegelschen Rechtsphilosophie. In: Marx-Engels-Gesamtausgabe MEGA Band I, 2 (1993): 5-137
Marx, Karl (1871a): Adresse des Generalrats (der internationalen Arbeiter-Assoziation) über den Bürgerkrieg in Frankreich 1871. In: Borkenau (1956): 157-198
Marx, Karl (1871b): Erster Entwurf zum „Bürgerkrieg in Frankreich". In: Marx/Engels (1973): 493-571
Marx, Karl/Engels, Friedrich (1973): Werke. Berlin: Karl Dietz Verlag
Marx-Engels-Gesamtausgabe MEGA (1993) Berlin: Karl Dietz Verlag
Matzerath, Horst (1970): Nationalsozialismus und kommunale Selbstverwaltung. Stuttgart: Kohlhammer
Mayer-Tasch, Peter Cornelius (1975): Die Bürgerinitiativbewegung. Reinbek: Rowohlt
Mayntz, Renate (1963): Soziologie der Organisation. Reinbek: Rowohlt
Mayntz, Renate (1965): Max Webers Idealtypus der Bürokratie und die Organisationssoziologie. In: Kölner Zeitschrift für Soziologie und Sozialpsychologie 17. 493-502
Mayntz, Renate (1966): Nachwort: Versuch eines Vergleichs. In: Presthus (1966): 295-329
Mayntz, Renate (Hrsg.) (1968): Bürokratische Organisation. Köln: Kiepenheuer & Witsch
Mayntz, Renate (1983): Politisierung der Bürokratie. In: Hartwich (1983): 475-486
Mayntz, Renate (1985): Soziologie der öffentlichen Verwaltung. 3.Auflage. Heidelberg: C.F. Müller
Mayntz, Renate (1997): Soziologie der öffentlichen Verwaltung. 4. Auflage. Heidelberg: C.F. Müller
Meier, Kenneth J. (1997): Bureaucracy and Democracy: The Case for More Bureaucracy and Less Democracy. In: Public Administration Review 57. 193-199
Merton, Robert King (1952): Bureaucratic Structure and Personality. In: Merton (1952): 361-371
Merton, Robert King (Hrsg.) (1952): Reader in Bureaucracy. New York: Free Press
Meyers, Francois (Hrsg.) (1985): The Politicization of Public Administration. Brüssel: International Institute of Administrative Science

Michels, Robert (1925): Zur Soziologie des Parteiwesens in der modernen Demokratie. Untersuchungen über die oligarchischen Tendenzen des Gruppenlebens. 2. Auflage. Leipzig: Kröner
Midgley, Ernest B. (1983): The ideology of Max Weber. A Thomist critique. Aldershot: Gower
Mommsen, Hans (1966): Beamtentum im Dritten Reich. Stuttgart: Deutsche Verlagsanstalt
Mommsen, Wolfgang J. (1973): Max Weber. In: Wehler (1973): 299-343
Mommsen, Wolfgang J. (1974): Max Weber und die deutsche Politik 1890-1920. 2. Auflage. Tübingen: Mohr
Mommsen, Wolfgang J. (1981): Max Weber and Roberto Michels. An asymmetrical partnership. In: Archives Européenes de Sociologie 22. 100-116
Mommsen, Wolfgang J. (1995): Max Weber und die Entstehung der demokratischen Republik von Weimar. In: Berliner Journal für Soziologie 5. 301-312
Morsey, Rudolf (1977): Personal- und Beamtenpolitik im Übergang von der Bizonen- zur Bundesverwaltung (1947-1950) – Kontinuität oder Neubeginn. In: Morsey (1977): 191-238
Morsey, Rudolf (Hrsg.) (1977): Verwaltungsgeschichte. Berlin: Duncker & Humblot
Mosher, Frederick C. (1982): Democracy and the public service. New York: Oxford University Press
Möller, Horst (1983): Verwaltungsstaat und parlamentarische Demokratie: Preußen 1919-1932. In: Ritter (1983): 149-180
Mueller, Gert H. (1979): The Notion of Rationality in the Work of Max Weber. In: Archives Européenes de Sociologie 20. 149-171
Mueller, Gert H. (1982): Socialism and Capitalism in the Work of Max Weber. In: British Journal of Sociology 33. 151-171
Müller, Peter (1991): Die politische Macht der Mafia. Frankfurt am Main: Peter Lang
Müller, Werner (1973): Die Relativierung des bürokratischen Modells und die situative Organisation. In: Kölner Zeitschrift für Soziologie und Sozialpsychologie 25. 719-749
Müller, Erika/Nuding, Wolfgang (1984): Gesetzgebung – „Flut" oder „Ebbe". In: Politische Vierteljahresschrift 25. 74-96
Nahamowitz, Peter (1998): Staatsinterventionismus und Recht. Steuerungsprobleme im organisierten Kapitalismus. Baden-Baden: Nomos
Mutius, Albert von (Hrsg.) (1984): Handbuch für die öffentliche Verwaltung (HÖV). Band 1. Neuwied: Luchterhand
Naschold, Frieder (1969): Organisation und Demokratie. Untersuchung zum Demokratisierungspotential in komplexen Organisationen. Stuttgart: Kohlhammer
Niskanen, William A. (1973): Bureaucracy: Servant or Master? Lessons from America. Wolverhampton: The Institute of Economic Affairs
Niskanen, William A. (1979): Ein ökonomisches Modell der Bürokratie. In: Pommerehne/Frey (1979): 349-368
Noelle, Elisabeth/Petersen, Thomas (2007): Eine Art Hassliebe. Über die Einstellung der Deutschen zur Bürokratie. In: Frankfurter Allgemeine Zeitung Nr. 113, 16. Mai 2007. 5

Oestreich, Gerhard (Hrsg.) (1964): Otto Hintze. Soziologie und Geschichte. Gesammelte Abhandlungen zur Soziologie, Politik und Theorie der Geschichte. Göttingen: Valdenhoeck & Ruprecht
Olsen, Johan P. (2005): Maybe It Is Time to Rediscover Bureaucracy. In: Journal of Public Administration Research and Theory 16. 1-24
Olsen, Johan P. (2008): The Ups and Downs of Bureaucratic Organization. In: Annual Review of Political Science 11. 13-37
Ostrogorski, Moisej (1902): Democracy and the organization of political parties. New York: Haskell House
Paris, Rainer (2001): Warten auf Amtsfluren. In: Kölner Zeitschrift für Soziologie und Sozialpsychologie 53. 705-733
Parsons, Talcot (1937): The Structure of Social Action. New York: Free Press
Parsons, Talcot (1951): The Social System. New York: Free Press of Glencoe
Partsch, Christoph (2002): Die Freiheit des Zugangs zu Verwaltungsinformationen: Akteneinsichtsrecht in Deutschland, Europa und den USA. Lohmar: Eul
Pikart, Eberhard (1958): Preußische Beamtenpolitik 1918-1933. In: Vierteljahreshefte für Zeitgeschichte 6. 119-137
Pippig, Gerhard (1988): Die Verwaltung und ihr Publikum. Opladen: Westdeutscher Verlag
Pinchot, Gifford/Pinchot, Elizabeth (1993): The End of Bureaucracy and the Rise of the Intelligent Organization. San Francisco: Berrett-Koehler Publishers
Poguntke, Thomas (1987): The organization of a participatory party – the German Greens. In: European Journal of Political Research 15. 609-633
Pohlmann, Rosemarie (Hrsg.) (1980): Person und Institution. Würzburg: Königshausen & Neumann
Pommerehne, Werner W./Frey, Bruno S. (Hrsg.) (1979): Ökonomische Theorie der Politik. Berlin: Springer Verlag
Prätorius, Rainer (1973): Bürokratie im Kapitalismus. Aspekte für eine allgemeine Theorie von Organisation und Herrschaft. Giessen: Achenbach
Presthus, Robert V. (1966): Individuum und Organisation. Frankfurt am Main: Fischer
Prewo, Rainer (1979): Max Webers Wissenschaftsprogramm. Frankfurt am Main: Suhrkamp
Putnam, Robert D. (1973): The Political Attitudes of Senior Civil Servants in Western Europe: A Preliminary Research Report. In: British Journal of Political Science 3. 253-290.
Putnam, Robert D. (1976): Die politischen Einstellungen der Ministerialbeamten in Westeuropa. In: Politische Vierteljahresschrift 17. 23-67
Radbruch, Gustav (1932): Rechtsphilosophie. 3. Auflage. Leipzig: Quelle & Meyer
Radkau, Joachim (2005): Max Weber. Die Leidenschaft des Denkens. München: Hanser
Raith, Werner (1986): Die ehrenwerte Firma. Der Weg der italienischen Mafia vom ‹Paten› zur Industrie. Berlin: Verlag Klaus Wagenbach
Rehmet, Frank (2007): Volksbegehrensbericht 2006 (Herausgegeben vom Verein Mehr Demokratie e.V., erstellt in Kooperation mit der Forschungsstelle Bürgerbeteiligung und Direkte Demokratie, Universität Marburg)

Rehmet Frank/Mittendorf, Volker (2008): Bürgerbegehrens-Bericht. Deutschland 2007 (Herausgegeben vom Verein Mehr Demokratie e.V., erstellt in Kooperation mit der Forschungsstelle Bürgerbeteiligung und Direkte Demokratie, Universität Marburg.)

Ridley, Frederick F. (1985): Politics and the Selection of Higher Civil Servants in Britain: In: Meyers (1985): 153-177

Ritter, Gerhard A. (Hrsg.) (1983): Regierung, Bürokratie und Parlament in Preußen und Deutschland von 1848 bis zur Gegenwart. Düsseldorf: Droste

Roethlisberger, Fritz J./Dickson, William J. (1939): Management and the Worker. An Account of a Research Project by the Western Electric Company, Hawthorne Works, Chicago. Cambridge, Massachusetts: Harvard University Press

Romzek, Barbara S./Hendricks, John S. (1982): Organisational Involvement and Representative Bureaucracy: Can we Have it Both Ways?. In: American Political Science Review 76. 75-82

Roppel, Ulrich (1979): Ökonomische Theorie der Bürokratie: Beiträge zu einer Theorie des Angebotverhaltens staatlicher Bürokratien in Demokratien. Freiburg: Haufe

Rosenberg, Hans (1958): Bureaucracy, aristocracy and autocracy. The Prussian experience 1660-1815. Cambridge, Massachusetts: Harvard University Press

Rossi, Matthias (2006): Informationsfreiheitsgesetz. Handkommentar. Baden-Baden: Nomos

Roth, Roland (1999): Lokale Demokratie „von unten". Bürgerinitiativen, städtischer Protest, Bürgerbewegung und neue soziale Bewegungen in der Kommunalpolitik. In: Wollmann/Roth (1999): 2-22

Röhrich, Wilfried (1972): Robert Michels. Vom sozialistisch-syndikalistischen zum faschistischen Credo. Berlin: Duncker & Humblot

Rösener, Anke/Precht, Claus/Damkowski, Wulf (2007): Bürokratiekosten messen – aber wie? Methoden, Intentionen und Optionen. Berlin: Edition sigma

Rudzio, Wolfgang (2000): Das politische System der Bundesrepublik Deutschland. Opladen: Leske & Budrich

Runge, Wolfgang (1965): Politik und Beamtentum im Parteienstaat. Die Demokratisierung der politischen Beamten in Preußen zwischen 1918 und 1933. Stuttgart: Klett

Rüss, Gisela (1973): Anatomie einer politischen Verwaltung. Das Bundesministerium für gesamtdeutsche Fragen – Innerdeutsche Beziehungen. München: Beck

Saltzstein, Alan (1979): Public employees and policymaking. Pacific Palisades: Palisades

Scarpinato, Roberto (2008): Il ritorno del principe. Mailand: Chiarelettere

Scharpf, Fritz W. (1970): Demokratietheorie zwischen Utopie und Anpassung. Konstanz: Universitätsverlag

Schäfer, Armin (2009): Krisentheorien der Demokratie: Unregierbarkeit, Spätkapitalismus und Postdemokratie. In: Der moderne Staat 2. 159-183

Scheuch, Erwin K./Müller, Paul J./Bick, Wolfgang (1980): Das Formular – Ausdruck und Vehikel der Bürokratisierung unseres Alltags. In: Ifak-Spektrum Nr. 2

Schluchter, Wolfgang (1972): Aspekte bürokratischer Herrschaft. München: List

Schluchter, Wolfgang (1980): Rationalismus der Weltbeherrschung. Frankfurt am Main: Suhrkamp

Schmahl, Hermannjosef (1977): Disziplinarrecht und politische Betätigung der Beamten in der Weimarer Republik. Berlin: Duncker & Humblot

Schmidt, Gert (1980): Max Webers Beitrag zur empirischen Industrieforschung. In: Kölner Zeitschrift für Soziologie und Sozialpsychologie 32. 76-92
Schmidt, Gert (1981): Technik und kapitalistischer Betrieb. Max Webers Konzept der industriellen Entwicklung und das Rationalisierungsproblem. In: Sprondel/Seyfarth (1981): 168-188
Schmidt, Manfred G. (2000): Demokratietheorien. 3.Auflage. Opladen: Leske & Budrich
Schultze, Harald (2007): Über die Verantwortung von Regierung und Verwaltung für die Gesetzgebung – 25 Jahre Rechtsvereinfachung in Niedersachsen. In: Die Öffentliche Verwaltung 60. 401-411
Schulze-Fielitz, Helmuth (2004): Wege, Umwege oder Holzwege zu besserer Gesetzgebung durch sachverständige Beratung, Begründung, Folgeabschätzung und Wirkungskontrolle? In: Juristenzeitung 59. 862-871
Schumann, Jochen (1980): Grundzüge der mikroökonomischen Theorie. 3. Auflage. Berlin: Springer
Schumpeter, Joseph (1918): Die Krise des Steuerstaates. Graz: Leuschner & Lubensky
Seemann, Klaus (1975): Entzaubertes Bundeskanzleramt. Denkwürdigkeiten eines Personalratsvorsitzenden. Landshut: Verlag politisches Archiv (VPA)
Seemann, Klaus (1980): Die Politisierung der Ministerialbürokratie in der Parteiendemokratie als Problem der Regierbarkeit. In: Die Verwaltung 13. 137-156
Seemann, Klaus (1981): Gewaltenteilung und parteipolitische Ämterpatronage. In: Die Verwaltung 14. 133-156
Seibel, Hans-Dieter (1976): Bürokratie und Charisma. Systemrationalität und Systemwandel bei Max Weber. In: Jahrbuch für Sozialwissenschaften 27. 342-369
Seibel, Wolfgang (1986): Entbürokratisierung in der Bundesrepublik Deutschland. In: Die Verwaltung 19. 137-162
Selden, Sally Coleman/Brudney, Jeffrey L./Kellough, J. Edward (1998): Bureaucracy as a Representative Institution: Toward a Reconciliation of Bureaucratic Government and Democratic Theory. In: American Journal of Political Science 42. 717-744
Sherif, Muzafer (1935): A Study of Some Social Factors in Perception. In: Archive of Psychology 27. 23-46
Shils, Edward A. (1974): Max Weber on Universities: The Power of the State and the Dignity of the Academic Calling in Imperial Germany. Chicago: University of Chicago Press
Sills, David L. (1968): Voluntary Associations. Sociological Aspects. In: International Encyclopedia of the Social Sciences 16. 362-379
Sintomer, Yves/Herzberg, Carsten/Röcke, Anja (2010): Der Bürgerhaushalt in Europa – eine realistische Utopie? Wiesbaden: VS Verlag für Sozialwissenschaften
SINUS-Institut (1978): Folgen des Bürokratismus. Einstellung der Wahlbevölkerung zur öffentlichen Verwaltung in der Bundesrepublik Deutschland. München/Heidelberg: Sozialwissenschaftliches Institut Nowak und Sörgel
Slesina, Wolfgang (2004): Disziplin, organisierte, bürokratische Disziplin. In: Fuchs-Heinritz et al. (2004): 143
Sofsky, Wolfgang (1993): Die Ordnung des Terrors: Das Konzentrationslager. Frankfurt am Main: Fischer

Speier, Hans (1977): Die Angestellten vor dem Nationalsozialismus. Ein Beitrag zum Verständnis der deutschen Sozialstruktur 1918-1933. Göttingen: Vandenhoeck & Ruprecht
Sprondel, Walter/Seyfarth, Constans (Hrsg.) (1981): Max Weber und die Rationalisierung sozialen Handelns. Stuttgart: Enke Verlag
Stammer, Otto (Hrsg.) (1965): Max Weber und die Soziologie heute. Verhandlungen des 15. deutschen Soziologentages. Tübingen: Mohr
Stegmann, Thorolf (1996): Beamte oder Angestellte? - Anmerkungen zu einem Kostenvergleich in Baden Württemberg. In: Zeitschrift für Beamtenrecht 44. 6-10
Stein, Karl Freiherr vom (1957/1974): Briefe und amtliche Schriften. 10 Bände. Stuttgart: Kohlhammer
Steininger, Rudolf (1980): Max Webers Parteienkonzept und die Parteienforschung. In: Kölner Zeitschrift für Soziologie und Sozialpsychologie 32. 54-75
Steinkemper, Bärbel (1974): Klassische und politische Bürokraten in der Ministerialverwaltung der Bundesrepublik Deutschland. Eine Darstellung sozialstruktureller Merkmale unter dem Aspekt politischer Funktionen der Verwaltung. Köln/München: Heymanns
Stille, Alexander (1997): Die Richter. Der Tod, die Mafia und die italienische Republik. München: Beck
Stölting, Erhard (1983): Mafia als Methode. Erlangen: Palm & Enke
Subramaniam, V (1967): Representative Bureaucracy. A Reassessment. In: American Political Science Review 61. 1010-1019
Suleiman, Ezra (2003): Dismantling Democratic States. Princeton: Princeton University Press
Thaysen, Uwe (1978): Bürgerinitiativen, Parlamente und Parteien in der Bundesrepublik. Eine Zwischenbilanz (1977). In: Zeitschrift für Parlamentsfragen 9. 87-117
Taylor, Frederick W. (1913): Die Grundsätze wissenschaftlicher Betriebsführung. München/Weinheim: Beltz
Theoharis, Athan G. (Hrsg.) (1998): A Culture of Secrecy: The Government vs. The People's Right to Know. Lawrence: University Press of Kansas
Treiber, Hubert (1973): Wie man Soldaten macht. Sozialisation in „kasernierter" Vergesellschaftung. Düsseldorf: Bertelsmann Universitätsverlag
Treiber, Hubert (1999): Zur Genese des Askesekonzeptes bei Max Weber. In: Saeculum 50. II. Halbband. 247-297
Treiber, Hubert (2005): Anmerkungen zu Max Webers Charismakonzept. In: Zeitschrift für Altorientalische und Biblische Rechtsgeschichte 11. 195-213
Treiber, Hubert/Sauerland, Karol (Hrsg.) (1995): Heidelberg im Schnittpunkt intellektueller Kreise. Zur Topographie der „geistigen Geselligkeit" eines „Weltdorfes": 1850-1950. Opladen: Westdeutscher Verlag
Treiber, Hubert/Steinert, Heinz (1980): Die Fabrikation des zuverlässigen Menschen. Über die „Wahlverwandtschaft" von Kloster- und Fabrikdisziplin. München: Moos
Tullock, Gordon (1965): The Politics of Bureaucracy. Washington: Public Affairs Press
Turner, Stephen P./Factor, Regis A. (1994): Max Weber. The Lawyer as Social Thinker. London: Routledge
Türk, Klaus (Hrsg.) (1975): Organisationstheorie. Hamburg: Hoffmann & Campe

Türk, Klaus (1976): Grundlagen einer Pathologie der Organisation. Stuttgart: Enke Verlag
Tyrell, Hartmann (1980): Gewalt, Zwang und die Institutionalisierung von Herrschaft: Versuch einer Neuinterpretation von Max Webers Herrschaftsbegriff. In: Pohlmann (1980): 59-92
Tyrell, Hartmann (1981): Ist der Webersche Bürokratietypus ein objektiver Richtigkeitstypus? Anmerkungen zu einer These von Renate Mayntz. In: Zeitschrift für Soziologie 10. 38-49
Ullmann, Hans-Peter (2005): Der deutsche Steuerstaat: Geschichte der öffentlichen Finanzen vom 18. Jahrhundert bis heute. München: Beck
Veit, Sylvia (2008): Reformen auf die sanfte Art: Bürokratieabbau und Anwendung des Standardkostenmodells in Schweden. In: Zeitschrift für Gesetzgebung 23. 68-85
Vetter, Angelika (Hrsg.) (2008): Erfolgsbedingungen lokaler Bürgerbeteiligung. Wiesbaden: VS Verlag für Sozialwissenschaften
Violante, Luciano (1995): Es ist nicht die Krake. Die Mafia als Sammelbecken von kriminellen und politischen Organisationen. In: Prokla 25. 69-79
Vogel, Steven K. (1996): Freer Markets, More Rules. Regulatory Reform in Advanced Industrial Countries. Ithaca: Cornell University Press
Wagener, Frido (Hrsg.) (1976): Regierbarkeit? Dezentralisation? Entstaatlichung? Bonn: Deutsche Sektion des Internationalen Instituts für Verwaltungswissenschaft
Wagener, Frido (1979): Der öffentliche Dienst im Staat der Gegenwart. In: Veröffentlichungen der Vereinigung der Deutschen Staatsrechtslehrer 37. 215-266
Walser, Martin (Hrsg.) (1980): Die Würde am Werktag. Literatur der Arbeiter und Angestellten. Frankfurt am Main: Fischer TB
Walston, James (1988): The Mafia and Clientelism. Roads to Rome in Post-War Calabria. London: Routledge
Weber, Marianne (1950): Max Weber. Ein Lebensbild. Heidelberg: Schneider
Weber, Max (1905): Debatterede zu den Verhandlungen des Vereins für Sozialpolitik in Mannheim 1905 über das Arbeitsverhältnis in den privaten Riesenbetrieben. In: Schriften des Vereins für Socialpolitik 116 (1906). 212-217
Weber, Max (1908/1909): Zur Psychophysik industrieller Arbeit. In: Archiv für Sozialwissenschaft und Sozialpolitik. Teil 1: Band 27 (1908): 730-770 / Teil 2: Band 28 (1909): 219-277/ Teil 3: Band 28 (1909): 719-761/ Teil 4: Band 29 (1909): 513-542
Weber, Max (1909): Debattenrede zu den Verhandlungen über die Produktivität der Volkswirtschaft auf der Tagung des Vereins für Sozialpolitik. In: Schriften des Vereins für Socialpolitik 132 (1910). 282-287
Weber, Max Weber (1910/1911): Verhandlungen des Ersten Deutschen Soziologentages. Tübingen: Mohr-Siebeck
Weber, Max 1924 (1909): Agrarverhältnisse im Altertum. In: Gesammelte Aufsätze zur Wirtschafts- und Sozialgeschichte. 1-288
Weber, Max (1924): Gesammelte Aufsätze zur Soziologie und Sozialpolitik. Tübingen: Mohr-Siebeck
Weber, Max (1956): Staatssoziologie. Herausgegeben von Johannes Winckelmann. Berlin: Duncker & Humblot
Weber, Max (Hrsg.) (1973): Soziologie – Universalgeschichtliche Analysen. Politik. Herausgegeben von Johannes Winckelmann. Stuttgart: Alfred Kröner Verlag

Weber, Max (1973a): Die sozialen Gründe des Untergangs der antiken Kultur. In: Weber (1973): 1-26
Weber, Max (1973b): Wirtschaft und Gesellschaft im Rom der Kaiserzeit. In: Weber (1973): 27-58
Weber, Max (1973c): Kirchen und Sekten in Nordamerika. In: Weber (1973): 382-397
Weber, Max (1973d): Vom inneren Beruf zur Wissenschaft. In: Weber (1973): 311-339
Weber, Max 1980 (1922): Wirtschaft und Gesellschaft. Grundriss der verstehenden Soziologie. 5. Auflage. Tübingen: Mohr-Siebeck
Weber, Max 1985 (1922): Wissenschaftslehre. Gesammelte Aufsätze. Tübingen: Mohr
Weber, Max (1988): Gesammelte Politische Schriften. Herausgegeben von Johannes Winckelmann. 5. Auflage. Tübingen: Mohr-Siebeck
Weber, Max 1988a (1906): Zur Lage der bürgerlichen Demokratie in Russland. In: Weber (1988): 33-68
Weber, Max 1988b (1918): Parlament und Regierung im neugeordneten Deutschland. Zur politischen Kritik des Beamtentums und Parteiwesens. In: Weber (1988): 306-443
Weber, Max 1988c (1919): Politik als Beruf. In: Weber (1988): 505-560
Weber, Max (1995): Der Sozialismus. Herausgegeben und mit einer Einführung versehen von Herfried Münkler. Weinheim: Beltz Athenäum Verlag
Wehler, Hans - Ulrich (Hrsg.) (1973): Deutsche Historiker. Göttingen: Vandenhoeck & Ruprecht
Wengst, Udo (1984): Staatsaufbau und Regierungspraxis 1948-1953. Zur Geschichte der Verfassungsorgane der Bundesrepublik Deutschland. Düsseldorf: Droste
Whyte, William H. (1956): The Organization Man. New York: Simon and Schuster
Wilkes, Christopher (1989): Institutionalisierung der Entbürokratisierung. In: Die Verwaltung 22. 333-351
Winckelmann, Johannes (1964): Max Webers historische und soziologische Verwaltungsforschung. In: Annali della Fondazione Italiane per la Storia Amministrativa 1. 27-67
Windhoff-Héretier, Adrienne (Hrsg.) (1978): Verwaltung und ihre Umwelt. Opladen: Westdeutscher Verlag
Wittfogel, Karl A. (1957): Oriental despotism. A comparative study of total power. New Haven: Yale University Press
Wollmann, Hellmut (1999): Kommunalpolitik: Mehr (direkte) Demokratie wagen. In: Aus Politik und Zeitgeschichte 24-24. 13-22
Wollmann, Hellmut/Roth, Roland (Hrsg.) (1999): Kommunalpolitik. Opladen: Leske & Budrich
Wunder, Bernd (1986): Geschichte der Bürokratie in Deutschland. Frankfurt am Main: Suhrkamp
Wunder, Bernd (1987): Bürokratie: Die Geschichte eines politischen Schlagwortes. In: Windhoff-Héretier (1987): 277-301
Wyluda, Erich (1969): Lehnrecht und Beamtentum. Studien zur Entstehung des preußischen Beamtentums. Berlin: Duncker & Humblot
Zander, Jürgen (1978): Das Problem der Beziehung Max Webers zu Karl Marx. Frankfurt am Main: Haag & Herchen
Zeuner, Bodo (1969): Innerparteiliche Demokratie. Berlin: Colloquium Verlag

Ziekow, Jan (2007a): Entwicklungslinien der Verwaltungspolitik. Schriftenreihe der Deutschen Sektion des Internationalen Instituts für Verwaltungswissenschaften. Band 32. Baden-Baden: Nomos

Ziekow, Jan (2007b): Entwicklungslinien der Verwaltungspolitik - Begrüßung. In: Ziekow (2007a): 11-12

Ziekow, Jan (2008): Die Fortentwicklung des Dienstrechts der Bundesbeamten. In: Die Öffentliche Verwaltung 61. 569-576

Sachregister

Angestellte 67 ff., 75 ff., 167
Amerika 61, 89, 92, 131, 134, 138, 149, 165 f., 230
Ämterpatronage 136 ff., 242
Al Kaida 242

Beamtenherrschaft 16, 18, 22, 66, 97 ff., 120, 127
Better Regulation 234
Berufsbeamtentum 24, 39, 69 f., 133, 140, 144
bureaucrat bashing 18, 244
Bureausystem 19, 24, 43
Bürgernähe 34 ff., 191 ff., 210 ff., 231, 242
Bürokratiekritik 15, 17, 29 ff., 33, 41, 58 f., 65, 111, 165, 202, 211, 228 ff., 243
Bürokratische Herrschaft 47, 49 ff., 57, 60, 97, 209
Bürokratische Organisation 20, 25, 35, 39, 46, 152, 167, 170 f., 175 ff., 202 ff., 225, 228 f., 237, 244 f.

Charisma 47 f., 50 ff., 62 f., 96, 102 f., 114 f., 209 f.

Deregulierung 228 ff.
Dilettantismus 91, 213
Disziplinierung 59, 151 ff.

Effizienzthese 22, 57, 61, 149, 202, 206, 210
Ehrenamt 19, 21, 26, 31, 42, 61, 63, 90, 119, 123, 211 ff.,
Entbürokratisierung 227 ff., 241

Entfremdung 26, 33 f., 65, 104, 112, 122, 166, 176

Fachwissen 28, 45, 90 ff., 96, 98, 119
Frankreich 18, 43 f., 79 f., 105, 115, 142
Freiwilligenorganisation 21, 37, 67, 211 ff.

Gefängnis 156, 183 ff.
Geldentlohnung 20, 23, 26, 34, 41, 49 f., 53, 67 f., 106, 118 f., 175, 207, 209 ff., 215, 217, 229
Geldwirtschaft 23, 40 ff., 43, 52, 57, 82, 209
Großbritannien 99, 125, 138, 142
Grüne 116, 120 ff.

Hauptamtlichkeit 20, 23, 26, 41, 67, 106, 118, 207 f., 211, 215, 217, 225
Herrschaftspatronage 126, 132, 140 f.
Herrschaftssoziologie 16, 39, 85, 126, 206, 208 ff.
Herrschaftstypologie 22, 40, 50 ff.
Humanisierung 25, 33 f., 185 f.

Idealtypus 17, 26 f., 43, 56, 61, 78, 94, 97, 103, 111, 122, 145, 149, 152, 161, 169, 202, 206, 223, 225
Industriebürokratie 35

Justiz 93, 125, 182 ff., 233, 235

Kapitalismus 31, 43 ff., 52, 54 ff., 81, 113 f., 153, 157

Klientelismus 221
Kloster 42, 57, 82, 154 ff., 171 ff., 190, 209
Kontingenztheorie 28, 205 f.
Kontor 16, 20, 23, 115
Konservativismus 97, 112, 129 f., 204, 210
Konzentrationslager 171, 173, 175 ff., 242

Liberalisierung 102, 230

Machtbasis 87, 90
Mafia 219 ff.
Monokratie 19, 43, 52, 89, 93, 123, 206, 208, 215, 237

Oligarchie 106, 109, 115 ff.
Organisationssoziologie 26, 37, 202
Organisationstheorie 20, 23, 26, 35, 37 f., 152, 166 f., 201 ff., 237
Offene Institution 170, 176, 180

Parlament 17, 20 f., 25, 31 ff., 45, 66 ff., 88 ff., 117, 119 ff., 127 f., 133 ff., 142, 145 f., 182, 193, 195, 221, 240, 244
Parteien 19, 25, 29, 31, 36, 66, 89 ff., 97 ff., 115 ff., 137 ff., 182, 193 ff., 207, 214, 218, 228
Patronage 66, 119, 126 f., 132, 136 ff., 242
Planung 25, 32 f., 35, 109 f., 178, 187, 193, 195 ff., 236
Politikwissenschaft 22, 37, 138, 143, 149
Politikverflechtung 32
Politische Beamte 66, 127, 138, 141
Politisierung 32, 107, 111, 132 f., 137 ff., 141 f., 236, 244
Preußen 18, 42 f., 56, 69 f., 100, 125 ff., 130, 132 f., 139 ff., 157, 208
Privatisierung 28, 30, 147 f., 229 ff.
Rätemodell 21, 36, 103, 105 ff., 122 f., 211

Rationalisierung 21 ff., 26 f., 37, 39, 42, 48, 50, 53 ff., 64, 78 ff., 90, 158, 161, 176, 185, 199 f., 208, 238
Rationalität 50, 53 ff., 59, 65, 83, 93, 95, 109, 113, 144, 176, 209 ff., 240
Rechtstaat 94, 110 f., 239, 243 f.
Rekrutierung 25, 32, 36, 43, 48 ff., 60, 66 ff., 71 f., 77, 95, 98 ff., 125 ff., 156, 172, 175, 178, 224

Sozialdisziplinierung 154, 183, 186, 190
Sozialismus 46, 62, 85, 103 ff.
Sozialstaat 69, 228, 244
Staatsfunktion 31
Staatssoziologie 21 f., 88
Staatstätigkeit 29 f., 58
Systemtheorie 83 f.

Terrororganisation 220, 242
Theorie situativer Organisation 28, 205
Totale Institution 154, 156, 170 ff., 183 f., 188 f., 242
Traditionale Herrschaft 47 ff., 209 f.

Unpersönlichkeit 17, 20, 24, 27, 49, 59 f., 97, 111, 162, 175, 192, 199, 207 f., 212, 215, 225

Vatikan 242
Verein 176, 212 ff., 242
Verselbständigung 17, 21, 29, 52 f., 85 ff., 90 ff., 104, 112, 210
Versorgungspatronage 137, 140 f.

MIX
Papier aus verantwortungsvollen Quellen
Paper from responsible sources
FSC® C105338

If you have any concerns about our products,
you can contact us on
ProductSafety@springernature.com

In case Publisher is established outside the EU,
the EU authorized representative is:
**Springer Nature Customer Service Center GmbH
Europaplatz 3, 69115 Heidelberg, Germany**

Printed by Libri Plureos GmbH
in Hamburg, Germany